Sabine Kropp

Kooperativer Föderalismus und Politikverflechtung

Governance

Herausgegeben von

Arthur Benz
Susanne Lütz
Uwe Schimank
Georg Simonis

Sabine Kropp

Kooperativer Föderalismus und Politikverflechtung

VS VERLAG FÜR SOZIALWISSENSCHAFTEN

Bibliografische Information der Deutschen Nationalbibliothek
Die Deutsche Nationalbibliothek verzeichnet diese Publikation in der
Deutschen Nationalbibliografie; detaillierte bibliografische Daten sind im Internet über
<http://dnb.d-nb.de> abrufbar.

1. Auflage 2010

Alle Rechte vorbehalten
© VS Verlag für Sozialwissenschaften | GWV Fachverlage GmbH, Wiesbaden 2010

Lektorat: Frank Schindler

VS Verlag für Sozialwissenschaften ist Teil der Fachverlagsgruppe Springer Science+Business Media.
www.vs-verlag.de

Das Werk einschließlich aller seiner Teile ist urheberrechtlich geschützt. Jede Verwertung außerhalb der engen Grenzen des Urheberrechtsgesetzes ist ohne Zustimmung des Verlags unzulässig und strafbar. Das gilt insbesondere für Vervielfältigungen, Übersetzungen, Mikroverfilmungen und die Einspeicherung und Verarbeitung in elektronischen Systemen.

Die Wiedergabe von Gebrauchsnamen, Handelsnamen, Warenbezeichnungen usw. in diesem Werk berechtigt auch ohne besondere Kennzeichnung nicht zu der Annahme, dass solche Namen im Sinne der Warenzeichen- und Markenschutz-Gesetzgebung als frei zu betrachten wären und daher von jedermann benutzt werden dürften.

Umschlaggestaltung: KünkelLopka Medienentwicklung, Heidelberg
Druck und buchbinderische Verarbeitung: Ten Brink, Meppel
Gedruckt auf säurefreiem und chlorfrei gebleichtem Papier
Printed in the Netherlands

ISBN 978-3-531-16190-7

Vorwort der Herausgeber

Der deutsche Bundesstaat zeichnet sich dadurch aus, dass Bund und Länder in vielen Aufgabenfeldern zur Kooperation gezwungen sind. Dieser Tatbestand wird mit dem Begriff „Politikverflechtung" erfasst. Es handelt sich hierbei um ein in allen föderativen Staaten beobachtbares Phänomen, das generell als „intergovernmental relations" bezeichnet wird. Die deutsche Form der Politikverflechtung weist einige Besonderheiten auf, die auf die Geschichte und die Strukturen des deutschen Staates zurückzuführen sind. Institutionell verankert ist die Verflechtung in der Gesetzgebung, sofern die Länderregierungen über den Bundesrat ein Zustimmungsrecht ausüben können, sowie in den Gemeinschaftsaufgaben. Darüber hinaus gibt es nicht explizit geregelte, aber dauerhaft angelegte Kooperationsformen in der Exekutive. Daneben arbeiten Vertreter des Bundes und der Länder in den Bereichen der Exekutive, der Parlamente und der Parteien auch informell zusammen. Darüber hinaus gibt es vergleichbare Verflechtungsformen zwischen den Ländern. Schließlich ist darauf hinzuweisen, dass vielfach auch die Gemeinden in die Politikverflechtung einbezogen sind. Und diese Strukturen werden inzwischen durch die Europäische Union erweitert, die einerseits die Beziehungen zwischen Bund, Ländern und Gemeinden beeinflusst, andererseits eine weitere Ebene der Politikverflechtung bildet.

Diese komplexe Struktur stellt nicht nur ein prägendes Merkmal des deutschen Regierungssystems dar, sie hat auch zu Kontroversen in der Politikwissenschaft und in der politischen Praxis geführt. In den ersten beiden Dekaden des Bestehens der Bundesrepublik betrachteten viele Studien die Zusammenarbeit über die Grenzen der Gebietskörperschaften hinweg angesichts der Interdependenzen in einer modernen Gesellschaft als notwendig und sinnvoll. Später kritisierte man die Verflechtung als Ursache von Entscheidungsproblemen und Demokratiedefiziten. Der klaren negativen Bewertung, die sich in der öffentlichen Diskussion inzwischen durchgesetzt hat, stehen in der Politikwissenschaft differenziertere Positionen gegenüber, die auf theoretische Überlegungen und empirische Untersuchungen gestützt werden können. Unbestritten ist aber, dass Politikverflechtung das demokratische Regieren erschwert, wobei die Schwierigkeiten je nach Form der Verflechtung unterschiedlich ausfallen.

Sabine Kropp stellt mit dem vorliegenden Studientext die Vielfalt der Verflechtungsformen im deutschen Bundesstaat systematisch dar. Ferner gibt sie einen Einblick in Theorien und Kontroversen zum Regieren und zur Demokratie im kooperativen Bundesstaat. Sie legt damit eine Einführung in ein wichtiges Themengebiet vor, das neben der Entwicklung der Politikverflechtung auch den Stand der Forschung bilanziert.

Wir sind Frau Kropp für die Bereitschaft, diesen Text zu verfassen, sowie für die gute Zusammenarbeit dankbar. Mit der umfassenden Darstellung eines komplexen Forschungsfeldes in einer für Studierende geeigneten Weise hat sie einen verdienstvollen Beitrag zum Master-Studiengang „Governance" an der FernUniversität in Hagen geleistet, wo dieser Text als Kurs erfolgreich eingesetzt wird. Der Band bietet aber auch für Lehrende, Forscherinnen und Forscher und Praktikerinnen und Praktiker einen Überblick über den Stand der Diskussion und Forschung zur Mehrebenenpolitik im deutschen Bundesstaat.

Hagen, im April 2009

Inhaltsverzeichnis

Vorwort der Herausgeber 5

Einleitung und Begriffsklärung 9

1 Theorie der Politikverflechtung 15
   1.1 Leitideen: Sozialstaatspostulat und „einheitliche" Lebensverhältnisse 15
   1.2 Die Theorie der Politikverflechtung: Rationalitätsfallen im Bundesstaat 20
   1.3 Theoretische Weiterungen: Verhandlungssysteme und Politikverflechtung 29
   1.4 Politikverflechtung aus der Sicht anderer Theorien in der Föderalismusforschung 34
      1.4.1 Historischer Institutionalismus und neuere Spielarten der Institutionentheorie 34
      1.4.2 Demokratie und Politikverflechtung 38
      1.4.3 Ökonomische Theorie des Föderalismus 42
2 Wo findet Politikverflechtung statt? 49
   2.1 Der Bundesrat im Spannungsfeld von föderalen Interessen und Parteipolitik 49
      2.1.1 Die Konstruktion des Bundesrates und seine historische Entwicklung 49
      2.1.2 Parteienwettbewerb im Bundesstaat – ein „Strukturbruch"? 56
      2.1.3 Kritik und Weiterentwicklung der Strukturbruchthese 61
   2.2 Gemeinschaftsaufgaben und Mischfinanzierungen 81
      2.2.1 Die Gemeinschaftsaufgaben nach Art. 91a und 91b GG (alt) 81
      2.2.2 Mischfinanzierungen nach Art. 104a GG: Geldleistungsgesetze und Finanzhilfen 86
   2.3 Finanzverfassung und Finanzausgleich 90
      2.3.1 Finanzverfassung und Finanzausgleich als Bestandteil der institutionalisierten Politikverflechtung 90
      2.3.2 Gremien der Finanzplanung 92
      2.3.3 Stufen des Finanzausgleichs: die Regelung vor 2005 94
      2.3.4 Kritik am Finanzausgleichssystem nach der Deutschen Einheit 107
      2.3.5 Probleme und Konflikte in Folge der Deutschen Einheit 109
      2.3.6 Die Neuregelung des Finanzausgleichs seit 2005: veränderte Maßstäbe? 113
      2.3.7 Die Finanzverwaltung von Bund und Ländern 117

	2.4	Politikverflechtung und vertikal funktionelle Verschränkung zwischen Bund, Ländern und Gemeinden	119
3		Freiwillige Formen der bundesstaatlichen Kooperation	125
	3.1	Vertikale Kooperation: Die Zusammenarbeit zwischen Bund und Ländern	125
		3.1.1 Ursachen und Formen der freiwilligen Zusammenarbeit	125
		3.1.2 Beispiele für vertikale Kooperation	128
	3.2	Horizontale Kooperation: Die Zusammenarbeit zwischen den Ländern	130
		3.2.1 Selbstkoordination und Neugliederungsdebatte	130
		3.2.2 Formen der horizontalen Koordination zwischen den Länderexekutiven	134
		3.2.3 Grenzüberschreitende Zusammenarbeit zwischen den Ländern und funktionaler Föderalismus	144
4		Die Europäisierung von Politikverflechtung und kooperativem Bundesstaat	155
	4.1	Problembeschreibung: Verschiebung der bundesstaatlichen Architektur?	155
	4.2	Institutionalisierte Politikverflechtung: Die Europäisierung des Bundesrates	160
	4.3	Europapolitik der Länder im kooperativen Föderalismus	169
	4.4	Umgehungsstrategien: Die Landesvertretungen bzw. Länderbüros in Brüssel	172
	4.5	Zwischenfazit: Die Länder als Verlierer im Prozess der Europäisierung des Bundesstaates?	178
	4.6	Die kommunale Ebene: Verflechtung ohne Mitspracherechte?	182
	4.7	Folgen der Europäisierung von Politikverflechtung und bundesstaatlicher Kooperation	189
5		Die Zusammenarbeit der Parlamente im europäisierten Bundesstaat	193
	5.1	Schwierigkeiten interparlamentarischer Kooperation	193
	5.2	Interparlamentarische Kooperation im föderalen System	199
		5.2.1 Innerstaatliche Kooperationsformen	199
		5.2.2 Europäische Kooperationsformen und Mehrebenenparlamentarismus	201
	5.3	Parlamentarische Kooperation und Demokratie	204
6		Föderalismusreform: Verhandlungen über Entflechtung	209
	6.1	Ziele und Probleme der Föderalismuskommission I	209
	6.2	Neuauflage der Verfassungsreform 2006: Inhalte und Bewertung	218
	6.3	Die Föderalismusreform II – am Ziel vorbei reformiert?	229
7		Ausblick: Kooperativer Föderalismus und Politikverflechtung im Spiegel des Theorieangebots	237

Literaturverzeichnis 245

Abbildungsverzeichnis 265

Einleitung und Begriffsklärung

Der deutsche Föderalismus ist seit Jahrzehnten eines der umstrittensten Merkmale des deutschen Regierungssystems: Er erzeuge Intransparenz und führe zu Demokratiedefiziten, er sei schwerfällig, habe ineffiziente Verfahren entwickelt und er verhindere mit bedenklicher Regelmäßigkeit notwendige Reformen, so lauten einige der gängigsten Argumente. Die föderale Ordnung, in Deutschland als Verbundsystem zwischen den politischen Ebenen eingerichtet, gilt als eines der konsensdemokratischen Elemente, welche die Entscheidungsfähigkeit und die Demokratiequalität des deutschen Staates erheblich beeinträchtigen. Er wird für die eingeschränkte Reformfähigkeit Deutschlands wesentlich verantwortlich gemacht. Politikverflechtung und kooperativer Föderalismus sind für das politische System Deutschlands so prägend, dass sie als Schlüssel zum Verständnis des politischen Systems Deutschlands gelten. In den vergangenen 20 Jahren haben sich die Rahmenbedingungen des föderalen Systems nach dem Vollzug der Deutschen Einheit und mit der Europäisierung von Institutionen und Politikfeldern gravierend geändert, so dass die einzelnen Komponenten des Bundesstaates neu bewertet werden müssen. Der nachfolgende Text soll angesichts dieser großen Bedeutung föderaler Strukturen für das gesamte Regierungssystem in die Fragestellungen und theoretischen Grundlagen sowie in die empirischen Befunde der Politikverflechtung und des kooperativen Föderalismus einführen. Der Schwerpunkt der Darstellung liegt dabei auf der Zeit nach 1990.

Föderalismusreform als Dauerthema

Die Vertiefung der europäischen Integration und die Herstellung der Deutschen Einheit haben den deutschen Bundesstaat in den 1990er Jahren vor bis dahin unbekannte Herausforderungen gestellt. Eines der am häufigsten gebrauchten Schlagwörter in der föderalstaatlichen Debatte lautete in den vergangenen Jahren „Entflechtung": Die meisten Reformvorschläge der letzten 15 Jahre zielen darauf, die intensive Kooperation zwischen den Gebietskörperschaften und die ausgreifende Politikverflechtung, die dem deutschen Bundesstaat im Vergleich zu anderen Föderalstaaten in besonderer Weise eigen ist, wieder zurückzubauen. Die letzten Reformen des Bundesstaates in Deutschland zeigten zwar, dass Reformen durchaus möglich sind. Dass hierfür mehrere Anläufe erforderlich waren und Teile des föderalen Systems, insbesondere die Finanzverfassung, dennoch nicht angetastet wurden, zeigt, wie zählebig und widerstandsfähig diese verflochtenen Strukturen sind. Reformen bleiben, so scheint es, häufig im Korsett der hohen Zustimmungshürden stecken, da strategisch handelnde Akteure die durch die föderale Ordnung zementierte Macht- und Ressourcenverteilung zu ihren Gunsten zu nutzen wissen. Die Akteure sind offenbar in fast unauflösbaren „Rationalitätsfallen" gefangen (vgl. hierzu Wachendorfer-Schmidt 2003).

Verflechtung und Kooperation als Problemerzeuger

Politikverflechtung ist mit Vetomöglichkeiten verbunden, von denen die politischen Akteure regen Gebrauch machen – so lautet eine gängige Einschätzung, die in der Studie empirisch überprüft werden soll. Politikverflechtung und kooperativer Föderalismus werden mittlerweile eher als Problem erzeugende institutionelle Arrangements denn als eine den komplexen Problemlagen angemessene Entscheidungsstruktur angesehen. Mit anderen Worten: Der deutsche Staat erscheint angesichts seiner vielen internen Vetopotentiale als „semi-souveränes" Gebilde (Katzenstein 1987); der Leviathan ist so gut unter Kontrolle gebracht, dass er inzwischen als handlungs- und lernunfähig erscheint (Zintl 1999: 475). Da Politikverflechtung Innovationen zu verhindern und Entscheidungsprozesse zu verlangsamen droht, werden seit Jahren wettbewerbsföderalistische Elemente als möglicher Weg aus der Misere diskutiert. Demokratietheoretische Erwägungen spielen hingegen in der Debatte bis heute gegenüber effizienzorientierten Argumenten eine nachgeordnete Rolle.

Forschungs- und Meinungskonjunkturen

Inzwischen würden wohl allenfalls vereinzelte Kommentatoren und politische Akteure noch dem Befund widersprechen, dass in Deutschland der „problematische Fall eines hohen Reformbedarfs bei geringer Reformfähigkeit" gegeben sei (Benz 2003b: 33). Diese Einschätzung ist durchaus nicht immer Gemeingut politikwissenschaftlicher Analysen gewesen. In der Diskussion um den deutschen Föderalismus lassen sich Wellen der Interpretation beobachten, deren Verlauf einerseits auf den gerade aktuellen politischen Problemhaushalt, andererseits aber auch auf theoretische Entwicklungen und die Popularität von Erklärungsansätzen zurückzuführen ist. Verfolgt man diese Forschungs- und Meinungskonjunkturen der vergangenen 30 Jahre, so sieht man, dass Gerhard Lehmbruchs skeptische, institutionentheoretisch inspirierte Analyse des „Parteienwettbewerbs im Bundesstaat", die Deutschland einen „Strukturbruch" attestierte, in den achtziger Jahren wieder von positiveren Einschätzungen abgelöst wurde. Dem Föderalismus wurde seinerzeit die Möglichkeit zugesprochen, sich dynamisch weiterentwickeln zu können (Benz 1985). Nach der Wiederherstellung der Deutschen Einheit überwogen jedoch alsbald wieder die kritischen Töne.

Diese unterschiedlichen Bewertungen lassen sich seit 1990 vornehmlich auf die eingangs bereits erwähnten Ursachen, nämlich auf die seit dem Vollzug der Deutschen Einheit gewachsenen Disparitäten und die Folgewirkungen der Europäisierung, zurückführen. Es ist jedoch auffallend, dass die Forschungskonjunkturen vor 1990 auch parallel zur parteipolitischen Zusammensetzung des Bundesrates verlaufen sind. Nachdem die sozialliberale Koalition in den 1970er Jahren einem von den Oppositionsparteien dominierten Bundesrat gegenübergestanden hatte, war das Blockadepotential des Bundesrates in den 1980er Jahren angesichts gleicher parteipolitischer Mehrheiten in Bundestag und Bundesrat bezeichnenderweise nicht mehr beherrschendes Thema. Mit der Wiederherstellung der Deutschen Einheit sind – zusätzlich zum ohnedies gewachsenen Problemhaushalt – erneut fast durchgängig „quergelagerte" Mehrheiten entstanden.

Normative Maßstäbe

Gleichzeitig variieren die Bewertungen des deutschen Verbundföderalismus beträchtlich, je nachdem, welchen normativen Maßstab man zugrunde legt. Verfechter des durch ökonomische Modelle inspirierten Wettbewerbsföderalismus betrachten die Politikverflechtung grundsätzlich als Übel, das so weit als möglich vermieden und auf das unbedingt notwendige Minimum begrenzt werden sollte. Diejenigen wiederum, die dem Postulat der „Einheitlichkeit" bzw. „Gleichwertigkeit" der Lebensverhältnisse anhängen, erkennen zwar mittlerweile auch die Notwendigkeit einer Reform an. Sie sind aber nicht bereit, die ungewissen Auswirkungen einschneidender Entflechtungen mitzutragen, weil sie befürchten, dass sich regionale Unterschiede weiter aufspreizen könnten.

Einleitung und Begriffsklärung

Die Bewertungen des deutschen Föderalismus mit seinen vielfältigen freiwilligen und verbindlich vorgeschriebenen Kooperationsformen gehen somit weit auseinander. Sie sind abhängig von unterschiedlichen wissenschaftlichen Paradigmen, die den Analysen zugrunde gelegt werden. In der nachfolgenden Darstellung werden deshalb auch diese verschiedenen theoretischen und normativen Grundlagen einschließlich ihrer Wertmaßstäbe diskutiert. Zwar hat sich in der Politikwissenschaft auf der Grundlage vergleichender Studien zu konsens- und konkurrenzdemokratischen Systemen (Lijphart 1999; vgl. auch Schmidt 2000: 338 ff.) die Erkenntnis durchgesetzt, dass Kooperation und Verhandlung nicht nur wesentliche Elemente westlicher Demokratien sind. Auch die Leistungsfähigkeit von konsensdemokratischen Systemen ist größer, als die in Deutschland oft pauschal erhobenen Vorwürfe gegen Politikverflechtung vermuten lassen: Verhandlung und Kooperation können demzufolge zwar die ihnen zugeschriebene Ineffizienz und Demokratiedefizite hervorrufen – sie müssen es aber nicht. Wettbewerbsdemokratien kommt nicht automatisch ein Vorbildcharakter zu, auch wenn manchen politischen Kommentatoren und einem Teil der wissenschaftlichen Analysen bis heute eher das angelsächsische Modell der Konkurrenzdemokratie vertraut ist, das mit Zweiparteiensystem und Einparteiregierungen innerhalb der Regierung selbst keinen Verhandlungszwang zwischen Koalitionspartnern erzeugt, keine föderalen Strukturen aufweist und das Mehrheitsprinzip als maßgebliche Entscheidungsregel des politischen Prozesses anerkennt.

Normative Bezugssysteme spielen somit eine große Rolle für die Bewertung föderaler Systeme. Dass die kulturelle Einbettung, gesellschaftliche Konfliktlagen und das historisch gewachsene, institutionelle Umfeld von föderalen Institutionen wesentliche Kriterien für eine realistische Analyse sind, wird dabei immer wieder übersehen. Föderalen Systemen wird deshalb häufig das Trennsystem der USA, dem heterogene Lebensverhältnisse zugrunde liegen, als Orientierungsgröße empfohlen, obwohl die Interpretation des amerikanischen Föderalismus als Realtypus (Riker 1964) in der Föderalismusforschung mittlerweile viel Kritik erfahren hat (vgl. z.B. Stepan 1999). Sowohl die Entstehungsbedingungen als auch die kulturelle Einbettung des US-amerikanischen Föderalismus lassen sich nicht ohne weiteres auf andere politische Systeme übertragen (Benz/Lehmbruch 2002).

Vorab sind einige Bemerkungen zur unterschiedlichen Verwendung von Begriffen in der Föderalismusforschung angebracht. In der politikwissenschaftlichen Literatur werden kooperativer Föderalismus und Politikverflechtung oft synonym verwendet. Politikverflechtung ist, so lautet eine Definition, eine typische Eigenschaft föderativer Systeme, die „staatsrechtlich autonome Entscheidungsträger des Bundes und der Länder dazu *zwingt* (Hervorhebung der Verf.), bei der Erfüllung der Aufgaben zusammenzuwirken". Sie bezeichnet eine Entscheidungsstruktur, in der die meisten öffentlichen Aufgaben nicht durch Entscheidungen einzelner Gebietskörperschaften, sondern durch Kooperation von Bund, Ländern und Kommunen und auch von der Europäischen Union wahrgenommen werden, „...so dass hier auch von einem kooperativen Föderalismus gesprochen wird" (Bogumil/Jann 2005: 63). Somit werden auch Formen der horizontalen Abstimmung zwischen den Ländern als „horizontale Politikver-

Kooperativer Föderalismus und Politikverflechtung – Begriffe

flechtung" bezeichnet (Benz/Scharpf/Zintl 1992). Verflechtung entsteht einerseits, indem die beteiligten Gemeinwesen nur dann überhaupt eine Entscheidung herbeiführen können, wenn sie sich einigen. Andererseits kann sie auch darin bestehen, dass einzelne Einheiten zwar autonom entscheiden können, sich dies aber nur auf einen Aspekt der zu regelnden Materie erstreckt, also z.B. auf die Gesetzgebung, nicht aber auf die Verwaltung (Zintl 1999: 471).

Mitunter gilt „kooperativer Föderalismus" auch als Oberbegriff, unter dem man die Politikverflechtung als eine besondere Spielart der föderalen Zusammenarbeit subsumiert, teilweise unterscheiden Darstellungen schon definitorisch zwischen kooperativem Föderalismus und Politikverflechtung (vgl. Goetz 1995). Ersterer wäre demzufolge durch Kooperationsformen gekennzeichnet, die auf grundsätzlich freiwilliger Basis vorgenommen werden, die also den Austritt von Handlungsträgern aus der Kooperation („Exit-Option") und ein eigenständiges Handeln der Gebietskörperschaften erlauben. Politikverflechtung hingegen ruht auf einem Zwangsverhandlungssystem, sie ist verfassungsrechtlich und durch institutionell verfestigte Normen vorgeschrieben. Die Akteure besitzen Vetomacht, so dass ein anhaltender Dissens zwischen den Partnern eine Blockade nach sich zieht. Andere Typisierungen wiederum bezeichnen die freiwillige Kooperation – ebenfalls mit guten Gründen – als „vertragsförmige" Politikverflechtung, während die Zwangsverhandlungssysteme als „herrschaftsförmige" Politikverflechtung interpretiert werden (Zintl 1999: 472).

Schwierige Abgrenzung der Begriffe

Die vorliegende Darstellung schließt sich der Unterscheidung zwischen „kooperativem Föderalismus" und „Politikverflechtung" bzw. zwischen „vertragsförmiger" und „herrschaftsförmiger" Politikverflechtung grundsätzlich an, um kategoriale Klarheit herzustellen – eingedenk der Schwierigkeiten, dass beide Elemente in der bundesstaatlichen Realität ineinander übergehen können. Die begrifflichen Abgrenzungen werden zum Zweck der Typisierung vorgenommen, was bedeuten kann, dass die empirischen Fälle den Typen mehr oder weniger entsprechen. Föderale Kooperationsformen lassen sich mitunter empirisch schwer zuordnen, da die freiwillige Kooperation zwischen autonomen Gebietskörperschaften im Bundesstaat nicht selten hochgradig institutionalisiert ist und – etwa über Staatsverträge – in formalisierte Normen gegossen wird. In der Folge solcher Verträge verpflichten sie die beteiligten Gebietskörperschaften zur Kooperation, auch wenn sie verfassungsrechtlich nicht vorgegeben sind. Die daraus entstehenden Abwanderungskosten solcher „vertragsförmig" hergestellten, grundsätzlich freiwilligen, aber sehr engen Kooperationen können denen der „herrschaftsförmig" institutionalisierten Politikverflechtung durchaus ebenbürtig sein.

„Politikverflechtung"

„Politikverflechtung" (vgl. Scharpf/Reissert/Schnabel 1976) soll im Folgenden somit für eine Entscheidungsstruktur stehen, in der die gliedstaatlichen Ebenen zur Zusammenarbeit gezwungen sind. Teilweise sah bereits die Konstruktion des Grundgesetzes bei der Gründung der Bundesrepublik solche Verflechtungen vor, teilweise wurde die bestehende Kooperation zwischen Bund und Ländern nachträglich durch Grundgesetzänderungen geordnet und legitimiert. Viele öffentliche Aufgaben werden somit, anders als in trennföderalen Systemen, nicht vom Bund oder von den Ländern in eigener Regie und getrennt von den anderen Gebietskörperschaften übernommen; vielmehr planen, ent-

Einleitung und Begriffsklärung

scheiden und finanzieren die bundesstaatlichen Einheiten gemeinsam politische Programme. Strukturen der Politikverflechtung beziehen zudem auch die Kommunen und die europäische Ebene mit ein. Zu diesem System der Politikverflechtung gehören die Beteiligung des Bundesrates an der Gesetzgebung, die Gemeinschaftsaufgaben, das System der Auftragsverwaltung, das Finanzausgleichssystem (Steuerverbund) sowie die unterschiedlichen im Grundgesetz vorgesehenen Mischfinanzierungen. Viele dieser Elemente sind heute mit dem europäischen Entscheidungssystem eng verbunden. Dies gilt für die Mischfinanzierungen und für die Gemeinschaftsaufgaben ebenso wie für die Verwaltung und die Mitwirkung des Bundesrates an der Gesetzgebung des Bundes. Die Länder haben auf diese Entwicklung reagiert, indem sie neben den Kanälen der Politikverflechtung zusätzlich eigene Formen der Kooperation mit europäischen Institutionen aufgebaut haben.

Politikverflechtung entsteht durch zwei institutionelle Grundmerkmale: einmal, weil die höhere Ebene von den Entscheidungen der unteren abhängig ist, aber auch aufgrund der Tatsache, dass die Hürden für die Abstimmung der Politiken und für die Zustimmung der beteiligten Handlungsträger hoch gesetzt werden. Die Möglichkeiten einzelner Beteiligter, durch ein Veto Entscheidungen zu verhindern, ergeben sich durch den Zwang zu einstimmigen Entscheidungen oder zu qualifizierten Mehrheiten.

Mit dem Begriff „kooperativer Föderalismus" werden im Folgenden wiederum alle jene Formen der Zusammenarbeit zwischen den Ländern und zwischen Bund und Ländern bezeichnet, die vom Ursprung her freiwilligen Charakter haben. Die Elemente des kooperativen Föderalismus sind eigentlich dem Bereich der „vertragsförmigen" Politikverflechtung zuzurechnen. Jedoch sind auch sie teilweise stark institutionalisiert und deshalb mit hohen Austrittskosten verbunden: Die Gremien des kooperativen Föderalismus weisen unterschiedliche Institutionalisierungsgrade auf; sie reichen von Ad-hoc-Zusammenkünften bis hin zu formellen und durch Geschäftsordnungen und schriftliche Vereinbarungen geregelten Treffen auf höchster Ebene, denen, wie den Runden der Ministerpräsidenten, ein breites Interesse der Öffentlichkeit zuteil wird. Sie erstrecken sich über die sog. „dritte" Ebene, d.h. sie umfassen die horizontale Zusammenarbeit zwischen den Gliedstaaten. Sind Bund und Länder an Kooperationsverbünden beteiligt, spricht man von der vertikalen Kooperation oder der sog. „vierten" Ebene. Die überwiegende Anzahl dieser – überaus zahlreichen – Spielarten der „freiwilligen" Kooperation wird durch die Exekutiven wahrgenommen, also durch die Ministerialbürokratien und die Regierungen von Bund und Ländern. Zwar gibt es auch eine wachsende Anzahl interparlamentarischer Netzwerke und Kooperationsformen, jedoch stoßen diese auf stärkere Hindernisse als eine exekutive Zusammenarbeit.

„Kooperativer Föderalismus"

Politikverflechtung und bundesstaatliche Kooperation reichen ebenfalls auf die europäische Ebene, mit der die föderale Ordnung inzwischen eng verzahnt ist. Deutschland hat in den neunziger Jahren einen eigenen Weg gefunden, um sein hochgradig verflochtenes Entscheidungssystem durch graduelle institutionelle Anpassungen und zunächst ohne umfassende Verfassungsreform mit dem europäischen Institutionensystem zu verknüpfen. Die exekutiven Handlungseinheiten von Bund, Ländern und in Europa haben eine Art Fusionsprozess durch-

Erweiterung um die europäische Ebene

laufen (Wessels 1997). Das ohnedies komplexe und für Außenstehende intransparente politische System ist durch die vertiefte europäische Integration noch unübersichtlicher geworden. Wer eine Entflechtung der bundesstaatlichen Ordnung anstrebt, muss somit stets die europäische Dimension der föderalen Entscheidungspraxis mit bedenken. Entflechtungen können zwar im innerstaatlichen Rahmen aus Effizienzerwägungen heraus erwünscht sein und als demokratischer Mehrwert interpretiert werden, aber gleichzeitig für die Position Deutschlands in Europa bedenkliche Folgen nach sich ziehen.

Ziel des Buches   Die nachfolgenden Kapitel greifen diese unterschiedlichen, im Zuge der oben vorgenommenen Begriffsklärung skizzierten Aspekte auf. Sie geben einen Überblick über die unterschiedlichen Spielarten des kooperativen Föderalismus und der Politikverflechtung in Deutschland sowie die für ihre Analyse gängigen theoretischen Deutungsmuster. Die Systematisierung der empirischen Erscheinungsformen des politikverflochtenen, kooperativen Bundesstaates erfolgt über einen institutionellen Zugang zum Thema, der leichter zu erfassen ist als eine – theoretisch und empirisch ebenfalls ergiebige – Darstellung, die in ihrem Gliederungsprinzip zwischen Politikfeldern unterscheidet (z.B. Scheller/Schmid 2008). Der Schwerpunkt der Darstellung liegt auf dem Zeitraum seit der Wiederherstellung der Deutschen Einheit; historische Aspekte und langfristige Entwicklungslinien des föderalen Systems werden aber in den einzelnen Kapiteln berücksichtigt.

1 Theorie der Politikverflechtung

1.1 Leitideen: Sozialstaatspostulat und „einheitliche" Lebensverhältnisse

Anders als in mehrheitsdemokratischen Systemen ist in Deutschland die Macht der Parlamentsmehrheit und der aus ihr hervorgehenden Regierung durch vielfältige Abstimmungszwänge und Vetomöglichkeiten beschränkt. Kennzeichnend für das politische System ist das Prinzip der Machtdiffusion, das sich empirisch in einem engmaschigen Netz von Mitentscheidungsmöglichkeiten unterschiedlicher Institutionen und gesellschaftlicher Gruppierungen sowie in einer Vielzahl von Kooperationserfordernissen niederschlägt. Besonders augenfällig ist dieses Prinzip, wenn man die föderale Ordnung Deutschlands betrachtet: Bund, Länder und Gemeinden agieren nicht sektoral, nach Politikbereichen voneinander getrennt, sondern sie nehmen Gesetzgebung, Planung, Verwaltung und Finanzierung öffentlicher Aufgaben gemeinsam wahr. Die Gliedstaaten verfügen im Bundesrat über weit reichende Möglichkeiten, die Politik des Bundes über die Beteiligung an der Gesetzgebung des Bundes mitzugestalten, und umgekehrt setzt der Bund unter Beteiligung der Länder den rechtlichen und finanziellen Rahmen für eine Politik, die dem Grundsatz des Ausgleichs und der „Einheitlichkeit" bzw. seit 1994 der „Gleichwertigkeit" der Lebensverhältnisse verpflichtet ist. Der deutsche Föderalismus ist nicht als Trenn-, sondern als Verbundsystem ausgestaltet. Arend Lijphart schreibt ihm deshalb einen höheren Grad an Machtaufteilung zu als den USA oder Kanada (vgl. Lijphart 1999).

Machtdiffusion, keine Machtkonzentration

„Politikverflechtung" bedeutet somit, dass Entscheidungsfunktionen nicht getrennt, sondern in gemeinsamer Regie der Handlungseinheiten in Europa, in Bund, Ländern und Gemeinden ausgeübt werden. Diese Zusammenarbeit ist wesentlich auf institutionelle Ausformungen des Bundesstaates zurückzuführen. Institutionen bestehen indessen nicht nur aus Regeln (vgl. North 1992), sondern sie bergen immer auch Leitideen in sich (vgl. Patzelt 2002). Nur wenn föderale Akteure – und die Bevölkerung – solche die Bundesstaatlichkeit abstützende Ideen verinnerlicht haben, ist ein föderales System funktionsfähig (vgl. Elazar 1987). Hierzu gehören z.B. Solidarität oder ein bundesfreundliches Verhalten. Gemeinhin wird auch die Idee der „Vielfalt" mit föderalen Systemen in Verbindung gebracht, da der Bundesstaat lange Zeit als eine Form der Staatsorganisation galt, die selbst große Unterschiede zwischen den Gliedstaaten noch in eine gemeinsame Verfassung zu übersetzen vermag, ohne dabei kulturelle, wirtschaftliche oder politische Besonderheiten und Eigenständigkeiten einzuebnen und die Stabilität des Gesamtstaates zu gefährden. Viele Föderalstaaten, etwa die USA, die Schweiz, Russland, Indien oder Belgien, sind von erheblichen wirtschaftlichen, geographischen, ethnischen, sprachlichen oder kulturellen Unterschieden zwischen den Gliedstaaten geprägt.

Leitidee „Einheitlichkeit" der Lebensverhältnisse

Die „Einheitlichkeit" ist das hierzu gegenläufige Prinzip, das unitarischen Systemen zugeordnet werden kann. Dass ausgerechnet in Deutschland die „Einheitlichkeit" bzw. „Gleichwertigkeit" als Leitidee dominiert, mag angesichts der Entstehungsgeschichte des deutschen Föderalstaates verwundern. Deutschland wird dem Entwicklungstypus des „coming-together-federalism" (vgl. Stepan 1999) zugerechnet, in dessen Entwicklung ehemals selbständige und unterschiedliche Staaten im 19. Jahrhundert einige ihrer Kompetenzen auf eine gemeinsame Bundesebene verlagert haben. Schon im 19. Jahrhundert haben sich aber mit der Ideologie des Nationalstaates und mit der Entstehung nationaler Parteien unitarische Ideen ausgebildet. Im Verlauf der Nachkriegsgeschichte, nach 1945, hatten sich diese Ideen dann so weit durchgesetzt, dass Streitschriften den deutschen Bundesstaat in polemisierender Absicht als „verkappten Einheitsstaat" (Abromeit 1992) bezeichnet haben. Für dieses Streben nach Vereinheitlichung lassen sich Gründe angeben: Da Deutschland im Vergleich zu anderen Nationalstaaten weder ethnisch noch sprachlich oder religiös fragmentiert, sondern ein relativ homogener Staat ist, werden bedeutsame Unterschiede in der öffentlichen Aufgabenwahrnehmung durch die Bürger kaum akzeptiert (Renzsch 2005: 10). Ein Viertel der Bundesbürger spricht den Ländern angesichts der Kompetenzverteilung zwischen der europäischen und der Bundesebene sogar die Existenzberechtigung ab (Petersen et al. 2008: 569). Erst in jüngerer Vergangenheit begannen die politischen Führungen einzelner finanzstarker Länder den lange gewachsenen Konsens darüber in Frage zu stellen, dass Rechtsvereinheitlichung und gleichwertige Lebensbedingungen wünschenswerte politische Ziele sind.

Gründe für die Wahl eines Verbundsystems

Die Gründe, die für die Wahl des Verbundsystems angegeben werden können, sind zudem auf die spezifische Entstehungsgeschichte der Bundesrepublik zurückzuführen. Den Alliierten ging es nach 1945 vornehmlich darum, über den Bundesstaat und eine Dezentralisierung einem erneuten Missbrauch der Staatsgewalt einen Riegel vorzuschieben. Deshalb sollten die Länder möglichst gleich groß geschnitten sein; die noch in der Weimarer Republik bestehende Hegemonie Preußens musste daher aufgelöst werden. Die Ministerpräsidenten der Länder wiederum zeigten kein ausgeprägtes Interesse an einer Veränderung der bestehenden territorialen Grenzen. Mit Ausnahme Bayerns strebten sie vielmehr danach, Sonderwege zu vermeiden und gleichzeitig möglichst wirksam an der Politik auf Bundesebene mitzuwirken (Zintl 1999: 473). Das Ziel war von vornherein, die Einheitlichkeit und Einheit im Bundesstaat trotz bestehender Unterschiede herzustellen. Damit diese unitarische Ausrichtung nicht in eine Zentralisierung umkippen konnte, plädierten die Regierungschefs der Länder für politikverflochtene Strukturen, wie sie insbesondere über die Bundesratskonstruktion und die Aufteilung von Gesetzgebung und Vollzug auf Bund und Länder realisiert sind. Es ging ihnen somit nicht zuvörderst darum, die Autonomie jedes einzelnen Landes zu sichern, sondern eine Machtbalance zwischen dem Bund und den Gliedstaaten herzustellen (Zintl 1999: 474). Die Unitarisierung des Bundesstaates ist letztlich wesentlich auf einen politischen Konsens zurückzuführen, der auch durch den Parteienwettbewerb in den ersten Jahrzehnten des Bestehens der Bundesrepublik nicht angetastet wurde.

Seinen Niederschlag findet der unitarische Charakter des Föderalismus im „Sozialstaatspostulat", das nach der Gründung der Bundesrepublik eine große Wirkungsmacht entfaltet hat. Art. 20 und 28 GG verknüpfen das Verständnis der Bundesrepublik Deutschland als einer Demokratie, eines Bundesstaates und eines Rechtsstaates ausdrücklich mit dem Begriff des Sozialen. Der Demokratiebegriff wird dadurch mit dem Auftrag kombiniert, ungleiche Teilhabechancen abzufedern. Welche Bedeutung gleichen Chancen und Lebensverhältnissen im Grundgesetz beigemessen wird, erkennt man daran, dass die Sozialstaatsklausel durch die „Ewigkeitsklausel" in Art. 79,3 GG geschützt ist. Als unbestimmter Rechtsbegriff stieß das Postulat der „Sozialstaatlichkeit" anfänglich noch auf Ratlosigkeit; dem Begriff wurde eher ein politischer, weniger jedoch ein rechtlicher Aussagewert beigemessen (Benda 1994: 510). Im Parlamentarischen Rat bestand bezeichnenderweise weder Einigkeit über die praktische Realisierung noch über einen gemeinsamen Interpretationshintergrund. Angesichts einer durch den Krieg fast vollständig zerstörten Infrastruktur, des Verlusts und der Zerstörung von Vermögenswerten, einer hohen Arbeitslosigkeit und ausgeprägten Mangelwirtschaft stellte die Sozialstaatsklausel ein reichlich abstraktes Prinzip dar. Inzwischen gilt sie jedoch als normative Leitlinie der Politik, die für alle Staatsgewalten eine verpflichtende Verbindlichkeit aufweist, d.h.: Der Staat ist zu sozial gestaltender Tätigkeit beauftragt (ebenda).

Obschon anfänglich nur vage definiert, wurde das Postulat in zahlreichen Urteilen des Bundesverfassungsgerichts und der obersten Gerichte im Laufe der vergangenen Jahrzehnte immer weiter präzisiert und fortgeschrieben und somit an vorhandene Problemlagen und sich verändernde gesellschaftliche Zustände angepasst. So heißt es sehr aussagekräftig in Urteilen des Bundesverfassungsgerichts, der Gesetzgeber habe „für einen Ausgleich der sozialen Gegensätze und damit für eine gerechte Sozialordnung zu sorgen" (BVerfGE, 22, 180, 204); er sei verpflichtet zu einer „staatlichen Vor- und Fürsorge für Einzelne oder Gruppen der Gesellschaft, die aufgrund persönlicher Lebensumstände oder gesellschaftlicher Benachteiligung in ihrer persönlichen und sozialen Entfaltung gehindert sind" (BVerfGE 45, 376, 387).

So unpräzise die Sozialstaatsklausel abgefasst ist, so offen ist sie für unterschiedliche Interpretationen. Aus ihr lassen sich verschiedene Grade der Staatsintervention und der Angleichung von Lebensverhältnissen herleiten – von der traditionellen Auffassung, die den Schutz hilfsbedürftiger Personengruppen hervorhebt, bis hin zur Verpflichtung des Gesetzgebers zu sozialer Aktivität.

Vor dem Hintergrund der Sozialstaatsklausel wird die „Qualität" bzw. die Leistungsfähigkeit des deutschen Föderalismus oft weniger an der Autonomie der Gliedstaaten, sondern an dem in Art. 72,2 und Art. 106,3 GG festgeschriebenen wohlfahrtsstaatlichen Maßstab der „Einheitlichkeit" gemessen (vgl. Hesse/Renzsch 1991: 29), der nach dem Vollzug der deutschen Einheit in Art. 72 GG schließlich zur „Gleichwertigkeit" der Lebensverhältnisse aufgeweicht worden ist. Bei der Gründung der Bundesrepublik ging das Grundgesetz noch nicht von einem Übergewicht des Bundes im Bereich der Gesetzgebung aus: Der Verfassungsgeber zielte vielmehr darauf, die Kompetenzen zwischen Bund und Ländern aufzuteilen. Schon bald jedoch setzte sich das Bedürfnis durch, einheitliche Lebensverhältnisse herzustellen; erschwerend kam hinzu, dass die Beseiti-

Sozialstaatspostulat und Einheitlichkeit der Lebensverhältnisse

gung der drückenden Kriegsfolgelasten mit einer gewissen Zentralisierung der Zuständigkeiten einherging. Dem Bund gelang es, im Laufe der Zeit insbesondere im Katalog der konkurrierenden Gesetzgebung nahezu alle Kompetenzen an sich zu ziehen. Insbesondere die „Erfordernisklausel" (früher „Bedürfnisklausel") nach Art. 72,2 GG, die es dem Bund ermöglicht, ursprünglich den Ländern zugeordnete Zuständigkeitsbereiche für sich zu vereinnahmen, sofern eine „Erforderlichkeit" nach gesamtstaatlicher Regelung gegeben ist, entwickelte sich zu einer „vom Sozialstaatsprinzip unterfangene(n) Eingriffsermächtigung" (Landtag Nordrhein-Westfalen 1990: 50). Diese Ermächtigung des Bundesgesetzgebers wurde durch das Bundesverfassungsgericht überdies als eine Frage des „pflichtgemäßen Ermessens" (BVerfGE 2, 224 f.) interpretiert – ein unbestimmter Rechtsbegriff, der sich, bis sich die Gemeinsame Verfassungskommission 1994 auf eine Neuregelung geeinigt hatte, kaum exakt überprüfen ließ. Die „Einheitlichkeit", nicht die Vielfalt, konnte sich so zur Leitidee der deutschen bundesstaatlichen Ordnung entwickeln (Renzsch 1991: 283). Letztlich erwies sich der Widerspruch zwischen dem wohlfahrtsstaatlichen Postulat und der unterschiedlichen Leistungskraft der Länder als einer der entscheidenden Hebel, mit welchem die einheitliche Regelung vieler Politikbereiche über die Grenzen eines Bundeslandes hinweg begründet werden konnte.

Nach der Wiedervereinigung Deutschlands hat sich der Gesetzgeber im Zuge der kleinen Verfassungsreform von 1994 dazu entschlossen, in Art. 72,2 GG die „Einheitlichkeit" durch den abgeschwächten Begriff der „Gleichwertigkeit" im Grundgesetz zu ersetzen. Angesichts der wirtschaftlichen und kulturellen Unterschiede zwischen den alten und den neuen Bundesländern wurde die Einheitlichkeit von Lebensverhältnissen zunehmend zur Fiktion, obwohl die Angleichung der Bedingungen in beiden Landesteilen – wenn auch in den letzten Jahren vor dem Hintergrund einer lauter werdenden Kritik der finanzstarken alten Länder an der bestehenden Umverteilungsintensität – noch immer als erstrebenswertes und die politischen Akteure verpflichtendes Ziel gilt.

Weitere Ursachen: Externe Effekte

Das Bedürfnis, die Lebensverhältnisse im Bundesstaat überregional angleichen zu wollen, ist einer der Gründe, warum die Politikverflechtung verfassungsrechtlich festgeschrieben wurde. Angesichts der zunehmenden Komplexität der Staatsaufgaben waren einzelne Länder offenkundig immer weniger in der Lage, länderübergreifende Aufgaben in eigener Zuständigkeit zu lösen. Vor- oder Nachteile des Handelns einer Gebietskörperschaft fallen häufig nicht durchweg innerhalb der für eine Entscheidung zuständigen Einheit an *(externe Effekte)*; politische Entscheider lagern vielmehr die Kosten (etwa die Verschmutzung fließender Gewässer) aus und profitieren von den Gewinnen (z.B. Arbeitsplätze einer Industrieansiedlung), ohne diesen zu teilen oder für die damit verbundenen Nachteile aufzukommen. Selbiges gilt für die Nutzung von öffentlichen Einrichtungen und Gütern, die allen Bürgern offen stehen. Da die Gliedstaaten in Deutschland eine unterschiedliche Leistungskraft aufweisen und in territorialer Größe und Bevölkerungszahl weit voneinander abweichen, werden funktionsräumliche Zusammenhänge vielfach von Landesgrenzen durchschnitten. Beispiele hierfür sind der norddeutsche Raum (vgl. Benz/Scharpf/Zintl 1992), der aus den Ländern Schleswig-Holstein, Niedersachsen und Hamburg besteht, der mitteldeutsche Raum um Halle/Leipzig in Sachsen und Sachsen-Anhalt oder das

Rhein-Main-Gebiet (vgl. weiterführend Kap. 4.2.2). Je kleinräumiger die Einheiten mit Entscheidungskompetenz sind und je weniger ein Land Unterschiede innerhalb seines eigenen Territoriums auszugleichen vermag, umso wahrscheinlicher ist es, dass Umfang und Intensität von föderaler Kooperation und Politikverflechtung zunehmen.

Scharpf und seine Koautoren boten in ihrer „Theorie der Politikverflechtung" (vgl. im Folgenden: Scharpf/Reissert/Schnabel 1976) weitere Erklärungen dafür an, warum die Struktur der Politikverflechtung den politischen Akteuren vorteilhaft erscheint. Sie erklären die Politikverflechtung nicht vorrangig auf der Grundlage bestehender Leitideen, sondern eher anhand einer Gegenüberstellung von spezifischen Problemlagen und den damit korrespondierenden Strategien der politischen Akteure. Der deutsche Wohlfahrtsstaat sei, betonen sie, wie auch andere westliche Demokratien, seit den siebziger Jahren einem wachsenden Problemdruck ausgesetzt. Aufgrund der steigenden Differenzierung wirtschaftlicher und sozialer Prozesse seien alle gesellschaftlichen Leistungen nicht nur störanfälliger geworden, sondern in einem hohen Maße auch abhängig von Vorleistungen des Staates. Im Zuge dieser Entwicklung habe der Wohlfahrtsstaat eine Fülle von Aufgaben an sich gezogen. Dies wiederum führe dazu, dass die Bürger immer mehr Probleme dem politisch-administrativen System zur Verarbeitung und Lösung zuweisen. Gleichzeitig aber müssten die steigenden Ansprüche der Bürger an den Staat enttäuscht werden, da ihre Bedürfnisse nicht hinreichend befriedigt werden können. Während das Anspruchsniveau der Bürger erheblich gewachsen sei, sorge die öffentliche Meinung gleichzeitig dafür, dass aktuelle und potentielle Funktionsdefizite des politischen Systems ständig ins Bewusstsein gehoben werden. Dies erzeuge die Gefahr, dass demokratische Wohlfahrtsstaaten in die Falle einer systemisch bedingten Delegitimierung ihrer eigenen Grundlagen laufen.

<small>Entwicklung des Wohlfahrtsstaates</small>

Den gestiegenen Anforderungen an das politisch-administrative System stehen vielfältige Handlungsrestriktionen gegenüber. Gesellschaftliche Leistungsansprüche gegenüber dem Staat sind zumeist nicht durch die Leistungsbereitschaft politisch relevanter Gruppierungen – seien es Verbände, Initiativen oder Parteien – gedeckt. Gesellschaftliche Organisationen fordern zwar Eingriffe des Staates, sie stellen aber im Gegenzug nicht unbedingt Ressourcen bereit, die zur Lösung eines Problems beitragen. Gleichzeitig verstehen sie es in der Regel trefflich, die Interessen ihrer eigenen Klientel als gemeinwohlorientierte Motive auszugeben, um damit Eingriffe in ihren Besitzstand oder eine Umverteilung von Ressourcen abzuwehren. Da viele der politischen Steuerungsinstrumente, insbesondere Förderprogramme oder Subventionen, aus dem allgemeinen Steueraufkommen finanziert werden, ist der Preis für die in Anspruch genommenen öffentlichen Leistungen schwer identifizierbar: Forderungen können so als legitim verkauft werden.

<small>Gestiegene Anforderungen an den Staat bei gleichzeitigen Handlungsrestriktionen</small>

Somit wird die Frage, wie politische Systeme Problemdruck abbauen und Handlungsrestriktionen erweitern können, zu einem zentralen Problem von demokratisch regierten Systemen, die sich periodisch der Unterstützung der Wählerschaft vergewissern müssen. In diesem Zusammenhang warfen Scharpf und seine Koautoren die Frage auf, welche Handlungsanreize das Institutionengefüge – besonders das föderale System – bietet und wie sich die am Entscheidungsprozess beteiligten Akteure – Bund, Länder, einzelne Interessengruppen, Regierungen, Parlamente – in diesem System typischerweise verhalten. Dieses Thema behandelt die Theorie der Politikverflechtung, welche die Forschungsgruppe um Fritz W. Scharpf Mitte der siebziger Jahre auf der Grundlage von ökonomischen Theorien des Föderalismus und Erkenntnissen der politikwissenschaftlichen Entscheidungsprozessanalyse entwickelte (vgl. im Folgenden Scharpf/Reissert/Schnabel 1976). Diese Theorie wird heute als eine von mehreren Governance-Theorien behandelt, die zur Analyse von Mehrebenensystemen geeignet sind. Allerdings beschränkt sich diese nun bereits seit dreißig Jahren bewährte Theorie auf zwei föderale Ebenen (und auf die Gemeinden) sowie auf Verhandlungen in Zwangsverhandlungssystemen, mithin auf einen Unterfall des Regierens in Mehrebenensystemen, so dass die Möglichkeiten zur Generalisierung begrenzt sind (vgl. Benz 2009b: 50 ff.). Die Autoren gehen in ihren Analysen im Wesentlichen deduktiv vor: Sie beziehen theoretische Ansätze auf die Struktur des deutschen Föderalismus und untersuchen darauf aufbauend die Empirie der Politikverflechtung. Die nachfolgende Darstellung folgt dem insofern, als zuerst die Theorie der Politikverflechtung erörtert wird. Im Anschluss daran (Kap. 2 ff.) werden empirische Ausprägungen und Befunde vorgestellt.

1.2 Die Theorie der Politikverflechtung: Rationalitätsfallen im Bundesstaat

Vor- und Nachteile der Verflechtung

Auch wenn sie seit Jahrzehnten Gegenstand wissenschaftlicher und politischer Kritik ist, so weist eine verflochtene Entscheidungsstruktur durchaus nicht nur Nachteile auf. Obwohl Zuständigkeiten dezentral wahrgenommen werden, erlaubt sie eine Koordinierung von Aufgaben, die über mehrere Ebenen hinweg greifen, und vermeidet die mit einer Zentralisierung einhergehenden Probleme, die u.a. in Informationsdefiziten und Vollzugskonflikten bestehen. Aufgrund der gemeinsam wahrgenommenen Zuständigkeiten sind die Akteure im politisch-administrativen System überdies in der Lage, Forderungen abzuweisen und die Verantwortung für politische Entscheidungen auf mehrere Schultern zu verteilen (Scharpf/Reissert/Schnabel 1976: 20). Diese vermeintlichen Vorteile können sich allerdings schnell in eine Bürde umkehren, denn Politikverflechtung trägt ebenfalls dazu bei, dass die Möglichkeiten, Probleme zügig zu bearbeiten und dabei deutliche Veränderungen gegenüber dem Status quo zu erzielen, im politischen System Deutschlands eingeschränkt sind. Verflochtene Strukturen sind damit nicht nur für die Input-Seite der Demokratie ein Problem, weil sie Verantwortlichkeiten verwässern und politische Prozesse für den Bürger schwer durchschaubar gestalten. Wägt man die Vor- und Nachteile der Politikverflechtung gegeneinander ab, so sieht man, dass auch die den Verhandlungslösungen immer wieder zugeschriebene erhöhte Leistungsfähigkeit (vgl. z.B. Mayntz 1993: 54) letztlich kritisch bewertet werden muss – vor allem dann, wenn ein Zwangsverhandlungssystem gegeben ist, das gegenüber freiwilligen Formen der Kooperation grundsätzlich blockadeanfälliger ist. Politikverflechtung schränkt der Theorie zufolge die autonome Handlungsfähigkeit von Bund und Ländern ein und führt zu einer mangelnden Effektivität verflochtener Strukturen (Scharpf 2009: 30).

Warum entscheiden sich politische Akteure angesichts all dieser Nachteilen überhaupt für ein System, das Züge der Politikverflechtung aufweist? Um diese Frage beantworten zu können, müssen die Nachteile stark dezentralisierter Systeme ebenso wie die stark zentralisierter Strukturen gegenüber einer bundesstaatlichen Politikverflechtung abgewogen werden. Scharpf zufolge erzeugen dezentralisierte Systeme wie das deutsche, in dem mit erheblichen Kompetenzen ausgestattete Gliedstaaten und eine vergleichsweise starke kommunale Selbstverwaltung gegeben sind, insbesondere folgende typische Problemlagen, die sich im Wesentlichen aus Externalitäten und ihren Folgen herleiten (vgl. Scharpf/Reissert/Schnabel 1976: 24 f.):

Typische Problemlagen dezentralisierter Systeme

- Problemzusammenhänge überschreiten die Zuständigkeitsgrenzen des Bundes oder von Bund und Ländern. Als prägnantes Beispiel hierfür kann z.B. die Raumplanung angeführt werden.
- Kosten und Nutzen einer Entscheidung fallen deshalb nicht immer in der gleichen Einheit an (Externalitäten). Entweder trägt die Entscheidungseinheit nicht alle Kosten ihrer Aktivitäten, oder ein Teil des Nutzens kommt nicht ihr zugute.
- Kollektivgutprobleme: Die Nutzung von Gütern erfolgt auch durch solche Akteure, die nicht zur Finanzierung beitragen.

Diese Problemlagen lassen vermuten, dass eine dezentrale Entscheidungsstruktur grundsätzlich weniger leistungsfähig ist als eine Staatsorganisation, die durch die Zentralisation von Zuständigkeiten derartige Koordinationsprobleme vermeidet. Ein informativer und responsiver Zentralismus entspricht in der Tat der Idealvorstellung fast aller technokratischen Planungskonzepte. Die Autoren der Politikverflechtung verweisen aber zu Recht darauf, dass zentralistische Modelle immer wieder versagen, weil die Zentralinstanzen nur selten mächtig genug sind, um die unteren Gebietskörperschaften wirksam vom Konsensbildungsprozess auszuschließen: Auf ihre ortsnahen Kenntnisse kann nur um den Preis verzichtet werden, dass Entscheidungen aufgrund der zu dürftigen Informationsbasis zentraler Akteure immer wieder am Kern eines Problems vorbeigehen.

Zentralisierung von Aufgaben als Ausweg?

Zentralistische bzw. hierarchische Systeme müssen sich außerdem nicht in dem gleichen Umfang wie dezentralisierte Staaten Konsens beschaffen, um handlungsfähig zu bleiben. Deshalb tendieren sie dazu, „unnötige" Aufwendungen zu vermeiden; d.h. sie unterlassen es, sich Informationen zu besorgen und zu verarbeiten, die für eine tragfähige Entscheidungsgrundlage erforderlich wären. Aus diesem Grunde gelten zentralistische Systeme gegenüber solchen mit einem hohen Konsensbedarf als weniger lernfähig. Sie neigen dazu, sich eher auf den eigenen Wissens- und Vorurteilsbestand zu beschränken und Problemlösungen zu entwickeln, die an den eigenen institutionellen Interessen statt an den Bedürfnissen der Betroffenen ausgerichtet sind. In extremer Form belegen diesen Zusammenhang die ehedem kommunistischen Systeme, in denen die zentralistische Planwirtschaft zu gravierenden Fehlsteuerungen geführt hat.

Umgekehrt kann aber auch eine vollständige Dezentralisierung kein Königsweg sein. Denn selbst wenn die Zuständigkeitsvermutung auf der dezentralen Ebene angesiedelt ist, gibt es doch etliche Aufgaben, die gesamtstaatliche

Bedeutung oder keinen regionalen Bezug haben. Deshalb sollten die höheren Ebenen durch regulierende Eingriffe das Verhalten der unteren Entscheidungsträger so beeinflussen können, dass eine aus gesamtstaatlicher Sicht optimale Güterversorgung gewährleistet werden kann, ohne dass gleichzeitig die Vorteile dezentraler Organisation aufgegeben werden. Die Auflösung dieser Einwände würde demzufolge zu einem System der Politikverflechtung führen, das die Vorteile dezentraler und zentraler Staatsorganisation kombinieren soll. Mit anderen Worten: Weder eine Zentralisierung noch eine Dezentralisierung stellt einen Königsweg dar. Probleme, die sich über mehrere Ebenen erstrecken, lassen sich nicht durch Ein-Ebenen-Strukturen optimal verarbeiten (Scharpf/Reissert/Schnabel 1976: 29). Daher kann auch die strikte Anwendung des Trennprinzips keinen Ausweg aus solchen Problemlagen weisen.

Problemstrukturen In demokratischen Wohlfahrtsstaaten müssen politische Entscheidungsträger eine Vielzahl drängender Problemlagen lösen (vgl. im Folgenden: Scharpf/Reissert/Schnabel 1976: 26 ff.). Diese Problemstrukturen können folgendermaßen typisiert werden: Es gibt

- Niveauprobleme, bei denen die jeweils unteren Einheiten ihr Leistungsniveau steigern oder vermindern sollen, wenn Leistungen in zu großem oder kleinem Umfang erbracht werden;
- Niveaufixierungsprobleme, wenn dezentrale Einheiten nicht das erforderliche Maß an Leistungen bringen, weil sie z.B. von den Beiträgen der anderen Gebietskörperschaften profitieren (z.B. bei der Festlegung von Grenzwerten);
- Verteilungs- und Strukturprobleme, bei denen komplexere Interaktionsmuster zwischen den Akteuren gegeben sind;
- Interaktionsprobleme, die entstehen, wenn von den Entscheidern ein unterschiedliches, gleichzeitig aber zeitlich und sachlich aufeinander abgestimmtes Entscheidungsverhalten gefordert ist. Solche Probleme lassen sich in der Regel nur durch sorgfältige Planung und Koordinierung der entscheidungsbefugten Akteure lösen.

Politikverflechtung als problemlösende Entscheidungsstruktur? Wie können öffentliche Güter effizient erbracht werden? Dass viele dieser Probleme weder allein durch Dezentralisierung noch allein durch Zentralisierung gehandhabt werden können, wurde oben bereits erwähnt. Sie erfordern zudem unterschiedliche Strategien: Während die Lösung von Interaktionsproblemen zur Folge hat, dass die Autonomie der Beteiligten eingeschränkt wird, können Niveau- und Niveaufixierungsprobleme durch Anreize gelöst werden (Benz 2009b: 59). Als weitere denkbare Lösung bietet sich die Politikverflechtung an, da sie die Vorteile einer dezentral organisierten Politik mit der Planungs- und Ordnungskompetenz der übergeordneten Ebene zu verbinden versucht.

Grundzüge dieser Struktur waren aufgrund der Mitwirkungsrechte des Bundesrates schon im Grundgesetz angelegt. Daneben hatte sich in den ersten zwei Jahrzehnten nach der Gründung der Bundesrepublik eine verfassungsrechtlich ungeregelte Dotations- und Kooperationspraxis ausgebildet, in deren Rahmen der Bund die Länder bei der Durchführung und Finanzierung politischer Programme unterstützte (vgl. für die Finanzbeziehungen exemplarisch: Renzsch

1991; vgl. Kap. 2.3). Während der Regierungszeit der ersten Großen Koalition (1966-69) legitimierten Bund und Länder diese bestehenden Vermischungen von Kompetenzen durch Verfassungsänderungen und bauten die bestehenden Strukturen weiter zur institutionalisierten Politikverflechtung aus. Beide bundesstaatlichen Ebenen sollten nun Aufgaben in bestimmten Bereichen gemeinsam planen und finanzieren, um Störungen des gesamtwirtschaftlichen Gleichgewichts vorzubeugen und um in allen Ländern eine möglichst gleiche Aufgabenwahrnehmung zu gewährleisten. Die Einrichtung gemeinsamer Bund-Länder-Planungsgremien folgte dabei dem Steuerungsglauben der sechziger und frühen siebziger Jahre, der davon ausging, gesellschaftliche und politische Entwicklungen ließen sich vorausschauend planen (vgl. Kap. 2.3). Punktuelle Mehrheitsentscheidungen, politische Teillösungen und eine sprunghaft operierende Politik sollten mit Hilfe einer koordinierten politischen Planung überwunden werden.

Der Glaube an die planvolle Steuerung gesellschaftlicher Prozesse ist mittlerweile einer breiten Ernüchterung gewichen. Hierzu trugen nicht nur die Erfahrungen bei, die mit dem Scheitern des planwirtschaftlichen und sozialistischen Modells Ende der achtziger Jahre verbunden sind, sondern auch wissenschaftliche Analysen (vgl. Kap. 2-4). Organisationstheoretische Arbeiten (vgl. March/ Olsen 1989) und neuere Ansätze der Policy-Forschung (vgl. z.B. Zahariadis 1999) konzeptualisierten die Zeitabhängigkeit und den Zufallscharakter politischen Handelns. In der politikwissenschaftlichen Forschung gilt es inzwischen als Gemeingut, dass die Art und Weise, wie ein politisches System funktioniert, von zahlreichen externen Rahmenbedingungen und intervenierenden Einflüssen abhängig ist.

Politikverflechtung als Ergebnis des Steuerungsglaubens der 1960er Jahre

Verflochtenen Systemen sind aber auch sehr spezifische Schwächen eigen. Sie bringen in der Regel dann unbefriedigende Ergebnisse, wenn Konsens bei weit auseinanderstrebenden Interessenlagen und schwerwiegenden Konflikten hergestellt werden muss. Gelingt es nicht, eine Einigung zu erzielen, tendiert das System zur Selbstblockierung. Je mehr Akteure an einer Entscheidung beteiligt sind, je polarisierter deren Verhältnis zueinander ist und je komplexer dabei die Problemlagen sind, desto eher tendieren politikverflochtene Strukturen dazu, sich selbst lahmzulegen. Die Wahrscheinlichkeit, dass sich die beteiligten Entscheidungsträger nicht einigen können, steigt überdies mit der Zahl der diskutierten Entscheidungsalternativen an. Die Theorie der Politikverflechtung, die von egoistisch-rational handelnden Akteuren ausging, die am eigenen Gewinn und weniger an einer Lösung von gemeinsamen Problemen orientiert sind („bargaining" statt „problem-solving"), prognostizierte angesichts der gegebenen Bedingungen Ergebnisse des kleinsten gemeinsamen Nenners als politischen Normalfall: Durch die bestehenden Strukturen würden Entscheidungsprozesse verlangsamt, besitzstandswahrende Lösungen begünstigt und Konflikte vertagt, weil eine Gleichbehandlung der Beteiligten schon allein aufgrund des Zwangs zur Einigung und der hohen Vetohürden unumgänglich sei. Aus diesen Gründen ließen sich v.a. die oben beschriebenen Niveauprobleme lösen, kaum aber Verteilungs- und Strukturprobleme.

Kleinster gemeinsamer Nenner als Normalfall?

Die Theorie der Politikverflechtung legt somit eine insgesamt skeptische Betrachtung des deutschen Föderalismus nahe. Sie beschreibt jedoch auch nach eigenem Verständnis keinen Zustand, in dem die Blockade tatsächlich notwendig

Theoretisch denkbare Lösungsmöglichkeiten

eintreten *muss*. Vielmehr macht sie auf eine institutionell angelegte Gefahr aufmerksam. Nur wenn Akteure die geschilderten Schranken nicht abbauen können, tendiert Politikverflechtung folglich statt zur effektiven Problemverarbeitung zu einer Lähmung des politischen Betriebs. Aus dieser Erkenntnis folgt die Frage, wie sich die beschriebenen Probleme überwinden lassen. Aus den – theoretisch zugeschriebenen – unbefriedigenden Funktionsweisen des föderalen Systems ergeben sich nun wiederum mehrere, ebenfalls theoretisch abgeleitete Strategien, die dazu beitragen können, den Konsensbedarf in verflochtenen Strukturen zu minimieren (vgl. hierzu Scharpf/Reissert/Schnabel 1976: 54 ff.) – denn auch nach Einschätzung der Autoren funktionierte die Praxis der Politikverflechtung zwar nicht optimal, aber zumindest halbwegs passabel. Verbesserungsvorschläge setzen bei der Zahl der beteiligten Akteure, der Zahl der Entscheidungsalternativen, aber auch bei den institutionellen Regeln an, die unterschiedliche Handlungsanreize setzen können. Um es vorwegzunehmen: Viele dieser Strategien erweisen sich zwar im Rahmen systematischer Analysen als denkbar. Sie sind jedoch aus verschiedenen Gründen praktisch nicht ohne weiteres durchsetzbar.

Verminderung der Zahl der Entscheidungsalternativen

Je weniger Akteure an einer Entscheidung beteiligt werden, desto weniger Alternativen stehen tendenziell in Verhandlungen auf der Agenda. Eine erste theoretisch denkbare Lösung der Konfliktminimierung besteht somit darin, die Zahl der Entscheidungsoptionen zu verringern. Hierfür stehen verschiedene Strategien zur Verfügung. Verhandlungstheoretische Darstellungen unterscheiden in diesem Zusammenhang zwischen den Verfahren der positiven und der negativen Koordination (vgl. Scharpf 1993). Während im ersten Fall alle Entscheidungsalternativen der miteinander verbundenen Politikbereiche gleichzeitig zur Disposition stehen (es geht also um die gemeinsame Sache), werden im Zuge der negativen Koordination die Entscheidungsalternativen eines einzelnen Politikbereichs in bilateralen Abstimmungsprozessen daraufhin überprüft, welche Auswirkungen sie auf andere Politikbereiche haben. Dieses Muster ist weniger aufwendig, es setzt auf die Nichtschädigung der Beteiligten. Man kann deshalb erwarten, dass es zur horizontalen Koordination zwischen den Bundesländern und im föderalen Verbundsystem überwiegend genutzt wird.

Daneben können Entscheidungen auch in unterschiedliche Sequenzen, d.h. in kleinere Häppchen zerlegt werden, um Konsens und Reformen schrittweise zu erreichen. Die Gefahr einer solchen Vorgehensweise besteht allerdings darin, dass der Gesamtzusammenhang eines Problems zerschnitten wird und letztlich nur unvollständige Lösungen zustande kommen (vgl. hierzu ausführlich: Scharpf/Reissert/Schnabel 1976: 58 ff.).

Konfliktminimierende Entscheidungsregeln

Eine zweite Möglichkeit besteht in der Anwendung konfliktminimierender Entscheidungsregeln. Im föderalen System Deutschlands kann eine Reihe solcher Regeln beobachtet werden, die für politikverflochtene Systeme als typisch gelten. Hierzu zählt der konfliktmindernde Grundsatz der Gleichbehandlung, d.h. der Bund darf einzelne Länder nicht ohne einen sachlich überzeugenden Grund benachteiligen oder bevorzugen. Dieser Grundsatz steht im Einklang mit dem des „bundesfreundlichen Verhaltens", dem zufolge der Bund verpflichtet ist, auf eine Gleichbehandlung aller Gliedstaaten hinzuwirken. Eine weitere Strategie besteht darin, Besitzstände nicht anzutasten, um komplizierte Umverteilungsprobleme zu vermeiden. Dies führt dazu, dass Finanzfragen häufig von Sachpolitiken abgetrennt werden, um Konflikte einfacher handhaben zu können. Eine solche Verfahrensweise funktioniert allerdings nur so lange, wie die öffentlichen Haushalte noch ein Minimum an Flexibilität aufweisen. Heute hingegen stoßen vereinbarte Programme immer wieder im Nachhinein auf finanzielle Restriktionen, was zur Folge hat, dass bereits beigelegte Konflikte bei den Verhandlungen über die Finanzierbarkeit erneut aufbrechen. Dennoch kann eine solche Entscheidungssegmentierung dazu beitragen, dass konfliktbelastete Themen getrennt von weniger konfliktträchtigen behandelt werden und erreichte Erfolge des einen Teils im Zuge der Entscheidung dann nicht mehr rückgängig gemacht werden können. Die Aufspaltung von Gesetzen in zustimmungspflichtige und nach den Regeln der „einfachen" Gesetze zu behandelnde Materien, bei denen der Bundesrat kein Veto geltend machen kann, wäre ebenfalls ein Beispiel für Entscheidungssegmentierung.

Weitere Strategien, die eine Veränderung des Status quo scheuen, sind Eingriffsverzicht und Strukturerhaltung. Konflikte werden dabei durch schlichte Untätigkeit vermieden. Diese Strategie vermindert zwar kurzfristig den Druck auf die politischen Akteure, sie läuft jedoch Gefahr, dass sich Problemlagen mittel- und langfristig krisenhaft zuspitzen.

Drittens kann grundsätzlich die Zahl der notwendigen Beteiligten an einer Entscheidung reduziert werden, und zwar durch die

Verminderung der Zahl der an einer Entscheidung Beteiligten

- **Bilateralisierung der Verhandlungen:** Bilateralisierung wird, insbesondere in informellen Vorverhandlungen im Bundesstaat, als Strategie häufig eingesetzt. Im deutschen Föderalismus sind dieser Strategie jedoch in den formalisierten vertikalen Beziehungen zwischen Bund und Ländern rechtliche Schranken gesetzt. Die bundesstaatliche Kooperation unterliegt nämlich der im Grundgesetz nicht eigens ausgeführten, vom Bundesverfassungsgericht aber schon frühzeitig entwickelten und in Einzelentscheidungen ausgelegten ungeschriebenen Verfassungsnorm der wechselseitigen „Bundestreue" (BVerfGE 1, 38; 12, 23). Diesem Prinzip zufolge sind Bund und Länder verpflichtet, sich bundesfreundlich zu verhalten, d.h. das Mindestmaß an gegenseitiger Rücksichtnahme walten zu lassen, ohne die ein Bundesstaat zu große Fliehkräfte entwickeln würde. Das Bundesverfassungsgericht hat beispielsweise die in den achtziger Jahren angewandte Praxis, nach der die CDU/FDP-Bundesregierung die Minderheit der nicht unionsgeführten Länder von der föderativen Koordinierung verfahrensmäßig ausgeschlossen hat, prinzipiell als nicht verfassungskonform befunden – auch wenn im konkreten Fall kein Verfassungsverstoß belegt werden konnte. Der Bund, so hieß es, dürfe bei Verhandlungen, welche die Interessen aller Länder berührten, keine parteipolitisch begründete Auswahl unter den Gliedstaaten vornehmen (BVerfGE 86, 13). Bund-Länder-Beziehungen können somit, anders als eine Kooperation zwischen den Ländern, in der Regel schon aus verfassungsrechtlichen Gründen kaum bilateraler Natur sein; dies gilt indes nicht für die horizontale Kooperation der Länder.
- **Externalisierung:** Um das Konfliktniveau verflochtener Strukturen zu senken, können des weiteren Entscheidungen aus den zuständigen Einheiten ausgelagert, d.h. externalisiert werden; auch auf diese Weise wird die An-

zahl der beteiligten Akteure deutlich begrenzt. Das Verflechtungssystem könnte sich so in ein engeres Konsenssystem, in dem Überzeugungsstrategien eingesetzt werden müssen, und ein Durchsetzungssystem ausdifferenzieren, in dem Bargaining-Strategien angemessen sind (Scharpf/Reissert/ Schnabel 1976: 57). Von dieser Möglichkeit kann eine Regierung oder ein Parlament z.B. Gebrauch machen, indem sie bzw. es Beratungs- oder Expertengremien einsetzt. Solche Gremien sollen Lösungen vorbereiten und diese aufgrund ihres Sachverstands mit Legitimation ausstatten. Die zahlreichen Planungsgremien zählen ebenfalls dazu. Bezeichnenderweise haben alle Bundesregierungen der vergangenen Jahrzehnte versucht, Vorentscheidungen in verschiedenen Politikfeldern aus den formal zuständigen Institutionen auszulagern. Während der Regierungszeit der Koalition aus SPD/ B´90 Grüne hat diese Praxis, welche, wie Kritiker sagen, das Parlament entwerte, eine hohe öffentliche Aufmerksamkeit erfahren (vgl. Siefken 2003). Mit Hilfe solcher Vorgehensweisen können sich die politischen Akteure aber allenfalls sachlichen Rat zunutze machen, sie sind damit jedoch noch keineswegs politisch hinreichend legitimiert. Auch als sachlich „richtig" ausgegebene Lösungen unterliegen keiner endgültigen Wahrheit; sie sind in einer pluralistischen Demokratie vielmehr unausweichlich Gegenstand konkurrierender Deutungen und des politischen Streits. Außerhalb der zuständigen Gremien erarbeitete Lösungsvorschläge müssen schließlich noch den Prozess der Gesetzgebung durchlaufen. Fallstudien zeigen, dass dabei Vorschläge regelmäßig abgeschichtet, verändert und mitunter kleingearbeitet werden (vgl. Kropp 2003). Sie sind damit wieder den parteipolitischen und föderalen Konfliktlagen ausgesetzt, die durch die vorangegangene Auslagerung in Gremien eigentlich überwunden werden sollen. Einer erfolgreichen Externalisierung von Entscheidungen sind im Verfassungs- und Rechtsstaat somit Grenzen gezogen.

- **Spezialisierung:** Eine weitere denkbare Möglichkeit besteht darin, die Zahl der Beteiligten durch die Spezialisierung von Zuständigkeiten zu vermindern (vgl. Scharpf/Reissert/Schnabel 1976: 58). Eine solche Spezialisierung kann z.B. sektoral, d.h. innerhalb der Grenzen ministerieller Zuständigkeiten, erfolgen. So werden z.B. Verhandlungen zwischen den fachlich zuständigen Akteuren geführt. In der Realität des kooperativen Bundesstaates setzt dies allerdings häufig voraus, dass sich die zur Lösung anstehenden Problemlagen auch auf sektorale Politiken und damit auf den Wirkungsbereich einzelner Ministerien beschränken lassen. Allerdings überschreiten komplexe Probleme regelmäßig den Zuständigkeitsbereich einzelner Ressorts, so dass eine Koordination fast unvermeidlich ist. Heute gelten gerade die interministeriell angelegten, sog. „übergreifenden" bzw. „integrierten" Lösungen als Qualitätsnachweis einer erfolgreichen Politik. Außerdem stünden – dies wäre ein weiteres Argument – in Verhandlungsdemokratien bei konsequent durchgehaltenen Spezialisierungen weniger Möglichkeiten bereit, über einzelne Politikfelder hinweg Koppel- und Tauschgeschäfte abzuschließen. Solche Strategien gehen zudem einher mit Informationsdefiziten, weshalb sich die Frage stellt, ob eine solche Strategie nicht sogar hinter ein

durch Politikverflechtung schon erreichtes Problemlösungsniveau zurückfallen würde.
- **Entflechtung:** Die am weitesten gehende Möglichkeit, die Zahl der beteiligten Akteure zu begrenzen, besteht in einer Entflechtung, d.h. im Rückbau von verflochtenen Strukturen zugunsten einer selbständigen Handlungsfähigkeit von Bund und Ländern. Auch wenn in den 1980er Jahren die konsensstiftende Wirkung und die Leistungsfähigkeit des föderalen Systems durchaus noch positiv eingeschätzt wurden (Benz 1985; Hesse/Renzsch 1991), so zeigen doch die langjährigen Erfahrungen mit dem deutschen Verbundföderalismus, dass dieser ineffektive Ergebnisse hervorbringt und gesellschaftliche und regionale Forderungen an den Gesamtstaat festigt. Inspiriert durch die ökonomische Theorie des Föderalismus (vgl. z.B. Thoeni 1986, siehe 1.4.3) und durch demokratietheoretische Erwägungen (vgl. Sturm 2004), sind seit einigen Jahren die Stimmen lauter geworden, die auf eine – mehr oder weniger behutsame – Entkopplung der bundesstaatlichen Ebenen setzen. Ob eine Trennung und eindeutige Zuweisung von Kompetenzen angesichts von Problemlagen, die mehrere Ebenen überschreiten, sinnvoll und möglich ist, muss aber bezweifelt werden (vgl. hierzu auch die Leitbilddebatte in der Föderalismuskommission, Kap. 6).

Der Theorie der Politikverflechtung zufolge sind aber institutionelle Lösungen innerhalb der bestehenden verflochtenen Strukturen kaum möglich, da diese Vorteile und Privilegien zementiert haben, auf die rational handelnde Akteure nicht verzichtet werden. Die Akteure durchlaufen Lernprozesse der Theorie zufolge erst, wenn Krisen den Handlungsdruck auf die sich „pfadabhängig" entwickelnden Institutionen so weit erhöht haben, dass die bundesstaatlichen Akteure ihre bis dahin gepflegten Routinen der Auseinandersetzung nicht mehr aufrecht erhalten können und deshalb den föderalen „Entwicklungspfad" verlassen oder auf Nebenwege ausweichen. Es sind aber nicht nur extern ausgelöste Krisen, die Anlass zu weitreichenden Reformen geben. Korrekturen und Veränderungen können auch durch „Mitspieler" im politischen Betrieb erzwungen werden. Das Bundesverfassungsgericht etwa hat in den vergangenen 50 Jahren immer wieder Urteile von großer Tragweite zur Weiterentwicklung des föderalen Systems gesprochen. Diese zielten aber keineswegs durchwegs in die Richtung einer Entflechtung, sondern sie betonten häufig den solidarischen Charakter des Bundesstaates. Erst in jüngerer Vergangenheit hat sich eine Rechtsprechung zugunsten einer stärkeren Eigenverantwortlichkeit und Trennung von Kompetenzen durchgesetzt (vgl. Kap. 6).

Eine zentrale Frage der Theorie der Politikverflechtung lautet, inwiefern politische Institutionen negative oder positive Anreize für Akteurshandeln setzen und unter welchen institutionellen Bedingungen sich die Akteure in politikverflochtenen Strukturen verfangen. Ökonomischen Theorien zufolge bilden dezentrale Entscheidungsstrukturen wahrscheinlich vor allem dann Rationalitätsfallen aus, wenn Institutionen die politischen Akteure zu gemeinsamen Entscheidungen *zwingen* und kein autonomes Handeln der Gebietskörperschaften mehr möglich ist. Deshalb ist auch nicht die tatsächliche Dezentralisierung von Kompetenzen das wesentliche Problem des deutschen Föderalismus, sondern die Kombination

Politikverflechtungsfalle

solcher Strukturen mit dem Verbundföderalismus, in dem die Akteure auf Vetomöglichkeiten zurückgreifen und eine Veränderung des Status quo verhindern können. Dezentralisierte Systeme, die mit trennföderalen Strukturen verbunden sind, weisen demgegenüber offenbar eine bessere Entscheidungsfähigkeit auf (vgl. Ehlert/Hennl/Kaiser 2007).

Die Theorie der Politikverflechtung spricht in diesem Zusammenhang von einer „Politikverflechtungsfalle". Diese entsteht, wenn eine zwei oder mehr Ebenen verbindende Entscheidungsstruktur aus ihrer institutionellen Logik heraus ineffiziente und den Problemen nicht angemessene Politikergebnisse erzeugt. Akteure, die sich in politikverflochtenen föderalen Systemen individuell zweckrational verhalten und ihre Eigeninteressen verfolgen, verfehlen diesen Überlegungen zufolge voraussichtlich wegen der institutionellen Architektur das sog. „Wohlfahrtsoptimum". Sofern sie bei Verhandlungen im „Bargaining-Modus" verfahren – was der Theorie der Politikverflechtung zufolge wahrscheinlich ist –, werden sie zu einseitigen Verzichtleistungen nicht bereit sein. Indem sie aber von den ihnen zur Verfügung stehenden Blockademöglichkeiten Gebrauch machen, verletzen sie gleichzeitig ihre „objektiven" Eigeninteressen. Vor allem risikoscheue Beteiligte werden unter diesen Bedingungen dazu tendieren, eine am Status quo ausgerichtete Politik zu betreiben – ihr mitunter einseitiger Oktroi definiert dabei den Radius der innerhalb der Politikverflechtung möglichen Lösungen. Die Reichweite dieser Lösungen fällt entsprechend klein aus (vgl. Scharpf 1985: 346). Die Ergebnisse eines Policymaking, das im institutionellen Rahmen der Politikverflechtung verläuft, bleiben somit in der Regel unbefriedigend. Der gegenwärtige Zustand bzw. der Status quo stellt für die beteiligten Akteure ein „lokales Optimum" dar, das auch durch gradualistische Strategien und Reformempfehlungen nicht verlassen werden kann: Wirksame Verbesserungen würden Veränderungen voraussetzen, für die wenigstens kurzfristig die Interessen vieler Beteiligter verletzt würden (so die Definition nach Scharpf 1985: 350).

Keine Reform der institutionellen Strukturen möglich?

Ein weiteres Problem besteht der Politikverflechtungsfalle zufolge darin, dass eine politikverflochtene Struktur kaum in der Lage ist, die institutionellen Bedingungen ihrer Entscheidungslogik aus sich heraus zu verändern. Die bundesstaatliche Politikverflechtung hat offenbar eine Machtverteilung zementiert, welche stets eine hinreichende Anzahl von Akteuren davon abhält, die mit ihr verbundenen Vorteile und Ressourcen durch Reformen der gegebenen politischen Ordnung aufzugeben (zur theoretischen Kritik vgl. Punkt 1.3). Die gegebenen hohen Zustimmungsquoren, die faktisch (und durch das Bundesverfassungsgericht abgesegnet) zu einer Einstimmigkeitsregel ausgebaut wurden, führen mit einer hohen Wahrscheinlichkeit dazu, dass sich die Akteure selbst blockieren, wenn sie die Spielregeln – im Sinne einer Institutionenreform – ändern wollen. Da die Beteiligten, die ein Interesse an einer Überwindung des Status quo haben, gleichzeitig in einem Zwangsverhandlungssystem feststecken, können sie nicht aus dieser Struktur abwandern: Sie bleiben folglich in einer für sie unvorteilhaften Situation gefangen.

Zu pessimistische Bilanz? Differenzierungen der Theorie nötig

Die Bilanz der Politikverflechtung müsste diesen theoretischen Überlegungen zufolge überwiegend negativ ausfallen. Können sich die Akteure in politikverflochtenen Strukturen nicht einigen, sind die einzelnen Entscheidungseinheiten nicht handlungsfähig: Es bleibt dann beim Status quo. Lösungen können nur erreicht werden, wenn hinreichend Spielraum für die Verteilung von Ressourcen gegeben ist und alle Beteiligten zufriedengestellt werden – dies ist allerdings nur in Zeiten wirtschaftlichen Wachstums der Fall. Gleichwohl funktioniert Politikverflechtung in der Praxis sehr unterschiedlich, mit erheblichen Unterschieden zwischen einzelnen Politikfeldern (vgl. Scheller/Schmid 2008; Scheller 2008a; Kilper 2008). Bei der Anwendung und Rezeption dieser Theorie wurde immer wieder übersehen, dass die institutionellen Bedingungen die Handlungsfähigkeit von Akteuren tendenziell einschnüren und rasche und sehr weitreichende Reformen erschweren, Blockaden sich aber keineswegs zwangsläufig einstellen. Insofern sprechen manche Autoren davon, dass die politische Praxis (und teilweise auch die Wissenschaft) die Theorie der Politikverflechtung teils ungewollt, teils bewusst missverstanden habe. Indem sich die Wahrnehmung der Theorie vor allem auf die „Politikverflechtungsfalle" – als Inbegriff eines „verkorksten" Bundesstaates – verengt habe, seien wesentliche Aussagen ausgeblendet worden (Lhotta 1993). Verflechtungsstrukturen gelten insbesondere aus diesem Grunde heute als pauschal diskreditiert (Scheller 2008a: 14). Die zahlreichen Reformen, etwa im Bereich der Arbeitsmarkt- und Sozialpolitik nach 1998, stünden aber im Widerspruch zur dominanten Blockaderhetorik (Schmid 2008: 348). Auch konzentriert sich die Theorie ausschließlich auf die Interaktionen von Exekutiven im Bundesstaat und lässt Parteien sowie private Akteure, die in Ebenen übergreifende Verhandlungen eingebunden sind, konzeptionell unberücksichtigt (Benz 2009b: 62; weiterführend Burgess 2006). Damit wurden auch unterschiedliche, aufeinander einwirkende Regelsysteme in unterschiedlichen Entscheidungsarenen noch nicht konzeptionell eingebunden. Dass unterschiedliche Regelsysteme am Werk sind, kann zwar Blockaden verstärken (Lehmbruch 1976), aber auch – z.B. über die föderal organisierten Parteien – Verhandlungen abstützen und Blockaden verhindern helfen (Renzsch 2000a). Von Interesse wäre daher in weiteren Forschungen, wie sich unterschiedliche Netzwerke von privaten und öffentlichen Akteuren in mehr oder weniger politikverflochtenen Politikfeldern „bewegen" und zu welcher Art von Problemlösungsfähigkeit solche Governance-Strukturen führen (Schmid 2008).

Scharpf selbst und andere haben die Theorieentwicklung über politikverflochtene Systeme später weiter vorangetrieben (vgl. Kap. 1.3). Nachdem nun zunächst weitere Theorien, die zur Analyse von Politikverflechtung und kooperativem Föderalismus herangezogen werden, im Mittelpunkt stehen, widmen sich die nachfolgenden Kapitel konkreten Erscheinungsformen des föderalen Systems.

1.3 Theoretische Weiterungen: Verhandlungssysteme und Politikverflechtung

Die Theorie der Politikverflechtung ging von einem recht einfachen Akteurkonzept aus, das von den Autoren später um weitere Annahmen ergänzt wurde. Dies betrifft sowohl die Konzeption von Handlungsmotivationen als auch die Erkenntnis, dass viele Handlungsträger im politischen System konkurrierenden

Erweiterung des Akteurkonzepts

Rollenerwartungen ausgesetzt sind. Kollektive Akteure können zudem in der Regel nur auf Kosten einer erheblichen Vereinfachung als unitarische und homogene Gebilde konzeptionell gefasst werden.

Interaktions-orientierungen

Auch rational handelnde Akteure sind grundsätzlich in der Lage, den Rationalitätsfallen zu entgehen, die dem deutschen Föderalismus als typische Erscheinung zugeordnet werden. In ihren Analysen zu verhandlungsbasierten Entscheidungssystemen haben Scharpf und sein Autorenteam später selbst darauf hingewiesen, dass politische Entscheidungsträger in Verhandlungssystemen stets in Beziehung zu anderen Akteuren stehen. Aus diesen Gründen handeln sie nur selten rein egoistisch-rational; sie sind nicht nur auf ihren eigenen Nutzen fixiert, sondern definieren ihren eigenen Gewinn meistens in Relation zum Gewinn bzw. dem Verlust anderer Akteure (z.B. Scharpf 1997: 84 ff.). Da sie die erwarteten Aktionen anderer Akteure in ihre eigenen Nutzenkalküle antizipierend einbeziehen, sind Interaktionsorientierungen oft gerade nicht durch rein egoistische Motivlagen geprägt. Vielmehr stehen politische Eliten häufig im Wettbewerb (mitunter, aber wesentlich seltener, sogar in feindlichen Beziehungen) zueinander, oder aber sie müssen oder wollen kooperieren, um ihre Ziele zu erreichen.

Unterschiedliche Interaktionsorientierungen wirken sich nun aber darauf aus, wie sich die Verhandlungsstruktur gestaltet. Dominieren kompetitive Einstellungen, messen Akteure den Abstand zu ihrem Gegenüber; fällt er zu ihren Gunsten aus, betrachten sie dies als Gewinn. Somit kann ein Handlungsträger auch dann noch einen „Erfolg" erzielen, wenn er Verluste hinnehmen muss, diese aber geringer ausfallen als die seines Interaktionspartners. Überwiegen hingegen kooperative Interaktionsorientierungen, streben Akteure einen gemeinsamen Gewinn an. Verteilungskonflikte können dann im Großen und Ganzen auf ein Koordinationsproblem reduziert werden. Damit wären sogar Eingriffe in die Ressourcen eines Akteurs möglich, sofern dieser durch den Gewinn des Kooperationspartners aufgewogen wird. Feindliche Orientierungen wiederum definieren den Verlust eines anderen Akteurs als eigenen Gewinn, was jedwede Form der Zusammenarbeit schwierig oder sogar unmöglich werden lässt (vgl. Scharpf 1997: 86). Mit anderen Worten: Dominiert eine kooperative Orientierung, bestehen gute Chancen, dass Politik selbst in verflochtenen Bund-Länder-Verhandlungen handlungsfähig bleiben kann. Gleichgerichtete Interessen müssen dann nurmehr koordiniert werden. Sind allerdings kompetitive (oder gar feindliche) Interaktionsorientierungen prägend, folgen Verhandlungen leicht der Logik eines Nullsummenspiels, in dem der Verlust des Partners als eigener Gewinn betrachtet wird. In Zwangsverhandlungssystemen kann dies dann leicht Blockaden hervorrufen, selbst wenn eine Einigung für alle Beteiligten vorteilhaft wäre (Scharpf 2009: 28).

Vernetzte Handlungsarenen

Meistens sind politische Beziehungsmuster von einem Mix verschiedener Interaktionsorientierungen geprägt. Eine solche Mischung liegt schon deshalb nahe, weil viele Institutionenordnungen wettbewerbsdemokratische und konsensdemokratische Konfigurationen kombinieren. Politische Entscheider sind somit häufig einem durch die politische Ordnung vorgegebenen Rollenkonflikt ausgesetzt, den sie aushalten oder aber in unterschiedliche Richtungen auflösen müssen. Studien haben diesen Sachverhalt über die Aufteilung des Regierungssystems in verschiedene Arenen oder spieltheoretisch als „verschachtelte Spiele" (nested games) konzeptualisiert (z.B. Benz 1995; Tsebelis 1990). Dieses Konzept trägt der Tatsache Rechnung, dass Akteure sich in der Regel in mehrdimensionalen Handlungszusammenhängen bewegen. Sie spannen ihre Strategien über miteinander vernetzte, aber durch Entscheidungsfunktionen voneinander abgrenzbare Handlungsebenen auf. Sie müssen deshalb für ein und dieselbe Entscheidung bzw. Verhandlung unterschiedliche Formen von Rationalität in mehreren Handlungsarenen gleichzeitig beachten und gegenseitig abwägen. Sie sind damit häufig gezwungen, ihre verschiedenartigen Nutzenerwartungen über die einzelnen „Spielfelder" hinweg auszutarieren und dabei eine dieser Arenen für sich als Hauptarena zu definieren (Tsebelis 1990: 7). Nicht immer sind Lösungen, die für die eine Arena gefunden werden, auch für die andere geeignet bzw. mit ihr kompatibel. Die Blockadegefahr (vgl. Benz 1992a: 151 f.) erhöht sich wahrscheinlich dann, wenn die Interaktionspartner ihre Prioritäten unterschiedlich setzen und ihre Rollen nicht kompatibel sind. Umgekehrt jedoch birgt die geschilderte instabile Zuordnung von Entscheidungszusammenhängen auch Dynamiken und die Möglichkeit einer flexiblen Strukturanpassung in sich (vgl. Benz 1995).

Insbesondere sog. „Grenzstellenakteure", die in mehreren Arenen gleichzeitig eine herausragende Rolle spielen, können in der Lage sein, verschiedene Entscheidungszusammenhänge einander hierarchisch zuzuordnen (ebenda). Auf den deutschen Föderalismus bezogen, können z.B. die Ministerpräsidenten der Länder als solche Grenzstellenakteure bezeichnet werden. Sie sind einerseits durch parteipolitische und damit kompetitive Orientierungen geprägt; sie beziehen ihre Legitimation schließlich selbst aus dem Parteienwettbewerb im Land und sind in vielfältige parteipolitische Loyalitäten – nicht zuletzt in ihre Bundespartei – eingebunden. In den Landesverbänden ihrer Partei und in der „eigenen" Fraktion müssen sie Kompromisse herstellen – Fraktionen und Landesparteien repräsentieren in der Regel eben keinen in sich homogenen kollektiven Akteur. Gleichzeitig sind sie im kooperativen Föderalismus auf die Zusammenarbeit mit anderen Bundesländern und mit dem Bund angewiesen; sie müssen dabei die landesspezifischen Interessen – etwa bei Bundesratsentscheidungen – gegebenenfalls auch gegen die eigene Bundespartei und deren Präferenzen vertreten oder bundespolitische Prioritäten in die eigene Landespartei vermitteln. Somit sind sie immer wieder gezwungen, eine Güterabwägung und verschiedene Rollenwechsel vorzunehmen. Ein kooperatives Verhalten ist dabei schon deshalb nicht ausgeschlossen, weil sich der gleiche Personenkreis immer wieder begegnet und ein unfaires Verhalten deshalb in künftigen Situationen Gegenstrategien hervorzurufen droht (vgl. unten). Die meisten „Spiele" sind in derart komplexen politischen Systemen „mixed-motive-games", d.h. verschiedene Interaktionsmuster und Präferenzen überlagern sich in ein und derselben Entscheidungssituation – und erst recht im Zeitverlauf. Solche Konstellationen, wie sie auch im deutschen Regierungssystem gegeben sind, bergen eine gehörige Komplexität in sich und erschweren eine durchgängige „schlanke" Theoriebildung – sie bergen aber eben auch Handlungsflexibilitäten in sich, die ihrerseits konzeptualisiert werden können.

Andere weiterführende Überlegungen zur Politikverflechtung setzten am Bewertungsmaßstab an. In verhandlungsdemokratischen Systemen sind pareto-

„Grenzstellenakteure"

Koppelgeschäfte und Ausgleichszahlungen

optimale Entscheidungen, bei denen ein Beteiligter nur besser gestellt wird, wenn ein anderer eine Nutzenminimierung hinnehmen muss, oft keine nahe liegende Problemlösungsstrategie, weil mit ihr nicht in die Substanz eines oder mehrerer der Interaktionspartner eingegriffen werden kann. Unter den Bedingungen der Politikverflechtung – etwa bei den Gemeinschaftsaufgaben – ist dies nur eingeschränkt möglich. Kooperative Lösungen, die mit Opfern für die Beteiligten verbunden sind, bleiben der Theorie zufolge voraussichtlich ausgeschlossen (vgl. Scharpf 1985: 341): Warum sollte ein rationaler Akteur dem Eingriff in seine eigenen Ressourcen zustimmen, wenn er dies mit Hilfe des für ihn vorteilhaften institutionellen Vetos verhindern kann?

Stehen Umverteilungen oder komplexe Verteilungskonflikte an, ist es daher sinnvoll, auf einen anderen Maßstab zur Bewertung von Konfliktlösungen zurückzugreifen. Kaldor-optimale Entscheidungen scheinen als Maßstab für Verhandlungssysteme besser geeignet, weil bei ihnen der Gesamtgewinn aller an einer Entscheidung beteiligten Akteure das Entscheidungskriterium darstellt (Scharpf 1992a: 16 ff.). Damit werden Koppelgeschäfte bzw. Paketlösungen und Ausgleichszahlungen zu geeigneten Techniken der Entscheidungsfindung. Ein Akteur wird Entscheidungen in politikverflochtenen Strukturen nicht unnötig blockieren, wenn ihm aus seiner Sicht hinreichende Kompensationen angeboten werden.

Probleme von Ausgleichszahlungen

Mit Ausgleichszahlungen können Eingriffe in die Substanz eines beteiligten Akteurs über das Medium Geld ausgeglichen werden. Sie stellen aber eine nicht immer unproblematische Lösung dar. Nicht alle Materien, denen ein Akteur zustimmt, können nämlich in konkrete Summen umgerechnet werden, da der Symbolgehalt von Politik eine solche Verrechnung oft unmöglich macht und der Wert vieler politischer Entscheidungen nicht genau beziffert werden kann. Ungleiche Materien können oft nur mit Mühe wechselseitig aufgerechnet werden. Immer wieder entzünden sich Konflikte schon daran, welchen Maßstab man bei der Aufteilung von Kooperationsgewinnen anlegen soll und welche Kriterien und Normen dabei als „gerecht" empfunden werden (vgl. Zintl 1992: 110 ff.). Außerdem entpuppen sich Ausgleichszahlungen im politischen Alltag häufig als eine teure Art der Konsensfindung, da Lösungen nicht selten auf den Steuerzahler abgewälzt oder zu Lasten der Staatsverschuldung erzielt werden. Es gibt zahlreiche Beispiele dafür, dass politische Entscheider Kosten externalisieren und in die Zukunft verschieben. Sie sind von den negativen Begleiterscheinungen, etwa von Verschuldung und steigenden Zinslasten, häufig nach einem abgeschlossenen Wahlzyklus nicht mehr unmittelbar selbst betroffen.

Aus diesen Gründen gehören Koppelgeschäfte zu den Standardinstrumenten politischen Entscheidens in Konsensdemokratien. Koppelgeschäfte verbinden mehrere Entscheidungsmaterien zu einem Gesamtpaket, in dem die Akteure gleichzeitig Gewinne erzielen können und Verluste hinnehmen müssen. Solche Paketlösungen erfordern im politischen Betrieb meistens die Kombination verschiedener sektoraler Politiken, bei der Ansiedlung von Industrien etwa der Wirtschafts-, Verkehrs-, Bau- und Umweltpolitik – sie stehen daher vor dem Problem, dass Ungleiches gegeneinander abgewogen werden muss. Sind an solchen Koppelgeschäften über einen längeren Zeitraum die gleichen Akteure beteiligt und ist ihr Verhältnis zueinander von Vertrauen geprägt, dann können politische

Lösungen durch das dergestalt entstandene „institutionalisierte Gedächtnis" über einen längeren Zeitraum hinweg gestreckt werden, d.h. es ist möglich, Gewinne und Verluste nicht nur an einem Punkt auf der Zeitachse zu verrechnen.

Föderale Politik findet nicht in einer singulären Situation statt, sondern kann realitätsnäher auf der Zeitachse untersucht werden. Akteure im Bundesstaat verhalten sich anders, wenn sie den gleichen Verhandlungspartnern wahrscheinlich erneut gegenüberstehen. Sie sind – darauf hat die Spieltheorie hingewiesen – in wiederholten Spielsituationen z.B. in der Lage, der etwa im „Prisoner's Dilemma" prognostizierten Selbstbeschädigung zu entrinnen (vgl. Axelrod 1984). Gibt es zeitlich nicht begrenzte Interaktionen und verhandeln die (weitgehend) gleichen Beteiligten immer wieder miteinander, werden zumindest feindliche Orientierungen unwahrscheinlicher, und eine Kooperation ist dann auch zwischen egoistisch-rationalen Akteuren möglich. Treffen diese regelmäßig aufeinander, können sich durchaus vertrauensvolle Beziehungen zwischen ihnen ausbilden. *Iterierte Spiele*

Ob bei Koppelgeschäften Kosten externalisiert werden oder nicht, kann, anders als bei Ausgleichszahlungen, oft nicht genau angegeben werden. Dies ist ein negativer Nebeneffekt solcher Geschäfte, es erleichtert aber die Durchsetzbarkeit und öffentliche Legitimation von Entscheidungspaketen. Werden unterschiedliche Entscheidungsmaterien in ein Paket integriert, entsteht zudem häufig ein Verrechnungsproblem. Der Wert der einzelnen Teile einer politischen Entscheidung lässt sich nicht genau angeben, weshalb die beteiligten Akteure ihnen oft einen verschieden großen Stellenwert beimessen. Für parteipolitisch gebundene Entscheidungsträger sind, je nach programmatischer Ausrichtung, einzelne Politikfelder von besonders großer Bedeutung und dadurch schwerer kompensierbar als andere. So sind z.B. umweltpolitische Materien für die Profilierung von B'90/Grüne wichtiger als für andere Parteien. Dabei wäre es noch einfach, könnte man die oft zitierten „Äpfel mit Birnen" verrechnen, denn beide lassen sich immerhin wiegen. Das Interpretationsproblem entsteht jedoch dadurch, dass sich nicht genau beziffern lässt, wie viel die einzelnen Teile des Pakets genau wert sind. Die Verteilungs- und Gerechtigkeitskriterien, die Koppelgeschäften zugrunde liegen, sind in solchen Fällen deshalb selbst umstritten und mitunter Gegenstand heftiger Auseinandersetzungen zwischen den politischen Akteuren. Auch bestehen im verflochtenen föderalen System enge, vertikal und horizontal versäulte Netze, sog. „Fachbruderschaften" zwischen den Beamten innerhalb eines Politikfelds, die eine Querschnittskoordination unterschiedlicher Fachpolitiken erheblich erschweren. *Probleme von Koppelgeschäften*

Die von Scharpf und seinem Team später weiterentwickelten theoretischen Ansätze zu Verhandlungssystemen weisen somit darauf hin, dass die im Ursprungskonzept der Politikverflechtung noch prognostizierten Rationalitätsfallen überwindbar sind – allerdings nur unter bestimmten Bedingungen und nur bei bestimmten Ausformungen der Politikverflechtung. Entscheidende Kriterien sind die Interaktionsorientierungen der Akteure, aber auch die Fähigkeit, Lösungen in politikverflochtenen Entscheidungssystemen mit anderen Materien zu koppeln. Sind die Verhandlungssysteme – etwa bei den Gemeinschaftsaufgaben – lediglich sektoral zugeschnitten, d.h. bleiben sie auf ein Politikfeld begrenzt, lassen sich Koppelgeschäfte schwerer abschließen als etwa bei Bundesratsentscheidungen, die in umfassendere Handlungspakete einbezogen werden können. Ferner *Fazit* ist der Einwand berechtigt, dass die Einbettung des föderalen Systems und seiner Akteure in unterschiedliche Handlungsarenen nicht nur Chancen bietet, sondern auch erhebliche Verhandlungskosten nach sich zieht. Eine solche Komplexität des Systems erlaubt es nicht immer, dass Akteure gewünschte Ergebnisse erzielen, sondern ruft gegebenenfalls erst recht ein inkrementelles Durchwursteln als Entscheidungsregel hervor (vgl. Kap. 2 und 3).

1.4 Politikverflechtung aus der Sicht anderer Theorien in der Föderalismusforschung

Bei der Theorie der Politikverflechtung handelt es sich um eine Theorie begrenzter Reichweite, die auf die Funktionsweisen föderaler Verbundsysteme bzw. auf Zwangsverhandlungssysteme bezogen werden kann. Daneben gibt es noch eine Reihe von anderen theoretischen Ansätzen in der Föderalismusforschung, die sich damit beschäftigen, wie die langjährige Stabilität föderaler Institutionen zu erklären ist, welche Demokratiequalität verschiedenen Typen föderaler Systeme zukommt und wie deren Effizienz einzuschätzen ist. Sie untersuchen Politikverflechtung und Kooperation im föderalen System unter verschiedenen Fragestellungen und Perspektiven.

1.4.1 Historischer Institutionalismus und neuere Spielarten der Institutionentheorie

Historischer Institutionalismus als alternativer Erklärungsansatz

Die Theorie der Politikverflechtung erklärt föderale Strukturen weitgehend auf der Grundlage rationaler Kalküle der Entscheidungsträger, die sich in Zwangsverhandlungssystemen bewegen. Einen alternativen Erklärungsansatz, der in den vergangenen Jahren in der vergleichenden Systemanalyse zunehmend Beachtung fand und mittlerweile oft auf den deutschen Föderalismus angewandt wird, bietet der Historische Institutionalismus (vgl. Immergut 1997). Dieser Ansatz geht von der Beobachtung aus, dass Institutionen eine beträchtliche Stabilität aufweisen – und zwar auch dann, wenn sie sich als ineffizient erweisen. Angesichts dieser Befunde stellt der Historische Institutionalismus einige Annahmen der Institutionentheorien auf den Prüfstand, die sich vorrangig auf Denkmuster von Rational-Choice-Theorien beziehen. Dabei verneint der Ansatz zwar nicht die Existenz rational handelnder Individuen, er begreift politisches Handeln aber stärker kontext- und zeitgebunden (vgl. hierzu Hall/Taylor 1996; Hay/Wincott 1998). Dem Interesse am punktuellen Zustandekommen von Institutionen („snapshotism"), das den Rational-Choice-Institutionalismus auszeichnet, setzt der Historische Institutionalismus eine analytische Langzeitperspektive entgegen. Er argumentiert, dass nur eine Längsschnittanalyse, die politische Prozesse über die Zeit hinweg beobachtet, die Effekte von Institutionen angemessen beschreiben kann. Dieser Einwand sei schon deshalb plausibel, weil es sich bei solchen institutionellen Effekten oft um Nebenprodukte der ursprünglichen Intention handele. Aus diesem Grunde würden Analysen, die sich darauf beschränken, aus den (ex post ermittelten bzw. zugeschriebenen) Präferenzen der Akteure („institutional designers") den aktuellen Zustand einer Institution abzuleiten, zu kurz greifen (Pierson 2004: 106 ff.).

Der Historische Institutionalismus wendet sich somit insbesondere dagegen, dass politische Ergebnisse ausschließlich oder wesentlich auf die Rationalität von Individuen zurückzuführen seien. Rationalitätskalküle können fehlerhaft ausfallen; es kommt nicht selten vor, dass die Folgen einer Institution nicht mit den ursprünglichen Intentionen übereinstimmen. Mit anderen Worten: Politische Akteure antizipieren bestimmte Effekte, diese Erwartungshaltungen weichen jedoch von den vielfältigen, kaum kalkulierbaren Einflüssen ab, die von einmal installierten Institutionen ausgehen. Akteure „erben" Institutionen, d.h. sie sind mit den oft zitierten „legacies of the past" konfrontiert, die sie dann nur noch teilweise beeinflussen können. Institutionen entsprechen nicht immer den Erwartungshaltungen der Akteure, weshalb diese ihre Strategien auch gegen ihre eigentlichen Präferenzen an das gegebene Umfeld anpassen müssen.

Kritik am Rationalitätsglauben

Vor diesem Hintergrund interpretiert der Historische Institutionalismus die sog. „Pfadabhängigkeiten" von politischen Institutionen. Darunter versteht man die Beobachtung, dass "decisions are constrained by previous ones, implying that change will be gradual and that different societies can remain on different trajectories even when faced with the same external pressures" (Keating/Loughlin/Deschouwer 2003: 23). Institutionen erzeugen sog. "Lock-in-Effekte", d.h. Akteure richten ihre Handlungen und Entscheidungen von vornherein an vorhandenen Institutionen aus und verstetigen so bereits vorhandene Entwicklungspfade. Zu Beginn seiner Existenz lässt ein Pfad in der Regel noch unterschiedliche Entwicklungsrichtungen zu, da bestehende Institutionen noch nicht gefestigt sind (Pierson 2004: 51). Wie lange diese von Offenheit geprägte Phase dauert und wann es zum „Einrasten" einer Entwicklung kommt, kann die Theorie nicht verallgemeinernd beantworten. Pfade entstehen aber, wenn an den sog. „critical junctures", also an entscheidenden Weichen oder Umschlagpunkten, Entscheidungen getroffen werden, die sich in der Folge verstetigen (vgl. Thelen 1999). Wie sich eine Institution entwickelt, ist in hohem Maße von der sie umgebenden Umwelt abhängig: Gleiche Akteure erzielen deshalb in Interaktionen nicht die gleichen institutionellen Resultate; diese werden vielmehr durch Kontextfaktoren vermittelt, die ihrerseits in die Vergangenheit zurückreichen (Hall/Taylor 1996: 941). Der Historische Institutionalismus zeigt sich daher offen für die Konzeptualisierung des Zufalls, er negiert klare Kausalketten und weist darauf hin, dass das zeitlich bedingte Zusammentreffen verschiedener Faktoren Entwicklungspfade maßgeblich festlegt.

Pfadabhängigkeiten und Kontext

Ist ein institutioneller Pfad erst einmal eingeschlagen, verbinden sich mit ihm Machtstrukturen, die nur noch mit Mühe verändert werden können. Da Institutionen Handlungs- und Einflussmöglichkeiten und Machtpositionen eröffnen, werden durch sie positive Rückkopplungen erzielt, die zu einer Verfestigung von Strukturen führen. Dies ist ein Grund dafür, dass sich Politik im Normalfall nur inkrementell entwickelt, d.h. als eine Politik der kleinen Schritte. Wie kann Wandel im Rahmen der Theorie dennoch erklärt werden? Zum einen durch extern ausgelöste Krisen. Politischen Unternehmern und Randgruppen, die sich nicht an Spielregeln halten, kommt ebenfalls eine beträchtliche Rolle bei der

Erklärung des Wandels zu (vgl. Pierson 2004: 136 ff.); Akteure können außerdem Lernprozesse durchlaufen, die zu Veränderungen führen.

Leistungskraft des Historischen Institutionalismus für die Erklärung der Politikverflechtung

Der Historische Institutionalismus kann somit erklären, warum Elemente der Politikverflechtung selbst dann eine beharrliche Überlebenskraft entfalten, wenn sie sich als ineffektiv und ineffizient erwiesen haben. Dem Ansatz kommt ein hohes Maß an Plausibilität zu; seine Akteursannahmen sind realitätsnäher als die des Rational-Choice-Institutionalismus. Einige Vertreter der Institutionentheorie werfen dem Historischen Institutionalismus vor, sich eklektizistisch aus verschiedenen Teiltheorien zu bedienen, die kein in sich konsistentes Ganzes ergäben. Die Protagonisten des Historischen Institutionalismus betonen hingegen, dass es sich um eine eigenständige Theorie handle (vgl. die Kontroverse zwischen Hall/Taylor 1996 und Hay/Wincott 1996), die auch deduktiv einsetzbar sei. Die Anwendungen dieser Theorie sind aber häufig eher induktiv als deduktiv angelegt. Schwierigkeiten bereitet dabei insbesondere die Operationalisierung der so oft beschworenen „Pfadabhängigkeiten". Als problematisch erweisen sich vor allem vereinfachte Anwendungen des Ansatzes, sofern sie dazu neigen, bestehende Strukturen aus sich selbst heraus zu erklären. Der schlichte Verweis auf die Wirkungsmacht historisch gewachsener Strukturen, der sich in vielen Darstellungen findet, reicht jedenfalls für eine überzeugende Analyse nicht aus (vgl. Gel'man 2004: 1023; North 1990: 98). Der Historische Institutionalismus kann aber einen wertvollen Beitrag für die Analyse von langfristigen Entwicklungen von Institutionen sowie von Reformbemühungen leisten, wie sie jüngst in der Reformdebatte zur Modernisierung der föderalen Ordnung diskutiert worden sind (vgl. die Diskussion in Kap. 6).

Erklärung des Wandels und von Reformen – „diskursiver Institutionalismus" und Ideen

Wie kann dann aber erklärt werden, warum selbst hochgradig politikverflochtene Bundesstaaten wie Deutschland in der Lage sind, Reformen, wie die Föderalismusreform I und II, durchzusetzen? Studien, die zwischen einzelnen Politikfeldern unterscheiden, zeichnen ein differenziertes Bild der Wandlungsfähigkeit des deutschen Föderalismus (Scheller/Schmid 2008) und heben hervor, dass viele Analysen die tatsächlichen Veränderungen unterschätzten. Insofern seien manche Einschätzungen durch die Wahl und mitunter einseitige Interpretation der Theorie induziert (Scheller 2008a): Sowohl die Theorie der Politikverflechtung als auch der Historische Institutionalismus betonen in der Tat die Zählebigkeit von Institutionen, auch wenn sie Wandel nicht von vornherein ausschließen. Sie eignen sich eher als Folie, vor deren Hintergrund vor allem institutionelle Stabilität verständlich gemacht werden kann. Auch der Rational-Choice-Institutionalismus ist an der Erklärung stabiler Gleichgewichte interessiert; der Soziologische Institutionalismus wiederum hebt auf kulturelle Normen ab, die von Individuen internalisiert werden und als Institutionen ebenfalls verfestigt sind (vgl. Schmidt 2008). Die meisten in der Föderalismusforschung eingesetzten Theorieangebote erweisen sich somit vor allem dann als leistungsfähig, wenn sie Reformblockaden und Status quo-Orientierung begründen sollen. Sie stoßen aber auf Schwierigkeiten, Wandel und Reformfähigkeit föderaler Staaten zu erklären (Behnke 2009; Benz 2008a).

Bedeutung kognitiver Elemente in Theorien

Es gibt jedoch eine Vielzahl unterschiedlicher Theorien, die politischen Wandel erklären und die grundsätzlich auch auf föderale Prozesse angewandt werden können. Hier seien stellvertretend nur einige genannt: Wandel wurde z.B. in Theorien des Isomorphismus dadurch erklärt, dass politische Entscheider bestehende Institutionen oder Politiken und die mit ihnen verbundenen Ideen nachahmen, selbst wenn dies nicht zur Lösung von Problemen beiträgt. Sie übernehmen Vorbilder dennoch, weil sie sich davon einen Zugewinn an Legitimation versprechen (DiMaggio/Powell 1983). Zu nennen wären auch Konzepte, die sich mit Policy-Learning (für viele Bandelow 2003) oder der Diffusion von Innovationen beschäftigen (Holzinger et al. 2007). Ein neueres Erklärungsangebot, das sich als „vierter Institutionalismus" zu etablieren beginnt, bietet der „diskursive Institutionalismus" (DI) (Schmidt 2008). Er lässt sich durchaus mit weiteren theoretischen Zugängen kombinieren. Wie viele Ansätze in der Policy-Analyse (z.B. Sabatier/Jenkins-Smith 1993; Haas 1992), ergänzt diese Theorie institutionelle Erklärungen zusätzlich um kognitive Elemente, indem sie die Bedeutung von Ideen, Überzeugungen und Diskursen für das Zustandekommen von politischen Entscheidungen und für die Entstehung politischen Wandels hervorhebt. Ähnlich wie die wesentlich älteren „belief systems" (z.B. Sabatier/Jenkins-Smith 1993) unterscheidet sie drei verschiedene Ebenen von Überzeugungen und Ideen, nämlich Policies, programmatische Überzeugungen und Philosophien, Letztere im Sinne von alle Politikbereiche umspannenden Anschauungen. Anders als der Soziologische Institutionalismus, der ähnliche Elemente ebenfalls integriert, konzeptualisiert der DI Normen jedoch als *dynamische* Elemente. Der DI versucht somit zu erklären, wie sich Ideen in politische Entscheidungen umsetzen: Indem Diskurse als interaktive Prozesse operationalisiert werden, könne man untersuchen, wie sich manche Ideen erfolgreich im politischen Alltag durchsetzen und damit Wandel generieren. Ideen begründen somit die Fertigkeit von Akteuren, sich einen bestimmten Entscheidungs- und Handlungszusammenhang zu erschließen. Solche diskursiven und kommunikativen Fertigkeiten werden als Hebel betrachtet, die Akteure ansetzen können, um Institutionen zu verändern – oder aber sie in der gegebenen Form zu erhalten (Schmidt 2008: 309 ff.). Auf der Zeitachse, auf der Wandel zu untersuchen wäre, sind Institutionen die abhängige Variable, da sie auf der Grundlage von Ideen und Diskursen über diese Ideen (der dann erklärenden Variablen) veränderbar sind. Diese Theorie kann als ein zusätzliches Angebot verstanden werden, mit dem institutioneller Wandel erklärt werden kann. Sie mag dazu tendieren, angesichts der Konzentration auf den Faktor „Ideen" andere Ursachen des Wandels analytisch zu unterschätzen, ist aber durchaus anschlussfähig für den Einbau weiterer erklärender Variablen, etwa von externen Ursachen oder Krisen.

Auf die Institutionen des deutschen Bundesstaates bezogen, würde der DI somit einerseits fragen, ob es – neben den immer wieder betonten Rationalitätsfallen und Blockaden – nicht auch dominierende Ideen waren, die mit dazu beigetragen haben, dass das politikverflochtene System lange Zeit nicht reformiert werden konnte. Analysen würden dann z.B. die „Einheitlichkeit" der Lebensverhältnisse als Leitidee identifizieren (vgl. Kap. 1.1). Umgekehrt wäre die seit den 1990er Jahren wachsende Bedeutung von Entflechtung und Wettbewerb im Reformdiskurs vor der Föderalismusreform von 2006 dann als ein Treiber für das Zustandekommen der zumindest nach quantitativen Maßstäben umfassenden Verfassungsänderungen identifizierbar. Angesichts der Ergebnisse der Föderalismusreformen, die hinter den hoch gesteckten Erwartungen der auf Verände-

Ideen – Treiber oder Hemmschuh für Politikentstehung

rungen zielenden Reformkoalition der „Wettbewerbsföderalisten" zurückgeblieben sind, wäre die daran anschließende Frage, inwieweit diese Ideen sich schließlich in dem bestehenden institutionellen Dickicht der Politikverflechtung verfangen haben (vgl. hierzu Kap. 6).

1.4.2 Demokratie und Politikverflechtung

Demokratiestabilisierende Funktion des Föderalismus?

Die Frage, ob Föderalismus als Strukturprinzip einer Demokratie zuträglich ist oder nicht, ist bis heute umstritten. Verbundsysteme und Politikverflechtung werden in der Politikwissenschaft häufig eher negativ und skeptisch bewertet, weil sie die Parlamente abwerteten und intransparente Strukturen etablierten (vgl. Kap. 5). In älteren normativen Föderalismustheorien, die noch keine Differenzierung zwischen den Föderalismustypen vornahmen, etwa in den Federalist Papers, wurde dem föderalen System hingegen generell eine Demokratie stabilisierende Funktion attestiert. Den Autoren der Federalist Papers (vgl. Hamilton et al. 1787/8) ging es während der Diskussion um die bestmögliche amerikanische Verfassung nach dem Unabhängigkeitskrieg von 1775 bis 1783 darum, gewaltenteilige Prinzipien zu verstärken und mit Hilfe einer föderalen Struktur das System von „checks and balances" weiter auszubauen und vertikal zu verstreben. Das föderale System, so die Annahme der Autoren, biete Schutzvorkehrungen vor eigennützigen Cliquen und Interessen, den sog. „factions". Selbst wenn es einer Gruppe gelingen sollte, in einem Gliedstaat eine gemeinwohlschädliche Politik zu betreiben, so stelle die föderale Struktur doch eine wirksame Vorkehrung dagegen dar, dass eine solche Clique sich des gesamten Staatswesens bemächtigen kann. Auch das politische Personal, so die optimistische Annahme, werde durch die bundesstaatliche Ordnung einem positiven Prozess der Filterung unterzogen.

Die beiden Strukturprinzipien Demokratie und Föderalismus wurden seither immer wieder positiv miteinander verknüpft. Auch Art. 20 GG trägt dem Zusammenhang von Bundesstaatlichkeit und Demokratie Rechnung, indem es beide verfassungstragenden Prinzipien miteinander verbindet und den Föderalismus in Art. 79,3 GG mit einer Bestandsgarantie versieht. Bezeichnenderweise galt es als unstritten, dass die Demokratisierung während der beiden deutschen Systemwechsel 1945/49 und 1989/90 unmittelbar mit der Forderung nach Dezentralisierung und Bundesstaatlichkeit zu verschränken sei.

USA kein geeigneter Realtypus

Der amerikanische Bundesstaat wurde in der vergleichenden Politikwissenschaft von William Riker (1964) als Realtypus stilisiert, an dem die föderale Qualität von Bundesstaaten gemessen werden sollte. Inzwischen herrscht allerdings weitgehend Einigkeit darüber, dass es unterschiedliche Typen von Föderalstaaten – und selbstverständlich auch von Demokratien – gibt, die wiederum auf verschiedene Weise miteinander verbunden werden können und die dergestalt differenzierte Wechselwirkungen erzeugen. Der US-amerikanische Typus stellt schon aufgrund seiner spezifischen Entstehungsgeschichte, in der die Bundesstaaten dem Bund Aufgaben übertrugen, nicht die Regel dar. Andere Föderalstaaten, etwa Belgien, gehören nicht dem Typus des „coming-together-federalism" an, sondern dem des „holding-together", da dort der Zentralstaat Kompetenzen nach unten verlagert, um einen ethnisch oder sprachlich heterogenen Staat zu stabilisieren (vgl. Stepan 1999). Das amerikanische Modell bietet angesichts dieser Entstehungsbedingungen und aufgrund der Verbindung mit den Strukturkomponenten des präsidentiellen Systems und einer dezentralisierten Parteienstruktur keineswegs einen allgemein gültigen normativen Maßstab, an dem andere föderale Systeme sinnvoll gemessen werden können.

Föderale Ordnungen unterscheiden sich nicht nur hinsichtlich ihres Entstehungszusammenhangs, sondern auch in ihrem Verflechtungsgrad. Institutionelle Arrangements und gesellschaftliche sowie politische Konfliktlinien wirken somit in föderalen Staaten auf unterschiedliche Weise zusammen (Benz 2002: 16-19). Zudem konkurrieren unterschiedliche Demokratiekonzeptionen einerseits und Vorstellungen von Föderalismus andererseits miteinander; eine noch größere Vielfalt entsteht, wenn man beide Strukturkomponenten miteinander verknüpft (vgl. Benz 2003a).

<small>Verknüpfung verschiedener Typen von Föderalismus und Demokratie möglich</small>

Hierzu exemplarisch einige Überlegungen: Während die USA eher dem Typus des Trennsystems angehören, zählt Deutschland mit seinem Verbundsystem zu den hochgradig verflochtenen Föderalstaaten. Somit können zum einen unterschiedliche Verflechtungsgrade von föderalen Systemen mit verschiedenen Demokratietypen, etwa einer präsidentiellen und einer parlamentarischen Demokratie, kombiniert werden. Je nachdem, wie diese Elemente zusammengefügt werden, entstehen spezifische Konfliktlagen sowie unterschiedliche Möglichkeiten der Konfliktlösung. Demokratien lassen sich zudem typologisch in Konsens- und Mehrheitsdemokratien unterscheiden. Dabei sind föderale Strukturelemente in verschiedene institutionelle konsens- und mehrheitsdemokratische Arrangements eingebettet (vgl. Lijphart 1999). Lijphart rechnet sie selbst wiederum den konsensdemokratischen Merkmalen zu, schreibt ihnen also einen hohen Grad an Machtaufteilung zu. Inwieweit die politischen Akteure zu Verhandlungen gezwungen werden, hängt aber entscheidend davon ab, ob der Föderalismus als Trenn- oder als Verbundsystem ausgestaltet ist (vgl. Kaiser 1998), d.h. föderale Systeme üben in verschiedener Intensität Verhandlungszwänge aus. Somit gehen bundesstaatliche Ordnungen mit verschiedenen Arten von „checks and balances" und wechselseitigen Abhängigkeiten zwischen Bund und Gliedstaaten einher.

Schließlich spielt es eine nicht unbeträchtliche Rolle, mit welcher Art von Sozialstruktur eine föderale Gliederung untersetzt ist und ob intermediäre Organisationen, also Parteien und Verbände sowie die Bürgergesellschaft, das föderale Gliederungsprinzip nachvollziehen oder nicht (vgl. Grande 2002; Sturm 2004). Die Entwicklung des Russländischen Föderalismus während der Präsidentschaft Boris Jelzins belegt zum Beispiel, dass eine schwache Zivilgesellschaft zwar eine Machtteilung zwischen Eliten nicht ausschließt. Gleichzeitig bleibt der demokratiefördernde Effekt föderaler Systeme jedoch eine zwiespältige Angelegenheit, wenn die Partizipation der Bürger ein nur geringes Niveau erreicht und wenn die politischen Eliten abgekoppelt von den Bedürfnissen und den Interessen der Bevölkerung agieren (vgl. hierzu: Heinemann-Grüder 2000). Wenn sich gesellschaftliche Konfliktlinien wandeln und wenn regionale Parteiensysteme sich in ihrem Fragmentierungsgrad oder hinsichtlich der Polarisierung zwischen den Parteien verändern, nimmt auch die Funktionsweise einer Zweiten Kammer im politischen Entscheidungsprozess eine andere Gestalt an. Dieser

<small>„Sozialer Föderalismus"</small>

Zusammenhang wird unten anhand der Geschichte des deutschen Bundesstaates weiter ausgeführt (vgl. Kap. 2).

Kein eindeutiger Demokratiegehalt „des" Föderalismus

Die Vielfalt der bestehenden Strukturkomponenten von Föderalismus und Demokratie, ihre unterschiedliche Einbettung in den gesellschaftlichen Kontext und ihre Interdependenz mit anderen Institutionen eines politischen Systems erschweren es, eindeutige Aussagen über den Demokratiegehalt „des" Föderalismus oder verschiedener Föderalismustypen zu formulieren. Benz hat in seiner Analyse über Demokratie und Föderalismus darüber hinaus darauf hingewiesen, dass es nicht nur darauf ankommt, welche Formen von Demokratie und Föderalismus miteinander verknüpft werden. Vielmehr ist es auch von Bedeutung, wie eng beide Komponenten gekoppelt sind (Benz 2009a: 19): So vereinbaren beispielsweise sowohl Deutschland als auch Kanada eine parlamentarische Wettbewerbsdemokratie mit dem föderalen Prinzip, mithin ein konkurrenzdemokratisches Merkmal mit dem Föderalismus. Jedoch wirkt sich diese Verknüpfung andersartig aus, da in Deutschland der Parteienwettbewerb durch eine enge Kopplung auf den Bundesrat übertragen wird, während in Kanada beide Komponenten nur lose verbunden sind. Dort existieren neben regionalen Parteien, die nicht, den deutschen Parteien ähnlich, vertikal versäult sind, Möglichkeiten des „opting-out", die verhindern helfen, dass eine oppositionelle Mehrheit in der Zweiten Kammer die Regierungsmehrheit zu einer am Status quo orientierten Politik zwingt (vgl. Benz 2003a). Sie lassen somit bundespolitische Materien nicht regelmäßig zum Gegenstand regionaler Auseinandersetzungen werden (vgl. hierzu auch das Kapitel 6 zur Föderalismusreform).

Ambivalente Demokratiebilanz föderaler Staaten

Es bleibt somit schwierig, föderale Trennsysteme oder Verbundsysteme mit einem hohen Grad an Politikverflechtung eindeutig als Demokratie fördernd bzw. hemmend einzustufen. Mittlerweile gilt die Demokratiebilanz föderaler Staaten aber als ambivalent (vgl. Benz 2003a; Benz 2009a; Lane/Ersson 2005). Dabei scheinen die Argumente für eine föderale Machtteilung auf den ersten Blick auf der Hand zu liegen. Wahlen auf gliedstaatlicher Ebene stellen für eine Bundesregierung während der Legislaturperiode eine Art Frühwarnsystem dar, das sie zu einem erhöhten Maß an Responsivität zwingt. Im Bundesstaat werden demokratische Entscheidungszentren und politische Partizipationsrechte vervielfacht; der Bürger hat im Vergleich zu unitarischen Systemen mehr Möglichkeiten, seiner Stimme Gewicht zu verleihen, also „voice" anzumelden. Zivilgesellschaftliche Akteure und organisierte Interessen haben durch die räumliche Nähe einen einfacheren Zugang zu staatlichen und lokalen Institutionen und Entscheidungen. Gerade in Transformationsprozessen kann daraus ein zusätzliches Demokratiepotential erwachsen. Dies belegt beispielhaft der Prozess der Deutschen Einheit: Es war nicht nur der Zwang der Beitrittslösung, der föderale Strukturen unumgänglich machte. Vielmehr war es der erklärte Wille der Bürgerbewegungen in der DDR, den zentralistischen Einheitsstaat nach seinem Zusammenbruch im Herbst 1989 zu dezentralisieren und durch föderative Strukturen zu „demokratisieren" (Blaschke 1990: 39).

Demokratie durch Föderalismus im Zuge der Deutschen Einheit?

Dass sich das autokratische System der DDR angesichts des Parteienmonopols der SED schwerlich mit einem echten Föderalismus vertrug, zeigt die frühe Entwicklung des geteilten Deutschland: Die Länder der DDR waren am 23. Juli 1952 mit dem Gesetz „Über die weitere Demokratisierung der staatlichen Organe" zu Bezirksgliederungen abgestuft, die Landtage durch Bezirkstage ersetzt worden. Im Jahr 1958 wurden schließlich auch die Länderkammern aufgelöst. Der allumfassende Macht- und Lenkungsanspruch der Staatspartei SED war nicht mit dem Strukturprinzip der vertikalen Gewaltenteilung vereinbar, denn diese hätte die Zentralgewalt daran gehindert, die Entscheidungsfreiheit der unteren Gebietskörperschaften institutionell außer Kraft zu setzen. Die Bezirke der DDR waren bis zur Wende dem sog. „Schachtelprinzip" unterworfen, das eine Gebietshoheit dezentraler Gebietskörperschaften faktisch ausschloss. Die Zentralisation der Entscheidungsgewalt wurde zudem in der DDR durch den Grundsatz des „Demokratischen Zentralismus" festgeschrieben, welcher den Staats- und Parteiaufbau prägte und eine zentralistische Anleitungskompetenz verfügte.

Ein gängiges Argument von Föderalismustheorien zugunsten eines Bundesstaates lautet, dass dieser der politischen Opposition zusätzliche Mitwirkungschancen eröffne. Da die Oppositionsparteien im Bund häufig in einem oder in mehreren Gliedstaaten Regierungsverantwortung tragen, würden sie gleichzeitig in die demokratische Ordnung eingebunden. Sie könnten so Regierungsfähigkeit für den Bund erlernen. Für die Effizienz des Regierens mag es somit ein Vorteil sein, wenn regierungserfahrenes Personal das Ruder nach einem Regierungswechsel im Bund übernimmt. Auch die gewaltenteilige Funktion von Föderalstaaten wird häufig positiv bewertet: Die Kontrollmechanismen sind breiter aufgefächert als in unitarischen Systemen. Jedoch bedarf es in der Regel eines gewissen Grads an Verflechtung und an wechselseitiger Abhängigkeit zwischen den bundesstaatlichen Einheiten, damit Kontrollmechanismen wirksam werden können. Die Gliedstaaten müssen an zentralstaatlichen Entscheidungen beteiligt sein, um Kompetenzverschiebungen kontrollieren und verhindern zu können. Alle föderalen Systeme bilden deshalb – mehr oder weniger enge – Verflechtungen und Kooperationsmuster zwischen Bund und Gliedstaaten aus; dies gilt auch für Trennsysteme wie die USA, wo die jeweiligen Ebenen die Planung, Finanzierung und Durchführung von bestimmten Aufgaben grundsätzlich unabhängig von der anderen Ebene und in eigener Zuständigkeit wahrnehmen sollen.

Während eine echte Machthemmung und die darüber angestrebte Freiheitssicherung somit besser unter den Bedingungen des Verbundföderalismus gedeihen können, fallen in dieser bundesstaatlichen Variante aber gleichzeitig auch demokratietheoretisch nicht unbedenkliche Effekte an. Verflechtung kann zwar im günstigen Fall Kontrollmechanismen verstärken und dazu beitragen, dass eine Tyrannei der Mehrheit verhindert wird. Sie erzeugt aber auch Intransparenz und führt zu einer Verwischung von Verantwortlichkeiten, und sie führt zumal in Zwangsverhandlungssystemen oft zu Lösungen des kleinsten gemeinsamen Nenners. Freiwillige Kooperationen zwischen Gebietskörperschaften erzeugen zwar auch Intransparenz, jedoch bleiben die Beteiligten bei Nicht-Einigung allein weiterhin grundsätzlich handlungsfähig. Föderale Systeme, die den dezentralen Einheiten einen großen Entscheidungsspielraum einräumen, sind durchaus anfällig für Rent-seeking-Koalitionen und in sich geschlossene Machtgruppen. Eine kleinteilig organisierte Politik vermag beispielsweise nicht nur regionale oder ethnisch begründete Identitäten zu fördern, sondern kann für klientelistische Beziehungsmuster Anreize setzen (vgl. hierzu Treisman 2000). Solche Nachteile müssen, wenn demokratietheoretische Überlegungen angestellt werden, den

Machthemmung versus Intransparenz und unklare Verantwortlichkeiten

Vorteilen gegenübergestellt werden, die sich aus der wechselseitigen Kontrolle von Bund und Gliedstaaten ergeben. Letztlich können sich die Vorteile föderaler Staatsorganisation somit in Nachteile umkehren. Es bleibt deshalb außerordentlich schwierig, regelmäßige Muster für den Zusammenhang von Föderalismus und Demokratie zu identifizieren.

1.4.3 Ökonomische Theorie des Föderalismus

Wettbewerb als Universalie

In ökonomischen Theorien stellt der Wettbewerb eine Universalie dar. Konkurrenz entfaltet aber erst dann ihre wohlfahrtssteigernden Wirkungen, wenn sie in einen entsprechenden institutionellen Rahmen eingebettet ist (vgl. Heine 2003: 472). Föderale Systeme werden von ökonomischen Theorien daher maßgeblich unter dem Gesichtspunkt analysiert, ob sie geeignet sind, dem Wettbewerb dienliche Kriterien zu erfüllen. Insgesamt orientieren sie sich am Maßstab der effizienten Staatsorganisation (z.B. Thoeni 1986), der meistens mit demokratietheoretischen Erwägungen verbunden wird. Sie bieten eine theoretische Begründung für ein föderales Wettbewerbsmodell, das als normativer Maßstab der Ausgestaltung von Mehrebenensystemen zugrunde gelegt werden soll. Ökonomische Modelle des Föderalismus bilden daher nicht die Realität föderaler Systeme ab, und ihre Umsetzbarkeit ist umstritten und angesichts realer Machtverteilungen in politischen Systemen häufig nicht möglich. Sie bevorzugen ein Trennsystem, aber auch sie können letztlich nicht die Tatsache ausblenden, dass selbst in einem Trennsystem Aufgaben weiterhin koordiniert werden müssen – was wiederum zu Verflechtung oder Kooperationen führt.

Dem ökonomischen Paradigma zufolge soll das Konkurrenzprinzip, ähnlich wie bei privaten Märkten, eine bessere Versorgung mit öffentlichen Gütern und Dienstleistungen gewährleisten und ineffiziente politische Prozesse vermeiden helfen (Huber 2000: 124; vgl. im Überblick Braun 2004). Unter allokativen Gesichtspunkten kommen als wichtigste Kriterien für eine optimale vertikale Zuordnung von Aufgaben, Einnahmen und Steuern die Rivalität im Konsum, die Ausschließlichkeit der Nutzung, Skalenvorteile in der Produktion und Bereitstellung von öffentlichen Gütern sowie die dezentralen Präferenzen der Bürger in Frage (Heine 2003: 475). Ökonomische Spielarten der Föderalismustheorie unterstellen dabei mindestens implizit, dass eine Staatsorganisation fast beliebig nach Effizienzkriterien gestaltbar ist (vgl. Benz 2002: 15). Ihre Modelle stehen deshalb meistens in einem – mehr oder weniger großen – Kontrast zur realen Ausgestaltung föderaler Ordnungen, von denen viele durch Kooperation, Verhandlung und Verflechtung gekennzeichnet sind. Die ökonomischen Theorien, so lauten denn auch kritische Einschätzungen, enthielten präskriptive Normen, die zu abstrakt und zu schlicht seien, als dass man von ihnen Richtlinien für Verfassungsänderungen herleiten könnte (Scharpf 2008: 510). Gleichwohl gehen Vertreter des Modells davon aus, dass eine stärker wettbewerbliche Ordnung „nach allgemeiner Auffassung" die politischen Entscheidungsprozesse und die staatliche Aufgabenerfüllung effizienter machen würde (Schmidt 2003: 459; vgl. auch Jochimsen 2008).

Fiskalische Äquivalenz

Eines der wesentlichen Kriterien ökonomischer Theorien des Föderalismus ist das der „fiskalischen Äquivalenz" (Olson 1969). Das Staatsgebiet ist demzufolge so zu gliedern und Kompetenzen sind den Gebietskörperschaften so zuzuordnen, dass Entscheidungsbefugnis und Finanzierung in den Händen der Einheit liegen sollten, die von den bereitgestellten Leistungen auch tatsächlich profitiert. Indem die Reichweite des Problems und die Reichweite der Regelungskompetenz deckungsgleich sind, werden externe Effekte vermieden. Folgt eine föderale Ordnung diesem Prinzip, werden zu regulierende Probleme von der zuständigen bundesstaatlichen Einheit insgesamt und nicht nur teilweise erfasst. Gleichzeitig kommt es nicht zu „Überregulierungen", da die Regulierung nicht über das Ziel hinausschießt und keine Bereiche erfasst, die von ihr negativ berührt wären (Heine 2003: 475). In der Realität föderaler Systeme handelt es sich bei der „fiskalischen Äquivalenz" weitgehend um eine regulative Idee (vgl. hierzu auch Scheller 2008a: 16); faktisch müssen bestehende externe Effekte entweder durch Kooperation oder durch die Zentralisierung von Aufgaben ausgeglichen werden.

Auch die Vertreter des ökonomischen Föderalismus vertreten keineswegs eine vollständige Dezentralisierung staatlicher Aufgaben. Es gilt allerdings der Grundsatz, dass – gemäß dem Subsidiaritätsprinzip – so viele Aufgaben wie möglich auf untere Ebenen verlagert werden sollten. Aus einer solchen Aufgabenverlagerung entstehen jedoch die bereits mehrfach beschriebenen Externalitäten. Durch eine umfassende Übertragung von Gesetzgebungskompetenzen auf den Bund könnten nun zwar Spillover-Effekte eingedämmt werden. Manche Bereiche, etwa die Hochschulpolitik, eignen sich ohnedies nicht für eine vollständig dezentrale Politik, weil die Mobilität von Studierenden und des Personals kleinräumige Grenzen durchbricht und es im gesamtnationalen Interesse liegen muss, einheitliche Standards einzuhalten (vgl. Seitz 2003). Dass eine weit reichende Zentralisierung jedoch ebenfalls mit einer Reihe von negativen Auswirkungen einhergeht, wurde im Rahmen der Theorie der Politikverflechtung bereits ausführlich erörtert. Zudem sind sie der Theorie des ökonomischen Föderalismus zufolge mit einem Verlust von Kontrollkapazitäten verbunden. Neuere Studien weisen in diesem Zusammenhang darauf hin, dass Internalisierungen selbst wiederum Kosten verursachen, zumal dann, wenn die dafür erforderlichen Maßnahmen in Zwangsverhandlungssystemen ausgehandelt werden müssen (Schmidt 2003: 460).

Vermeidung von Spillover-Effekten

In ökonomischen Theorien des Föderalismus werden Politiker und Bürokraten als egoistische Nutzenmaximierer konzipiert, die sich im Zweifelsfall gemeinwohlschädlich verhalten. Der Föderalismus mit der ihm eigenen dezentralisierten Struktur setzt Anreize für die Regierungen der Gebietskörperschaften, sich opportunistisch zu verhalten (Bednar 2005: 195). Regierungen sind, der ökonomischen Theorie zufolge, als „office-seeker" an der Absicherung ihrer Ämter interessiert. Da sie ihre Wählerschaft zufriedenstellen wollen, versuchen sie bei Verteilungskonflikten möglichst den Vorteil der eigenen Gebietskörperschaft zu realisieren, auch wenn es dem Gesamtnutzen schadet: An dieser Argumentation erkennt man, dass die Wurzeln der Politikverflechtungstheorie wesentlich auf die Politische Ökonomie zurückzuführen sind. Opportunistisches Verhalten sei somit ein strukturtypisches Merkmal des Föderalismus, was wiederum dazu führe, dass auch die Leistungsfähigkeit eines Bundesstaates leide. Föderale Systeme stellen ein öffentliches Gut dar, von dessen Vorteilen kein Nutzer ausgeschlossen werden kann: Solche Vorteile sind z.B. eine effektive

Opportunistische politische Eliten?

politische Repräsentation sowie die militärische Sicherheit. Wie bei allen öffentlichen Gütern, haben Trittbrettfahrer – in unserem Sinne die beteiligten Gebietskörperschaften – also ein leichtes Spiel: Sie werden versuchen, die Vorteile der föderalen Organisation zu nutzen und gleichzeitig die Aufwendungen für das Funktionieren des Bundesstaates so weit wie möglich zu minimieren. Somit seien geeignete institutionelle Vorkehrungen erforderlich, die dem Einhalt gebieten (Bednar 2005).

Wettbewerb als Lösung?

Der Standortwettbewerb gilt in ökonomischen Theorien des Föderalismus als Instrument, mit dem die Politiker dazu angehalten werden, die staatlichen Mittel effizient zu verwenden und der Rentensuche (rent-seeking) von Interessengruppen zu widerstehen. Durch Wettbewerb zwischen dezentralen Gebietskörperschaften ließen sich zudem die besten Problemlösungen ausprobieren, weil innovative Politik wechselseitig übernommen werde. Somit diene der Wettbewerb auch als Mittel, um Effizienz und Effektivität von Politik zu steigern (vgl. Breton 1996). Politikverflochtene Entscheidungsstrukturen entsprechen diesen Annahmen zufolge den rationalen Eigeninteressen von Politikern und denen der Angehörigen des öffentlichen Sektors, weil unübersichtliche Machtpositionen und intransparente Prozesse dazu verwendet werden können, Privilegien zu festigen und Forderungen von außen abzuwehren (Heine 2003: 477). Deutschland hat sich in dieser Sicht für eine „desaströse" Mischung aus Zentralisation und Dezentralisation entschieden; bundesstaatliche Solidarität wird entsprechend als Reformbremse interpretiert (Jochimsen 2008: 542, 553).

Unter diesem Gesichtspunkt gilt Konkurrenz als Allheilmittel, mit dessen Hilfe Wohlfahrtsverluste vermieden werden können. Gleichzeitig, so die Annahme, steige die Transparenz des politisch-administrativen Systems, wenn die politischen Einheiten kleinräumig gestaltet sind und die Bürger das Verhalten von Politikern und Bürokratien besser kontrollieren können. Gäbe es zudem ein differenziertes Angebot an Regulierungsleistungen, zwischen denen die Bürger auswählen könnten, wären Politiker gehalten, ihre Angebote gegenüber den „Abnehmern" von Politik kontinuierlich zu verbessern. In Folge eines solchen „Race-to-the-top-Prozesses" werde letztlich ein sich stetig verbesserndes Angebot an öffentlichen Leistungen bereitgestellt.

Bessere Partizipationsmöglichkeiten

Den Grundideen des ökonomischen Föderalismus zufolge, sollen Bürger zwischen konkurrierenden Problemlösungen, die von den einzelnen Gliedstaaten bereitgestellt werden, wählen können. Damit wären die Bürger nicht mehr nur in der Lage, in Wahlen – die in föderalen Systemen häufiger stattfinden als in unitarischen Systemen – die Option des „voice" wahrzunehmen, sondern auch „exit" auszuüben. Die Exit-Option wird verstanden als negatives Votum gegen die von einer Regierung zu verantwortende Politik; ein Bürger kann demzufolge in föderalen Wettbewerbssystemen einen Gliedstaat verlassen, wenn eine andere Jurisdiktion für ihn günstigere ökonomische Rahmenbedingungen (Steuersätze, Infrastruktur) oder wohlfahrtsstaatliche Leistungen vorhält. Regulierungspräferenzen können auf diese Weise besser befriedigt werden. Die Dezentralisierung führt somit zu einer wirksamen Zähmung des Leviathan (Heine 2003: 477). Der intendierte Wettbewerb kann allerdings nur dann wirkungsvoll greifen, wenn den Gliedstaaten hinreichende gesetzgeberische und fiskalische Kompetenzen zur Verfügung stehen, um die Lebensbedingungen ihrer Bürger eigenverantwortlich gestalten zu können. Gleichzeitig setzt ein Ressourcenwettbewerb nicht nur ein hohes Maß an Mobilität der Bürger voraus. Der Bürger muss vielmehr umfassende Informationen einholen, diese vergleichen und in eine klare und in sich konsistente Präferenzordnung bringen und eindeutige Handlungsoptionen formulieren können. Dass die meisten Menschen einem solchen Idealbild des rational handelnden Individuums schwerlich nahe kommen, liegt auf der Hand (vgl. Lau 2003; weitere Hinweise vgl. auch Kap. 3).

Ein weiteres Kriterium sind Skaleneffekte. Diese beschreiben die Abhängigkeit einer Produktionsmenge von der Menge der eingesetzten Produktionsfaktoren. Effektivität entsteht in föderalen Systemen somit dann, wenn Recht bzw. öffentliche Güter möglichst kostensparend hergestellt werden. Größere Jurisdiktionen können grundsätzlich kostengünstiger Recht produzieren und dieses Recht wiederum neueren Gegebenheiten anpassen, als wenn viele kleine Einheiten unabhängig voneinander reagieren müssen. Dies spräche wiederum eher für eine Zentralisierung als für eine Dezentralisierung. Wenn allerdings kleinere Jurisdiktionen wechselseitig das von ihnen gesetzte Recht anerkennen, lassen sich ebenfalls erhebliche Vorteile realisieren (Heine 2003: 476).

<small>Skaleneffekte</small>

Die ökonomischen Modelle haben normativen Charakter, d.h. sie werden in der Regel als Idealzustand einer als unvollkommen betrachteten Realität gegenüber gestellt. Sie sehen politikverflochtene Systeme als korrekturbedürftig an, da sie den Wettbewerb zwischen den Gebietskörperschaften bzw. Jurisdiktionen behindern. Meistens münden Studien in Empfehlungen, wie sich die politische Ordnung effizienter gestalten ließe. Als Leitbild wird zumeist ein Trennmodell empfohlen – dieses wiederum dient dann als Richtschnur für eine Entflechtung politikverflochtener Föderalstaaten. Bis heute ist es aber heftig umstritten, ob sich das Wettbewerbsprinzip von der Wirtschaft auf die nach anderen Regeln und Legitimationszwängen funktionierende Politik übertragen lässt, ohne dass dabei wiederum anders gelagerte Probleme produziert werden.

<small>Übertragbarkeit des Wettbewerbsprinzips auf alle föderalen Systeme?</small>

Die Kritik an der Annahme, das Wettbewerbsprinzip sei dem Konsensprinzip und der föderalen Politikverflechtung grundsätzlich überlegen, ist vielfältig. So gehen die Meinungen darüber, welche Wirkungen ein solcher Wettbewerb entfalten wird, weit auseinander. Skeptiker wenden ein, dass ein Regulierungs- und Steuerwettbewerb versagen müsse und eher in ein „Race-to-the-bottom" als in eine kreative Konkurrenz münde. In einem Prozess adverser Selektion werde es nur noch zu minderwertigen politischen Ergebnissen kommen (Heine 2003: 474). Auch könnten Regierungen in einem Standortwettbewerb dazu tendieren, bedürftige Bevölkerungsgruppen durch Leistungskürzungen zu verdrängen und soziale Kosten zu externalisieren (Benz 2009b: 76). Diese Gefahr nehmen die Vertreter ökonomischer Theorien entweder in Kauf oder aber sie verneinen ihn in dieser Schärfe, z.B. unter Verweis auf den keineswegs ruinösen Steuerwettbewerb und die durch den Bund bereitgestellten Subventionsleistungen in den USA (vgl. hierzu z.B. Huber 2000: 128 f.). Wettbewerb könne, je nach institutioneller Ausgestaltung, in föderalen Systemen eben nicht nur als Ressourcenwettbewerb in Gang gesetzt werden, sondern als Ideenwettbewerb. Letztlich ist es aber unklar, unter welchen Bedingungen Wettbewerb tatsächlich zu einer Leistungssteigerung in Bundesstaaten führt. Es ist ebenfalls umstritten, wie groß die Unterschiede zwischen den Gliedstaaten sein dürfen, damit sich ein echter

<small>Kritik an der Überlegenheit des Wettbewerbsprinzips</small>

Wettbewerb noch realisieren lässt (Benz 2002: 37). Sind die föderalen Gliedstaaten von großen Asymmetrien geprägt, ist es nach Ansicht vieler Föderalismusexperten kaum verantwortbar, einen Ressourcenwettbewerb zuzulassen. Gegen die Idee des Wettbewerbsföderalismus wird deshalb für Deutschland eingewandt, dass er die räumlichen Disparitäten zwischen prosperierenden und rückständigen Regionen noch weiter verschärfen würde. Konsequent wettbewerbsföderalistische Umbauten würden angesichts der seit der Deutschen Einheit gewachsenen strukturpolitischen Asymmetrien zwischen den Ländern und vor dem Hintergrund der seit den neunziger Jahren beträchtlichen Wanderungstendenzen zwischen Ost- und Westdeutschland voraussichtlich erheblichen politischen Konfliktstoff in sich bergen. Weiterhin bedarf auch ein wettbewerbsföderales Modell einer starken zentralen Gesetzgebungsinstanz, die die notwendigen Wettbewerbsregeln durchzusetzen vermag; eine so erzeugte Politik stößt zudem auch innerhalb der dezentralisierten Gebietskörperschaften auf zahlreiche Vetospieler (Benz 2009b: 77 f.).

Da die politischen Eliten, anders als Unternehmensführungen, in regelmäßigen Wahlen Legitimationszwängen unterworfen sind, scheuen sie bislang eine radikale Umsetzung solcher Konzepte. Von Vertretern der ökonomischen Theorien wird dies mitunter zwar als Egoismus und mangelnde Gemeinwohlorientierung politischer Akteure gewertet; jedoch ist es in Demokratien unverzichtbar, dass politische Entscheidungen von einer Responsivität und Verantwortlichkeit gegenüber den Bürgern gekennzeichnet sind (vgl. hierzu die Debatten in Kap. 6). Hierzu einige Zahlen: Nach ihren Präferenzen befragt, gaben zwischen 83% (Bayern) und 96% (Sachsen-Anhalt) der Bundesbürger an, die Länder sollten eher ihre Kräfte bündeln als sich in Wettbewerb zueinander begeben (Petersen et al. 2008: 573). Dem entspricht auch eine ausgeprägte Skepsis gegenüber einem Steuerwettbewerb. Umgekehrt würden die Verfechter ökonomischer Modelle jedoch einwenden, dass gerade verflochtene Strukturen und Kooperationsmodelle dazu beitragen, dass sich politische Akteure den Bindungen der Wähler und klaren Verantwortlichkeiten zu entziehen suchen und dass die von den Bürgern gewünschte unitarische Bundesstaatskultur gerade nicht zur Erhöhung der Responsivität führt.

Keine realistischen Exit-Optionen der Bürger

Ein weiterer Einwand gegen den Konkurrenzföderalismus lautet, dass den Bürgern die für die ökonomische Theorie des Föderalismus essentiellen Exit-Optionen letztlich nur theoretisch zur Verfügung stehen. Der Bürger ist kein rein nutzenmaximierendes Subjekt, seine Standortwahl richtet sich auch nach anderen Kriterien als nach der möglichst optimalen Bereitstellung öffentlicher Güter durch einen Gliedstaat. Die Mobilitätskosten fallen für viele Bürger schon deshalb hoch aus, weil sie soziale Bindungen gegen die Vor- und Nachteile ökonomischer Standortbedingungen aufwiegen. Auch hierzu einige Zahlen: Einer Umfrage zum deutschen Föderalismus zufolge leben rund 70% der Deutschen z.B. in dem Bundesland, in dem sie geboren sind. Mit der Ausnahme Bremens, wo die Nähe zum Arbeitsplatz eine große Rolle für die Wohnortwahl spielt, rangieren die Antwort „Ich bin hier geboren" und die Einbindung in soziale Netzwerke als Motive für den Verbleib im Bundesland ganz oben (Petersen et al. 2008: 565). Die Schweiz und die USA, die von den Verfechtern des Konkurrenzföderalismus häufig als Vorbilder herangezogen werden, sind von einer anderen politischen Kultur und Geschichte geprägt, die Disparitäten in den Lebensbedingungen eher toleriert als dies in Deutschland der Fall ist (Sturm 1999a: 82 f.; vgl. oben). Studien weisen zudem darauf hin, dass gerade kleine Einheiten, die dezentrale Entscheidungsrechte ausüben können, für die Ausbildung von Rent-Seeking-Koalitionen besonders anfällig sind (Heine 2003: 477): Somit kann sich der von der ökonomischen Theorie angenommene Kontrolleffekt von dezentralisierten Systemen im Einzelfall sogar umkehren. Jedoch teilen die meisten Positionen als kleinsten gemeinsamen Nenner heute die Einsicht, dass Wettbewerbselemente genutzt werden sollten, um Mitnahmeeffekte einzudämmen, die mit politikverflochtenen Strukturen einhergehen, und um ein konsumtives Ausgabeverhalten der Gliedstaaten nicht noch zu belohnen.

Trotz der Kritik am Modell wird dem Wettbewerbsföderalismus mitunter pauschal eine gewisse Überlegenheit attestiert. Angesichts des Ausmaßes der Verflechtung, die dem deutschen Föderalismus eigen ist, sowie der gewaltigen Summen, die über den Finanzausgleich umverteilt werden (vgl. Kap. 2), haben diese Ideen in den neunziger Jahren Einzug sowohl in die wissenschaftliche Diskussion als auch in den politischen Diskurs gehalten (vgl. hierzu Margedant 2003). Die Diskussion um die Entflechtung und um den Wert wettbewerbsföderaler Bestandteile belegt die Bedeutung von sog. „belief systems": Politischer Wandel ist darauf angewiesen, dass sich in sog. „advocacy coalitions" – dies sind Koalitionen aus Entscheidungsträgern und Experten, die sich zum Fürsprecher bestimmter Ideen machen – bestimmte normative Maßstäbe festsetzen. Im Laufe eines längerfristigen Prozesses finden diese Ideen schließlich als kaum noch hinterfragter Kern von Glaubenssätzen und kausalen Wahrnehmungen Eingang in den politischen Entscheidungsprozess (Sabatier/Jenkins-Smith 1993; Schmidt 2008). Modelle, wie der ökonomische Föderalismus, stehen dann letztlich als von den Mitgliedern einer solchen advokatorischen Koalition nicht mehr hinterfragten Heuristik bereit, mit deren Hilfe die Realität entschlüsselt werden kann und soll; in einem weiteren Schritt müssen diese Ideen allerdings in konkrete Handlungen und Entscheidungen umgesetzt werden (vgl. hierzu auch Kap 1.4.1). Dabei durchlaufen sie den politischen Prozess mit all seinen Vetoakteuren und institutionellen Hürden, was wiederum die oben angesprochenen Pfadabhängigkeiten von Institutionen zu erklären vermag.

Rolle von „belief systems" und Ideen

Kernelemente des Konkurrenzföderalismus werden heute angesichts der bestehenden institutionellen Entscheidungshürden und wegen der politischen Kräfteverteilung nicht als in sich geschlossenes, einfach übertragbares Konzept, sondern als normatives Begründungsmuster herangezogen, mit dessen Hilfe die Debatte um eine Entflechtung von Zuständigkeiten und eine Stärkung der Länder vorangetrieben werden kann (vgl. Münch 2001: 120; Fischer/Große Hüttmann 2001: 130). Dabei werden nicht selten einzelne Bausteine dieser Theorie aus dem Gesamtzusammenhang herausgelöst und als Argumentationshilfe und Teilinstrument für eine Reform weiterverwendet. Sie dienen damit als Hebel für eine Reformkoalition, die sich erhebliche Vorteile von einer Entflechtung und mehr Transparenz im politischen Prozess verspricht. In der Föderalismusreform I erwiesen sich diese Ideen als durchaus wirkungsmächtig, auch wenn sich ihre Promotoren mehr versprochen haben mögen (vgl. Kap. 6).

Fazit Stellt man die unterschiedlichen theoretischen Zugänge zur Untersuchung politikverflochtener Strukturen einander gegenüber, so lassen sich folgende Unterschiede festhalten: Während der Historische Institutionalismus insbesondere langfristige Entwicklungen und die Zählebigkeit von politikverflochtenen Strukturen zu erklären vermag, stellt die ökonomische Theorie des Föderalismus ein normatives Modell dar, das dazu beiträgt, bestehende Defizite hinsichtlich der Effizienz föderaler Systeme zu untersuchen. Die Theorie der Politikverflechtung, die Defizite des deutschen Föderalismus aufgedeckt hat, ist ebenfalls wesentlich durch ökonomische Modelle inspiriert worden. Von der ökonomischen Theorie lässt sich ein Trennmodell als Ideal herleiten, das wiederum eine Institutionenpolitik nahe legt, die auf eine Entflechtung des föderalen Systems zielen soll. Der „diskursive Institutionalismus" verweist, ebenso wie Policy-Theorien („advocacy coalitions"), auf die Bedeutung, die Ideen und Kommunikation für die Reform und den Wandel föderaler Systeme entfalten.

Überlegungen zur Wechselwirkung der beiden Strukturprinzipien von Demokratie und Föderalismus hingegen haben bisher kaum eindeutige Muster herausarbeiten können. Hierfür sind beide Strukturprinzipien in sich in zu viele Untertypen differenziert, und die Einbettung beider in den gesellschaftlichen und weiteren institutionellen Kontext eines Regierungssystems ruft unterschiedliche Wirkungsweisen hervor. Grundsätzlich ist der Zusammenhang zwischen Demokratie und Föderalismus jedoch weniger eindeutig als dies normative Theorien nahelegen (vgl. auch Lane/Ersson 2005). Politikverflochtenen Strukturen wird jedoch generell ein gewisses Demokratiedefizit attestiert, das durch mangelnde Transparenz, unklare Verantwortlichkeiten und eine Abkopplung der Parlamente vom politischen Prozess zustande kommt. Weitere theoretische Ansätze (etwa die Vetospielertheorie oder Kontingenztheorien), mit deren Hilfe sich Teile des politikverflochtenen Systems interpretieren lassen, sind in den nachfolgenden Kapiteln eingefügt. In Kap. 3, das sich der „freiwilligen" Kooperation im Bundesstaat widmet, wird ferner diskutiert, warum das Demokratiedefizit in solchen Strukturen tendenziell geringer ausfällt als in verflochtenen Strukturen.

2 Wo findet Politikverflechtung statt?

2.1 Der Bundesrat im Spannungsfeld von föderalen Interessen und Parteipolitik

2.1.1 Die Konstruktion des Bundesrates und seine historische Entwicklung

Politikverflechtung und Kooperationszwänge im deutschen Föderalismus entstanden nicht erst durch die Grundgesetzänderungen von 1969. Sie sind bereits in der Aufgabenteilung des Grundgesetzes angelegt, der zufolge der Bund wesentlich für die Gesetzgebung und die Länder für die Verwaltung zuständig sind. Politikverflechtung entsteht zudem durch die im internationalen Vergleich einmalige Konstruktion des Bundesrates (vgl. Sturm 2003b: 29), die hier zunächst im Mittelpunkt stehen soll. Nach Art. 50 GG wirken die Länder über den Bundesrat an der Gesetzgebung des Bundes mit. Die Zusammensetzung des Bundesrates ist in Art. 51 GG geregelt: Der Bundesrat besteht aus Mitgliedern der Regierungen der Länder, die per Mehrheitsbeschluss der jeweiligen Landesregierung bestellt und abberufen werden. Scheidet ein Mitglied aus der Regierung aus, erlischt auch seine Mitgliedschaft im Bundesrat. Die Mitglieder können problemlos durch andere Mitglieder ihrer Regierungen vertreten werden, da sie weisungsgebunden sind und ihre Stimmen einheitlich über einen sog. Stimmführer abgegeben werden, der zuvor wiederum in der Kabinettsitzung eines Landes bestimmt worden ist. Die Länder haben im Bundesrat ein abgestuftes Stimmengewicht (vgl. Abb. 1), das sich an der Einwohnerzahl orientiert. Auf diese Weise ergibt sich ein Mittelweg zwischen föderativer und demokratischer Repräsentation (vgl. hierzu weiter: Patzelt 2005a).

Zusammensetzung des Bundesrates

Der Grundgesetzgeber wollte vermeiden, dass die großen, finanzkräftigen Länder die übrigen übertrumpfen können. Um die Instrumentalisierung der reichen und leistungsfähigen Gliedstaaten zu verhindern, sollten die kleinen, finanzschwachen Länder die anderen aber auch nicht majorisieren können. Diese Prinzipien spiegeln sich in der Verteilung der mittlerweile 69 Bundesratsstimmen wider: Die großen Länder verfügen zwar nicht über eine Mehrheit, können aber gemeinsam von einer Sperrminorität Gebrauch machen, die sie vor einer Ausbeutung ihrer Wirtschaftskraft durch die kleinen Länder schützen soll.

50   Wo findet Politikverflechtung statt?

Abbildung 1:   Stimmenverteilung im Bundesrat

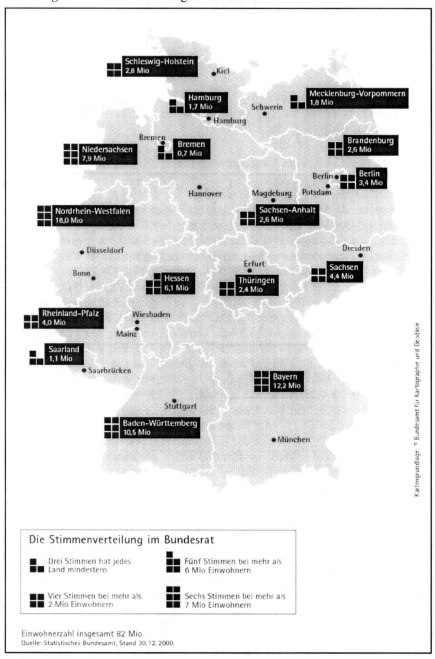

Quelle: http://www.bundesrat.de/Site/Inhalt/DE/2_20Bundesrat/2.1_20Struktur_20und_20Aufgaben/
2.1.2_20Organisation, Download 8.9.2006.

Um die Konstruktion des deutschen Bundesstaates im Allgemeinen und des Bundesrates im Besonderen erklären zu können, greifen manche Untersuchungen auf Erklärungsmuster des „Historischen Institutionalismus" zurück (vgl. Lehmbruch 1976, 2000; zur Theorie vgl. Pierson 2004, vgl. Kap.1.4.1). Demzufolge weisen Institutionen eine beträchtliche Stabilität auf: Ist ein institutioneller Pfad erst einmal eingeschlagen, legt er Anreize und Machtstrukturen fest, die nur mit großem Aufwand wieder neu justiert werden können. Selbst wenn eine institutionelle Ordnung nur in Teilen reformiert wird, fallen dabei beträchtliche Transaktionskosten an. Die Akteure müssen sich in aufwendigen Verfahren auf neue Institutionen einigen, wofür sie Informationen beschaffen und auswerten, Zeit aufbringen, Verhandlungsgeschick einsetzen und Vetogruppen überzeugen müssen. Wie institutionelle Neuordnungen tatsächlich wirken, kann zudem nicht sicher prognostiziert werden. In komplexen politischen Systemen ist die Wirkungskette zwischen einer Entscheidung und dem Politikergebnis aufgrund vielfältiger intervenierender Einflüsse manchmal kaum erkennbar. Politische Akteure scheuen deshalb die Kosten und die Unsicherheiten, die mit weit reichenden Reformen verbunden sind. Sie bevorzugen im politischen Normalfall eher inkrementelle Änderungen, die schrittweise und nicht in großen Sprüngen erfolgen. Die Chancen, dass völlig neue Wege beschritten werden, sind demzufolge eher gering. Neuere vergleichende Untersuchungen zeigen hingegen, dass eine stärkere institutionelle Rigidität politischer Systeme tendenziell sogar mit mehr und weiter reichenden Reformen einhergeht. Dies zeigt, dass auch die Kontextbedingungen und das Akteurhandeln selbst als erklärende Variablen herangezogen werden müssen, wenn es um die Auflösung von institutionell bedingten Reformhemmnissen geht (zur Häufigkeit von Verfassungsänderungen vgl. Lorenz 2004: 464 ff.; Behnke 2008).

Die Geschichte des deutschen Bundesstaates ist gekennzeichnet von mehreren grundlegenden Brüchen. Die Verfassungsgeschichte der letzten 150 Jahre war nach dem Ersten Weltkrieg, der totalitären Herrschaft des Nationalsozialismus und nach dem Ende des Zweiten Weltkriegs von mehreren grundstürzenden Umbrüchen geprägt. Der Systemwechsel in der DDR von 1989 stellt in dieser Entwicklung die vorerst jüngste Zäsur dar. Nimmt man den Weimarer Föderalismus, der von extremen Asymmetrien und einem vergleichsweise schwachen Reichsrat gekennzeichnet war (vgl. hierzu: Holtmann 1995), und die zentralistische Diktatur des Nationalsozialismus von der Betrachtung aus, so blieb die Bundesratskonstruktion im kollektiven Gedächtnis des Verfassungsgebers und dem deutschen Regierungssystem – mit Variationen – als prägende Institution erhalten. Der Zusammenbruch von 1945 bot zwar die Chance für einen Neubeginn. Es fällt jedoch auf, dass sich die Konstrukteure des Grundgesetzes letztlich für eine Variation des aus der Zeit vor Weimar bekannten Bundesrats entschieden. Angesichts des institutionellen Vakuums nach 1945 stellt sich die Frage, ob der Historische Institutionalismus ein passendes Erklärungsangebot darstellt, um die föderale Ordnung des Grundgesetzes aus pfadabhängigen Entwicklungen heraus zu erklären.

Historische Vorläufer des Bundesrates

Hierfür ist ein kurzer Rückblick in die deutsche Geschichte erforderlich. Schon der nicht realisierte Verfassungsentwurf der Paulskirche von 1848 enthielt Vorstellungen, wie eine zweite Kammer auszugestalten sei. Der Reichstag als

Verfassungsentwurf der Paulskirche 1848

Parlament hätte aus einem Volkshaus und einem Staatenhaus bestehen sollen. Das Staatenhaus sollte je zur Hälfte von den *Regierungen* und zur anderen Hälfte von Volksvertretern auf je sechs Jahre bestellt werden. Es war vorgesehen, dass Beschlüsse nur durch die Übereinstimmung beider Häuser zustande kommen sollten (vgl. im Folgenden Laufer/Münch 1998: 46 ff.; Frotscher/Pieroth 2008). Eine echte Bundesratskonstruktion erhielt der Entwurf folglich noch nicht.

Norddeutscher Bund und Verfassung von 1870/71

Der Norddeutsche Bund von 1867 kann als Vorläufer der Bundesratskonstruktion gelten. Der Bundesrat war seinerzeit das monarchisch-föderale Legislativorgan des Deutschen Reichs und formell Träger der Staatssouveränität. Die Abgesandten vertraten die Regierungen der vereinigten Staaten, sie durften – wie im heutigen Bundesrat auch – ihre Stimmen nur einheitlich abgeben. Der Bundesrat litt an einer erheblichen Asymmetrie: Die Vorherrschaft Preußens wurde schon dadurch gefestigt, dass es über 17 von 43 Stimmen verfügte (vgl. auch Willoweit 2005: 330; Huber 1978). Nach dem Krieg mit Frankreich von 1870/71 traten auch die süddeutschen Staaten dem Bund bei, so dass eine geographische Ausdehnung des Territoriums erfolgte. Das Deutsche Reich stellte zu diesem Zeitpunkt eine monarchische Föderation dar, die aufgrund der Vorrangstellung Preußens weiterhin eine deutlich hegemoniale Struktur aufwies. Der Zentralstaat wurde im Kaiserreich nicht nur durch den nationalstaatlichen Gedanken, sondern auch durch den Primat des Reiches in der Außenpolitik entscheidend gestärkt, da die Ausübung der Kommandogewalt durch Kaiser Wilhelm II. faktisch auch die föderale Organisation des Heeres überlagerte (Wieland 2008: 211).

Der Konstruktion des Deutschen Reiches lag allerdings keineswegs die Idee zugrunde, dass die föderale Ordnung auch horizontal gewaltenteilig zu organisieren sei. Durch die Bundesratskonstruktion war es möglich, die Vorherrschaft der Fürsten gegenüber den zwar bereits demokratisch legitimierten, aber schwachen Parlamenten zu sichern. Parallelen zur heutigen Situation ergaben sich dadurch, dass die Zuständigkeiten zwischen Reich und Gliedstaaten nicht nach Politikfeldern, sondern nach Funktionen aufgeteilt waren (Verwaltung, Gesetzgebung). Der Grundsatz der Vollzugskonnexität z.B., nach dem die Landesverwaltungen Bundesgesetze vollziehen, war bereits in der Reichsverfassung von 1871 festgelegt und hat seither alle Brüche der deutschen Geschichte unbeschadet überstanden (vgl. Renzsch 2005: 15).

Weimarer Reichsverfassung – „unitarischer Bundesstaat"

Der Weimarer Föderalismus hat das Reich gegenüber den Ländern weiter gestärkt. Es verfügte sowohl in der Gesetzgebung, aber auch in der Verwaltung – etwa über den Aufbau einer Reichsfinanzverwaltung – und Finanzordnung über umfassende Kompetenzen. Somit nahm die Entwicklung in Weimar eher Kurs in Richtung eines dezentralisierten Einheitsstaates. Da jedoch Einsprüche des Reichsrates nur mit Zweidrittelmehrheit zurückgewiesen werden konnten, dies jedoch aufgrund der Parteienzersplitterung des Weimarer Parteiensystems kaum gelang, war ein Veto der Zweiten Kammer kaum zu überstimmen. Dies hat den Reichsrat zweifelsohne mehr Gewicht verliehen als mitunter vermutet, auch wenn ein Einigungszwang zwischen Reich und Ländern, wie bei zustimmungspflichtigen Gesetzen, nicht bestand (vgl. weiterhin Holtmann 1995). Zudem war die Zweite Kammer nicht in einen Senat umgewandelt worden; es waren somit die Regierungen der Länder, die nach wie vor an der Gesetzgebung des Reiches teilhatten.

Nach dem Ende des Zweiten Weltkriegs und dem vollständigen Zusammenbruch der politischen Strukturen war die Situation offen für mehrere institutionelle Optionen. Da die Länder vor dem Bund existierten, waren die Ministerpräsidenten vor 1949 die wesentlichen Entscheidungsträger, die auch mit den Alliierten verhandelten. Wollten die Militärgouverneure die Länderkompetenzen stärken und damit den deutschen Zentralstaat schwächen, trat die Mehrheit im Parlamentarischen Rat, mit Ausnahme Bayerns, eher für eine Stärkung des Zentralstaates ein (vgl. Wieland 2008: 212). Die Ministerpräsidenten vertraten daher gesamtstaatliche Interessen. Im Parlamentarischen Rat fanden kontroverse Debatten darüber statt, ob ein Senats- oder das in Deutschland schon in Grundzügen vertraute Bundesratsmodell die geeignete bundesstaatliche Lösung sei. Die Lösungen waren zwischen den Parteien heftig umstritten. Die SPD strebte als Leitbild eine soziale Mehrheitsdemokratie und damit ursprünglich ein Senatsmodell an, während die liberalen und konservativen Kräfte eher dafür plädierten, die politische Macht auf verschiedene Institutionen aufzuteilen. Die CDU war in sich gespalten und sprach sich vorübergehend sogar für ein Dreikammersystem aus. Sie trat darüber hinaus für eine volle Gleichberechtigung des Bundesrats ein, weil diese ihrer Meinung nach der Eigenstaatlichkeit der Länder ehestens gerecht wurde. Sie plädierte für eine echte zweite Kammer, die jedem Gesetz hätte zustimmen müssen.

Das Senatsmodell fand in den Verhandlungen letztlich keine Mehrheit. Wären bei einer Anwendung des Senatsmodells die Senatoren von den Landesparlamenten gewählt worden, wäre es nach Ansicht der Bundesratsbefürworter zu einer funktionalen Verdoppelung des Bundestags gekommen. Wären die Senatoren hingegen aus allgemeinen Wahlen hervorgegangen, dann hätten sie sich mit ihren Bundestagsfraktionen abstimmen müssen. Man befürchtete deshalb, dass die Senatslösung letztlich dem noch negativ besetzten „Parteienstaat" Auftrieb geben würde.

Die SPD schwenkte schließlich auf die Bundesratslösung ein, da sie auf diese Weise die echte Gleichberechtigung zwischen beiden Kammern verhindern konnte. Als Kompromiss wurde die „abgeschwächte Bundesratslösung" im Grundgesetz verankert. Die ursprünglich von der CDU favorisierte volle Gleichberechtigung wurde darauf reduziert, dass man sich auf die Zustimmungspflicht des Bundesrates bei Finanzen und Verwaltung einigte – dies sind im Wesentlichen die heute zustimmungspflichtigen Gesetze. Auch das Repräsentationsprinzip stellt einen Kompromiss dar. Während die SPD für eine Gleichberechtigung aller Länder plädierte, war die CDU für eine gestaffelte Repräsentation der Länder nach Einwohnerzahl. Ergebnis war die heute geltende Lösung, die Ideen der demokratischen und bundesstaatlichen Repräsentation miteinander verbindet.

Sowohl die Beteiligung der Landesregierungen an der Gesetzgebung des Bundes über den Bundesrat als auch die abgestufte Repräsentation der Länder sind Merkmale, die ihren Ursprung in historischen Vorläufern haben. Insofern hatten einige zentrale Ideen des deutschen Bundesstaates überlebt. Gegen die Annahme einer durchgängig „pfadabhängigen" Entwicklung kann indes eingewandt werden, dass durch den zweifachen Zusammenbruch des deutschen Staates nach den beiden Weltkriegen und während der NS-Diktatur der Entwicklungspfad mehrfach durchbrochen worden ist. Man kann somit nicht davon spre-

Beratungen im Parlamentarischen Rat

Historischer Institutionalismus als vollständiges Erklärungsangebot?

chen, dass bestehende föderale Institutionen einfach an einen veränderten Kontext angepasst worden wären. Die oben kurz skizzierten Verhandlungen im Rahmen des Parlamentarischen Rates weisen darauf hin, dass die Bundesratskonstruktion des Grundgesetzes durch Kompromisse und Machtverteilungen zwischen den Akteuren zustande gekommen ist – bei anderen Stärkeverhältnissen wäre somit auch ein Senatsmodell denkbar gewesen. Deshalb ist eine Analyse auf der Grundlage spiel- oder handlungstheoretischer Ansätze in diesem Zusammenhang eine wohl besser geeignete Herangehensweise als der bloße Verweis auf langjährige Entwicklungspfade – unbeschadet der Tatsache, dass sich die historischen Vorläufer des Bundesrates als durchaus wirkungsmächtige Ideen während des Verfassungsgebungsprozesses erwiesen haben und manche theoretischen Zugänge Ideen in diesem Sinne bereits als Institution betrachten. Die schon vor dem Bund existierenden Landesexekutiven wussten in den Verhandlungen zudem ihre starke Stellung im Bundesrat institutionell zu festigen. Für die Zeit nach 1949 lässt sich hingegen die pfadabhängige, inkrementelle Anpassung der Länderkammer weitgehend bestätigen.

Bundesrat als „Widerlager"

Leitbild des Verfassungsgebers war ein Bundesrat, in dem föderale Interessen als „Widerlager" (vgl. Lehmbruch 1976) zum Parteienwettbewerb im Bundestag vertreten werden sollten. Diese Sichtweise, die beiden Staatsorganen unterschiedliche Entscheidungsregeln – Verhandeln und Mehrheitsentscheid – idealtypisch zuweist, ist durch die föderale Wirklichkeit nicht durchgängig bestätigt worden (vgl. unten). Die Ländervertreter im Bundesrat sind vielmehr konkurrierenden föderalen und parteipolitischen Rollenerwartungen ausgesetzt. Um verstehen zu können, warum die Verfassungsväter und -mütter den Parteienwettbewerb mit Hilfe der Länderkammer zähmen wollten, muss man sich die Situation in der unmittelbaren Nachkriegszeit vergegenwärtigen. Der Horizont der politischen Akteure war noch geprägt von den Erfahrungen des hochgradig polarisierten und fragmentierten Weimarer Parteienwettbewerbs, in dem die moderaten Parteien in der Mitte durch extreme Flügelparteien zerrieben worden waren. Die ersten freien Wahlen zum Bundestag in 1949 wurden nicht zufällig als die letzten Weimarer (und die ersten bundesdeutschen) Wahlen bezeichnet, da sich die alten Weimarer Parteien vorerst wieder konstituiert hatten (Falter 1989: 50) und an alte Hochburgen anzuknüpfen vermochten. Ein Bundesrat, in dem die Länder und nicht die Parteien vertreten waren, erschien den Verfassungsvätern und -müttern in der Gründungsphase der Bundesrepublik nicht nur besser geeignet, um den mit Misstrauen betrachteten Parteienwettbewerb zu bändigen. Indem die Exekutiven vertreten waren, sollte auch das in den Länderverwaltungen angesammelte Verwaltungswissen im Gesetzgebungsprozess auf Bundesebene nutzbar gemacht werden.

Dass der Bundesrat dennoch zum Gegenstand parteipolitischen Kalküls werden würde, wurde in der Gründungsphase der Bundesrepublik nicht antizipiert. Der gemeinsame Wähleranteil der beiden großen Parteien CDU/CSU und SPD wuchs allerdings in den 1950er Jahren bereits kontinuierlich an, so dass sich ein konzentriertes und, seit den sechziger Jahren, bipolares Parteiensystem entwickeln konnte. Dieses Parteiensystem übertrug seine Funktionslogik schließlich zeitversetzt auf die ebenfalls aus dem Parteienwettbewerb hervorgehenden Landesregierungen und damit auf die Länderkammer.

Die Konstruktion des Grundgesetzes folgt nicht dem Modell des dualen Föderalismus, in dem Bund und Gliedstaaten über nach Politikfeldern getrennte Zuständigkeiten verfügen. Bund und Länder nehmen in Deutschland vielmehr für jeweils gleiche Aufgabenbereiche unterschiedliche Funktionen wahr: Während die Gesetzgebungskompetenzen bis auf wenige den Ländern verbliebene Felder auf den Bund übergegangen sind, führen die Länder Gesetze des Bundes prinzipiell in eigener Zuständigkeit aus. Gleichzeitig sind die Landesregierungen über den Bundesrat an der Gesetzgebung des Bundes beteiligt. Schon diese im Grundgesetz angelegte Arbeitsteilung weist darauf hin, dass die Rede von einer einfachen „Zentralisierung" bzw. „Unitarisierung" des deutschen Bundesstaates die Realität nur unzureichend abbildet. Die Länder beziehen ihre Stärke weniger aus einer autonomen Gesetzgebungszuständigkeit, sondern wesentlich aus ihrer Verwaltungskraft.

Föderales Verbundsystem

Die Länder verfügen über abgestufte Mitwirkungsrechte bei der Gesetzgebung des Bundes. Bei den einfachen Gesetzen bzw. Einspruchsgesetzen kann der Bundestag einen mit einfacher Mehrheit eingelegten Einspruch der Länderkammer mit einfacher Mehrheit zurückweisen; wird das Veto mit einer qualifizierten Mehrheit von zwei Dritteln formuliert, muss der Bundestag den Einspruch mit einer Zweidrittelmehrheit überstimmen. Die Einspruchsgesetze haben die Regierungsfähigkeit der Bundesregierung bislang nicht nennenswert eingeschränkt, da die oppositionsgeführten Länderregierungen noch nie über eine Zweidrittelmehrheit im Bundesrat verfügt haben. Problematischer sind die sog. zustimmungspflichtigen Gesetze, bei denen der Bundesrat ein absolutes Vetorecht geltend machen kann.

Bedeutung zustimmungspflichtiger Gesetze

Im Grundgesetz sind die Materien, bei denen ein Gesetz als zustimmungspflichtig zu behandeln ist, einzeln benannt. Als einfache Faustformel kann gelten, dass ein Gesetz dann zustimmungspflichtig ist, wenn es die Verwaltungszuständigkeit der Länder oder eine finanzwirksame Materie berührt. Bis zur Föderalismusreform von 2006 traf dies zuletzt auf mehr als 60% aller Gesetze zu. Der Anteil zustimmungspflichtiger Gesetze an der gesamten Gesetzesproduktion ist seit 1949 aber keinesfalls so stark angestiegen wie mitunter behauptet: Bereits in der ersten Legislaturperiode betrug er 41,8% (vgl. Schindler 1999: 2430), keineswegs aber nur, wie manchmal angenommen, 10%. Dass ihr Anteil dennoch um etwa 50% zugenommen hat, ist nicht zuletzt auf den Regelungsperfektionismus der Ministerialbürokratie zurückzuführen, die dazu tendiert, Gesetzesvorlagen mit weit reichenden Ausführungsbestimmungen zu versehen. Indem sich die Länderkammer die „Mitverantwortungstheorie" zu eigen machte, versuchte sie durchzusetzen, dass selbst bei bloßen Änderungsgesetzen jeweils das ganze Gesetz als zustimmungspflichtig zu gelten habe. Das Bundesverfassungsgericht entschied zwar 1974, dass nicht jedes Änderungsgesetz automatisch eine neue Zustimmungspflicht hervorruft. Jedoch können Änderungsgesetze dann eine solche Notwendigkeit auslösen, wenn Neuerungen in Kraft gesetzt werden, die dem Verwaltungsverfahren eine neue Bedeutung verleihen. Um bei gegenläufigen parteipolitischen Mehrheitsverhältnissen wenigstens einen Teil der Vorhaben als Einspruchsgesetz im Bundesrat behandeln zu können, haben Bundesregierungen umfassende Gesetzesvorhaben und Reformpakete immer wieder in zustimmungspflichtige und „einfache" Bestandteile zerlegt.

Vermittlungs-ausschuss als „Scharnier" und „Blockadelöser"

Dem Vermittlungsausschuss kommt in diesem Zusammenhang die Funktion zu, als „Scharnier" zwischen Bundestag und Bundesrat drohende Blockaden aufzulösen. Er kann bei zustimmungspflichtigen Gesetzen maximal dreimal angerufen werden, und zwar je einmal von Bundesrat, Bundestag und Bundesregierung. Er setzt sich aus je einem Vertreter der Länder sowie 16 Abgeordneten des Bundestages proportional zu den Fraktionsstärken zusammen. Vertreter der Bundesregierung können an den Sitzungen teilnehmen. Die Mitglieder des Vermittlungsausschusses sind nicht an Weisungen gebunden. Die Sitzungen sind nicht öffentlich, geht es doch hier darum, dass zwischen regionalen und parteipolitischen Interessen ein Kompromiss gefunden werden soll. Seine Vertreter können nur dann zu einer Lösung finden, wenn die Verhandlungen vertraulich verlaufen. Kommt ein Einigungsvorschlag zustande, wird er erneut dem Bundestag vorgelegt, der jenen nur ablehnen oder annehmen, nicht aber verändern kann. Änderungen an einem Gesetz werden mit einfacher Mehrheit beschlossen. Die Vertreter des Bundestages werden für die gesamte Dauer der Legislaturperiode eingesetzt; die Zusammensetzung des Teils des Bundesrates ändert sich somit je nach dessen Machtumschichtung. Damit kann sich im Vermittlungsausschuss eine Art institutionalisiertes Gedächtnis ausbilden.

Die Vorschläge des Vermittlungsausschusses haben sich inhaltlich im Rahmen der vorgegebenen Gesetzesentwürfe zu bewegen. Eine Tauschmasse entsteht, indem unterschiedliche umstrittene Gesetzesvorlagen zusammen behandelt werden. Somit kommt es, wie in Koppelgeschäften üblich, häufig zur wechselseitigen Verrechnung unterschiedlicher Materien. Dies führt dazu, dass sachlich nicht zusammengehörige Punkte wechselseitig als Gewinnmarge abgewogen werden.

Bei den Mitgliedern des Vermittlungsausschusses handelt es sich in der Regel um Generalisten. Diese vermögen Kompromisspakete leichter zu schnüren als Fachpolitiker, die als Spezialisten eher dazu tendieren, auf der sachlichen Richtigkeit ihrer Argumente zu beharren. Deshalb ist es für die Bundestagsabgeordneten sowohl der Oppositions-, aber auch der Regierungsfraktionen auch nicht unbedingt erstrebenswert, es auf ein Vermittlungsverfahren ankommen zu lassen, da sie damit tendenziell einen Machtverlust erleiden (vgl. hierzu auch Holtmann 2000; allgemein Patzelt 2005a: 216 f.; Lhotta 2000). Insofern versuchen die Fachpolitiker der Fraktionen häufig, das Konfliktniveau im vorgelagerten parlamentarischen Verfahren „herunterzuziehen". Dies gelingt jedoch, je nach parteipolitischer Polarisierung einer Materie, mit sehr unterschiedlichem Erfolg. Abb. 3 und 4 zeigen, dass nach der Anrufung des Vermittlungsausschusses die Blockadebilanz insgesamt gering ausfällt (vgl. hierzu auch die aktuellen Zahlen in der Gesetzgebungsstatistik des Bundestages, unter http://dip.bundestag.de/).

2.1.2 Parteienwettbewerb im Bundesstaat – ein „Strukturbruch"?

Parteienwettbewerb und Bundesstaat

Dass sich der Bundesrat zum Blockadeinstrument einer Opposition entwickeln könnte, die Bundestagsfraktionen und Landesregierungen zusammenbindet, hielten die Väter und Mütter des Grundgesetzes vor dem Hintergrund der seinerzeit stark ausdifferenzierten Parteiensysteme in Bund und Ländern für unwahrscheinlich. Der Erfahrungshintergrund der Verfassungskonstrukteure war ein anderer als der der 1970er Jahre: Unmittelbar nach Kriegsende dominierten auf Landesebene vorübergehend übergroße oder sogar Allparteienkoalitionen, da sich die politischen Kräfte den drängenden Problemen des Wiederaufbaus stellen mussten. Diese übergreifenden Regierungsbündnisse boten die Möglichkeit, die verschiedenen gesellschaftlichen Kräfte zu bündeln. Die kleinen Parteien, wie der Bund der Heimatvertriebenen und Entrechteten (BHE), die Kommunistische Partei Deutschlands (KPD) oder die Deutsche Partei (DP), verschwanden jedoch allmählich mit wachsender Stärke und Absorptionskraft der großen Volksparteien aus den Landesparlamenten. Je mehr die Flüchtlinge und Vertriebenen in die „nivellierte Mittelstandsgesellschaft" (Helmut Schelsky) integriert wurden, desto weniger Grund gab es für eine gesonderte Vertretung dieser sozialen Interessen. Die Parteienlandschaft der Länder vollzog letztlich etwas zeitversetzt, in den sechziger Jahren, das bipolare Muster des Parteienwettbewerbs nach, das sich im Bundestag bereits ausgebildet hatte. Indem der dichotome Parteienwettbewerb auf die gliedstaatliche Ebene übertragen wurde, ergaben sich nun auch neue föderale Konstellationen: Bundespolitik und Landespolitik waren über die auf beiden Ebenen farblich „synchronisierten" Parteistrukturen nun enger aneinander gekoppelt als zuvor. Dies hatte zur Folge, dass gegenläufige Mehrheiten in Bund und Ländern hinfort als Hebel der Opposition im Gesetzgebungsprozess genutzt werden konnten.

Angesichts der veränderten Konstellation im Regierungssystem, die wesentlich durch die Entwicklung des Parteiensystems bedingt ist, und aufgrund der ersten Erfahrungen mit divergierenden Mehrheitsverhältnissen in Bundestag und Bundesrat hat Gerhard Lehmbruch 1976 in seiner Analyse des bundesdeutschen Föderalismus diesem einen schwerwiegenden „Strukturbruch" attestiert. Dieser Bruch lasse sich, so sein Befund, in letzter Konsequenz auf eine Fehlkonstruktion des Grundgesetzes zurückführen. Bis heute zählt die „Strukturbruchthese" zu den grundlegenden und im Laufe der Zeit mehrfach variierten Analysen des deutschen Regierungssystems.

„Strukturbruchthese"

Verfechter des Historischen Institutionalismus weisen, wie oben erwähnt, darauf hin, dass Institutionen hochgradig kontextabhängig sind (z.B. Thelen 1999; Pierson 2004). Betrachtet man ein und dasselbe föderale System auf der Zeitachse, so sieht man in der Tat, dass gleiche bundesstaatliche Institutionen sehr unterschiedlich funktionieren können. Föderale Institutionen sind kontextgebunden: Die Frage, ob ein Bundesstaat durch intermediäre Organisationen, d.h. durch Parteien und Verbände, untersetzt ist, die ebenfalls die bundesstaatliche Struktur abbilden, ist zentral für das Verständnis von Bundesstaaten (vgl. Riker 1964; Grande 2002). Ist eine Partei sowohl im Bund als auch in den Ländern organisatorisch verankert, können die Parteien selbst als föderale Verhandlungskorridore funktionieren, d.h. föderale Konflikte werden dann auch innerhalb von Parteien auf die politische Agenda gesetzt und bearbeitet (vgl. unten). Ebenso bedeutsam ist die Überlegung, ob eine föderale Ordnung als Trenn- oder Verbundsystem konstruiert ist und ob dieses mit einem bipolaren Parteiensystem kombiniert ist oder nicht. Von einem Wandel der regionalen Parteiensysteme, wie wir ihn in Deutschland in den vergangenen Jahrzehnten mehrfach erlebt haben, sind demnach unmittelbare Auswirkungen auf die Funktionsweise des

Kontextgebundenheit föderaler Institutionen

Föderalismus zu erwarten, selbst wenn diese nicht mit institutionellen Veränderungen einhergeht.

Ein Blick in die vergleichende Föderalismusforschung belegt ebenfalls die Kontextgebundenheit von Institutionen. Ergebnisse der Komparatistik weisen darauf hin, dass es darauf ankommt, wie die Strukturelemente eines politischen Systems kombiniert sind. Auch in anderen bundesstaatlichen Ordnungen, z.B. in Kanada, sind, wie oben bereits ausgeführt, parlamentarische Wettbewerbsdemokratie und föderales Prinzip miteinander verbunden, ohne dass deshalb automatisch die für Deutschland diagnostizierten problematischen Bruchstellen auftreten. Dies liegt daran, dass die beiden Teilsysteme – Parteienwettbewerb und Föderalismus – in Kanada nicht eng gekoppelt sind (vgl. Benz 2003a), sondern dass es z.B. regionale Parteien gibt, die nicht gleichzeitig über Bundes- und gliedstaatliche Organisationen verfügen. Sie lassen damit bundespolitische Materien nicht regelmäßig zum Gegenstand regionaler Auseinandersetzungen werden. Darüber hinaus verfügen die kanadischen Regionen über Opting-out-Möglichkeiten; sie haben folglich das Recht, von einem Bundesgesetz abweichende und eigene Regelungen zu beschließen. Demgegenüber binden die zustimmungspflichtigen Gesetze die Regierungsmehrheit im Bund und den Bundesrat im Gesetzgebungsprozess auch dann eng aneinander, wenn in Letzterem die Ländermehrheit oppositionsgeführt ist (zu den Neuregelungen durch die Föderalismusreform vgl. Kap. 6).

Strukturbruch durch enge Kopplung der Teilsysteme

Die Konstruktion des deutschen Regierungssystems lässt es somit zu, dass im Bundesrat genuin parteipolitische Auseinandersetzungen ausgetragen werden. Dabei sollte das Mehrheitsprinzip als Entscheidungsregel eigentlich in der parlamentarischen Arena dominieren, während das föderale Aushandeln idealtypisch dem Bundesrat zugeordnet werden kann. Je extensiver aber Aufgaben von Bund und Ländern gemeinsam geplant und finanziert wurden und je umfassender der Bund – z.B. im Bereich der konkurrierenden Gesetzgebung – legislative Kompetenzen an sich zog, die ursprünglich den Ländern zugedacht waren, desto häufiger erhielten die Landesregierungen im Gegenzug im Bundesrat die Möglichkeit, bundespolitische Materien in zustimmungspflichtigen Gesetzen mitzuentscheiden. Auf diese Weise wurde die Länderkammer seit den 1970er Jahren immer stärker in typisch „parteipolitische" Konflikte einbezogen. Die Ministerpräsidenten der Länder, als Bundesratsmitglieder im Bundestag mit Rederecht ausgestattet, gerieren sich im Parlament bezeichnenderweise nicht selten als Oppositionsführer – dies umso mehr, als die Karriereverläufe von Kanzlerkandidaten ihren Weg nicht selten über die Landesregierungen nehmen (vgl. Abb. 9). Es ist somit eines der markanten Merkmale des deutschen Regierungssystems, dass Parteiensystem und föderale Ordnung nicht als verschiedene Strukturelemente nebeneinander stehen, sondern eng aneinander gekoppelt sind. Diese Konstruktion zwingt die politischen Akteure dazu, gegenläufige Interaktionsorientierungen unter ein und denselben Hut zu bringen und in ein und derselben Entscheidungssituation Parteienwettbewerb und kompromissorientiertes Verhandeln gleichzeitig zu vereinbaren.

Wissenschaftliche Beachtung fand dieser Grundsatzkonflikt erstmals, als sich in den siebziger Jahren in Bundestag und Bundesrat gegenläufige parteipolitische Mehrheiten formiert hatten und den im Bundesrat vertretenen Länderregierungen der Status einer Nebenopposition bzw. eines „Widerlagers" (vgl. Lehmbruch 1976, 2000) zur Regierungspolitik zugewachsen war. Zwischen 1972 und 1982, also bis zur Wahl Helmut Kohls zum Regierungschef der CDU/CSU/FDP-Koalition, stand die sozialliberale Bundesregierung durchgängig einer konträr eingefärbten Mehrheit im Bundesrat gegenüber. Seit den siebziger Jahren, dies zeigen die unten stehenden Abbildungen 2a und 2b, sind die Phasen gleichgerichteter Mehrheiten in Bundestag und Bundesrat eher die Ausnahme als die Regel gewesen.

Angesichts dieser in den siebziger Jahren neuartigen Konstellation, die erstmals die Anfälligkeit des politisch-administrativen Systems für Blockadesituationen aufdeckte, bescheinigte Gerhard Lehmbruch der Bundesrepublik einen historisch gewachsenen Strukturbruch (Lehmbruch 1976: 7): Die institutionelle Architektur des deutschen Regierungssystem lässt es zu, dass sich die Regierungsmehrheit im Bund in die Abhängigkeit des von der großen Oppositionspartei dominierten Bundesrats begeben muss, um eigene Programme beschließen und durchsetzen zu können. Da gleichartige Mehrheiten in Bundestag und Bundesrat aber nur zufällig zustande kommen, sind Regierungskrisen und unbefriedigende Politikergebnisse, die nur den kleinsten gemeinsamen Nenner widerspiegeln, vorgezeichnet. Blockadepotential der Opposition im Bundesrat

Laut Lehmbruch gehen mit dem von ihm diagnostizierten Strukturbruch gravierende Effizienz- und Demokratieprobleme einher. Der Wähler kann nämlich keine eindeutige Zurechnung zwischen dem Wahlausgang und den Leistungen der Regierung mehr vornehmen. Bleiben Erfolge einer amtierenden Regierung aus und weist diese eine schlechte Leistungsbilanz auf, so müssen die Wähler dies konsequenterweise nicht nur der Regierungsmehrheit anlasten, sondern auch der über den Bundesrat aktiv mitgestaltenden Opposition. In Bundestagswahlen stehen nun aber nicht die Landesparlamente zur Abstimmung, so dass die Wähler ihre Stimme nicht mehr zielsicher adressieren können. Weil die Bundesratskonstruktion die Bundesregierung dazu zwingt, mit dem politischen Konkurrenten über mehrheitsfähige Politik zu verhandeln, sind schnelle und eindeutig der Regierung zurechenbare Entscheidungen nicht mehr möglich: Innovationen bleiben aus, und Reformen gehen über ein inkrementelles und mehr oder weniger kreatives „Sich-Durchwursteln" nicht hinaus. Effizienz- und Demokratieprobleme

Die frühe Analyse Gerhard Lehmbruchs von 1976 zeichnete somit insgesamt ein recht düsteres Bild des Bundesstaates. Diese Befunde hat Lehmbruch vor dem Hintergrund der sich seitdem verändernden Rahmenbedingungen des föderalen Systems und angesichts des sich parallel hierzu entwickelnden Forschungsstandes in seiner Neuauflage von 2000 teilweise selbst revidiert (Lehmbruch 2000). Hier sollen nun aber zunächst die Kernaussagen seiner 1976er Schrift im Mittelpunkt stehen, da sie einen nach wie vor brauchbaren Maßstab zur Analyse des föderalen Systems bieten. Die wesentlichen Befunde lauteten: Sowohl die Legitimationskraft des Parteienwettbewerbs als auch die Funktion von demokratischen Wahlen würden beschädigt, wenn die Wähler wegen mangelnder Transparenz des politischen Prozesses die Regierungsmehrheit in Wahlen kaum noch abstrafen könnten. Umgekehrt werde aber auch eine langfristig angelegte Programmsteuerung beeinträchtigt, wenn Entscheidungen des Bundesrates primär parteipolitischem Kalkül unterliegen, sie aber eigentlich einer einvernehmlichen und koordinierten Lösung bedürfen. Föderale und regionalpolitische Belange und das bundesstaatliche Innovationspotential werden auf dem Altar des Parteienwettbewerbs geopfert, wenn die Landespolitik bundespolitischen Vorgaben gehorchen muss (Lehmbruch 1976: 158 f.).

Abbildung 2: Mehrheitsverhältnisse im Bundesrat 1949-2008
1949-1976

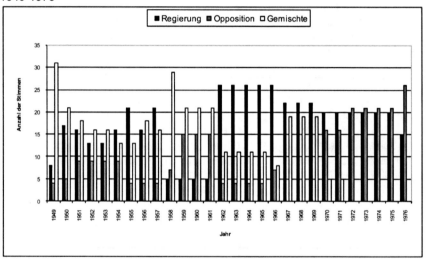

1977-2008

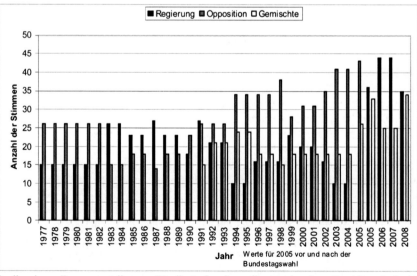

Quelle: eigene Zusammenstellungen. Für die Aufbereitung dieser und anderer Graphiken danke ich Matthias Ruschke.

Nun könnte man zugunsten dieser föderalen Konstruktion argumentieren, dass Demokratie auch eine Output-Dimension aufweist und dass ein breiter Konsens, wie er durch die Bundesratskonstruktion erzwungen wird, mit allgemein akzeptierten und politisch stabileren Ergebnissen einhergeht. Folgt man indessen den oben referierten Befunden, werden Demokratieprobleme, wie die mangelnde Transparenz und Zurechenbarkeit, auch nicht durch eine verbesserte Effizienz solcher verhandlungsbasierter Lösungen aufgewogen: Denn angesichts der Polarisierung zwischen den Parteien bleiben Reformen mit einer gewissen Wahrscheinlichkeit regelmäßig in einem eng geknüpften Netz institutionell verfestigter Interessenlagen hängen.

2.1.3 Kritik und Weiterentwicklung der Strukturbruchthese

Die „Strukturbruchthese" wurde insbesondere seit der Deutschen Einheit und angesichts der in den letzten 15 Jahren vertieften europäischen Integration einer Kritik unterzogen. Lehmbruch hat die föderalstaatlichen Entwicklungen in den jüngeren Auflagen seines Buches aufgegriffen und die neueren Befunde der Forschung in seine Argumentation integriert. Die aus dieser Kritik bezogenen Argumente haben ihre Wurzeln im Wesentlichen in neuen Erkenntnissen der Parteien- und Koalitionsforschung. Daneben beziehen sie auch Ergebnisse von Policy-Studien und die Forschung über Verhandlungsdemokratien mit ein.

Ordnen sich die Landesverbände der Parteien nun wirklich so nahtlos in die Logik des Parteienwettbewerbs auf Bundesebene ein, wie es oft dargestellt wird? Analysiert man in diesem Zusammenhang Koalitionsvereinbarungen zwischen Landesparteien seit der Deutschen Einheit, scheinen diese die „Strukturbruchthese" tatsächlich eindrucksvoll zu untermauern. Als hätten sie diese These als handlungsleitende Richtschnur verinnerlicht, definieren sich die Landesregierungen, die aus den im Bundestag in Opposition stehenden Parteien zusammengesetzt sind, in ihren Koalitionsabkommen oft nachdrücklich als „Gegenlager" zur Bundespolitik (Kropp/Sturm 1998: 138 f.). Hierzu einige besonders prägnante Beispiele: Die SPD/B'90/Grüne-Koalition in Nordrhein-Westfalen erklärte 1995, sie wolle ein „... Gegengewicht zur Bonner Koalition bilden, deren Politik den gesellschaftlichen Zusammenhalt gefährdet und zu sozialer Ausgrenzung führt". Man sei deshalb bestrebt darauf hinzuwirken, dass „... die Demontage des Sozialstaats durch die Bonner Koalition gestoppt" wird. Es sei Ziel der Parteien, die SPD-Bundestagsfraktion, die sich seinerzeit in der Opposition befand, „durch geeignete Bundesratsaktivitäten" zu unterstützen (Koalitionsvereinbarung 1995). Umgekehrt vereinbaren die konformen, gleich eingefärbten Regierungsbündnisse im Land, dass sie die Position der Bundesregierung im Bundesrat stützen wollen. Die CDU/FDP-Koalition in Sachsen-Anhalt (1990-1994) z.B. beschloss, dass sie bei unüberbrückbaren Meinungsverschiedenheiten in der Koalition bei der Schlussabstimmung im Bundesrat der Gesetzesvorlage des Bundestages oder dem Verordnungsentwurf der Bundesregierung zustimmen wolle (Koalitionsvereinbarung 1990). Bei den Koalitionsvereinbarungen handelt es sich aber um Absichtserklärungen, die nur mit Abstrichen die späteren tatsächlichen Handlungen vorgeben. Wie oft Vorhaben der Bundesregierung dann tatsächlich an einem Veto im Bundesrat scheitern, muss deshalb eigens überprüft werden.

Bestätigung der Strukturbruchthese durch Koalitionsverträge

Zahl der gescheiterten Gesetze kein Gegenbeleg

Die Zahl der letztlich im Vermittlungsausschuss gescheiterten Gesetze ist mit stets unter 3,5% recht gering (vgl. Schindler 1999: 2396 f.; siehe Abb. 4). Deshalb wird gegen die Strukturbruchthese mitunter der Einwand vorgebracht, dass man angesichts dieser Quote nicht von einer aktiven Opposition im Bundesrat sprechen könne. Dieses Argument vermag aber nur bedingt zu überzeugen. Denn oft sind es gerade gesellschaftspolitisch wichtige und umstrittene Gesetze, die auf ein Veto in der Länderkammer stoßen. Zwar kann man keineswegs davon sprechen, dass die Gesetzgebung in Deutschland durchgängig von politischem Stillstand gekennzeichnet ist (vgl. z.B. für die Arbeitsmarktpolitik Schmid 2006). Die Blockademacht des Bundesrates wirkt sich denn auch weniger darin aus, dass Gesetze an einer nicht mit der Regierungsmehrheit konformen Ländermehrheit im Bundesrat scheitern. Typisch sind vielmehr lange informelle Verhandlungen, nicht-öffentliche Sitzungen des Vermittlungsausschusses sowie politische Lösungen, die in ihrer Reichweite hinter dem Willen der amtierenden Bundesregierung und der sie stützenden Bundestagsfraktionen zurückbleiben.

Abbildung 3: Anrufungen des Vermittlungsausschusses 1949-2005

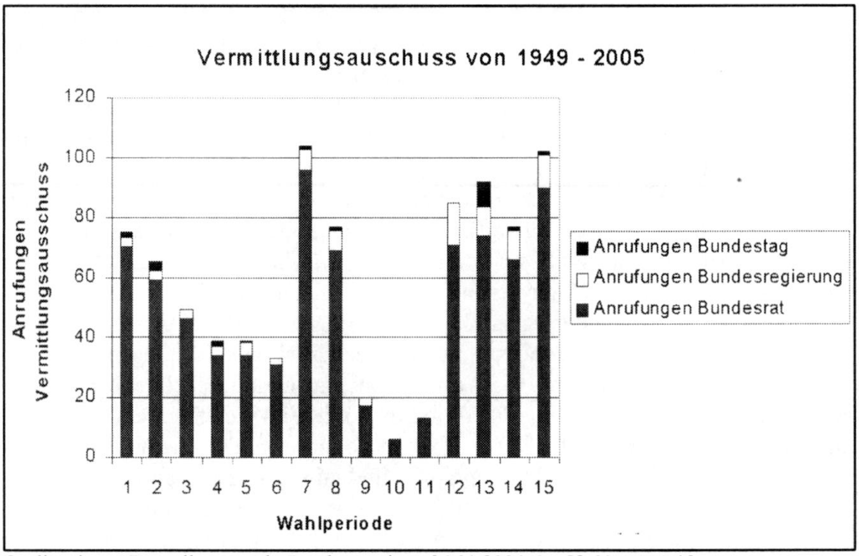

Quelle: eigene Darstellung, nach: Bundesanzeiger, 26.01.2006, Jg. 58, Nummer 18a

Abb. 3 zeigt, wie häufig der Vermittlungsausschuss durch Bundestag, Bundesregierung und Bundesrat angerufen wurde. In Phasen gegenläufiger parteipolitischer Mehrheiten in Bundestag und Bundesrat stieg, wie zu erwarten war, auch die Häufigkeit der Anrufungen deutlich an. Etwa spiegelbildlich hierzu verteilt sich der Anteil der nicht verkündeten Gesetze nach der Beteiligung des Bundesrates (vgl. Abb. 4).

Wo findet Politikverflechtung statt?

Abbildung 4: Anteil nicht verkündeter Gesetze nach Bundesratsbeteiligung

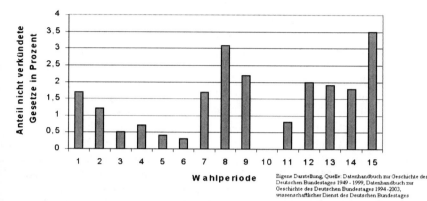

Quelle: Datenhandbuch zur Geschichte des Deutschen Bundestages 1949-1999, Datenhandbuch zur Geschichte des Deutschen Bundestages 1994-2003, wissenschaftlicher Dienst des Deutschen Bundestages

Untersuchungen zur Entwicklung des deutschen Bundesstaates verweisen darüber hinaus auf den Wandel der regionalen Parteiensysteme in Deutschland. Dieser Wandel geht damit einher, dass ein und dieselben föderalen Institutionen heute in Deutschland in einen anderen Kontext eingebettet sind als noch vor 20 Jahren. Da die Interaktionen zwischen den Parteien und die Bündnismöglichkeiten vielfältiger geworden sind, hat sich auch die Funktionsweise des föderalen Systems verändert.

Seit dem Ende des Zweiten Weltkriegs hat es auf der gliedstaatlichen Ebene stets eine größere Parteienvielfalt als im Bund gegeben. In der Geschichte der Bundesrepublik kann man zunächst eine sich über etwa 15 Jahre hinziehende Phase der allmählichen Konzentration des Parteiensystems erkennen. In den 1950er und 1960er Jahren vollzog sich die Konzentration der regionalen Parteiensysteme etwas zeitverzögert zur Bundesebene; ab etwa 1960 spiegelten die Landesparlamente dann die bipolare Struktur von SPD, CDU und FDP weitgehend wider. Seit Ende der siebziger Jahre wurde diese Phase von einer allmählich anwachsenden Fragmentierung des Parteiensystems abgelöst (vgl. Schneider 2001). Mit dem Einzug der Grünen in das Bremer Abgeordnetenhaus 1979 begann ein Dekonzentrationsprozess des Parteiensystems, der von der Länderebene ausging und sich mit dem Einzug der Grünen in den Deutschen Bundestag 1983 weiter fortsetzte. Auf diese Weise etablierte sich eine vierte Partei dauerhaft in der deutschen Parteienlandschaft. Der Siegeszug der Grünen ging nicht zufällig von der Landesebene aus, denn Landtagswahlen kommt für die Entwicklung des Parteiensystems eine Art Testcharakter zu. Die Wähler neigen in den Ländern eher als im Bund dazu, neuen Parteien ihre Stimme zu geben; sie drücken auf diese Weise ihre Unzufriedenheit mit den etablierten Parteien aus und setzen neue Themen, die von den etablierten Parteien nicht hinreichend aufgegriffen

Ausdifferenzierung regionaler Parteiensysteme

wurden, auf die politische Agenda. Insofern kann die Landesebene durchaus als Experimentierfeld betrachtet werden, auf dem die Wähler die Tauglichkeit einer Partei im politischen Alltag testen können (vgl. hierzu: Detterbeck 2006).

Neue Parteien in den Landesparteiensystemen

In einigen alten Ländern haben regionale Parteiableger – etwa die Schill-Partei 2001, zuvor die Statt-Partei und die Abspaltung der SPD „Arbeit für Bremen" – in der Vergangenheit den Einzug in die Landesparlamente und teilweise sogar in die Landesregierungen geschafft. Insbesondere in den kleinräumigen Stadtstaaten haben Parteineulinge und Protestparteien größere Chancen, in die Bürgerschaften bzw. ins Abgeordnetenhaus einzuziehen. Die schwache parlamentarische Repräsentation und Regierungsleistung trug indes dazu bei, dass sich diese Protestparteien lange Zeit nicht länger als eine Legislaturperiode halten konnten. Dieses Schicksal, vom Wähler in den Folgewahlen kein Mandat mehr erteilt zu bekommen, ereilte ebenfalls die bis heute von den anderen politischen Kräften als nicht koalitionsfähig erachteten rechtsextremen Parteien, denen nur in Brandenburg (DVU), in Bremen (DVU), in Baden-Württemberg (Republikaner) und in Sachsen (NPD) zwei Mal in Folge der Einzug in den Landtag gelang. Bislang steckten die Rechtsextremen in einem Dilemma: Entweder passen sie sich den Gepflogenheiten des parlamentarischen Betriebs an und gliedern sich in das Parteiestablishment ein. In diesem Fall werden sie für die Wählerklientel, die ihnen aufgrund ihres Protestcharakters ihre Stimme gegeben hat, weitgehend uninteressant. Oder aber sie bleiben Außenseiter im Parlament und stellen damit mittelfristig ihre Handlungsunfähigkeit unter Beweis (vgl. Holtmann 2002). Die Fraktionen der rechten Parteien machten schon bald durch Skandale von sich reden, die zu Konflikten zwischen den Abgeordneten und zu Abspaltungen führten. Sie blieben damit zwar jenseits jedweder Koalitionsfähigkeit, trugen aber gleichzeitig zur Segmentierung der regionalen Parteiensysteme bei. Als Folge erhöhte sich die Zahl der Koalitionen, die quer zum bipolaren Parteienwettbewerb im Bundestag liegen und damit der Mehrheit im Bundesrat verloren gehen.

Volatilität des Wählerverhaltens

Insbesondere die CSU in Bayern und die CDU in Baden-Württemberg können sich noch immer auf stabile regionale Milieus stützen, doch auch in Bayern ging 2008 die Ära der CSU-Alleinregierung zumindest vorläufig zu Ende. Insgesamt jedoch hat die Zahl der Wechselwähler in den vergangenen Jahrzehnten deutlich zugenommen (vgl. hierzu Decker 2006). Seit der Deutschen Einheit haben sich die regionalen Parteiensysteme aufgrund der in den neuen Ländern besonders ausgeprägten Wechselbereitschaft weiter ausdifferenziert (vgl. Niedermayer 2001) – mit der Folge, dass auch das koalitionspolitische Spiel in den Ländern bunter und abwechslungsreicher geworden ist. So ist die PDS (heute die LINKE) in den Landtagen der neuen Länder dauerhaft stark vertreten und hat die SPD in einigen Parlamenten sogar auf den dritten Platz verwiesen. In den Bundesländern, etwa in Berlin, Brandenburg oder Mecklenburg-Vorpommern ist sie inzwischen koalitionsfähig geworden; sie wandert somit allmählich in das traditionelle „Zweiblöckesystem" etablierter Parteien hinein. Die FDP und B´90/Die Grünen wiederum sind über eine lange Zeit hinweg überwiegend westdeutsche Parteien geblieben; sie haben erst in der jüngeren Vergangenheit wieder einige der ostdeutschen Parlamente zurück erobert.

Abbildung 5: „Neue" Parteien bei Landtagswahlen (Mandatszahlen, ohne Grüne)

Rechtsextreme

Baden-Württemberg	1968: 12 (NPD); 1992: 15 (REP); 1996: 14 (REP)
Bayern	1966: 15 (NPD)
Berlin	1989: 11 (REP)
Brandenburg	1999: 5 (DVU); 2004: 6 (DVU)
Bremen	1951: 8 (SRP); 1967: 8 (NPD); 1987: 1 (DVU); 1999: 1 (DVU); 2003: 1 (DVU); 2007: 1 (DVU)
Hamburg	1957: 1 (DRP)
Hessen	1966: 8 (NPD)
Mecklenburg-Vorpommern	2006: 6 (NPD)
Niedersachsen	1951: 16 (SRP); 3 (DRP);1955: 6 (DRP); 1967: 10 (NPD)
Rheinland-Pfalz	1959: 1 (DRP); 1967: 4 (NPD)
Sachsen-Anhalt	1998: 16 (DVU)
Sachsen	2004: 12 (NPD); 2009: 8 (NPD)
Schleswig-Holstein	1967: 4 (NPD); 1992: 6 (DVU)

PDS/Linke*

Berlin	1990: 23; 1995: 34; 1999: 33; 2001: 33; 2006: 23
Bremen	2007: 7
Brandenburg	1990: 13; 1994: 18; 1999: 22; 2004: 29
Hamburg	2008: 8
Hessen	2008: 6; 2009: 6
Mecklenburg-Vorpommern	1990: 12; 1994: 18; 1998: 20; 2002: 13; 2006: 13
Niedersachsen	2008: 11
Saarland	2009: 11
Sachsen-Anhalt	1990: 12; 1994: 21; 1998: 25; 2002: 25; 2006: 26
Sachsen	1990: 17; 1994: 21; 1999: 30; 2004: 31; 2009: 29
Thüringen	1990: 9; 1994: 17; 1999: 21; 2004: 28; 2009: 27

Anti-Parteien

Hamburg	1993: 8 (Statt Partei); 2001: 25 (Schill-Partei)
Bremen	1995: 12 (AFB); 2007: 1 (BiW)
Bayern	2008: 21 (FW)

NPD = Nationaldemokratische Partei Deutschland; REP = Die Republikaner, SRP = Sozialistische Reichspartei; DVU = Deutsche Volksunion; DRP = Deutsche Reichspartei; AfB = Arbeit für Bremen; FW = Freie Wähler; BiW = Bürger in Wut
*Linke inzwischen jedoch in den Bundesländern koalitionsfähig und etabliert

Vor allem in den neuen Bundesländern, aber – wenngleich in geringerem Umfang – auch im alten Bundesgebiet gingen Landtagswahlen in der jüngeren Vergangenheit mit einer Häufung von Regierungswechseln einher: Während der Regierungszeit der rot-grünen Bundesregierung von 1998 bis 2005 wechselte in den Bundesländern bei 26 Landtagswahlen sechs mal die Landesregierung vollständig, in sieben Fällen wurde ein Koalitionspartner ausgetauscht, neu hinzugenommen oder aber nicht mehr an der Regierung beteiligt; nur 13 mal wurde die amtierende Regierung bestätigt (vgl. Kropp 2006a: 241). Wahlanalysen zeigen, dass sich die Effekte der Bundespolitik auf die Landtagswahlen gerade in Ostdeutschland als besonders hoch erweisen – und dies, obwohl der Amtsbonus des Ministerpräsidenten dort einen offenbar höheren Stellenwert besitzt als in Westdeutschland (vgl. hierzu weiterführend Burkhart 2005; Decker/Blumenthal 2002; Decker 2006; allgemein Jeffery/Hough 2003). Die SPD hat von 1998-2005, als sie mit den Grünen die Bundesregierung bildete, etliche ihrer früheren Stammländer, zuletzt Nordrhein-Westfalen, verloren. Sie wurde zwischen 1998 und 2005 sieben Mal in der Regierung abgelöst, und nur einmal, in Sachsen, trat sie neu in eine Koalition ein.

Zusammenhang von Bundestags- und Landtagswahlen vor dem Hintergrund der Politikverflechtung

Die Wähler nutzen ihren Stimmzettel in Landtagswahlen nicht nur, um über die Landespolitik abzustimmen, sondern auch, um den regierenden Parteien im Bund einen Denkzettel zu verpassen oder – dies indes seltener – um ihre Zustimmung zur Regierungspolitik zu signalisieren. Landtagswahlen sind somit häufig Testwahlen, an deren Ausgang Bundesregierung und Opposition die Legitimation oder mögliche Defizite des eigenen bundespolitischen Kurses abzulesen versuchen. Auch Koalitionsverträge der Landesparteien beinhalten im Übrigen bezeichnenderweise Regeln über das Stimmverhalten im Bundesrat und verdeutlichen damit die „real existierende" Politikverflechtung (siehe unten). Allerdings, so eine neuere umfassende Analyse des Zusammenhangs zwischen Bundestags- und Landtagswahlen, seien stellvertretende Strafaktionen der Wähler zwischen den beiden bundesstaatlichen Ebenen ungleich verteilt: Die Wähler lassen sich bei Bundestagswahlen nur selten von landespolitischen Motiven leiten (vgl. Gabriel/Holtmann 2007: 446; Völkl et al. 2008a); umgekehrt ist dies eher der Fall. Landtagswahlen sind schon deshalb keine Abstimmungen rationaler Wähler ausschließlich über die Landespolitik, weil die für Deutschland typische Politikverflechtung sowie die Selbstkoordination der Länder (siehe Kap. 3) es den Wählern nahelegen, bei der Stimmabgabe beide Ebenen im Auge zu behalten. Deshalb erweist es sich für die Wahlforschung im System der Politikverflechtung auch als ausgesprochen schwierig, die Wählermotive analytisch sauber den bundesstaatlichen Ebenen zuzuordnen. Insgesamt spricht jedoch wenig für die Annahme, die deutschen Wähler hätten unterschiedliche, langfristig stabile Bindungen an die Bundes- und Landesparteien entwickelt (Gabriel/Holtmann 2007: 455). Die bayerische CSU stellt als regionale Partei eine Ausnahme im Parteiensystem dar.

Abbildung 6: Gewinne und Verluste bei den Landtagswahlen seit 1998 in Prozentpunkten

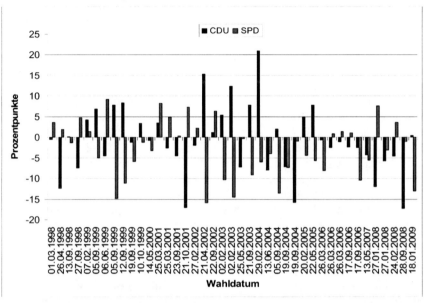

Quelle: eigene Zusammenstellung
Landtagswahlen seit Januar 1998: 01.03.1998 Niedersachsen; 26.04.1998 Sachsen-Anhalt; 13.09.1998 Bayern; 27.09.1998 Mecklenburg-Vorpommern; 07.02.1999 Hessen; 05.09.1999 Saarland; 06.06.1999 Bremen; 05.09.1999 Brandenburg; 12.09.1999 Thüringen; 19.09.1999 Sachsen; 10.10.1999 Berlin; 14.05.2000 Nordrhein-Westfalen; 25.03.2001 Baden-Württemberg; 25.03.2001 Rheinland-Pfalz; 23.09.2001 Hamburg; 21.10.2001 Berlin; 27.01.2002 Schleswig-Holstein; 21.04.2002 Sachsen-Anhalt; 22.09.2002 Mecklenburg-Vorpommern; 02.02.2003 Hessen; 02.02.2003 Niedersachsen; 25.05.2003 Bremen; 21.09.2003 Bayern; 29.02.2004 Hamburg; 13.06.2004 Thüringen; 05.09.2004 Saarland; 19.09.2004 Brandenburg; 19.09.2004 Sachsen; 20.02.2005 Schleswig-Holstein; 22.05.2005 Nordrhein-Westfalen; 26.03.2006 Baden-Württemberg; 26.03.2006 Rheinland-Pfalz; 26.03.2006 Sachsen-Anhalt; 17.09.2006 Berlin; 17.09.2006 Mecklenburg-Vorpommern; 13.05.2007 Bremen; 27.01.2008 Hessen; 27.01.2008 Niedersachsen; 24.02.2008 Hamburg; 28.09.2008 Bayern; 18.01.2009 Hessen.

Die empirischen Befunde einer umfassend angelegten Untersuchung über den Zusammenhang zwischen Bundestags- und Landtagswahlen ergeben folgende, hier knapp zusammengefasste Ergebnisse: Der Einfluss bundespolitischer Faktoren ist besonders wahrscheinlich, wenn Bundestags- und Landtagswahlen am selben Tag stattfinden, wenn Wähler nicht über langfristig stabile Parteibindungen verfügen und wenn die gleichen Parteien im Land und im Bund die Regierung stellen. Ebenso schlagen bundespolitische Faktoren durch, wenn keine eindeutige Wettbewerbssituation in einem Land besteht und wenn die Spitzenkandidaten der Landesparteien etwa gleich bewertet werden (Gabriel/Holtmann 2007: 461). Ein gestiegener Einfluss der Bundespolitik auf das Abstimmungsverhalten bei Landtagswahlen ließ sich nicht feststellen. Insofern können Landtagswahlen auch nicht lediglich als Plebiszit über die Politik der regierenden Mehrheit im Bund dargestellt werden (Gabriel/Holtmann 2007: 462). Im Großen und Ganzen weisen die einzelnen Länderanalysen darauf hin, dass es kein über die Gliedstaaten hinweg generalisierbares Wechselverhältnis zwischen Bundestags- und Landtagswahlen gibt (mit Einzelportraits vgl. Völkl et al. 2008b; im Überblick Völkl et al. 2008a: 25, 29, 31). Ob die Föderalismusreform I, die auf eine Entflechtung der Zuständigkeiten beider bundesstaatlicher Ebenen zielte, zu Veränderungen im Wahlverhalten anregen, lässt sich derzeit nicht beantworten. Angesichts der komplizierten Regelungen wie der Abweichungsgesetzgebung oder der 2009 beschlossenen „Schuldenbremse" (vgl. Kap 6) scheint dies jedoch eher unwahrscheinlich.

Man könnte argumentieren, dass die zeitliche Abfolge von Bundestags- und Landtagswahlen die Responsivität der Regierungen gegenüber den Wählern erhöht. Selbst wenn dies ein Vorteil ist, so ist es nicht unwahrscheinlich, dass Wahlen im Föderalismus auch negative Rückwirkungen auf die politische Geradlinigkeit haben und opportunistisches Verhalten anregen. Immer wieder tendieren Bundesregierungen dazu, den Stimmenverlust der eigenen Partei in Landtagswahlen mit kurzfristigen Korrekturen am Reformprogramm zu beantworten. Damit aber laufen sie Gefahr, ihre eigenen Vorhaben und politischen Programme zu verwässern und an die gerade gegebene politische Stimmung anzupassen.

Beispiel Landtagswahlen in Nordrhein-Westfalen 2005

Ein besonders prägnantes Beispiel stellt in diesem Zusammenhang die Landtagswahl in Nordrhein-Westfalen vom 22. Mai 2005 dar. Bundeskanzler Gerhard Schröder (SPD) kündigte nach dem Wahldebakel der SPD an, im Bundestag eine unechte Vertrauensfrage stellen zu wollen. Damit wollte er sich keineswegs – wie Kanzler Helmut Kohl im Dezember 1982 – der Folgebereitschaft der seine Regierung stützenden Fraktionen versichern, ihm lag vielmehr daran, vorgezogene Neuwahlen zum Deutschen Bundestag einzuleiten (vgl. hierzu: Reutter 2005). Schröder begründete diesen Schritt nicht nur mit dem fragilen Rückhalt der umstrittenen Reformgesetze, insbesondere von Hartz IV, in den regierungstragenden Fraktionen von SPD und B´90/Grüne. Der Kanzler wies in diesem Zusammenhang auf die abschmelzende Legitimationsbasis hin, auf die sich die Bundesregierung nach dem Machtverlust im letzten rot-grün regierten Bundesland stützen konnte (vgl. Klein/Ohr 2008). Damit bezog er sich letztlich in seiner Argumentation auf den engen Zusammenhang zwischen Landtagswahlen und der Bundespolitik, obwohl sich an den Mehrheitsverhältnissen im Bundesrat nichts Wesentliches geändert hatte. Denn auch nach der Wahlniederlage der SPD in Nordrhein-Westfalen hatte das oppositionsgeführte Lager der CDU- und CSU- bzw. CDU/FDP-Regierungen mit 43 Stimmen noch keine Zweidrittelmehrheit in der Länderkammer erlangt. Die Opposition hätte damit ebenso wenig wie vor den Landtagswahlen den gesamten Gesetzgebungsprozess stilllegen können, verfügte sie doch „nur" bei den Zustimmungsgesetzen über ein absolutes Veto. Dem Scheitern der letzten rot-grünen Landesregierung kam allerdings ein nicht zu unterschätzender Symbolwert zu, denn schließlich schuf sie eine seit Bestehen der Bundesrepublik einmalige historische Situation. Das SPD- bzw. SPD/Grüne-Lager im Bundesrat verfügte über keine einzige Stimme mehr (vgl. Abb. 2). Noch nie zuvor hatte eine Bundesregierung sich auf eine so dürftige bzw. nicht mehr gegebene Unterstützung in der Länderkammer stützen müssen. Daneben geht von Wahlen in Nordrhein-Westfalen aufgrund seiner Bevölkerungszahl und seines Status als größtes Bundesland eine Signalwirkung aus, welche die Bundesregierung und die sie tragenden Fraktionen kaum ignorieren können. Allerdings erbrachte die empirische Untersuchung der vergangenen drei nordrhein-westfälischen Landtagswahlen seit 1995 gerade nicht den Nachweis, dass bundespolitische Einflüsse dominierten. Vielmehr kann dort eine zunehmende Bedeutung landespolitischer Einflüsse bestätigt werden (Klein/Ohr 2008: 221, 235). Insofern zielte die Interpretation der Landtagswahlen von 2005 durch die ehemalige rot-grüne Bundesregierung zumindest teilweise am Kern dieser Wahlentscheidung vorbei.

Aus diesem dennoch existierenden, wenn auch von Land zu Land variierenden engen Zusammenhang zwischen Bundespolitik und Landtagswahlen ergeben sich heute mehr denn je Unsicherheiten für die Landesparteien. Diese können immer weniger auf ihre abschmelzenden Stammwählerschaften und auf den „Landesvater-Bonus" bauen (vgl. hierzu mit teilweise unterschiedlichen Aussagen: Decker/Blumenthal 2002; Jeffery/Hough 2003). Die Unberechenbarkeit der Wähler verstärkt die Neigung der Landesverbände, sich im Bedarfsfall auch von der eigenen Bundespartei abzugrenzen und demonstrativ auf der Eigenständigkeit der Landespolitik zu beharren.

Der föderale Dauerwahlkampf beeinträchtigt den Handlungsspielraum der Regierenden beträchtlich, denn vor wichtigen Landtagswahlen werden einschneidende und unpopuläre Maßnahmen immer wieder vermieden. Selbiges gilt für das letzte halbe oder fast ganze Jahr vor anstehenden Bundestagswahlen. Das Zeitfenster für gestaltende Politik öffnet sich damit innerhalb einer Legislaturperiode nur für eine begrenzte Zeit. Um die Regierbarkeit des politischen Systems zu verbessern, wird insbesondere in den Medien immer wieder gefordert, alle Landtagswahlen auf einen einzigen Termin zu konzentrieren und zu „Mid-term"-Wahlen zusammenzufassen (z.B. SZ vom 7./8.10.2006). Sieht man davon ab, dass die meisten Landesparteien wohl kaum der damit einhergehenden Verkürzung der Wahlperiode und die gerade amtierenden Landesregierungen schwerlich ihrer eventuellen vorzeitigen Entmachtung zustimmen dürften, lassen sich auch grundsätzliche Argumente gegen solche Pläne ins Feld führen. Landtagswahlen würden erst recht zu nationalen Nebenwahlen abgewertet, genuin landespolitische Themen gerieten in den Wahlkämpfen mehr ins Abseits als bisher. Das Problem der gegenläufigen Mehrheiten in Bundestag und Bundesrat könnte sich noch verschärfen, wenn die Wähler in allen oder mehreren Ländern die Gelegenheit haben, der Bundesregierung die Quittung für unpopuläre Entscheidungen zu verpassen. Betrachtet man es zudem als ein lohnendes Ziel einer Föderalismusreform, die Landesparlamente zu stärken, dann sollten die Wahlen zu den Landtagen gerade nicht zum bundespolitischen Beiwerk degradiert werden.

Zusammenlegung von Bundestags- und Landtagswahlen als Lösung?

Die Mehrheitsbildung im Bundesrat ist angesichts der sich ausdifferenzierenden regionalen Parteiensysteme heute nicht mehr in dem Maße wie früher von der Auseinandersetzung zwischen zwei sich gegenüberstehenden Parteienlagern geprägt. Die Anzahl der „gemischten Koalitionen" (G-Länder), die sich nicht in das herkömmliche Wechselspiel zwischen Regierungskoalition und Opposition im Bund einordnen lassen, hat sich in den vergangenen zwei Jahrzehnten gegenüber den 1960er bis 1980er Jahren merklich erhöht (vgl. Abb. 2). Auf Landesebene wurden immer wieder neue Koalitionsvarianten ausprobiert, in einigen Fällen auch gegen den erklärten Willen der Bundesparteien, die der Experimentierfreude ihrer regionalen Landesverbände mitunter kritisch gegenüber stehen

Gemischte Koalitionen

(Kropp 2001: 92 ff.). Obwohl es immer wieder Vorbehalte gegen die koalitionspolitische Eigenständigkeit der Landesverbände gibt, konnten die etablierten Parteien gerade dadurch ihre strategischen Optionen für den Bund erhalten oder erweitern (vgl. hierzu die Studie von Downs 1998). So vermochte die FDP z.B. durch den Eintritt in eine sozialliberale Koalition in Rheinland-Pfalz im Jahre 1991 letztlich ihre beidseitige Koalitionsfähigkeit mit den beiden großen Parteien CDU und SPD unter Beweis zu stellen. Die FDP-Bundesspitze hatte noch während der Regierungsbildung versucht, ihren Landesverband von einem Bündnis mit der SPD abzubringen. Nach dem Regierungswechsel im Bund 1982 hatte sie einen pragmatischen Politikwechsel in Richtung CDU vollzogen, einen Teil ihrer sozialliberal orientierten Mitglied- und Wählerschaft verloren und sich damit im Bund und in den anderen Bundesländern über Jahre hinweg als fester kleiner Partner der CDU in koalitionspolitische Gefangenschaft begeben. Die sozialliberale Koalition in Rheinland-Pfalz signalisierte der Wählerschaft nun wieder eine gewisse Unabhängigkeit und Eigenständigkeit der FDP.

Die PDS wiederum wurde 1994 in Sachsen-Anhalt zuerst als Tolerierungspartner für die rot-grüne Minderheitsregierung und 1998 für die SPD-Minderheitsregierung akzeptiert, bevor sie in Mecklenburg-Vorpommern im September 1998 und in Berlin 2001 als Koalitionspartner der SPD Regierungsämter einnehmen konnte. Noch im Frühjahr 1998 hatte die Bundes-SPD versucht, das „Magdeburger Modell" (vgl. Schieren 1999) einer PDS-tolerierten sozialdemokratischen Regierung zu verhindern, um die Chancen auf einen Regierungswechsel im Bund nicht zu verschlechtern – allerdings ohne Erfolg. Die Regierungsmitglieder der Schill-Partei in Hamburg wiederum wurden nach einer Reihe von Skandalen nach nur drei Jahren vom Regierenden Bürgermeister Ole von Beust entlassen. Seither musste diese Protestpartei ihre Pläne, die Organisation über die Grenzen Hamburgs hinaus auszudehnen, angesichts mangelnder Erfolge in weiteren Landtagswahlen endgültig begraben.

Keine starren Parteihierarchien

Der von Lehmbruch diagnostizierte Strukturbruch stellt sich vor allem dann ein, wenn es den Oppositionsparteien im Bundestag gelingt, die von ihnen geführten Landesregierungen im Bundesrat „auf Linie" zu bringen. Die oben angeführten Beispiele zeigen, dass es die Bundesparteien schwer haben, in die Koalitionspolitik ihrer Landesverbände „von oben" hierarchisch hineinzuregieren. Die Landespolitik wiederum benötigt angesichts der regional ausdifferenzierten Parteiensysteme ein beträchtliches Maß an Eigenständigkeit, um auf dem Wählermarkt bestehen zu können und um sich geeignete koalitionspolitische Optionen zu erschließen. Hierzu gehören in zunehmendem Maße auch gemischte Koalitionen. Analysiert man den Zusammenhang zwischen Föderalismus und Parteiensystem, so ist es sinnvoll, innerhalb dieses „gemischten" Blocks im Bundesrat zwischen solchen Koalitionen zu unterscheiden, die sich aus den als allgemein koalitionsfähig erachteten Parteien zusammensetzen, und solchen, die, wie die SPD/PDS-Bündnisse (bzw. SPD/LINKE), dadurch kennzeichnet sind, dass eine Partei von den Oppositionsparteien auf keinen Fall als Koalitionspartner akzeptiert würde. Eine solche Konstellation hat Rückwirkungen auf das koalitionsinterne Machtgleichgewicht: Da die LINKE derzeit z.B. über keine realistische Wechseloption verfügt, ist ihr Erpressungspotential in einem rot-roten Regierungsbündnis tendenziell geringer als das der FDP in einer sozialliberalen oder christlich-liberalen Koalition. In Abb. 2 wurden der Überschaubarkeit halber jedoch keine weiteren Differenzierungen eingebaut.

Gemischte Koalitionen vereinbaren in ihren Koalitionsabkommen meistens die sog. „Enthaltungsklausel", der zufolge sich ein Land im Bundesrat der Stimme enthält, wenn die Koalitionspartner in einer umstrittenen Frage zu keiner Einigung kommen (vgl. Kropp/Sturm 1998: 191 ff.). Zwar legen die Partner in aller Regel fest, dass die Landesinteressen für das Stimmverhalten im Bundesrat maßgeblich sind und deshalb vor den Parteiinteressen zu rangieren hätten. Jedoch lassen sich länderspezifische und parteipolitische Belange ohnedies nicht immer eindeutig voneinander trennen; auch was die „beste" Lösung für ein Land ist, bleibt in einer Demokratie Gegenstand der parteipolitischen Auseinandersetzung.

Stimmenthaltungen gehen der Bundesratsmehrheit verloren

Je knapper nun die Mehrheiten im Bundesrat ausfallen, desto eher sind die Bundesparteien geneigt, auf ihre Landesverbände Druck auszuüben, ein „angemessenes" Stimmverhalten zu praktizieren. Das Konfliktniveau in gemischten Koalitionen kann bei fragilen Mehrheiten im Bundesrat folglich beträchtlich steigen; solche Situationen haben die Landesparteien in der Vergangenheit immer wieder zu politischen Drahtseilakten veranlasst. Derlei Konstellationen haben zur Folge, dass die Kompromisssuche den Akteuren eine gehörige Phantasie bei der Auslegung von politischen Vereinbarungen und außerdem viel Verhandlungsgeschick abverlangt. Eine gewisse Hilflosigkeit legten beispielsweise SPD und FDP in Rheinland-Pfalz 1996 während der Regierungsbildung an den Tag, als sie vereinbarten, das Los für den Fall entscheiden zu lassen, dass sich die Partner nicht auf einen Kompromiss einigen können. Diese Regelung jedoch wurde aufgrund der mit ihr einhergehenden Unsicherheit (Welche Partei gewinnt zuerst und kann dann nach dem beabsichtigten Reißverschlussverfahren zuerst auf einer Liste von Gesetzesmaterien entscheiden?) und wegen des negativen Echos in der Öffentlichkeit („keine Politik, sondern Lotto") nicht im Regierungsalltag angewandt. Die Schwierigkeiten, die das gehäufte Aufkommen gemischter Koalitionen für die Bundesratspolitik nach sich zieht, lassen sich besonders plastisch für die Phase der rot-grünen Bundesregierung (1998-2005) am Beispiel des unten dargestellten Zuwanderungsgesetzes erklären.

Höheres Konfliktniveau in gemischten Länderkoalitionen

Neuere Untersuchungen sehen das Verhalten einer mit den Ländern über das Stimmverhalten im Bundesrat verhandelnden Bundesregierung im Zusammenhang mit dem Umfang des Stimmenpolsters, über das die Oppositionsparteien im Bundesrat verfügen. Sie weisen darauf hin, dass eine Koalition sich voraussichtlich bereits bei der Vorlage eines Gesetzes selbst beschränken wird, wenn sie einer satten Mehrheit oppositionsgeführter Landesregierungen im Bundesrat gegenübersteht („Autolimitationsthese"). In diesen Fällen ist es wahrscheinlich, dass sich die Bundesregierung um einen Kompromiss im Bundesrat bemühen wird. Sie wird umgekehrt versuchen, eine aggressivere Strategie gezielter Angebote an einzelne Landesregierungen einzusetzen, wenn die Mehrheit nicht-konformer und gemischter Landesregierungen knapp ausfällt. Auf dieser Weise kann es ihr gelingen, z.B. durch „side-payments" und politischen Tausch einzelne Bundesländer aus dem gemischten Lager oder aus der Oppositionsfront im Bundesrat herauszubrechen (vgl. Manow/Burkhart 2004).

Selbstbeschränkung der Bundesregierung bei oppositionellen Mehrheiten im Bundesrat

Abbildung 7: Fallbeispiel Zuwanderungsgesetz

Im März 2002 stand mit dem Zuwanderungsgesetz eine hochgradig polarisierte Materie zur Entscheidung an. Zwar befürworteten die gesellschaftlich bedeutsamen Verbände – Kirchen, Gewerkschaften, Arbeitgeber – nahezu einmütig die Modernisierung der bis dahin geltenden Regelung. Die CDU lehnte eine weitreichende Änderung jedoch ab und plädierte für einen restriktiven Kurs, zumal es Roland Koch (CDU) als Spitzenkandidat im Wahlkampf zum Hessischen Landtag 1999 gelungen war, mit seiner Unterschriftenkampagne gegen die doppelte Staatsbürgerschaft die SPD in der Regierung abzulösen. Die CDU- bzw. CDU/FDP-regierten Länder verfügten im März 2002 über 31 von 69 Stimmen im Bundesrat. Da im Herbst 2002 der Bundestagswahlkampf anstand und die CDU bei Bundesratsabstimmungen zuvor mehrfach auf Schwierigkeiten gestoßen war, die Parteidisziplin zu sichern, war es für beide Parteien, für die CDU wie für die SPD, eine Prestigefrage, kompakte Abstimmungsmehrheiten im Bundesrat sicherzustellen. Sowohl der damalige Fraktionsvorsitzende der CDU im Deutschen Bundestag, Friedrich Merz, als auch die CDU-Parteivorsitzende, Angela Merkel, betrachteten das Zustimmungsgesetz als eine Chance, um ihre Autorität im eigenen Lager zu festigen. Gleichzeitig wurde das Gesetz als eine Art Lackmustest auf die Durchsetzungskraft des designierten Kanzlerkandidaten Edmund Stoiber (CSU) angesehen.

Angesichts dieser polarisierten Grundstimmung bestand für die rot-grüne Bundesregierung kaum eine Möglichkeit, die kompromisslose Haltung der Opposition im Bundesrat aufzubrechen. Selbst nachdem die SPD/FDP-Koalition in Rheinland-Pfalz in das Lager der Befürworter gewechselt war, konnte sich die Bundesregierung nur auf 31 von 69 Stimmen stützen. Die Regierung vermied ein Vermittlungsverfahren, weil sie befürchten musste, dass die CDU dort nicht nur versuchen würde, einzelne Teile des Gesetzes zu ändern, sondern dass sie ein vollständig neues, restriktives Regelwerk durchsetzen wollte. Die SPD stimmte ihre Positionen und das strategische Vorgehen deshalb innerhalb des Parteivorstands ab, dem die Ministerpräsidenten der SPD qua Amt angehören. Dort wurden in der Folge föderale, parteipolitische und koalitionspolitische Fragen geklärt. Da die CDU aus diesem informellen Verfahren ausgeschlossen war, zeigte sie sich hinfort auch nicht mehr ernsthaft kooperationswillig.

Ins Fadenkreuz parteistrategischer Erwägungen geriet in dieser Situation die Brandenburger SPD/CDU-Koalition. Mit Hilfe der vier Bundesratsstimmen aus Brandenburg hätte die Bundesregierung eine Mehrheit im Bundesrat schmieden können. Die Brandenburger Regierung war in dieser Situation einem erheblichen Druck ihrer Bundesparteien ausgesetzt; der Parteienwettbewerb auf Bundesebene wurde somit geradewegs in die Landeskoalition importiert.

Das anschließende – in der Landeskoalition offenbar zuvor abgesprochene – Stimmverhalten wurde in Wissenschaft und Öffentlichkeit heftig kritisiert: Brandenburg gab seine Stimmen, anders als im Grundgesetz vorgesehen, nicht einheitlich ab. Sozialminister Alwin Ziel (SPD) votierte zuerst mit „Ja", während der stellvertretende Ministerpräsident, Jörg Schönbohm (CDU), das Gesetz ablehnte. Auf Nachfragen des damals amtierenden Bundesratspräsidenten Klaus Wowereit (SPD) bekräftigte Ministerpräsident Manfred Stolpe (SPD) seine Zustimmung. Wowereit, Regierender Bürgermeister von Berlin, interpretierte dieses Votum als Zustimmung, indem er die Richtlinienkompetenz des Ministerpräsidenten gegenüber dem regierungsinternen Dissens als ausschlaggebend bewertete.

Dieses zuvor abgesprochene Szenario wurde – allerdings nur vorübergehend – von allen Seiten als Sieg interpretiert: Der Kanzlerkandidat der CDU/CSU, Edmund Stoiber, hatte demonstriert, dass er die Reihen der eigenen Ministerpräsidenten zu schließen wusste. Die rot-grüne Bundesregierung hatte die Blockadesituation zwar überwunden; dies war allerdings auf Kosten einer gewagten Dehnung des Grundgesetzes geschehen. Die Brandenburger Koalitionäre wiederum waren gewillt, trotz der Missachtung des Koalitionsvertrags ihre Zusammenarbeit fortzusetzen. Zwar unterzeichnete Bundespräsident Johannes Rau das Gesetz mit großen Bedenken. Das alsbald angerufene Bundesverfassungsgericht jedoch verwarf das angewandte Bundesratsverfahren als nicht verfassungskonform.

Die Bundesregierung trug letztlich einen Pyrrhussieg davon, da das Gesetz in der geplanten Form nicht in Kraft treten konnte und in der kommenden Legislaturperiode nochmals, nun unter enger Mitwirkung der CDU-geführten Landesregierungen im Bundesrat, beraten werden musste – mit weit reichenden Abstrichen am ursprünglichen Vorhaben. Ein umfassender Reformfortschritt konnte somit nicht erzielt werden.

Quelle: Kropp 2006a: 247 ff.

Diese Fallstudie gibt zwar einerseits Aufschluss darüber, welch starken Druck die Bundesparteien bei ungleichen Mehrheiten in Bundestag und Bundesrat auf Landesverbände ausüben, die an gemischten Koalitionen beteiligt sind. Andererseits jedoch hat gerade die gewachsene Zahl der gemischten Koalitionen (sog. „G-Länder") dazu geführt, dass der Eigensinn und die Unabhängigkeit der Landesebene von der Bundesebene gewachsen sind. Einen solchen Kraftakt, wie für die Brandenburger Koalition beschrieben, können Länderkoalitionen nicht beliebig oft wiederholen, ohne ihre Arbeitsfähigkeit zu verlieren und ihre Wählerschaften und die Parteibasis vor den Kopf zu stoßen. Deshalb bleibt den Koalitionspartnern in G-Ländern oft nichts anderes übrig, als sich der Stimme zu enthalten, sich auf einen Kompromiss zu einigen, oder aber die anstehende Bundesratsentscheidung in ein Tauschpaket zu integrieren, in dem sich Gewinne und Verluste über einen singulären Zeitpunkt hinaus für die Beteiligten halbwegs „gerecht" ausbalancieren lassen.

Wachsende Unabhängigkeit der Landesebene?

Abb. 2 zeigt, dass die Zahl von G-Ländern seit den neunziger Jahren stark angewachsen ist. Bei umstrittenen Entscheidungen mussten die amtierenden Bundesregierungen deshalb mit einer beachtlichen Zahl an Enthaltungen rechnen. Deshalb wurden in der jüngeren Vergangenheit Überlegungen angestellt, ob Enthaltungen in Zukunft nicht im Zuge einer Reform des Bundesrates als „echte" Enthaltungen gezählt und die relative Mehrheit als Entscheidungsregel eingeführt werden sollte (Bertelsmann-Kommission 2000: 31). Durch diese Regelung würden Stimmenthaltungen nicht länger für die Mehrheitsbildung in der Länderkammer verloren gehen. Eine rechnerische Überprüfung dieses Vorschlags führt jedoch zu einem zwiespältigen Befund: Bis 2003 wären nur in zehn von 33 Jahren (sieben davon zwischen 1949 und 1956) zusätzliche Mehrheiten gewonnen worden (Sturm 2003b: 28). Dennoch wäre ein solcher Schritt nicht sinnlos. Die Verhandlungen des Bundes mit den Ländern würden sich durch die Einführung relativer Mehrheiten einfacher gestalten, da sich der Bund selbst bei gegenläufigen Mehrheiten mit weniger Ländern über eine Lösung verständigen müsste: Die Zahl der Landesregierungen, die über ein Erpressungspotential verfügen würden

Keine zentralistische Parteienstruktur

und die vom Bund als Gegenleistung für ein konformes Stimmverhalten zusätzliche Vorteile für ihr eigenes Land heraushandeln könnten, könnte auf diesem Wege reduziert werden.

Die frühen Untersuchungen zum deutschen Föderalismus gingen implizit davon aus, dass die Bundesparteien eine Art hierarchischer Anleitungskompetenz gegenüber ihren Landesverbänden geltend machen können (Lehmbruch 1976). Die parlamentarischen Regierungssysteme auf Länderebene dienen aber keineswegs nur, wie mitunter behauptet, der „Aufrechterhaltung des gesamtstaatlichen Rollenspiels von Regierung und Opposition" (Friedrich 1989: 1708). Die Regierungschefs der Länder lassen sich ebenso wenig von ihren Bundesparteien als „Figuren auf dem Schachbrett der Bundesparteien" herumschieben (Abromeit 1992: 64). Da Landtagsabgeordnete und Landesregierungen von ihren Wählern politisch haftbar gemacht werden können, suchen sie ihre Interessen im Zweifelsfall auch im Konflikt mit der eigenen Bundespartei zu wahren. Ein solches Verhalten lässt sich auch für die der Bundesregierung nahestehenden Landesregierungen bestätigen. Fallstudien zeigen, dass sich beispielsweise Bundeskanzler Helmut Kohl zu Beginn seiner Regierungszeit von den Ministerpräsidenten Franz Josef Strauß (Bayern) und Ernst Albrecht (Niedersachsen) vor allem in der Steuerpolitik Zugeständnisse abhandeln lassen musste, um bei knappen Mehrheitsverhältnissen im Bundesrat handlungsfähig zu bleiben (vgl. hierzu Renzsch 1989; Renzsch 2000a).

Die eigenständige Legitimation der Landespolitik verhindert somit nicht nur den zentralistischen Durchgriff der Bundespolitik auf ihre Landesverbände. Sie führt dazu, dass die Landesregierungen ständig den Rollenkonflikt als föderale und parteipolitische Akteure ausbalancieren müssen. Dabei entscheiden sie sich keineswegs immer zugunsten der Parteidisziplin, sondern sie wägen die Vor- und Nachteile ihrer Entscheidung im Einzelfall ab. Dies zeigt das folgende Fallbeispiel, das sich mit der Steuerreform von SPD/B´90/Grüne befasst.

Abbildung 8: Fallbeispiel Steuerreform 2000

Die Kernidee der im Jahre 2000 anstehenden Steuerreform – eine Entlastung sowohl der niedrigen als auch der hohen Einkommen – wurde von der rot-grünen Bundesregierung und von der Opposition gleichermaßen befürwortet. Allerdings zeichneten sich schon bald parteipolitische Konflikte über die konkrete Ausgestaltung ab. Da es sich um ein finanzwirksames Gesetz handelte, barg diese Materie außerdem einen klassischen föderalen Konflikt in sich. Die Landesfinanzminister hatten schon im Vorfeld errechnet, dass die Reform den Landeskassen beträchtliche Steuereinbußen bescheren würde. Trotz Vermittlungsverfahrens hatte die Opposition signalisiert, dass sie das Gesetz im Bundesrat ablehnen wollte. Noch verfügten die CDU- bzw. CDU/FDP-geführten Landesregierungen mit 23 gegenüber 28 Stimmen des Regierungslagers und 18 Stimmen der G-Länder aber zu dieser Zeit über keine eigene Mehrheit im Bundesrat. Insofern konnte sich die Bundesregierung berechtigte Chancen ausrechnen, einige Länder auf die eigene Seite zu ziehen.

Um die Länderfront aufbrechen und den Gesetzentwurf durch den Bundesrat bringen zu können, entschied sich Bundesfinanzminister Hans Eichel (SPD), eine Politik gezielter Angebote an einzelne Länder zu verfolgen. Eichel verhandelte deshalb außerhalb des Vermittlungsausschusses mit den gemischten Länderkoalitionen und einigen nicht-konformen Regierungsbündnissen. Im Zuge eines für das deutsche Regierungssystem typischen Tauschgeschäfts bot der Bundesfinanzminister einzelnen Ländern Zugeständnisse an, um sein Vorhaben durch den Bundesrat zu bringen: Die Gliedstaaten, die auf den Kurs der Bundesregierung einschwenkten, erhielten zusätzliche Finanzmittel für den Ausbau ihrer Infrastruktur. Gewinner dieses Geschäfts waren die großen Koalitionen in Berlin, Bremen und Brandenburg, die SPD/PDS-Koalition in Mecklenburg-Vorpommern und das SPD/FDP-Bündnis in Rheinland-Pfalz, also einige der sog. G-Länder. Auch das Saarland, in dem zu diesem Zeitpunkt bereits eine CDU-Einparteiregierung amtierte, stimmte dem Tauschgeschäft zu. Der Vorgang zeigt, dass die in diesen Ländern mitregierenden CDU- und FDP-Landesparteien im gegebenen Fall zusätzliche Haushaltsmittel und damit ihre Landesinteressen höher als die Parteidisziplin gewichteten.

Vor allem die gemischten Länderkoalitionen, an denen die SPD beteiligt war, wussten ihr Vetopotential gegenüber der Bundesregierung zur Geltung zu bringen, vermochten sie doch auf das Erpressungspotential ihrer Koalitionspartner zu verweisen. Die rot-grünen Landesregierungen und die SPD-Einparteiregierungen hingegen gingen leer aus, da ihre Loyalität gegenüber der Bundesregierung in dieser Entscheidungssituation nicht in Frage stand. Paradoxerweise waren es somit die parteipolitisch gleich eingefärbten Landesregierungen, die am wenigsten von dem föderalen Tauschhandel profitierten. Um den daraus erwachsenden Missmut abzudämpfen, kam die Bundesregierung schließlich auch diesen Ländern noch mit einigen zusätzlichen Millionen Mark entgegen. Auch das „eigene" Parteienlager ließ sich seine Zustimmung somit von der Bundesregierung durch nachträgliche Verhandlungen vergüten. Die Bundesregierung konnte sich letztlich mit ihrer Steuerreform durchsetzen, wenn auch nur mit Hilfe politischer Nebenzahlungen und einer Auslagerung der Kosten auf den Steuerzahler. Da die Mittel weitgehend für den Ausbau der Infrastruktur eingesetzt werden sollten, ließ sich die Externalisierung von Kosten zu Lasten der Steuerzahler in der Öffentlichkeit ohne große Probleme rechtfertigen.

Quelle: Kropp 2006a: 247 ff.

Das Fallbeispiel zur Steuerreform weist mit vielen anderen darauf hin, dass die Neigung der Landesverbände, sich beim Stimmverhalten im Bundesrat dem Willen der Bundespartei anzuschließen, mit dem Politikfeld variiert. Vor allem wenn die Substanz der Landespolitik berührt ist, betonen die an einer Landesregierung beteiligten Parteien ihre Unabhängigkeit von der Bundesebene. Dies ist insbesondere dann der Fall, wenn es um die Ordnung der föderalen Finanzbeziehungen oder um steuerrechtliche Fragen geht, da diese Materien den Handlungsspielraum der ohnedies angespannten und überwiegend hoch verschuldeten Landeshaushalte unmittelbar berühren. Manche Politikbereiche lassen sich somit kaum auf den Nenner des dualistischen Parteienwettbewerbs reduzieren, vielmehr ist für die Stimmabgabe die finanzielle Leistungsfähigkeit eines Landes von großer Bedeutung. Die Konfrontationslinien verlaufen immer wieder nicht entlang den parteipolitischen Lagern, sondern quer durch diese hindurch. Es gibt häufig föderale Spannungen zwischen armen und reichen Gliedstaaten, welche die Parteipolitik in den Hintergrund treten lassen. Diese fragmentierten Interessenlagen eröffnen der Bundesregierung Chancen, einen Teil der oppositionell geführten Länder oder

Stimmverhalten variiert nach Politikfeld

gemischte Koalitionen durch Verhandlungen, Koppelgeschäfte und Nebenzahlungen auf die eigene Seite zu ziehen (vgl. hierzu exemplarisch Renzsch 1994) – insbesondere dann, wenn die Mehrheitsverhältnisse im Bundesrat knapp ausfallen. Davon zu unterscheiden sind wiederum stärker ideologisierte gesellschaftspolitische Politikfelder (vgl. oben das Zuwanderungsgesetz), welche der eigenen Wählerklientel den Wertebestand der Partei symbolhaft verdeutlichen. In diesen Fällen ist die Polarisierung zwischen den Parteien in der Regel höher, und der Einigungs- und Kompromissfähigkeit sind enge Grenzen gesetzt.

Parteien als „Mehrebenensysteme"

Die oben ausgeführten Beispiele zeigen, dass die Trennung in eine föderale und eine durch den Parteienwettbewerb definierte parlamentarische Arena eine vornehmlich analytische Unterscheidung darstellt. Diese ist zwar unverzichtbar, um die empirischen Fälle in ein theoretisch begründetes Vorwissen einzuordnen. Jedoch weisen mittlerweile viele Untersuchungen darauf hin, dass die im ersten Schritt sinnvolle idealtypische Zuordnung in der Realität aufgebrochen wird. Die bundesdeutschen Parteien, insbesondere CDU und SPD, sind selbst Mehrebenensysteme (vgl. Sturm 1999b; Detterbeck/Renzsch 2002) und in sich föderal organisiert. Die CDU ist schon aufgrund ihrer Entstehungsgeschichte eine föderale Partei (vgl. Schmid 1990), und auch der traditionelle Zentralismus der SPD ist längst einer Parteiorganisation gewichen, die hochgradig fragmentiert, durch föderale und sektorale Interessen gekennzeichnet und deshalb als „lose gekoppelte Anarchie" beschrieben worden ist (vgl. Lösche/Walter 1992). Bundesstaatliche Probleme werden regelmäßig innerhalb der innerparteilichen Gremien vorverhandelt, da in den beiden großen Parteien nahezu alle bestehenden föderalen Problemlagen vertreten sind.

Der Aufbau der Parteien spiegelt somit die föderale Struktur wider. Die Landesvorsitzenden sind qua Amt in die Vorstände der Bundesparteien integriert, so dass die Parteiorganisationen selbst als Knotenpunkte für föderale Verhandlungen dienen. Indem die Parteien den bundesstaatlichen Aufbau nachvollziehen, sind sie in der Lage, föderale Probleme und Konflikte innerhalb ihrer eigenen Organisation zu erkennen und zu bearbeiten – vorausgesetzt, arme und reiche, west- und ostdeutsche, Flächenländer und Stadtstaaten sind in den beiden großen Parteien vertreten und führen zu einer entsprechenden Spannbreite an Interessenlagen. Im günstigsten Fall können die Parteien an die Probleme und Präferenzen der Konkurrenten anschließen, weil sie ähnlichen Problem- und Interessenlagen ausgesetzt sind. Studien (z.B. Renzsch 1995; Renzsch 2000a), weisen darauf hin, dass diese Gemengelage durchaus dazu beiträgt, dass ähnliche Interessenlagen wechselseitig identifiziert und Blockaden vermieden werden. Andererseits wird die föderale Willensbildung aber immer komplexer, weil sich die Interessenlagen in beiden Parteien mehrfach überschneiden, was dazu führt, dass sich die vielfältigen Positionen selbst innerhalb einer Partei nur noch mit Mühe aggregieren lassen. Autonomie und Eigensinn der Landespolitik erzeugen somit nicht nur eine größere Entkopplung von der Bundesebene, sondern im Beipack gleichzeitig eine Unübersichtlichkeit und Vielschichtigkeit, die der Bundesregierung in einem politikverflochtenen System ein hohes Maß an Verhandlungswillen und Geschick abverlangt.

Welche Prägekraft die bundesstaatliche Ordnung für die Handlungsweisen von Bundes- und Landespolitik hat, lässt sich ebenfalls an den Karrierewegen der politischen Führungskräfte im Bund ablesen. Abb. 9 zeigt, dass vier der acht Bundeskanzler, die seit dem Ende des Zweiten Weltkriegs amtierten (und, so muss man hinzufügen, viele ihrer Herausforderer, so z.B. alle sozialdemokratischen Spitzenkandidaten während der Kohl-Ära), die Stationen des Ministerpräsidenten bzw. des Regierenden Bürgermeisters absolvierten. Helmut Schmidt und Ludwig Erhard verfügten als Hamburger Innensenator bzw. Bayerischer Wirtschaftsminister ebenfalls über landespolitische Erfahrung. Angela Merkels Karriere wiederum weicht davon insofern ab, als sie ihre politischen Erfahrungen vornehmlich im Bundeskabinett sammelte. Jedoch besaß auch sie eine landespolitische Verankerung als Vorsitzende des CDU-Landesverbands Mecklenburg-Vorpommern. Vor allem die Ministerpräsidenten waren durch die Möglichkeit, als Bundesratsmitglieder ein Rederecht im Bundestag geltend zu machen, schon vor ihrer Wahl zum Bundeskanzler in der parlamentarischen Arena als Landes- und Bundespolitiker in der Öffentlichkeit präsent. Durch die Konstruktion des kooperativen Föderalismus vermochten sie nicht nur Regierungserfahrung in den Ländern zu sammeln, sondern sie wurden frühzeitig mit den vielfältigen Einigungszwängen und schwierigen Verhandlungssituationen des deutschen Regierungssystems vertraut gemacht.

Karrierewege des bundespolitischen Führungspersonals sind föderal geprägt

Abbildung 9: Karrierewege der Bundeskanzler

Name	Amtszeit	Karrieremuster
Konrad Adenauer	1949-1963	1917-1933 Oberbürgermeister der Stadt Köln; 1948 Präsident des Parlamentarischen Rates
Ludwig Erhard	1963-1966	1945-1946 Staatsminister für Handel und Gewerbe in Bayern; Vizekanzler und Wirtschaftsminister unter Adenauer
Kurt Georg Kiesinger	1966-1969	Ministerpräsident von Baden-Württemberg (1958-66)
Willy Brandt	1969-1974	Bundesminister des Auswärtigen und Vizekanzler unter Kiesinger; Regierender Bürgermeister von Berlin (1957-66)
Helmut Schmidt	1974-1982	1961-1965 Senator für Inneres in Hamburg; 1969-1972 Bundesverteidigungsminister unter Brandt; 1972-1974 Bundesfinanzminister unter Brandt
Helmut Kohl	1982-1998	Ministerpräsident in Rheinland-Pfalz (1969-76); anschließend bis 1982 Oppositionsführer im Bundestag
Gerhard Schröder	1998-2005	1990-1998 Ministerpräsident in Niedersachsen
Angela Merkel	2005-	1991 bis 1994 Bundesministerin für Frauen und Jugend, 1994 bis 1998 Bundesministerin für Umwelt, Naturschutz und Reaktorsicherheit; 1993-2000 Vorsitzende der Landes-CDU Mecklenburg-Vorpommern

Mehr als in den Jahrzehnten zuvor hat die Regierung Schröder auch einen Teil ihres politischen und Verwaltungspersonals in den Bundesministerien aus den Ländern bezogen: 14,3% der Abteilungsleiter und 31,8% der Staatssekretäre kamen aus den Landesverwaltungen; 38,9% der Minister (nur 6,7% zwischen 1949 und 1999!) hatten zuvor eine Position als Landesminister inne (Derlien 2008: 313, 314). Ein Grund für diese Veränderungen ist u.a. darin zu sehen, dass mit dem Regierungswechsel 1998 zum ersten Mal in der Geschichte der Bundesrepublik Deutschland eine Regierung komplett, und nicht nur ein Koalitionspartner, ausgewechselt worden war.

Wirtschaftliche Asymmetrien

Dass die Landesverbände der Parteien sehr unterschiedliche Präferenzen und Ziele verfolgen, hängt wesentlich mit den in den vergangenen Jahren gewachsenen wirtschaftlichen Asymmetrien zusammen. Seit der deutschen Einheit hat die Vielfalt ökonomischer Interessen und Leistungspotentiale der Länder zugenommen, und damit vermehren sich auch die Differenzen innerhalb der Parteien. Die europäische Integration begünstigt zudem die großen Flächenländer, die sich unter den veränderten Rahmenbedingungen als handlungsfähiger erweisen (Knodt 2000) und eine eigene Europapolitik betreiben – aber auch die kleineren Länder tun es ihnen mittlerweile nach. Die europäische Politik, aber auch die Programme und Reformen des Bundes, die in vielen Fällen noch immer keine oder wenige regionale Abweichungen und Anpassungen zulassen, ziehen in den Ländern regional variierende Effekte nach sich. In Deutschland, das eine deutlich heterogenere Wirtschaftsstruktur besitzt als kleine unitarische Staaten wie Finnland oder die Niederlande, vermindern bundeseinheitliche Regelungen die Spezialisierungschancen der Bundesländer erheblich. Die Länder – und Deutschland insgesamt – erleben dadurch einen durch die Verfassung bedingten Standortnachteil (vgl. Scharpf 2006: 4). Die Landespolitiker äußern angesichts dessen zunehmend Positionen und Forderungen, die sich von denen ihrer Bundespartei unterscheiden (vgl. Sturm 1999b; Benz 2003b: 35; Renzsch 2000a).

Konkurrierende regionale Interessen innerhalb der Parteien

Die Bundesparteien, insbesondere die CDU und die SPD, sehen sich heute innerhalb ihrer eigenen Parteien heterogenen und miteinander konkurrierenden regionalen Interessen gegenüber, die sich oft nur mit Mühe ausgleichen lassen. Dies wäre an sich noch kein unlösbares Problem; andere Föderalstaaten, wie die USA oder Russland, müssen weitaus größere Asymmetrien politisch verarbeiten (vgl. Stepan 1999). Die föderale Organisation gilt schließlich als eine geeignete Staatsform, um regionale Unterschiede friedlich in ein Staatswesen zu integrieren. In Deutschland stand die gestiegene Fragmentierung der Interessenstrukturen aber – zumindest bis zur erfolgreichen Föderalismusreform von 2006 – einer unverändert starren institutionellen Struktur gegenüber, und selbst bei beiden Reformen des Bundesstaates ist es weiterhin umstritten, ob sie nicht doch ihr Ziel verfehlt haben: Schließlich ist mit der Finanzverfassung ein wesentlicher Bestandteil der Politikverflechtung unangetastet geblieben. In welchem Umfang die Zustimmungserfordernisse im Bundesstaat nun geringer geworden sind, wird in Kapitel 6 erörtert. Jedenfalls haben der hohe Anteil der zustimmungspflichtigen Gesetze, verbunden mit der Notwendigkeit, im Bundesrat eine absolute Mehrheit der Stimmen zu organisieren, das Regieren im föderalen Staat zu einem außerordentlich schwierigen Geschäft gemacht. War es in den neunziger Jahren das SPD-Lager, das in der Länderkammer den Part der mitgestaltenden

Opposition einnahm, so unterlagen nach dem Regierungswechsel von 1998 alle großen Reformprojekte der rot-grünen Regierung der Mitwirkung der CDU-Länder im Bundesrat – mit der Folge, dass gegenüber den ursprünglichen Vorhaben nur „abgespeckte" Kompromisslösungen zustande kamen (vgl. Kropp 2006a). Von daher erklärt sich der Ruf nach einer Entkopplung der Zuständigkeiten, die mit der jüngsten Föderalismusreform nun teilweise umgesetzt worden ist (vgl. Kap. 6).

Die empirische Untersuchung des föderalen Systems in den 1990er Jahren legt somit zwar nahe, dass die enge Kopplung zwischen dem föderalen und dem durch den Parteienwettbewerb geprägten parlamentarischen Teilsystem in den vergangenen 15 Jahren durch die beschriebenen Entwicklungen ansatzweise aufgeweicht worden ist. Dies geschah allerdings bis 2006 nicht durch eine Reform seiner Institutionen, sondern durch die Veränderung der Kontextbedingungen. Die Ergebnisse, die diese Dynamik mit sich gebracht hat, können aber nicht nur positiv bewertet werden. Die in den siebziger Jahren diagnostizierten Schwierigkeiten sind trotz der partiellen Entkopplung beider Arenen nicht nur geblieben, sie haben sich sogar noch weiter zugespitzt. Die Problemlösungsfähigkeit der Regierungsmehrheiten im Bund hing regelmäßig nicht nur von ihrem politischen Willen, sondern wesentlich vom zufälligen zeitlichen Zusammentreffen unterschiedlicher Komponenten im Entscheidungsprozess ab: von den gegebenen Mehrheitsverhältnissen im Bundesrat, der ideologischen Polarisierung in einem Politikfeld, den sich überlappenden oder überkreuzenden föderalen und parteipolitischen Konfliktlinien.

Bedeutung von „Reformfenstern"

Die politischen Entscheidungsträger sind in Deutschland somit aufgrund der politikverflochtenen Strukturen darauf angewiesen, Probleme innerhalb enger Zeitfenster bearbeiten zu müssen. Diese Zeitfenster stehen oft nur kurze Zeit offen, weil z.B. wichtige Landtagswahlen nahen, sich die Mehrheiten im Bundesrat verschieben oder aber Interessengruppen ihre Klientel gegen Reformvorhaben mobilisieren. Verschiedene Ansätze der Institutionentheorie und politische Kontingenztheorien in der Policy-Analyse haben die Erkenntnis, dass politische Ergebnisse nur teilweise auf planvolles, rationales Handeln der politisch Entscheidungsbefugten zurückzuführen ist, konzeptualisiert und der Idee einer langfristig angelegten Politiksteuerung somit eine Absage erteilt. Sie verfolgen die Auffassung, dass es häufig die Existenz von Gelegenheitsstrukturen und das Werk des Zufalls sind, die den politischen Prozess prägen (vgl. March/Olsen 1989). Der in der Policy-Analyse angewandte Multiple-Streams-Ansatz (Kingdon 1995; Zahariadis 1999) weist z.B. darauf hin, dass durch das politische System verschiedene „Ströme" unabhängig voneinander verlaufen. Probleme, die gerade gegebene Unterstützung in der Bevölkerung (national mood) sowie Policy-Optionen und Ideen müssen zu einem bestimmten Zeitpunkt zusammentreffen und gekoppelt werden, damit sich ein Gelegenheitsfenster für politisches Handeln öffnet. Nutzen politische Unternehmer (vgl. auch: Pierson 2004: 136 f.) diese Chance nicht rechtzeitig, schließt sich dieses Fenster („window of opportunity") wieder, und die Möglichkeit, den Wandel zu gestalten, verstreicht ungenutzt.

Bedeutung von Kontingenztheorien für die Erklärung institutioneller Reformen im Bundesstaat

Kontingenz und Zeitabhängigkeit sind demzufolge wichtige Elemente, um gerade auch „verflochtene" Institutionensysteme verstehen zu können. Politische

Akteure müssen die Gelegenheiten erkennen und Zeitfenster für sich zu nutzen wissen. Untersuchungen weisen dabei politischen Unternehmern oder sog. „Grenzstellenakteuren", die in verschiedenen politischen Arenen Durchsetzungskraft besitzen (vgl. hierzu Kap. 1), eine besondere Bedeutung zu. Damit stellen Kontingenztheorien ein zusätzliches Erklärungsangebot dar, mit dessen Hilfe bundesstaatliche Reformen und institutioneller Wandel erklärt werden können.

Flexibilisierung des Parteienwettbewerbs als Ausweg?

Es besteht weitgehend Einigkeit darüber, dass das Problem des deutschen Föderalismus weniger in der gleichzeitigen Existenz von parlamentarischem Parteienwettbewerb und föderalem Verhandlungssystem besteht, sondern in der engen Kopplung dieser beiden Strukturelemente. Da die Akteure aufgrund der hohen institutionellen Hürden teilweise in Rationalitätsfallen gefangen sind und zu einer Reform des Regierungssystems lange Zeit nicht in der Lage waren, lag es nahe, nach alternativen Möglichkeiten einer Entkopplung zu suchen. Die institutionelle Rigidität des deutschen Regierungssystems sowie die etablierten Machtverteilungen und Vetopotentiale könnten in diesem Zusammenhang nun dafür sprechen, den Parteienwettbewerb auf Bundesebene zu flexibilisieren. In diese Richtung zielen Überlegungen, den Parteienwettbewerb durch Minderheitsregierungen (Lehmbruch 2000: 194 ff.) oder durch (über-)große Koalitionen (Czada 2000: 30) konsensdemokratisch aufzulösen. Weil Minderheitsregierungen mit Tolerierungsparteien im Deutschen Bundestag über eine parlamentarische Mehrheit verhandeln müssen, würden sie, so das Kalkül, die Grenzen des bipolaren Parteienwettbewerbs überschreiten und das Wettbewerbsprinzip nur noch eingeschränkt auf den Bundesrat übertragen.

Geplante Entwicklung des Parteienwettbewerbs ist schwierig

Dieser Sichtweise liegt jedoch ein Optimismus zugrunde, der sich aus den nicht ohne weiteres übertragbaren Erfahrungen mit skandinavischen Konsensdemokratien speist. Sieht man davon ab, dass sich gerade der aus gesellschaftlichen Konfliktlinien hervorgehende Parteienwettbewerb nur bedingt für ein planvolles „political engineering" eignet, so stehen Minderheitsregierungen in Deutschland nicht zuletzt kulturelle und historisch gewachsene Vorbehalte entgegen. Vor dem Hintergrund der Weimarer Erfahrungen und dem Scheitern des ersten deutschen Demokratieversuchs werden sie noch heute als Inbegriff instabilen Regierens bewertet. Wie gering die gesellschaftliche Akzeptanz dieses Regierungsformats ist, hat sich am Beispiel des „Magdeburger Modells", der von der PDS tolerierten Minderheitsregierung aus SPD und B´90/Grünen (später nur noch SPD) in Sachsen-Anhalt, gezeigt, das in der Anfangszeit in den Medien und in Teilen der Wissenschaft äußerst kritisch bewertet und nach acht Jahren schließlich spektakulär abgewählt wurde. Minderheitsregierungen gelten in Deutschland bis heute als zweit- oder sogar drittbeste Regierungsform.

Große Koalitionen wiederum überschreiten zwar ebenfalls die Grenzen eines bipolaren Parteienwettbewerbs, allerdings wird dieser, wie Fallstudien zeigen, in das Regierungsbündnis selbst getragen: Dort ist die Polarisierung oft beträchtlich, weil sich diese „Elefantenhochzeiten" häufig nur als zeitlich begrenzte Notbündnisse verstehen und die Oppositionsfunktion in die Koalition hineinverlagert wird (vgl. hierzu schon die Studie von Knorr 1975; später auch Lehmbruch 2000). Konflikte treten auch dann auf, wenn die Parteien über eine Schnittmenge an gemeinsamen programmatischen Positionen verfügen: Als "vote-seeker" sind SPD und CDU/CSU gehalten, um die Wähler mit einem eigenständigen, vom Koalitionspartner abgrenzbaren Profil zu werben. Deshalb betonen sie Unterschiede oft demonstrativ. SPD und CDU zielen zudem teilweise auf die gleiche Wählerklientel (den „Median-Wähler"), um mehrheitsfähig zu bleiben bzw. zu werden. Große Koalitionen sind ferner nur zeitlich begrenzt handlungsfähig, weil sich der Parteienwettbewerb gegen Ende der Legislaturperiode innerhalb des Regierungsbündnisses verstärkt. Sie sind daher auch kein Allheilmittel gegen einen bipolaren Parteienwettbewerb und nur bedingt ein Rezept für die Auflösung potentieller Blockaden im Bundesrat. Auch die amtierende Große Koalition verfügte bei den Ende 2005 gegebenen Mehrheitsverhältnissen im Bund im Übrigen nur über eine Mehrheit von 36 Stimmen im Bundesrat (vgl. Abb. 2). Diese war im August 2008 auf 30 Stimmen abgeschmolzen. Diese Zahl zeigt, dass Erwartungen fehl am Platze sind, man könne die Strukturprobleme des Regierungssystems dauerhaft koalitions- und parteipolitisch lösen.

Auch wenn eine amtierende Bundesregierung – wie die Große Koalition – quer zum bipolaren Parteienwettbewerb gebildet wird, liegt es somit nahe, dass sie aufgrund der in den 1990er Jahren gestiegenen Zahl gemischter Koalitionen in den Ländern nur auf eine relative Mehrheit im Bundesrat zählen kann. Ungleiche Mehrheiten in Bundestag und Bundesrat können auch in Zukunft jederzeit wieder auftreten. Nach Ansicht vieler Betrachter ging deshalb kein Weg daran vorbei, die enge Kopplung zwischen föderaler und parlamentarischer Arena durch institutionelle Reformen aufzulockern. Die meisten Vorschläge liefen dabei auf eine Entflechtung des politischen Systems hinaus, insbesondere auf eine Reduzierung des Anteils zustimmungspflichtiger Gesetze. Die Neuordnung der föderalen Zuständigkeiten war somit lange Zeit ein Dauerbrenner auf der politischen Tagesordnung (vgl. hierzu Kap. 6 zur Föderalismusreform I und II), und man kann davon ausgehen, dass die gefundenen Lösungen selbst wieder Gegenstand von Reformen werden dürften.

Institutionenreform blieb unverzichtbar

2.2 Gemeinschaftsaufgaben und Mischfinanzierungen

2.2.1 Die Gemeinschaftsaufgaben nach Art. 91a und 91b GG (alt)

Zwar waren Bund und Länder im Bereich der Gesetzgebung schon seit 1949 aufgrund der im Grundgesetz festgelegten funktionalen Aufgabentrennung zur Zusammenarbeit gezwungen. Diese Kooperation ruhte vor 1969 jedoch nicht auf einem klaren rechtlichen Fundament, sie wurde vielmehr ad hoc, je nach anstehenden Problemlagen, ausgestaltet. Da auf diese Weise keine langfristig angelegte Planung und Vernetzung mit anderen Policies möglich war, schien es unverzichtbar, die föderale Zusammenarbeit in eine institutionalisierte und rechtlich legitimierte Form zu gießen. Um nicht geregelten Mischfinanzierungen und einer grundgesetzlich nicht vorgesehenen Dotationspraxis des Bundes vorzubeugen, hat die erste Große Koalition die gewachsene und breit aufgefächerte Kooperation in Form der „Politikverflechtung" verfassungsrechtlich institutionalisiert. Im Jahr 1969 wurde die gemeinsame Planung und Finanzierung öffentlicher Aufgaben von Bund und Ländern mit den „Gemeinschaftsaufgaben" (Art. 91a und 91b

Art. 91a und 91b GG (alt)

GG) und den Finanzhilfen des Bundes (Art. 104a GG) im Grundgesetz festgeschrieben. Diese Aufgaben, die von beiden gliedstaatlichen Ebenen gemeinsam finanziert werden, stehen außerhalb des Finanzausgleichssystems. In Folge dieser Grundgesetzänderungen waren vermischte Kompetenzen nun zwar legitimiert, allerdings mit der Folge, dass ein Bundesland nicht länger als autonome Gebietskörperschaft auftreten konnte, sondern zum Teil eines gesamtstaatlichen Entscheidungsgremiums wurde.

Ziel dieser Grundgesetzänderung war es nicht nur, Rechtssicherheit für alle bundesstaatlichen Einheiten zu schaffen. Die Konstrukteure der Politikverflechtung wollten durch die institutionalisierte Kooperation außerdem sicherstellen, dass sich die Länder nicht länger in eine für sie abträgliche Konkurrenz um Ansiedlungen begeben mussten. Indem Aufgaben gemeinsam geplant, finanziert und durchgeführt wurden, sollte die einheitliche und gleichmäßige Entwicklung der Regionen in Deutschland gewährleistet werden. Die Reform zielte somit auch darauf, die Ungleichheiten und Asymmetrien in der Finanzausstattung der Länder zu beseitigen. Da die Politikverflechtung den Bund in eine feste und berechenbare Kooperationsstruktur mit den Gliedstaaten zwingt, ist ihm eine Politik des „Divide et impera" weitgehend versperrt: Anders als in den Jahren vor 1969, konnte Bonn den Ländern nun nicht mehr nach Gutdünken Mittel zuweisen lassen oder verweigern.

Mit den Gemeinschaftsaufgaben nach Art. 91a und 91b GG wollte der Verfassungsgeber sicherstellen, dass der Bund die Länder bei Aufgaben unterstützen kann, die für den Gesamtstaat bedeutsam sind – also überregionale Bedeutung haben – oder die der Verbesserung der Lebensverhältnisse dienen. Als Bereiche nennt das Grundgesetz in Art. 91a den Ausbau und den Neubau von Hochschulen einschließlich der Hochschulkliniken (nach der Verfassungsreform 2006 gestrichen), die Verbesserung der regionalen Wirtschaftsstruktur und die Verbesserung der Agrarstruktur und des Küstenschutzes. In den ersten beiden genannten Politikbereichen trägt der Bund die Hälfte der Ausgaben in jedem Land. Um die Gemeinschaftsaufgabe „Verbesserung der regionalen Wirtschaftsstruktur" planen zu können, wurden (nach der Deutschen Einheit getrennt nach Ost- und Westdeutschland) die Komponenten sachkapitalorientierte, humankapitalorientierte und haushaltsorientierte Infrastruktur zu einem Infrastrukturindikator zusammengefasst (vgl. Zarth/Crome 1999: 618 ff.), auf dessen Grundlage die Planungen erfolgen. Beim dritten Anwendungsfall, der Verbesserung der Agrarstruktur und des Küstenschutzes, trägt der Bund mindestens die Hälfte der Ausgaben. Für die Länder ist die finanzielle Beteiligung einheitlich festgesetzt. Laut Art. 91b GG konnten Bund und Länder außerdem aufgrund von Vereinbarungen bei der Bildungsplanung und bei der Förderung von Einrichtungen und Vorhaben der wissenschaftlichen Forschung zusammenwirken. Inzwischen ist diese Gemeinschaftsaufgabe spezifiziert und enger gefasst worden. So bedarf ein Tätigwerden des Bundes in Wissenschaft und Forschung nun der Zustimmung aller Länder (vgl. zur Neuregelung detailliert Kap. 6).

Die Gemeinschaftsaufgaben werden durch ein zustimmungspflichtiges Gesetz näher bestimmt. Darin sind sowohl Bestimmungen über das Verfahren als auch über Einrichtungen für eine gemeinsame Rahmenplanung enthalten. Das

Land, in dem ein Vorhaben durchgeführt wird, muss der Rahmenplanung zustimmen.

Die Rahmenpläne für die Gemeinschaftsaufgaben werden in Planungsausschüssen entwickelt (vgl. Laufer/Münch 1998: 264 ff.; für die frühe Phase vgl. Scharpf/Reissert/Schnabel 1976: 83 ff.). Da der Bund die Vorhaben mindestens hälftig mitfinanziert, setzen sich diese Gremien aus dem Bundesminister der Finanzen sowie aus dem sachzuständigen Bundesminister und den Landesministern zusammen. Der Entscheidungsmodus spiegelt die Grundstruktur des deutschen Föderalismus wider: Bund und Länder verfügen über jeweils 16 Stimmen. Der Bund kann die Länder nicht überstimmen, da eine Entscheidung der Zustimmung des Bundes und der Mehrheit der Länderstimmen bedarf. Das Land, in dem die geplanten Maßnahmen durchgeführt werden, durfte aufgrund der in Art. 91a, 3 GG (alt, inzwischen gestrichen) festgeschriebenen erforderlichen Zustimmung nicht übergangen werden. Die Gemeinschaftsaufgaben unterliegen der parlamentarischen Feststellung in den Haushaltsplänen des Bundes und der beteiligten Länder.

Planungsausschüsse

Bei aller berechtigten Kritik an den Gemeinschaftsaufgaben sollte nicht vergessen werden, dass es seinerzeit gute Gründe gegeben hat, sie einzuführen. Sie haben in der Tat dazu beigetragen, die regionalen Disparitäten auszugleichen, und dem bundesstaatlichen Willensbildungsprozess darüber hinaus eine größere Berechenbarkeit für alle Beteiligten verliehen. Dem Bund war es forthin weniger gut möglich, die Länder gegeneinander auszuspielen und dadurch seine Position zu festigen. Die Theorie der Politikverflechtung und auch später veröffentlichte Studien haben indessen auch eine Reihe von Unzulänglichkeiten und systematischen Strukturproblemen aufgedeckt, die mit den Gemeinschaftsaufgaben und den Mischfinanzierungen einhergingen.

Positive Würdigung und Kritik

Ein Teil der Kritik entzündet sich wiederkehrend an der Mischfinanzierung der Programme (vgl. Abb. 10), da dadurch die Länder am „goldenen Zügel" des Bundes geführt werden. Sind die Gemeinschaftsaufgaben erst einmal beschlossen, entstehen häufig Investitionsfolgekosten, welche die Landeshaushalte belasten und den ohnedies engen fiskalischen und planerischen Handlungsspielraum der Länder weiter eingrenzen. Einige Untersuchungen verneinen aber eine umfassende Beschränkung der Länder durch den Bund. Im Entscheidungsverbund gewinnt nicht unbedingt die Zentrale auf Kosten der Länder an Handlungsmacht dazu, vielmehr büßen beide Ebenen an Beweglichkeit ein (Zintl 1999: 479). Den Ländern ist es z.B. durchwegs gelungen, den Bund nicht an der Auswahl von Projekten zu beteiligen, sondern auf die Funktion der Finanzierung zu verweisen. Schon die frühen Studien zur Politikverflechtung betonten, dass sich anstelle einer übergreifenden Programmsteuerung und Planung eine Praxis der Antragssteuerung von unten ausgebildet habe (Scharpf/Reissert/Schnabel 1976). Dieser Befund wird allerdings nicht nur positiv bewertet. Denn schließlich war es ein ursprüngliches Anliegen der Gemeinschaftsaufgaben, Landesplanung und überregionale Schwerpunktsetzungen in einzelnen Politikfeldern im Sinne einer gesamtstaatlichen Entwicklung zusammenzuführen. Nicht jedes Land profitiert davon jedoch gleichermaßen. Die Planungsautonomie entspricht vornehmlich den Bedürfnissen der großen und leistungsfähigen Flächenländer, da diese die Projekte innerhalb der eigenen Landesgrenzen regional streuen und

„Goldener Zügel?"

sie aufeinander abstimmen können. In den kleinen Ländern hingegen kann sich diese Praxis als nachteilig erweisen, da man dort eher von einer länderübergreifenden Koordination des Bundes profitiert (Scharpf/Benz 1991: 69). Dies ist auch ein Grund dafür, dass den kleinen Ländern weniger an einer konsequenten Entflechtung gelegen ist. Grundsätzlich können die Länder auch neben den Gemeinschaftsaufgaben eine eigenständige Regionalpolitik betreiben; allerdings setzt die Finanznot der Landeshaushalte solchen Vorhaben enge Grenzen.

Ineffiziente Entscheidungsstruktur

Die Kritik an der Politikverflechtung bezieht sich außerdem auf die Entscheidungsstruktur, weil diese wegen ihrer institutionellen Logik nur ineffiziente Entscheidungen erzeugen könne (vgl. Kap. 1). Langfristige und räumlich ausgewogene Planungen fielen, so der Befund, einer Mittelverteilung nach dem Gießkannenprinzip und kurzfristigen Kompensationen zum Opfer. Der Nachteil gegenüber freiwilligen Formen der Koordination besteht darin, dass mit den Gemeinschaftsaufgaben ein Zwang zur Kooperation institutionalisiert worden ist. Faktisch gilt das Einstimmigkeitsprinzip bzw. eine hohe qualifizierte Mehrheit, die auch noch mit weit reichenden Vetomöglichkeiten der Beteiligten verknüpft ist. Die Handlungsfähigkeit solcher Strukturen ist deshalb zumal dann begrenzt, wenn harte Konflikte ausgetragen werden. Können sich die einzelnen Gebietskörperschaften nämlich nicht einigen, sind sie nur eingeschränkt in der Lage, in eigener Regie zu handeln; der Status quo bleibt dann erhalten. Aus diesen Gründen können, so Scharpf u.a. (1976), auch nur die oben (Kap. 1) beschriebenen Niveauprobleme gelöst werden, bei denen einem oder mehreren Beteiligten Geld oder eine andere Ressource dazugegeben oder genommen wird (vgl. auch: Scharpf 1985: 328 f.). Die Länder können nur noch bedingt nach ihren eigenen Kriterien vorgehen, und der Bund muss mehr oder weniger schematisch verfahren – somit werden Programme fortgeschrieben, solange einer der Beteiligten daran festhält, und zwar unabhängig von ihrer Effizienz (Zintl 1999: 479): Strukturelle Innovationen sind demzufolge innerhalb politikverflochtener Strukturen kaum machbar. In der Tat stieg in den Jahren, nachdem diese Entscheidungsstruktur etabliert worden war, auch der gesamtstaatliche Finanzaufwand für die Gemeinschaftsaufgaben und die Finanzhilfen beträchtlich an (Scharpf 1985: 329). Aus diesen Gründen blieben, so das nüchterne Resultat, politisch wohlgemeinte Ziele in einer „Politikverflechtungsfalle" gefangen (vgl. Scharpf 1985; vgl. Kap. 1). Ist die Politikverflechtung erst einmal etabliert, kann sie der Theorie zufolge kaum mehr abgeschafft werden, da ein solches Vorhaben erhebliche Konflikte hervorruft und an seiner immanenten Blockadeanfälligkeit scheitern muss.

Abwertung der Parlamente

Weitere Kritikpunkte beziehen sich darauf, dass die föderale Aufgabentrennung, wie sie im Grundgesetz angelegt ist, mit den Gemeinschaftsaufgaben durchbrochen wird. Die Parlamente werden zudem durch die exekutivlastigen Entscheidungsstrukturen der Politikverflechtung abgewertet. Den Legislativen bleibt in der Regel keine andere Wahl, als die ausgehandelten Ergebnisse zu ratifizieren. Durch langfristige Festlegungen werden nicht nur die haushaltspolitischen Spielräume enger, sondern auch das Budgetrecht der Parlamente – immerhin ein wirksamer Hebel der legislativen Kontrolle – wird durch die Entscheidungsstruktur der Politikverflechtung empfindlich eingeschränkt. Dies ist darauf zurückzuführen, dass der Anteil der Gemeinschaftsaufgaben an den Haushaltsmitteln in Bund und Ländern, der nicht durch Verpflichtungsermächtigungen, Personalkosten etc. festgelegt ist, durch die Gemeinschaftsaufgaben weiter geschmälert wird.

Regionalpolitik und Agrarpolitik zählen nicht nur zu den Kernbereichen der Gemeinschaftsaufgaben, sondern auch zu den am stärksten europäisierten Politikfeldern. Insofern liegt es nahe, die Gemeinschaftsaufgaben zur Kofinanzierung von EU-Förderprogrammen heranzuziehen. Die Gemeinschaftsaufgabe zur Verbesserung der Agrarstruktur und des Küstenschutzes ist heute in der Tat beinahe vollständig europäisiert; sie dient als zentrales Instrument, um die EU-Politik für die Entwicklung des ländlichen Raumes national zu übersetzen. Sie wird als Rahmenregelung von der EU-Kommission genehmigt und genutzt, um die vom EU-Ministerrat verabschiedeten Leitlinien der Agrarpolitik umzusetzen (vgl. Sturm/Pehle 2005: 267 f.). Seit 1994 haben Bund und Länder im Planungsausschuss für die Verbesserung der regionalen Wirtschaftsstruktur zudem eine Reform des Entscheidungssystems beschlossen. Der Ausschuss entschied, die Haltung der EU-Kommission schon bei der Abgrenzung von nationalen Fördergebieten mit einfließen zu lassen (Conzelmann 2002: 364). Auf diese Weise sollte vermieden werden, dass unterschiedliche Förderstränge zu einem unkoordinierten Nebeneinander von europäischer und bundesstaatlicher Regionalpolitik führen. Kritik entzündet sich in diesem Zusammenhang an den Beihilfekontrollen der EU, die dazu führen, dass das herkömmliche bundesstaatliche Entscheidungssystem durch die Europäisierung der Gemeinschaftsaufgabe ausgehöhlt wird (Sturm/Pehle 2005: 322 f.).

Kofinanzierung von EU-Programmen

Die Theorie der Politikverflechtung gehört zweifelsohne zu den Meilensteinen in der deutschen Föderalismusforschung. Viele Aspekte der Analyse haben bis heute Gültigkeit. Jedoch zeigen die empirischen Befunde, dass die Schärfe, mit der die Theorie bzw. Interpreten derselben insbesondere die Gemeinschaftsaufgaben seinerzeit kritisiert haben, abgemildert werden sollte. Die Grundgesetzänderungen von 1969 haben im Vergleich zum Status quo ante nicht nur bedenkliche Entwicklungen, sondern auch einige positive Effekte hervorgebracht. Kein politisches System erzielt zudem Bestnoten, wenn von ihm eine einhundertprozentige Effizienz gefordert wird – dieser Einwand gilt auch für die häufig gescholtene Politikverflechtung. Legt man an eine solche Struktur z.B. ausschließlich den Maßstab eines wettbewerbsorientierten Systems an, kann sie nicht gut abschneiden. Verhandlungs- und Konsenszwänge bringen zwar ohne Zweifel Abstriche an der Schnelligkeit und Transparenz von Entscheidungen, sie begünstigen am Status quo orientierte Politikergebnisse, sie müssen jedoch nicht selten aus Gründen der politischen Stabilität in Kauf genommen werden.

Bewertung

Die prognostizierte institutionelle Selbstblockade kann zudem nicht als durchgängiges Merkmal des deutschen Föderalismus bestätigt werden (vgl. Wachendorfer-Schmidt 2003): Schon unter der Bundesregierung Helmut Schmidt wurde die gemeinsame Bildungsplanung eingestellt, ebenso die Mitfinanzierung des Bundes beim Krankenhausbau. In den 1980er Jahren sank zudem der Anteil der Gemeinschaftsaufgaben und Finanzhilfen an den Ausgaben des Bundes von 11,2% auf 7,3% (Scharpf 1985: 332). Auch die Föderalismusreform von 2006 zeigt, dass ein partieller Rückbau der Politikverflechtung möglich ist (vgl. Kap. 6). Selbst politikverflochtene Strukturen lassen zudem Raum für pragmatische

Anpassungen und Weiterentwicklungen (Benz 1985; Schmid 1987), wie etwa die Adaption der Entscheidungsstruktur an die europäische Förderpolitik zeigt. So gelang es immer wieder, die bestehenden Instrumente für neue Aufgaben zu nutzen: sei es für die Anpassung der Stadtentwicklung an Schrumpfungsprozesse (vgl. Kap. 2.2.2), sei es für die Eingliederung von Aussiedlern oder für die Opfer der ehemaligen DDR. Politikverflochtene Strukturen sind keineswegs so leistungsunfähig, wie dies die Theorie der Politikverflechtung nahe legt (vgl. Schmid 1987; Scheller/Schmid 2008). Zudem ist es schwer zu prognostizieren, wie hoch die Kosten ausfallen würden, entschlösse man sich, auf die bestehenden, oft heftig kritisierten Instrumente zu verzichten. Zumindest liegt die Annahme nahe, dass eine konsequente Entflechtung wiederum einige Reregulierungen und angesichts der derzeitigen Gliederung des Bundesstaates Kooperationsbedarfe nach sich ziehen würde (vgl. Kap. 6).

Zwar wurde die Abschaffung der Gemeinschaftsaufgaben – insbesondere von den leistungsstarken Ländern wie Baden-Württemberg – immer wieder gefordert und diskutiert. Allerdings zeigen die Debatten der vergangenen Jahre, dass dieses Vorhaben selbst wiederum mit erheblichem Konfliktpotential behaftet ist. Die ärmeren und strukturschwachen Länder, etwa Mecklenburg-Vorpommern, haben verständlicherweise wenig Interesse daran, auf die finanzielle und planerische Unterstützung zu verzichten. Die Situation ähnelt dabei einem Mikadospiel: Würde die Gemeinschaftsaufgabe entfallen, müssten auf dem Wege der finanziellen Umschichtung oder über das Finanzausgleichssystem Kompensationen für die einzelnen Ländergruppen in verschiedener Höhe geschaffen werden – sonst wäre eine ausreichende Zustimmung der Beteiligten kaum denkbar. Mit anderen Worten: Wer in dem hochgradig verflochtenen föderalen System auch nur ein Stäbchen herauszieht, muss gewärtig sein, dass es eventuell an anderen Ecken zu wackeln anfängt. Diese Situation erschwert die Abschaffung und Veränderung bestehender Strukturen letztlich ganz erheblich – ein weiterer Grund dafür, warum die politischen Entscheider lange Zeit den Weg einer pragmatischen und kalkulierbaren, pfadabhängigen Anpassung bevorzugt und für sie riskante Sprünge vermieden haben (zu den neueren Entwicklungen im Rahmen der Föderalismusreformen I und II vgl. auch Kap. 6).

2.2.2 Mischfinanzierungen nach Art. 104a GG: Geldleistungsgesetze und Finanzhilfen

Vor- und Nachteile

Zum System der Mischfinanzierungen gehören die direkten Finanztransfers des Bundes an die Länder, darunter nicht nur die oben diskutierten Gemeinschaftsaufgaben, sondern auch die Geldleistungsgesetze, die Finanzhilfen sowie die Bundesergänzungszuweisungen. Letztere sind Bestandteil des Finanzausgleichssystems und werden deshalb in Kap. 2.3 behandelt. Mischfinanzierungen können sinnvoll sein, wenn sie dazu beitragen, eine Unterversorgung auf dezentraler Ebene zu beseitigen und Spillover-Effekte zu überwinden. Zumeist jedoch gelten sie, zumindest in der ökonomischen Theorie des Föderalismus, als wenig wünschenswert (vgl. z.B. Färber/Otter 2005: 33), da sie eine „Finanzierungs- und Kostenillusion" begünstigen und letztlich zu gesamtstaatlich überhöhten Ausgaben führen. Die empfangende Gebietskörperschaft berücksichtigt nämlich in der

Regel nur ihre eigenen Kosten. Probleme treten auch deshalb auf, weil sich Mischfinanzierungen nur auf die investiven Kosten beziehen, die laufenden Ausgaben aber meistens nicht kofinanziert werden. Zudem werden Investitionsfolgekosten, etwa im Bildungsbereich, häufig nicht berücksichtigt (Seitz 2003: 353). Deshalb zielen Verfechter des Wettbewerbsföderalismus darauf, die Mischfinanzierungen möglichst abzubauen – nicht zuletzt, um eindeutige Verantwortlichkeiten herzustellen.

Eine weitere Kritik entzündet sich daran, dass es sich bei den „Zahlungen des Bundes an die Länder" nach Art. 104a GG nicht um Landesaufgaben handelt, bei deren Wahrnehmung der Bund die Länder unterstützt. Vielmehr werden über dieses Instrument Distributionsaufgaben vorgenommen, bei denen der Staat sich föderale Strukturen zunutze macht, um einen sozialen Ausgleich unabhängig vom Wohnort des Bürgers zu erzielen. Systematisch handelt es sich bei einem solchen sozialen Ausgleich jedoch um eine zentralstaatliche Aufgabe. Da hierbei die Gliedstaaten durch Umverteilungsaufgaben belastet werden, werden die interregionalen Unterschiede zwischen Gebietskörperschaften sogar noch verstärkt. Die höheren Leistungen des Bundes an Problemregionen spiegeln deshalb auch nur die tatsächliche höhere Belastung finanzschwacher Länder wider (Renzsch 2005: 39 f.).

Die umfangreichsten Mischfinanzierungen wurden bislang durch das Zusammenwirken von Bund und Ländern in der Forschungsförderung geleistet. Hierzu zählt insbesondere die Förderung der ehemaligen „Blaue Liste"-Institute wie der Helmholtz-Gesellschaft, der Max-Planck-Gesellschaft oder der Fraunhofer-Gesellschaft. Danach folgten in geringerem Umfang die Finanzhilfen des Bundes zur „Verbesserung der Verkehrsverhältnisse der Gemeinden". Bei den Finanzhilfen für den Städtebau und zur Verbesserung der Verkehrsverhältnisse der Gemeinden beruhte die Beteiligung des Bundes auf der in Art. 104a, 4 GG (alt) festgeschriebenen Möglichkeit, die Länder zu unterstützen, um eine geringe regionale Wirtschaftskraft auszugleichen oder um die Förderung des wirtschaftlichen Wachstums anzuregen. Art. 104a, 4 wurde nun in einen neuen Art. 104b GG zusammengeführt. Ergänzend zur bisherigen Regelung legt die Neufassung nun fest, dass die Mittel befristet zu gewähren und degressiv zu staffeln seien und ihre Verwendung in regelmäßigen Abständen zu überprüfen sei.

Die Mischfinanzierungen berühren in aller Regel Verteilungsfragen, die auf mehreren Ebenen ausgefochten werden. Zum einen stehen die Länder dem Bund gegenüber, zum anderen auch die armen den reichen Gliedstaaten. Für diese Konfliktlinien lassen sich zahlreiche Beispiele anführen; hier nur eines aus den vergangenen Jahren: Um im Rahmen der Stadtumbauförderung das Leerstandsprogramm finanzieren zu können, sollten dem Willen des Bundesfinanzministeriums zufolge z.B. im Jahr 2000 Mittel teilweise aus den Städtebaufördermitteln nach Art. 104a GG (Finanzhilfen des Bundes) zugunsten der neuen Länder umgeschichtet werden. Dieses Vorhaben stieß auf den Widerstand der alten Länder, die ebenfalls zahlreiche Probleme bei der Erhaltung ihrer städtebaulichen Infrastruktur bewältigen müssen. Insbesondere Nordrhein-Westfalen mit seinen städtebaulich verdichteten Regionen, wie dem Ruhrgebiet, hatte sich gegen diesen Versuch der Umverteilung – und generell gegen Vorteile für die neuen Länder – gesträubt und in den Arbeitsgruppen nicht zustimmend votiert. Diese Auseinan-

Gegenstand von Verteilungskonflikten

dersetzung konnte schließlich nur dadurch begradigt werden, dass das Bundesfinanzministerium nicht die Städtebaufördermittel für die alten Länder antastete, sondern zusätzliche finanzielle Leistungen für die Länder bereitstellte (vgl. Kropp 2002). Die Fallstudie zum Stadtumbauprogramm zeigt, dass im Rahmen solcher vermischten Finanzierungs- und Planungszuständigkeiten Eingriffe in die Besitzstände der Beteiligten schwer durchsetzbar sind, ohne dass gleichzeitig Kompensationen – hier durch den Bund – angeboten werden. Die erzielten Lösungen sind hier pareto-optimaler Art, d.h. sie finden Zustimmung, weil keiner der Beteiligten schlechter, aber mindestens einer besser gestellt wird. Sie erlauben also keinen Eingriff in die Besitzstände der Beteiligten – es sei denn, es würde gelingen, sie mit anderen Materien zu einem Koppelgeschäft zusammenzubinden, das einen Ausgleich zwischen den Beteiligten erlaubt (vgl. hierzu Kap. 1.2, 1.3).

Interesse der Fachpolitiker an Mischfinanzierungen

In den Ländern haben insbesondere die Fachpolitiker der Fraktionen und die Ressortminister ein genuines Interesse daran, Mischfinanzierungen aufrechtzuerhalten. Mischfinanzierungen sichern in den alljährlichen Verteilungskämpfen mit anderen Ressortkollegen und insbesondere mit dem Finanzminister den Anteil des Ministeriums an den Landeshaushaltsmitteln; sie tragen somit dazu bei, den eigenen Bereich vor Kürzungen zu schützen. Fachminister können „im Sinne des Gesamtinteresses" argumentieren, dass die Kofinanzierung erforderlich ist, da ansonsten Finanzmittel des Bundes verschenkt würden. Vielen Fachministern ist deshalb an einer konsequenten Entflechtung nicht gelegen, da sie damit das finanzielle Sicherheitsnetz der Politikverflechtung aufgeben müssten (vgl. in diesem Sinne auch das Kapitel 6 zur Föderalismusreform).

Geldleistungsgesetze

Mit den Geldleistungsgesetzen nach Art. 104a, 3 GG kann der Bund den Ländern Finanzmittel überweisen, mit denen sie Zahlungen an Dritte ausreichen können. Hierzu zählen z.B. das BAföG mit einem Bundesanteil von 65%, das Unterhaltsvorschussgesetz oder das Wohngeldgesetz, bei dem der Bund mindestens 50% zuzüglich der Zahlungen von Festbeträgen an die Länder leistet (vgl. Abb. 10). In der Regel handelt es sich bei den Geldleistungsgesetzen um sozialpolitische Maßnahmen, die durch lokale Verwaltungen umgesetzt werden müssen (Seitz 2003: 356). Die meisten Mittel – rund zwei Drittel des Bundesanteils für die Geldleistungsgesetze – wurden im Jahr 2002 vom Bund (ca. 2,3 Mrd. Euro) für das Wohngeld bereitgestellt. Der Gesamtumfang betrug in diesem Jahr rund 3,4 Mrd. Euro. Werden die Geldleistungen zur Hälfte oder mehr vom Bund getragen, wird das Gesetz im Auftrag des Bundes durchgeführt. Der Bund übt in diesem Falle ein umfassendes Weisungsrecht über die obersten Landesbehörden aus; er hat die Rechts- und die Fachaufsicht über die Länder. Legte das Gesetz früher fest, dass die Länder ein Viertel der Ausgaben oder mehr tragen, war das Gesetz zustimmungspflichtig. Nach der Föderalismusreform von 2006 wird der Kreis zustimmungspflichtiger Gesetze weiter ausgeweitet: Alle Gesetze, sofern sie die Haushalte der Länder berühren, indem sie geldwerte Sachleistungen gegenüber Dritten oder vergleichbare Dienstleistungen begründen, bedürfen nun der Zustimmung des Bundesrates. Hierzu gehört z.B. die Pflicht, Tagesbetreuungsplätze zu schaffen.

Abbildung 10: Übersicht über Mischfinanzierungstatbestände in 2003 (ergänzt 2006)

Mischfinanzierungstatbestände	Bundesanteil
Gemeinschaftsaufgabe „Ausbau und Neubau von Hochschulen, einschließlich der Hochschulkliniken" – *2006 im Zuge der Föderalismusreform entfallen* *	ca. 50%
Gemeinschaftsaufgabe „Verbesserung der regionalen Wirtschaftsstruktur"	ca. 50%
Gemeinschaftsaufgabe „Verbesserung der Agrarstruktur und des Küstenschutzes"	60% bis 70%
Zusammenwirken von Bund und Ländern in der Bildungsplanung – *2006 im Zuge der Föderalismusreform modifiziert* *	nicht bezifferbar
Zusammenwirken von Bund und Ländern in der Forschungsförderung – *2006 im Zuge der Föderalismusreform modifiziert*	große Bandbreite
Finanzhilfen für den Städtebau	33% bis 50%
Finanzhilfen für die soziale Wohnraumförderung – ehemaliger sozialer Wohnungsbau – *2006 im Zuge der Föderalismusreform entfallen* *	bis 50%
Finanzhilfen für die Verbesserung der Verkehrsverhältnisse in den Gemeinden – *2006 im Zuge der Föderalismusreform entfallen* *	60% bis zu 90%
Wohngeldgesetz	mindestens 50% plus Zahlungen von Festbeträgen
Unterhaltsvorschussgesetz	ca. 33%
BAföG	ca. 65%
Andere Geldleistungsgesetze, z.B. Leistungen an Hepatitis-C Opfer der ehemaligen DDR, Bereinigung von SED-Unrecht usw.	stark streuend

Quelle: Seitz 2003: 353, 355, eigene Ergänzungen.
*Den Ländern stehen für den Wegfall der Finanzierungshilfen bis 2019 jährlich Beiträge aus dem Haushalt des Bundes zu. Vgl. Entflechtungsgesetz vom 5. September 2006 (BGBl. I S. 2098, 2102).

Einer Erhebung aus dem Jahr 2002 zufolge, entstammten ungefähr 11,6% der Einnahmen der Länder aus Mischfinanzierungen, d.h. aus Gemeinschaftsaufgaben, Finanzhilfen und Geldleistungsgesetzen. Dies ist eine beträchtliche Summe, insbesondere wenn man berücksichtigt, dass die „freie Spitze", d.h. nicht gebundene Mittel, in den Landeshaushalten mit nur wenigen Prozent sehr klein ist. Im Rahmen des Solidarpaktes II leistet der Bund derzeit darüber hinaus erhöhte Beiträge bei den Finanzhilfen und den Gemeinschaftsaufgaben an die neuen Länder. Betrachtet man die Anteile an den Landeshaushalten, stellt man erhebliche Unterschiede zwischen den alten und den neuen Ländern fest. In den alten Ländern resultierten ca. 6,4% und in den neuen Ländern 29% der Einnahmen aus den Zahlungen des Bundes (ohne Bundesergänzungszuweisungen, vgl. Kap. 2.3); dies entsprach etwa 201 bzw. 417 Euro durchschnittlich pro Einwohner. Dabei ist eine Unterscheidung der Westländer nach dem Geber- oder Nehmerstatus im Finanzstatus nicht erkennbar. Vielmehr spiegeln die unterschiedlichen Höhen – Bayern profitierte in der Gruppe der alten Länder am meisten von den

Unterschiede zwischen den Ländern

Mischfinanzierungen – die Differenzierungen in der Wirtschaftsstruktur und in der geographischen Lage wider. Die Studie zu den Mischfinanzierungen kommt angesichts dieser Zahlen zu dem Ergebnis, dass eine Entflechtung keine großen finanziellen Unterschiede für die meisten Länder bringen würde – dies würde dem oben geschilderten „Mikadoproblem" ansatzweise widersprechen. Jedoch müssten die ostdeutschen Länder aufgrund ihrer Finanzschwäche auch weiterhin mit Sonderprogrammen des Bundes unterstützt werden. Wirtschaftswissenschaftler führen für eine Entflechtung das Argument ins Feld, dass Koordinierungskosten eingespart und die Eigenverantwortung der Länder gestärkt werden könnten (Seitz 2003: 356-358; zu den Neuregelungen im Zuge der Föderalismusreform vgl. detailliert Kap. 6).

2.3 Finanzverfassung und Finanzausgleich

2.3.1 Finanzverfassung und Finanzausgleich als Bestandteil der institutionalisierten Politikverflechtung

Finanzverfassung und Finanzausgleich als Kern des föderalen Systems

Finanzverfassung und Finanzausgleichsgesetze legen fest, wie die Finanzhoheit zwischen Gesamtstaat und Gliedstaaten verteilt ist. Die Finanzbeziehungen sind als entscheidende Größe für die Kräfte- und Machtverteilung im Bundesstaat anzusehen; sie stellen den materiellen Kern eines jeden föderalen Systems dar. Finanzpolitische Abhängigkeiten zwischen den föderalen Einheiten können verfassungsrechtlich zugewiesene Zuständigkeiten untergraben, da sie die faktische Machtverteilung im Bundesstaat wesentlich begründen. Dieser Zusammenhang wird umso deutlicher, wenn man Vergleiche mit Bundesstaaten anstellt, in denen – wie etwa in Russland – bilateral, zwischen der Bundes- und der gliedstaatlichen Ebene, auf der Grundlage gegebener Erpressungspotentiale und Ressourcen über Steuerrechte und den Umfang von Steuerleistungen an den Bund verhandelt worden ist (vgl. hierzu: Heinemann-Grüder 2000). Angesichts der großen Bedeutung, die den Finanzbeziehungen im föderalen System zukommt, ist es nicht weiter verwunderlich, dass sie auch in Deutschland seit jeher Gegenstand des Streits und von Verteilungskonflikten gewesen sind. Häufig konnten Auseinandersetzungen zwischen den gliedstaatlichen Ebenen nur durch Urteile des Bundesverfassungsgerichts geklärt werden.

Politikverflechtung als Ergebnis unterschiedlicher Leistungskraft der Länder

Die Hauptaufgabe der Finanzverfassung besteht darin, die finanzielle Grundlage für eine eigenständige Aufgabenerfüllung und für die politische Gestaltungsfähigkeit in Bund und Ländern zu schaffen und zu erhalten. Bund, Ländern und Gemeinden soll es möglich sein, ihre Aufgaben auf angemessenem Niveau und unter Beachtung der Wahrung gleichwertiger Lebensverhältnisse im Bundesgebiet wahrzunehmen. Nach 1945 war zunächst nicht daran gedacht, den Bund mit umfassenden Kompetenzen auszustatten. Die Alliierten präferierten ein Trennsystem und forderten ursprünglich weit reichende Zuständigkeiten der Länder, um ein neuerliches Erstarken des Bundes zu verhindern. Sie stimmten zwar beträchtlichen Steuerkompetenzen des Bundes zu, wollten aber eine gemeinsame Finanzverwaltung und einen Steuerverbund von Bund und Ländern ausgeschlossen wissen. Dem Bund wurde zunächst die Umsatzsteuer, den Ländern die Einkommen- und Körperschaftsteuer zugewiesen. Die Entwicklung der frühen Bundesrepublik hatte diese ursprünglichen Intentionen jedoch schon bald überholt. Schon 1955 wurden diese Steuern als „Verbundsteuern" definiert (zur Geschichte vgl. Renzsch 1991). Die Spannung zwischen dem wohlfahrtsstaatlich begründeten Bemühen um „einheitliche" Lebensverhältnisse und der unterschiedlichen Finanz- und Leistungskraft der Länder hat dazu geführt, dass der Bund es seit der Nachkriegszeit immer wieder schaffte, die einheitliche Front der Gliedstaaten aufzubrechen. Die finanzschwachen Länder waren auf zweckgebundene Dotationen und Mischfinanzierungen, d.h. auf die Hilfe des Bundes angewiesen, um gestaltungsfähig zu bleiben. Da der Bund in den 1950er Jahren von hohen Steuereinnahmen profitierte, war es ihm möglich, den strukturschwachen Ländern mit Finanzhilfen unter die Arme zu greifen. Auf diese Weise entstand ein Wildwuchs von Finanzierungsbeihilfen des Bundes an die Länder, die letztlich zu verfassungsrechtlich nicht geregelten Eingriffen in die Länderkompetenzen führten. Die Rezession von 1966, die auch zur ersten Großen Koalition führte, wurde zum Anlass für eine aufeinander abgestimmte Konjunkturpolitik von Bund und Ländern. Diese standen vor dem Problem, dass sowohl die Bildungspolitik, aber auch die Agrar- und Strukturpolitik (u.a. mit dem Übergang zum europäischen Agrarmarkt) eine nationale Koordinierung einzelner Politiken und eine grundlegende Neuausrichtung der Finanzverfassung forderten (Scharpf 2009: 25). Erst die Große Koalition von 1966-1969 verfügte über die erforderlichen Zweidrittelmehrheiten, um die unsystematischen und verfassungsrechtlich bedenklichen Finanzbeziehungen, die ohnedies nur vorläufig geregelt waren, neu zu ordnen. Sie reformierte die Finanzverfassung, führte den Großen Steuerverbund ein, gestaltete den horizontalen Finanzausgleich anpassungsfähiger als zuvor und begrenzte die ungeregelten Zuweisungen des Bundes an die Länder (zur Geschichte des Finanzausgleichs vgl. Renzsch 1991, hier: 209 ff.). Das Bundesverfassungsgericht hat den Rahmen für zweckgebundene Zuweisungen zudem ebenfalls eng gefasst (BVerfGE, 39, 96 ff.), um Eingriffen des Bundes in die Zuständigkeiten der Länder einen Riegel vorzuschieben und einer schleichenden Zentralisierung vorzubeugen.

Im Laufe der vergangenen vierzig Jahre ist innerhalb dieser so entstandenen politikverflochtenen Strukturen, die für alle Interessen hinreichende Einspruchsmöglichkeiten bereitstellen, ein Ausgleichssystem entstanden, das von einem hohen Nivellierungsgrad geprägt ist und insbesondere von ökonomischen Theorien des Föderalismus als leistungs- und innovationsfeindlich kritisiert wird. Durch den horizontalen und den vertikalen Finanzausgleich wird dafür gesorgt, dass ein Teil der Steuererträge umverteilt und den finanzschwachen Ländern zugeschrieben wird. Dem Finanzausgleich wird dabei die Funktion zugewiesen, für eine „aufgabengerechte" Finanzausstattung zu sorgen und einen rechtsverbindlichen und verlässlichen Handlungsspielraum für die Politik abzugeben.

Finanzverfassung und Finanzausgleich sind Gegenstand der föderalen Politikverflechtung. Diese Feststellung ergibt sich schon daraus, dass die finanzrelevanten Gesetze zustimmungspflichtig sind und damit die Mitwirkung des Bundesrates voraussetzen. Durch den Steuerverbund waren die Einnahmen des Bundes fast vollständig von den Ländern abhängig geworden, und gleichzeitig beteiligt sich der Bund über das Instrument der Gemeinschaftsaufgaben und Mischfi-

Finanzwesen als Gegenstand des Systems der Politikverflechtung nanzierungen an den Aufgaben der Länder. Die enge Kopplung von Bundes- und Landeszuständigkeiten spiegelt sich ebenfalls im Aufbau der Finanzverwaltung wider (vgl. 2.3.6). Der Steuerverbund durchbricht das Trennsystem und schreibt die gemeinsame Nutzung der drei großen Steuerarten fest. Zum System der Politikverflechtung zählen ebenso die Gremien zur Finanzplanung. Seit den 1960er Jahren ist die Politikverflechtung so in unterschiedlichen Politikfeldern, dabei besonders augenfällig im Bereich der Finanzbeziehungen, „perfektioniert" worden.

2.3.2 Gremien der Finanzplanung

Finanzplanungsrat

Seitdem die erste Große Koalition das Finanzwesen verfassungsrechtlich neu geordnet hat, gehören vorbereitende Planungsgremien wie der Finanzplanungsrat und der Konjunkturrat zum System der föderalen Politikverflechtung. Der Finanzplanungsrat wurde 1968 mit dem Stabilitäts- und Wachstumsgesetz ins Leben gerufen. Er setzt sich zusammen aus dem Bundesminister der Finanzen, dem Bundeswirtschaftsminister, den Finanzministern bzw. Senatoren der Länder sowie aus vier Vertretern der Gemeinden und Gemeindeverbände, die vom Bundesrat auf Vorschlag der kommunalen Spitzenverbände benannt werden. Ein Vertreter der Deutschen Bundesbank nimmt als Gast regelmäßig an den Beratungen des Finanzplanungsrates teil. Das Gremium tritt jeweils nach den Steuerschätzungen im Frühjahr und Herbst zusammen, um auf der Grundlage der jüngsten Finanz- und Konjunkturdaten die Einnahmen- und Ausgabenentwicklung für die kommenden Jahre zu schätzen.

Der Finanzplanungsrat soll sowohl eine volkswirtschaftliche Lenkungsfunktion als auch eine wirtschaftliche Ordnungsfunktion übernehmen. Thema seiner Beratungen sind volks- und finanzwirtschaftliche Annahmen, die der Gestaltung der Haushalts- und Finanzplanungen der Gebietskörperschaften zugrunde gelegt werden sollen. Ihm kommt die Aufgabe zu, die Finanzpläne von Bund und Ländern zu koordinieren. In der Vergangenheit sind die Systematiken der Finanzpläne aller Ebenen erfolgreich so vereinheitlicht worden, dass eine Verknüpfung und ein Vergleich der Pläne von Bund, Ländern und Gemeinden möglich sind. Seitdem am 1. Juli 2002 § 51 a Haushaltsgrundsätzegesetz (HGrG) in Kraft getreten ist, spielt der Finanzplanungsrat überdies eine zentrale Rolle bei der Einhaltung der Haushaltsdisziplin der öffentlichen Haushalte im Rahmen der europäischen Wirtschafts- und Währungsunion. Er erörtert auf dieser Grundlage, inwieweit die Haushaltsentwicklung der Gliedstaaten miteinander vereinbar ist; ihm kommt insbesondere die Aufgabe zu, die Ausgaben und Finanzierungssalden von Bund und Ländern einschließlich ihrer Gemeinden und Gemeindeverbände mit den Bestimmungen zu vergleichen, die Artikel 104 EG-Vertrag und der Europäische Stabilitäts- und Wachstumspakt vorgeben. In seinen Empfehlungen geht es vor allem um eine gemeinsame Ausgabenpolitik im Sinne des § 4 Abs. 3 des Maßstäbegesetzes (vgl. unten). Falls erforderlich, gibt der Finanzplanungsrat Hinweise, wie die Haushaltsdisziplin wiederhergestellt werden kann.

Konjunkturrat für die öffentliche Hand

Der Konjunkturrat für die öffentliche Hand wurde ebenfalls auf der Grundlage des Stabilitätsgesetzes von 1967 eingerichtet. Bund und Länder haben sich mit diesem Gesetz auf die Ziele des sogenannten „magischen Vierecks" verpflichtet, d.h. auf Vollbeschäftigung, Geldwertstabilität, das außenwirtschaftliche Gleichgewicht und auf wirtschaftliches Wachstum. Im Zuge einer antizyklischen Wirtschaftspolitik sollten forthin Rücklagen gebildet werden, die zu Zeiten der Rezession wieder für Investitionen einzusetzen waren. Das übergeordnete Ziel war eine Globalsteuerung der Wirtschaft, in deren Rahmen der Staat in Zeiten der Hochkonjunktur Konjunkturausgleichsrücklagen zu bilden hatte, mit denen in Krisenzeiten wiederum die Nachfrage stimuliert werden sollte. Dem Konjunkturrat kam in diesem Zusammenhang – wie auch dem Finanzplanungsrat – die Aufgabe zu, die Wirtschafts- und Finanzpolitik von Bund, Ländern und Gemeinden zu koordinieren. Alle am Wirtschaftsprozess beteiligten Gruppen waren gehalten, ihr Verhalten untereinander und auf die vereinbarten Eckdaten hin abzustimmen.

Dem Konjunkturrat gehören die Bundesminister für Finanzen und Wirtschaft an. Weitere Mitglieder sind die Wirtschaftsminister (-senatoren) der Länder sowie vier Vertreter der Gemeinden und Gemeindeverbände, die ebenfalls vom Bundesrat auf Vorschlag der kommunalen Spitzenverbände bestimmt werden. Eine Aufgabe des Konjunkturrates besteht darin, an der Vorbereitung des Jahreswirtschaftsberichts mitzuwirken. Er begutachtet in regelmäßigen Abständen die Lage der bundesdeutschen Konjunktur und gibt Empfehlungen, wie und durch welche Maßnahmen die gesamtwirtschaftlichen Ziele erreicht werden können. Er muss gehört werden, wenn die Bundesregierung konjunkturdämpfende Maßnahmen beschließen will, etwa den sog. Konjunkturzuschlag zur Einkommen- und Körperschaftsteuer (vgl. Laufer/Münch 1998: 279). Beide Planungsgremien fassen ihre Beschlüsse einstimmig, wie es für viele Gremien des kooperativen Föderalismus und der Politikverflechtung üblich ist.

Die Hoffnungen, die in beide Gremien gesetzt worden waren, haben sich nicht erfüllt; weder der Konjunktur- noch der Finanzplanungsrat haben in der politischen Praxis eine hervorgehobene Bedeutung erlangt. Dies ist nicht nur auf das schwergängige Einstimmigkeitsprinzip zurückzuführen oder der Tatsache geschuldet, dass die Gremien nur „Empfehlungen" abgeben, nicht aber direkt in die Haushalts- und Gesetzgebungshoheit der Gebietskörperschaften eingreifen können. Vielmehr hat sich die von der Planungseuphorie der 1960er und 1970er Jahre getragene Vorstellung, die verschiedenen Einheiten im föderalen System einschließlich der Kommunen ließen sich auf eine gemeinsame antizyklische Wirtschafts- und Finanzpolitik verpflichten, als unrealistisch herausgestellt. Die Durchsetzung der Empfehlungen scheitert schon daran, dass die jeweiligen Ebenen parteipolitisch unterschiedlich regiert werden und dergestalt immer wieder in Opposition zueinander stehen. Für die Länder geht es dabei jedoch auch um einen klassisch föderalen Konflikt. So wurden Vorstöße des Bundeswirtschafts- und des Bundesfinanzministeriums, den Ländern eine strengere Haushaltsdisziplin und nationale Sparvorgaben per Bundesgesetz vorzuschreiben, noch vor Jahren von den Ministerpräsidenten der Länder gemeinsam als Verstoß gegen die staatliche Souveränität der Gliedstaaten rundweg abgelehnt (SZ vom 21. Oktober 2006).

Begrenzte Handlungsfähigkeit der Planungsgremien

Die Ansichten der politisch Verantwortlichen darüber, welche Maßnahmen einer erfolgreichen Finanz- und Wirtschaftspolitik angemessen sind, gehen weit auseinander. Die ordnungspolitischen Vorstellungen sind von unterschiedlichen wissenschaftlichen und politischen Paradigmen geprägt. Eine langfristig angelegte Planung scheitert somit sowohl an politischen Opportunitäten als auch an der Tatsache, dass Wirtschafts- und Finanzpolitik schon lange nicht mehr im nationalen Rahmen stattfinden, sondern europäisierte und globalisierte Politikbereiche sind.

Stabilitätsrat (Föderalismusreform II)
Im Rahmen der Föderalismusreform II soll mit dem sog. „Stabilitätsrat" nach Art. 109a GG (neu) zusätzlich zur vereinbarten Schuldenbegrenzung ein kooperatives Frühwarnsystem bei der Bundesregierung eingerichtet werden (vgl. Kap. 6). Diesem sollen nach derzeitigem Stand die Finanzminister von Bund und Ländern sowie der Bundesminister für Wirtschaft und Technologie angehören. Der Stabilitätsrat soll dazu dienen, die Haushaltsführung von Bund und Ländern sowie die Konsolidierungsfortschritte der Länder zu überwachen, die zur Einhaltung der neu beschlossenen Schuldenregeln Konsolidierungshilfen erhalten. Daneben ist er als Hebel gedacht, mit dessen Hilfe sich Haushaltsnotlagen durch die Vereinbarung von Sanierungsprogrammen vermeiden lassen (Deubel 2009; vgl. Kap. 6). Droht eine Haushaltsnotlage einzutreten, kann der Stabilitätsrat Sanierungsprogramme über einen Zeitraum von fünf Jahren vereinbaren. Seine Beschlüsse, die mit der Zustimmung des Bundes und der Mehrheit von zwei Drittel der Länder gefasst werden, werden veröffentlicht (vgl. BT-Drs. 16/12400, 16/12410). Das korrespondierende Stabilitätsratsgesetz sieht vor, dass mit dem betroffenen Land oder dem Bund Sanierungsvereinbarungen getroffen werden können, die, sollten sie erfolglos bleiben, wiederholt werden können. Wie die anderen oben beschriebenen Gremien kann auch der Stabilitätsrat keine Sanktionen gegen Bund und Länder verhängen, wenn ein Land gegen die Schuldenbegrenzungsregel verstößt. Er kann lediglich Vorschläge und Maßnahmen unterbreiten. Seine Wirksamkeit ist daher bereits jetzt, noch vor seiner Einführung, und auch angesichts der Erfahrungen mit den anderen Gremien der Finanzplanung umstritten. Eigentlich, so die Kritik an diesem Gremium, sei kein Verfahrensschritt dazu geeignet, die Haushaltsautonomie der Länder von außen zu beschränken (Korioth 2009: 735).

Generell ist zu bezweifeln, dass nicht-sanktionsbewehrte Normen politische Akteure binden können. Haushaltskrisen ließen sich, so ein Fazit, nur vermeiden, wenn in einem Stufensystem der kritischen Haushaltslagen als letzte Folge eine automatische Sanktion für Kreditsünder vorgesehen wäre. Diese Sanktion sollte nicht in einer Strafzahlung, sondern in einer obligatorischen Erhöhung der Einkommen- und Körperschaftsteuer durch die Körperschaft mit unsolider Haushaltspolitik bestehen (ebenda; Blankart/Fasten 2008).

2.3.3 Stufen des Finanzausgleichs: die Regelung vor 2005

Konnexitätsgrundsatz
Der bundesdeutsche Finanzausgleich ist seit Bestehen der Nachkriegszeit zu einem komplexen System herangewachsen. Er basiert auf einer Reihe von Grundsätzen, die wiederum durch Ausnahmeregelungen und weitere Bestimmungen konkretisiert werden. Er gilt als der am schwersten zu reformierende Bestandteil des Bundesstaates. Nach dem „Konnexitätsgrundsatz" trägt die bundesstaatliche Teileinheit, die bestimmte Aufgaben wahrzunehmen hat, auch die Verantwortung für die damit verbundenen Ausgaben. Die Zuständigkeiten der

einen Seite dürfen somit grundsätzlich nicht von der anderen Seite finanziert werden. Das Prinzip der Aufgaben- und Ausgabentrennung wird im Grundgesetz aber bereits an etlichen Stellen durchbrochen. Zu diesen Ausnahmen zählen die Gemeinschaftsaufgaben nach Art. 91a GG, die Zusammenarbeit bei Bildung und Forschung nach Art. 91b GG (alt, nun eingeschränkt), die Bundesauftragsverwaltung nach Art. 85 GG, Geldleistungsgesetze sowie Investitionshilfen des Bundes nach Art. 104a GG. In diesen politikverflochtenen Bereichen finanzieren und planen Bund und Länder gemeinsam Aufgaben und Programme.

Wie die Kompetenzen, Steuern und die Finanzmasse Bund und Ländern zugeordnet werden, soll sich nach der Aufgabenverteilung zwischen den staatlichen Ebenen bemessen. Die Ebene, die Aufgaben übernimmt, hat diesem Grundsatz zufolge auch über entsprechende Mittel zu verfügen. Allerdings stehen der Sicherung der finanziellen Handlungsfähigkeit und der Selbständigkeit der Länder schwierige Bedingungen gegenüber. Die Länder tragen die Hauptlast der Verwaltungsverantwortung und müssen deshalb nicht nur für die Personal- und Verwaltungskosten aufkommen, sondern auch regelmäßig die Sachausgaben tragen. Sie sind gezwungen, die Kosten immer dann zu übernehmen, wenn sie eigene oder Bundesgesetze als eigene Angelegenheiten (nach dem Regelfall gemäß Art. 83 GG) ausführen.

Der Grundsatz der Konnexität beschreibt das Gegenteil von dem der „fiskalischen Äquivalenz": Während Ersterer auf die Ausgabenautonomie abstellt, zielt Letzterer zusätzlich auf die Einnahmenautonomie, da er davon ausgeht, dass Nutznießer und Kostenträger staatlicher Aktivitäten räumlich zusammenfallen sollen (Löffelholz/Rappen 1999: 19 f.). Die bundesstaatliche Ausgabenverantwortung knüpft im deutschen Föderalismus regelmäßig an die Verwaltungszuständigkeit (Verwaltungskonnexität), nicht aber an die in den Ländern ohnedies abgeschmolzene Gesetzgebungskompetenz (Veranlasserkonnexität) an. Auf diese Weise fallen Aufgaben- und Ausgabenverantwortung auseinander (Finanzministerium Niedersachsen 2005: 3): Der Bund kann Gesetze beschließen, die im Regelfall von den Ländern auszuführen sind. Die Länder müssen dabei auch die Verantwortung für die finanzielle Handlungsfähigkeit der Kommunen übernehmen. Sie sind, darauf weisen neuere Gutachten hin (Renzsch 2005), außerdem von den bundes- und gemeinschaftsrechtlich vorgegebenen Auf- und Ausgabenlasten ungleich betroffen. Ausgerechnet die strukturschwachen Regionen oder die Stadtstaaten müssen für Sozialhilfe oder für Wohngeld große Summen aufwenden. Die ohnedies schwächeren Regionen werden deshalb stärker belastet als die wohlhabenden Länder, da die strukturschwachen Gliedstaaten pro Kopf ihrer Bevölkerung mehr ausgeben müssen (Finanzministerium Niedersachsen 2005: 4). Ein beschränkter Schutz gegen übermäßige Kostenbelastung wird den Ländern allerdings dadurch zuteil, dass sie über den Bundesrat an der Gesetzgebung des Bundes mitwirken. Gesetze, welche die Steuerverteilung zwischen Bund und Ländern berühren, sind grundsätzlich zustimmungspflichtig, weshalb die Gliedstaaten mehrheitlich und im Falle einer Verfassungsänderung sogar mit Zweidrittelmehrheit ihr Veto einlegen können.

Der Finanzausgleich erfolgt in vier Stufen (vgl. im Folgenden z.B. Kesper 1998: 73-129; Wachendorfer-Schmidt 2003: 191-272; Bayerisches Staatsministerium der Finanzen 2005; Finanzministerium Niedersachsen 2005). Hierzu

Vierstufiger Finanzausgleich

zählen: die Umsatzsteuerverteilung, die Umsatzsteuer-Ergänzungsanteile, der Länderfinanzausgleich und die Bundesergänzungszuweisungen. Dabei treffen Art. 104a GG ff. bereits in einigen grundlegenden Fragen unmittelbare Festlegungen; sie geben überdies Ziele und Strukturen des mehrstufigen Finanzausgleichs vor. Die vertikale und horizontale Verteilung sowie die konkrete Ausarbeitung dieser Ziele sind in einem Finanzausgleichsgesetz (FAG) festgelegt. Das vorletzte, bis 2004 geltende FAG wurde 1993 als Bestandteil des Solidarpakts I verabschiedet. Seit 2005 gilt auf der Grundlage des Urteils des Bundesverfassungsgerichts vom 11.1.1999 ein neues FAG. Die nachfolgende Darstellung bezieht sich in einem ersten Schritt auf die bis 2004 geltende Regelung, um anschließend die durch das Maßstäbegesetz geltende Neufassung des FAG darzulegen. Da die Föderalismusreform II eine echte Neuordnung des Finanzausgleichs letztlich nicht vorgenommen, sondern sich auf das Thema der Schuldenbegrenzung konzentriert hat, gilt heute die Regelung von 2005.

Steueraufteilung zwischen Bund und Ländern

Bevor der Finanzausgleich durchgeführt wird, müssen die Steuern „zerlegt" werden. Dies geschieht folgendermaßen: Die Steuern zwischen Bund und Ländern werden zunächst gemäß dem in Art. 105 GG festgelegten Trennprinzip aufgeteilt. Das Grundgesetz definiert demzufolge Einnahmequellen nach bestimmten Arten und weist diese wiederum den bundesstaatlichen Einheiten zu. Bund und Länder können somit jeweils unterschiedliche Steuern in eigener Kompetenz erheben. Der Bund verfügt über die ausschließliche Steuergesetzgebung für Zölle und Finanzmonopole sowie über die konkurrierende Gesetzgebung über die übrigen Steuern, wenn die Herstellung gleichwertiger Lebensverhältnisse oder die Wahrung der Rechts- und Wirtschaftseinheit dies erfordern. Im Gegenzug zu den Steuern aus dem Großen Steuerverbund nimmt sich der Anteil reiner Bundessteuern bescheiden aus: Er betrug in der zweiten Hälfte der neunziger Jahre etwa 16% am Gesamtaufkommen. Die ausschließliche Gesetzgebung der Länder für die örtlichen Verbrauch- und Aufwandsteuern und die ihnen verbliebenen Kompetenzen aus der konkurrierenden Gesetzgebung erweisen sich demgegenüber als noch weiter nachrangig (rd. 4,5%). Faktisch verfügen die Länder somit nur über eine Ausgabenautonomie; ihre „aufgabengerechte" Finanzausstattung beziehen sie aus dem Finanzausgleich.

Gleichartige Steuern dürfen von Bund und Ländern nicht erhoben werden. Aus diesem Grundsatz ergeben sich sehr enge finanzpolitische Spielräume für die Länder, weshalb die Gliedstaaten in der Vergangenheit versuchten, ihre Einnahmensituation durch Kreditaufnahmen zu verbessern. Dieser Weg ist heute jedoch mit Hürden versehen, da sich Bund und Länder hinsichtlich der Einhaltung der Maastricht-Kriterien bei der Netto-Neuverschuldung in einer Verantwortungsgemeinschaft befinden; die „Schuldenbremse" versucht zudem, der Defizitfinanzierung einen Riegel vorzuschieben (vgl. Kap. 6)

Wo findet Politikverflechtung statt? 97

Abbildung 11: Aufteilung des Steueraufkommens 2006 in Milliarden Euro

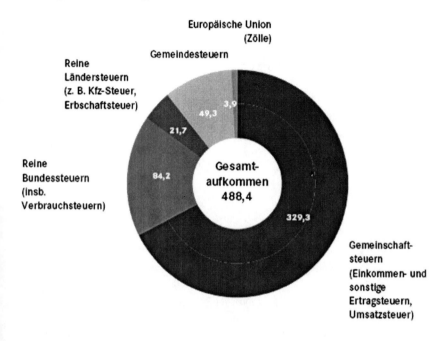

Quelle: Quelle: Bayrisches Staatsministerium der Finanzen 2007: 10, http://www.stmf.bayern.de/finanzpolitik/laenderfinanzausgleich/info_finanzausgleich.pdf, Download am 10.6.2009

Das bundesdeutsche System der Steuerverteilung stellt seit der Neuordnung der Finanzverfassung von 1969 ein Mischsystem dar, da es das Trennprinzip mit dem Verbundsystem verbindet. Nach dem Verbundsystem werden die Einnahmen durch die eine Ebene erzielt, wobei diese der anderen Ebene wiederum die ihnen zustehenden Anteile zuweist. Die sog. „Gemeinschaftssteuern" sind in der Bundesrepublik mit mehr als zwei Drittel am Gesamtaufkommen die aufkommenstärksten. Bund und Länder sind an den konjunkturanfälligen Einkommen- bzw. Lohn- und Körperschaftsteuern zu je 50% beteiligt. Diese hälftige Teilung verhindert, dass eine der Ebenen mehr als die andere wirtschaftlichen Schwankungen ausgesetzt ist. Seit 1969 wird vor der Aufteilung der Steuern auf Bund und Länder ein Anteil von 15% für die Gemeinden abgezogen; dieser Betrag wird innerhalb des Landes nach Einkommensteuerleistungen an die Gemeinden weitergereicht.

Verbindung von Trenn- und Verbundsystem

Um auf Verschiebungen im Verhältnis zwischen den Einnahmen und Ausgaben des Bundes und der Länder reagieren zu können, wird die Umsatzsteuer als dritte Säule des Steuerverbunds flexibel gehalten. Sie stellt somit das anpassungsfähige Element im vertikalen Finanzausgleich dar. Wollte man diese Steuerart regional korrekt zuordnen, müsste für die Umsatzsteuer der Ort des Endverbrauchs festgestellt werden. Da dies schlechterdings unmöglich ist, werden die Anteile in einem zustimmungsbedürftigen Bundesgesetz gemäß den Einwohnerzahlen verteilt.

Abbildung 12: Aufteilung der Steuereinnahmen 2009

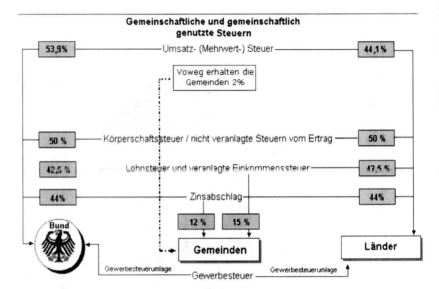

Quelle: Finanzministerium Niedersachsen 2005: 9; Ergänzungen durch BMF 2009.

Steuerzerlegung Anschließend müssen die Steuern auf die Länder verteilt, d.h. „zerlegt" werden. Die den Ländern zustehenden Umsatzsteueranteile bemessen sich dabei nach dem örtlichen Aufkommen. Konkret bedeutet dies, dass sie jedem Land in dem Umfang zustehen, wie sie von den Steuerbehörden in diesem Land eingenommen worden sind. Wie erwähnt, wird die Umsatzsteuer zwar nach Einwohnerzahlen verteilt, jedoch werden 25% des Länderaufkommens durch den Umsatzsteuervorwegausgleich in Form eines vorgezogenen Finanzausgleichs verwendet (vgl. unten). Um Ungleichheiten entgegenzuwirken, die sich beispielsweise aus Pendlerbewegungen über die Landesgrenzen hinweg oder aus Banken- und Firmenkonzentrationen in einem Bundesland ergeben, erfolgt die Steuerzerlegung nach dem *Wohnsitz- und Betriebsstättenprinzip*. Dieses Prinzip trägt der Tatsache Rechnung, dass wirtschaftliche Prozesse nicht vor den Landesgrenzen halt machen und die Wirtschaft heute regional und international verflochten ist: Beispiele sind die zentralisierte Lohnsteuerabführung in Großunternehmen, die Abführung des Zinsabschlages durch Banken oder die Besteuerung von Konzernen am Konzernsitz. Die Lohnsteuer wird demzufolge am Wohnsitz eines Steuerpflichtigen abgeführt; die Körperschaftsteuer wiederum muss unabhängig vom Ort der Vereinnahmung anteilsgemäß nach örtlichem Aufkommen an diejenigen Gliedstaaten weitergereicht werden, in denen ein Unternehmen Betriebsstätten unterhält.

Abbildung 13: Exkurs zum Problem der Steuerzerlegung für Stadtstaaten

> Insbesondere in den Stadtstaaten, wo sich Stadt-Umland- und grenzüberschreitende Probleme zwischen den Bundesstaaten überschneiden, verursacht eine gerechte Steueraufteilung Probleme (vgl. Löffelholz/Rappen 1999). Beispiele sind etwa die Beziehungen zwischen Berlin und Brandenburg sowie zwischen Hamburg und Schleswig-Holstein. Die Stadtstaaten verlieren durch hohe Einpendlerüberschüsse einen Teil der auf ihrem Gebiet erwirtschafteten Steuern an das sie umgebende Bundesland („Speckgürtel"). Hinzu kommen grenzüberschreitende Spillovers und Nutzungskonflikte, da die Stadtstaaten für das Umland häufig eine Reihe von Infrastruktureinrichtungen zur Verfügung stellen, für welche die Einwohner des angrenzenden Bundeslandes keinen erhöhten Betrag entrichten. Das Verwaltungsgericht hat in diesem Sinne das Bremer Gesetz für Studiengebühren gekippt, das Studierenden aus anderen Bundesländern bereits ab dem dritten Semester Gebühren abverlangen, die eigenen Landeskinder hingegen gebührenfrei studieren lassen wollte (SZ vom 17.8.2006).
>
> Es hat sich in der Vergangenheit als äußerst schwierig erwiesen, den erhöhten Bedarf der Stadtstaaten genau zu berechnen. Einerseits zeichnen sich die Stadtstaaten aufgrund der höheren Konzentration durch Unternehmensansiedlungen gegenüber den Flächenstaaten durch ein deutlich größeres Pro-Kopf-Aufkommen aus. Gleichzeitig haben sie nicht nur eine Funktion als regionale Zentren, sondern sind aufgrund ihrer zahlreichen Funktionsüberschüsse, z.B. im Dienstleistungsgewerbe, auch von gesamtstaatlicher Bedeutung (vgl. Löffelholz/Rappen 1999: 30-34). Sie müssen gleichzeitig durch die Funktionen, die sie vorhalten, mehr Finanzmittel verausgaben. Aus diesen Gründen hat sich der Gesetzgeber dazu entschlossen, die Einwohner in den Stadtstaaten zu gewichten. Um die in Hamburg, Berlin und Bremen hohen Agglomerationskosten auszugleichen, basiert die Steuerzerlegung auf dem sog. *„Toteseelenprinzip"* (oder: „Einwohnerveredelung"), d.h. die Einwohner der Stadtstaaten werden mit dem Faktor 1,35 multipliziert.
>
> Die Behauptung, dass allein die Zahl der Einwohner und die Kleinräumigkeit eines Territoriums einen überproportionalen Anstieg der Kosten begründen, wird heute insbesondere von Public-Choice-Theorien in Frage gestellt (vgl. hierzu Wachendorfer-Schmidt 2003: 205). Die Einwohnerveredelung wird darin weniger durch objektivierbare Kosten als vielmehr durch den ausgeprägten Zwang zur Konsensbildung erklärt. Tatsächlich ist die Einwohnergewichtung immer wieder Gegenstand politischer Kontroversen gewesen – Änderungen oder eine geringere Ausgleichsintensität sind bisher aber stets an politischen Hürden gescheitert. Allerdings zeigen Berechnungen, die auf einem Vergleich der Stadtstaaten mit weiteren Großstädten basieren, die in den Studien als „fiktive" Stadtstaaten konzeptualisiert wurden, dass die Einwohnerwertung von 1,35 insgesamt als angemessen betrachtet werden kann (Vesper 2000: 5; Rheinisch-Westfälisches Institut für Wirtschaftsforschung 2001: 8).

Kommen wir nun zum Kern des Finanzausgleichssystems. Zuerst erfolgt der primäre horizontale Finanzausgleich nach Art. 107,1 GG. In dieser Stufe kann bis zu einem Viertel des Länderanteils an der Umsatzsteuer nach einem finanzkraftabhängigen Modus zwischen den Ländern vorab verteilt werden. Die Vorarbeit hierfür leistet der bereits erwähnte Finanzplanungsrat, der jedoch, wie oben dargestellt, lediglich Empfehlungen aussprechen kann. Meistens einigen sich deshalb der Kanzler bzw. die Kanzlerin und die Ministerpräsidenten der Länder

Umsatzsteuerverteilung – primärer horizontaler Finanzausgleich, Art. 107, 1 GG

in ihren Gesprächen (vgl. Kap. 3.1) über die Kriterien, die für die Verteilung dieses Anteils angewandt werden. Um veränderte Anteile begründen zu können, darf die Verschiebung zwischen Einnahmen und Ausgaben nicht nur vorübergehend auftreten, sie muss vielmehr „nachhaltig" und „erheblich" sein. Dabei fällt auf, dass der Anteil des Bundes am Umsatzsteueraufkommen in den vergangenen 15 Jahren kontinuierlich zurückgegangen ist. Vor dem Inkrafttreten des „Föderalen Konsolidierungsprogramms" im Jahr 1993 erhielten der Bund 63% und die Länder 37% des Umsatzsteueraufkommens. Nach der Integration der neuen Länder in den Finanzausgleich 1995 sank der Umsatzsteueranteil bis auf 51,2% für den Bund ab.

Problematisch ist, dass der Umsatzsteueranteil der Ländergesamtheit durch die sehr verschiedenartigen Finanzierungsbedürfnisse der Länder mitbestimmt wird (vgl. Finanzministerium Niedersachsen 2005: 12). Mit anderen Worten: Eine besonders geringe Finanzkraft oder ein sehr hoher Finanzbedarf einzelner Länder tragen dazu bei, dass sich der Umsatzsteueranteil der Ländergesamtheit erhöht. Dies erklärt, warum die Einbeziehung der finanzschwachen ostdeutschen Länder in die Ländergesamtheit eine Ursache dafür war, dass der Länderanteil an der Umsatzsteuer in den letzten 15 Jahren zunächst fortlaufend gestiegen ist. Allein nach den Vereinbarungen des Solidarpakt I aus dem Jahr 1995 ist der Länderanteil seinerzeit in einem Schritt um 7 Prozentpunkte (17 Mrd. DM) angehoben worden. Er betrug 2002 schließlich 50,4%, 2007 50,32% und 2008 50,3%. Seit 2005 wird der Länderanteil um einen jährlichen Festbetrag von 1,323 Mrd. EUR (ab 2007 um 2,263 Mrd. EUR) aber zu Gunsten des Bundes vermindert. Bei dieser Summe handelt es sich um einen Teilausgleich für die vom Bund im Rahmen der Neuordnung des bundesstaatlichen Finanzausgleichs übernommenen Belastungen aus der Übernahme der Schuldendienstverpflichtungen für den Fonds „Deutsche Einheit" (Finanzministerium Nordrhein-Westfalen 2007, http://www.fm.nrw.de/, Download am 8.8.2009).

Zwischen Bund und Ländern ist die Art der Verteilung bis heute umstritten. Art. 106, 3 GG fordert einen Vergleich der finanziellen Mittel und Bedürfnisse beider Ebenen, verbunden mit dem Ziel, die beiderseits erforderlichen Ausgaben möglichst gleichmäßig zu decken. Die Methoden dieser Deckungsquotenberechnung sind immer wieder Gegenstand tiefgreifender Auseinandersetzungen gewesen. Was letztlich als Gesetz beschlossen wird, beruht weniger auf objektivierbaren Maßstäben, sondern ist meistens nicht mehr als ein Kompromiss zwischen weit auseinanderklaffenden Forderungen (Finanzministerium Niedersachsen 2005: 8). Diese Feststellung ist insofern wenig verwunderlich, als die Ermittlung solcher Maßstäbe selbst Gegenstand politischer Kontroversen und damit abhängig von der Macht- und Kräfteverteilung sowie von den Vetomöglichkeiten der Akteure im Entscheidungssystem ist.

Umsatzsteuer-Ergänzungsanteile

Der Bundesgesetzgeber kann, wie oben dargelegt, vor der Durchführung des horizontalen Finanzausgleichs von dem den Ländern zustehenden Umsatzsteueranteil bis zu 25% abzweigen. Dieser Anteil wird in Form von Ergänzungsanteilen an die finanzschwachen Länder verteilt. Mit Hilfe der Ergänzungsanteile will der Gesetzgeber die Basis dafür schaffen, dass die Länder ihre Aufgaben auf der Grundlage einer „aufgabengerechten" Ausstattung wahrnehmen können. Die Ergänzungsanteile bieten somit einen zentralen Hebel im solidarischen Finanzausgleich, da sie das erforderliche Bindeglied zwischen vertikaler und horizontaler Verteilung darstellen.

Weil der Bund von dieser Regelung umfassend Gebrauch gemacht hat, werden faktisch nur 75% des Länderanteils an der Umsatzsteuer nach dem Einwohnerschlüssel zugewiesen. In dieser (zweiten) Stufe erfolgt bereits eine erhebliche Finanzkraftstärkung der schwächeren Länder. Allerdings dürfen die Ergänzungsanteile die Finanzkraft steuerschwacher Gliedstaaten nur bis zu einer Grenze von 92% des Länderdurchschnitts auffüllen (Verbot der vollständigen Nivellierung); die Steuereinnahmen eines Landes dürfen dabei nicht unter den Durchschnitt absinken (Umsatzsteuervorwegausgleich).

Die Abbildung 14 illustriert den Auffüllungseffekt, der mit Hilfe der Umsatzsteuer-Ergänzungsanteile im Jahr 2000 erzielt worden ist. Die jeweils linke Säule gibt Aufschluss über die Steuern gemäß dem Steueraufkommen, sie gibt somit die Stärke des Landes vor dem Umsatzsteuervorwegausgleich an. Die rechte Säule zeigt die Steuerkraft nach der Zuweisung der Ergänzungsanteile, d.h. vor der Durchführung des Finanzausgleichs im engeren Sinne (sekundärer horizontaler Ausgleich). Lediglich Hamburg hat demzufolge Einbußen hinnehmen müssen, alle anderen 15 Länder sind, gemessen an ihrem erwirtschafteten Steueraufkommen, in dieser Stufe des Finanzausgleichs in den Genuss einer zusätzlichen Auffüllung gekommen. Die eigentlichen Gewinner sind die ostdeutschen Länder, für die eine Einbeziehung in den vertikalen Finanzausgleich ohne diese Vorstufe kaum möglich wäre. Ein Vergleich z.B. der Länder Sachsen-Anhalt und Rheinland-Pfalz zeigt, dass der Grad des in dieser Stufe erzielten Ausgleichs bereits beträchtlich ist.

Im vorgeschalteten Umsatzsteuerausgleich wurden 1999 rund 15 Mrd. DM von den finanzstarken an die finanzschwachen Länder, insbesondere nach Ostdeutschland, umverteilt. Diese Umverteilung bestritten allerdings faktisch weniger die Länder, sondern der Bund, da dieser auf 7 Prozentpunkte seines Anteils (rund 19 Mrd. DM) verzichtet hatte. Faktisch war es damit der Bund, der die Vorabauffüllung durch die Ergänzungsanteile finanzierte und auf diese Weise die neuen Länder finanzausgleichfähig machte. Im sekundären horizontalen Ausgleich selbst wurden z.B. im Jahr 1999 insgesamt weniger Mittel umverteilt als im Umsatzsteuerausgleich. Aber auch diese Stufe ist von dem Steuerkraftgefälle zwischen Ost und West geprägt (Vesper 2000: 4).

Abbildung 14: Steuerkraftstärkung durch Umsatzsteuer-Ergänzungsanteile / Pro-Kopf-Steuerkraft vor und nach Verteilung (geltendes Recht im Jahr 2000 in DM pro Einwohner)

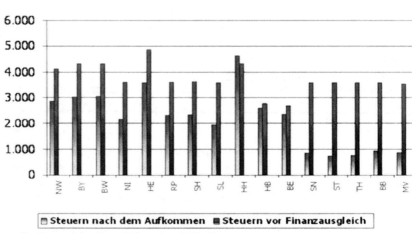

Quelle: Finanzministerium Niedersachsen 2005: 12.

Länderfinanzausgleich bzw. sekundärer horizontaler Ausgleich nach Art. 107, 2 GG

Im dritten Schritt des Finanzausgleichs, dem sekundären horizontalen Ausgleich, wird ein allgemeiner Finanzkraftausgleich unter den Ländern vorgenommen. Die sekundäre Steuerverteilung wird anhand folgender *Grundsätze* durchgeführt (vgl. hierzu auch: Finanzministerium Niedersachsen 2005: 14 f.):

- Die Empfänger müssen durch den LFA eine aufgabengerechte Finanzausstattung erhalten.
- Der Ausgleich im LFA ist einnahmenbezogen. Das heißt: Finanzbedarfe der Länder bleiben außer Betracht, und zwar selbst dann, wenn das regionale Auf- und Ausgabenaufkommen Unterschiede aufweist. Es handelt sich um einen rein finanzkraftorientierten Ausgleich (Rheinisch-Westfälisches Institut für Wirtschaftsforschung 2001: 11).
- Die Finanzkraft der Länder muss vergleichbar dargestellt werden; unterschiedliche Bedarfslagen müssen berücksichtigt werden, sofern sie strukturell bedingt oder aber unabweisbar vorgegeben sind (dies gilt z.B. für Stadtstaaten).
- Der angemessene Vergleich der Finanzkraft setzt voraus, dass die Finanzkraft und der Finanzbedarf der Gemeinden einbezogen werden. Die Gemeinden sind staatsrechtlich und finanzwirtschaftlich Teil der Länder. Es war eine immer wieder umstrittene Frage, zu welchem Prozentsatz die Gemeindefinanzkraft im LFA berücksichtigt werden muss (vgl. 2.3.4). Derzeit beträgt der Satz 64%; zuvor waren es 50%.
- Der horizontale Finanzausgleich darf die Leistungsfähigkeit der Ausgleichspflichtigen nicht über Gebühr schwächen. Deshalb ist das Verbot der

vollständigen Nivellierung der Finanzkraft und der Vertauschung der Rangfolge im Finanzausgleich zu beachten.

Ausgleichsansprüche und Ausgleichsverpflichtungen werden im Vergleich von zwei Größen, der Finanzkraftmesszahl (FKMZ) und der Ausgleichsmesszahl (AMZ), für jedes Land einzeln ermittelt. Die FKMZ beschreibt die tatsächliche Finanzkraft des Landes, wohingegen die AMZ eine Sollgröße darstellt, anhand derer ermittelt wird, ob ein Gliedstaat ausgleichspflichtig oder ausgleichsbedürftig ist (vgl. Finanzministerium Niedersachsen 2005: 15 ff.).

Festlegung des Ausgleichsmechanismus nach §§ 4, 5 FAG

Mit Hilfe der FKMZ werden die Einnahmen bestimmt, welche die Finanzkraft eines Landes bestimmen. Hierzu zählen die Anteile eines Landes an der Einkommen- und an der Körperschaftsteuer sowie der Länderanteil an der Umsatzsteuer, das Aufkommen der Ländersteuern usw. Die Bedarfe des Landes bleiben dabei außer Betracht. Eine Ausnahme von der Regel ist z.B. die Belastung einzelner Länder durch Seehäfen. Bis zum Jahr 2005, als das neue FAG in Kraft trat, wurden die Gemeindeeinnahmen nur zur Hälfte in die Ermittlung der FKMZ einbezogen. Damit wurde folgendem Zusammenhang Rechnung getragen: Es wäre nicht gerechtfertigt, wenn ein Land, dessen Gemeinden durch hohe Steuern seine Steuerquellen und Einwohner stark beansprucht, diese erzielten Mehreinnahmen voll in den Ausgleich einbringen müsste. Allerdings ergibt sich aus diesem Grundsatz eine Verzerrung, denn die finanzstarken Länder mit ihren in der Regel auch relativ finanzstarken Kommunen werden ärmer, die finanzschwachen Länder mit ihren finanzschwachen Kommunen jedoch reicher gerechnet als sie tatsächlich sind.

Um die AMZ festzulegen, werden Landes- und Gemeindesteuereinnahmen getrennt ermittelt und anschließend summiert. Die AMZ wird schließlich berechnet als durchschnittliche Finanzkraft aller Länder pro Einwohner. Diese wird mit der Einwohnerzahl des jeweiligen Landes multipliziert.

Durch die Verrechnung der FKMZ mit der AMZ wird die Finanzkraft der Länder (Ländersteuern, hälftige Gemeindesteuern) mit dem Finanzbedarf (durchschnittliche Ländersteuern pro Kopf; dabei Einbeziehung der Einwohnergewichtung) in Bezug gesetzt. Als Berechnungsgrundlage dient dabei das bundesdurchschnittliche Pro-Kopf-Aufkommen. Dabei werden auch die Einwohnerveredelung der Stadtstaaten sowie der Dünnsiedler-Bonus (vgl. unten) einbezogen. Weiterhin wird im Ausgleichsmechanismus berücksichtigt, dass der Bedarf eines Landes mit zunehmender Größe seiner Gemeinden und bei hoher Siedlungsdichte ansteigt (vgl. Vesper 2000: 3). Deshalb werden auch hierfür gesonderte Zuschläge gewährt. Es liegt nahe, dass von dieser Regelung insbesondere die drei Stadtstaaten sowie – in geringerem Umfang – das Land Nordrhein-Westfalen mit seiner hohen Siedlungsdichte profitieren.

Wenn ein Land nach dieser Berechnung den Durchschnitt überschreitet, ist das Land ausgleichspflichtig. In diesem dritten Schritt des Finanzausgleichs erfolgt nun ein Ausgleich bis auf 95% der durchschnittlichen Finanzkraft durch Umverteilung zwischen den „reichen" hin zu den „armen" Ländern. Dabei gilt der Grundsatz, dass die ausgleichspflichtigen Länder durch den Finanzausgleich nicht unter die 100%-Marke abfallen dürfen. Die Umkehrung der Rangfolge zwischen den Ländern erfolgt erst durch die Zuweisung der Bundesergänzungs-

Keine Umkehrung der Rangfolge zwischen den Ländern

zuweisungen. Gleichwohl bleiben durch die Zahlungen des Bundes und der ausgleichspflichtigen Länder manche „Zahlerländer" in ihrer staatlichen Finanzkraft noch hinter den Empfängerländern zurück (vgl. Abb. 14). Die Abschöpfung des überdurchschnittlichen Teils erfolgt progressiv: Ein Überschuss bis zu 1% des Durchschnitts wird mit 15% abgeschöpft, zwischen 101% bis 110% beträgt die Quote zwei Drittel; gehen die Überschüsse darüber hinaus, müssen sogar 80% abgegeben werden (Vesper 2000: 3). Es zeugt von einer bedenklichen Schieflage, dass 2005 nur noch fünf Geberländer, nämlich Bayern, Baden-Württemberg, Hessen, Nordrhein-Westfalen und Hamburg, einer großen Mehrheit von elf Empfängerländern gegenüberstanden (vgl. Abb. 16).

Bundesergänzungszuweisungen

Auch nachdem der horizontale Finanzausgleich durchgeführt ist, weisen einzelne Länder noch eine unterdurchschnittliche Finanzkraft – oder, bei durchschnittlicher Kraft, besondere Aufgabenlasten – auf. In diesen Fällen kann der Bund gemäß Art. 107,2 GG in einem weiteren Schritt durch Gesetz den leistungsschwachen Gliedstaaten Bundesergänzungszuweisungen gewähren. Diese waren ursprünglich zwar eher als Instrument zur Feinsteuerung gedacht, sie haben aber inzwischen ein Volumen angenommen, das über das ursprüngliche Ziel weit hinausreicht. Zu den Bundesergänzungszuweisungen zählen nicht die Geldleistungsgesetze nach Art. 104a GG oder Zahlungen im Rahmen der Gemeinschaftsaufgaben nach Art. 91a und 91b GG.

Man unterscheidet zwischen „Fehlbetrags-Bundesergänzungszuweisungen", „Sonderbedarfs-Bundesergänzungszuweisungen" und „Übergangs-Bundesergänzungszuweisungen".

Fehlbetrags-Bundesergänzungszuweisungen

Über die „Fehlbetrags-Bundesergänzungszuweisungen", die 1995 mit der Neufassung des FAG eingeführt wurden, werden die finanzschwachen Länder bis an 99,5% der durchschnittlichen Finanzkraft aller Länder herangeführt. Derzeit sind die Zuweisungen so bemessen, dass der Länderdurchschnitt nicht erreicht wird. Auf diese Weise soll auch in dieser Stufe noch gewährleistet werden, dass keine vollständige Nivellierung der Finanzkraft stattfindet. Die Rangfolge zwischen den Ländern bleibt ebenfalls noch erhalten.

Sonderbedarfs-Bundesergänzungszuweisungen

Über die sog. „Sonderbedarfs-Bundesergänzungszuweisungen" (SoBEZ) sollen besondere Härten ausgeglichen werden. Als solche gelten z.B. die Beseitigung von Haushaltsnotlagen (etwa für Bremen bis 2004), teilungsbedingte Sonderlasten und die unterproportionale kommunale Finanzkraft in den ostdeutschen Ländern, die besonderen Nachholbedarf in der Infrastrukturausstattung geltend machen. In den ostdeutschen Flächenländern machen die SoBEZ immerhin rund ein Drittel der gesamten Steuereinnahmen aus (Ragnitz 2004: 411). Weiterhin zählen auch die Kosten politischer Führung für kleine Länder dazu: Diese konnten bislang allein zehn der 16 Gliedstaaten (!) für sich geltend machen.

Übergangs-Bundesergänzungszuweisungen

Hinzu kommen überdies die „Übergangs-Bundesergänzungszuweisungen" für finanzschwache westdeutsche Länder, um deren Belastungen bei der Integration der neuen Länder zu mildern. Die Nachteile dieses Vorgehens liegen auf der Hand: Die breit gefächerten Zuweisungen setzen Anreize zur Neugliederung des Bundesgebietes außer Kraft, da kleine und nicht-effiziente Strukturen durch die geschilderte Zuweisungspraxis funktionsfähig gehalten werden (vgl. Kap. 3.2.1). Erst in dieser Stufe des Finanzausgleichs wird die Rangfolge zwischen den Ländern vertauscht.

Abb. 14 zeigt, dass die ostdeutschen Bundesländer wegen ihrer ausgesprochen schwachen Wirtschaftskraft nur geringe Steuereinnahmen aufweisen. Ihre originäre Steuerkraft vor dem Länderfinanzausgleich und der Umsatzsteuerverteilung liegt nur bei etwa zwischen 40% des westdeutschen Pro-Kopf-Niveaus. Jedoch können die neuen Länder je Einwohner über die höchsten Einnahmen verfügen; sie liegen erheblich über dem Niveau der finanzschwachen westdeutschen Bundesländer. Dies ist nicht zuletzt auf die beträchtliche Höhe der Bundesergänzungszuweisungen zurückzuführen.

Die Ergänzungszuweisungen haben wiederholt Bund-Länder-Streitigkeiten ausgelöst, die 1986 – wie viele andere Regelungen des Finanzausgleichs – vom Bundesverfassungsgericht entschieden wurden. Vor 1986 waren Anpassungen des horizontalen Ausgleichs und der Ergänzungsanteile an die veränderte finanzwirtschaftliche Entwicklung in den Ländern an der CDU-Mehrheit im Bundesrat gescheitert. Im Jahre 1985 wurden von der CDU-Bundesregierung die Anteile so an die Länder vergeben, dass kein SPD-Land in den Genuss der Zuwendungen kam, jedoch fünf von sechs unionsregierten Ländern profitierten (vgl. Renzsch 1989). Der Bund hatte die Verhandlungen mit den Ministerpräsidenten seinerzeit innerhalb des eigenen parteipolitischen Lagers geführt. Dies hat die unionsgeführten Länder nicht nur wegen der geschilderten Zuweisungen begünstigt. Das Verfahren trug vielmehr dazu bei, dass sich die Bundesregierung in die Abhängigkeit der eigenen Länderregierungen begab. Jedes der CDU-geführten Länder war angesichts der knappen Mehrheitsverhältnisse im Bundesrat in der Lage, durch ein Ausscheren aus der Länderfront die Bundesregierung zu erpressen. Das CDU-regierte Niedersachsen unter der Regierung Ernst Albrecht verstand es trefflich, das Interesse am Erhalt der CDU-Mehrheit auszunutzen und somit den eigenen Anteil an den Ergänzungszuweisungen nach oben zu treiben.

BVerfGE zu Ergänzungszuweisungen

Das Bundesverfassungsgericht (BVerfGE 72, 21) hat diese Praxis der Bundesregierung als nicht verfassungskonform befunden, weil sie einige Länder gezielt begünstigt habe. Es wies in seinem Urteil mit Nachdruck darauf hin, dass der Bund die leistungsschwachen Länder gleich behandeln müsse, da Ergänzungszuweisungen dem allgemeinen Zweck dienten, die Finanzkraft der finanzschwachen Gliedstaaten anzuheben. Sofern Sonderlasten ausgeglichen würden, müssten sie deshalb bei allen Ländern gleichermaßen, unabhängig von parteitaktischen Erwägungen, berücksichtigt werden.

Die Sonderbedarfs-Bundesergänzungszuweisungen waren zudem erst jüngst wieder Gegenstand verfassungsrechtlicher Auseinandersetzungen. Das Land Berlin brachte einen Normenkontrollantrag ein, um einen bundesstaatlichen Notstand bzw. eine extreme Haushaltsnotlage feststellen zu lassen. Das Bundesverfassungsgericht ist diesem Begehren aber, anders als im Falle Bremens, nicht gefolgt (siehe Urteil vom 19. Oktober 2006 – BvF 3/03). Das Gericht argumentierte, dass eine bundesstaatliche Hilfeleistung durch die SoBEZ nur als ultima ratio erlaubt sei, nämlich dann, wenn die Haushaltsnotlage eines Landes im Vergleich zu den übrigen Ländern als extrem zu werten ist. Um eine Existenz bedrohende Situation eines Landes bestätigen zu können, müsse das Land alle verfügbaren Möglichkeiten der Abhilfe erschöpft haben, so dass sich die Bundeshilfe

Abbildung 15: Umverteilungsintensität des Finanzausgleichssystems

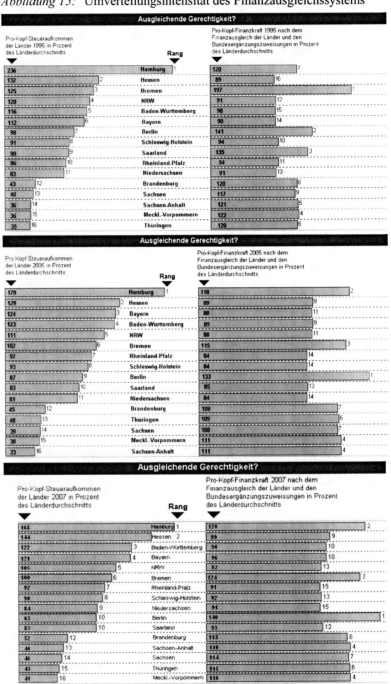

Quelle: für 1995 Laufer/Münch 1997: 231; für 2005 und 2007 eigene Berechnungen

tatsächlich als einzig verbliebener Weg darstelle. Die Haushaltssituation Berlins zeige jedoch, dass das Land eher ein Ausgaben- denn ein Einnahmenproblem habe. Dies lasse sich schon daran ablesen, dass die Berliner Nettokreditaufnahme zwischen dem 2,79 bis 5,6-fachen über dem Länderdurchschnitt liege. Das Gericht verwies in diesem Zusammenhang auf die im Vergleich mit anderen Stadtstaaten üppige Kulturausstattung und die großzügigen Hartz-IV-Regelungen sowie auf die ausgebaute Berliner Universitätslandschaft. Allerdings bildet Berlin weit über seinen eigenen Bedarf Studierende aus, so dass eine Kürzung zur Minderung des Haushaltsdefizits negative Auswirkungen auf den gesamten Bundesstaat hätte. Auch die Ausstattung mit kulturellen Institutionen ist von überörtlicher bzw. – da Berlin Hauptstadt ist – von gesamtdeutscher Bedeutung. Dennoch hat das Gericht in diesem Urteil versucht, der föderalen Staaten eigenen „Trittbrettfahrerpraxis" einen Riegel vorzuschieben (vgl. hierzu auch 1.4.3).

Das bestehende Finanzausgleichsystem nivellierte somit die Finanzkraft der Länder bis zur Neuregelung im Jahr 2005 fast vollständig; sie überkompensierte sie sogar. Die Deutsche Einheit hat die Ausgleichsintensität abermals intensiviert und damit insgesamt mehr Konfliktherde geschaffen. Die Ausgleichssumme im Länderfinanzausgleich stieg seit 1995 um mehr als das Vierfache an. Für die Geberländer, insbesondere für Bayern, machten sich die einheitsbedingten Folgen besonders bemerkbar. Profiteure des Finanzausgleichs sind heute insbesondere die neuen Länder sowie Berlin: Sie erhielten 1999 rund 82% der Finanzmasse aus dem Länderfinanzausgleich. Aus der Reihe der alten Länder konnte Niedersachsen das größte Stück aus dem Kuchen für sich beanspruchen. Die Länder finanzierten zudem nicht nur das ursprünglich vorgesehene Drittel, sondern etwa die Hälfte der Kosten, die durch die Deutsche Einheit entstanden sind (Wachendorfer-Schmidt 2003: 228; zur Kritik vgl. auch Färber/Sauckel 2000).

Hoher Nivellierungsgrad des Finanzausgleichssystems

2.3.4 Kritik am Finanzausgleichssystem nach der Deutschen Einheit

Angesichts der hohen Umverteilungsintensität ist es kaum verwunderlich, dass das Finanzausgleichssystem Zielscheibe fortwährender Kritik geblieben ist. Die meisten Monita beziehen sich auf die verfehlten Anreizwirkungen, die von den bestehenden Regelungen ausgehen, aber auch auf die mangelnde Transparenz und wenig zurechenbare Verantwortlichkeiten. Dabei wurde die Leistungsfähigkeit des Finanzausgleichssystems noch Mitte der 1990er Jahre positiver bewertet, nachdem es gelungen war, die neuen Länder in das bestehende System mit einzubeziehen. Manche Politikwissenschaftler hoben seinerzeit hervor, dass über den Finanzausgleich extreme föderale und teilweise konträre parteipolitische Interessen verarbeitet worden sind (Czada 1995: 98; Renzsch 1994: 133 ff.). Das Verfahren ähnelte während des Einigungsprozesses einer Blaupause inkrementalistischer, pfadabhängiger Politik, da komplexe Probleme und Interessenlagen den bestehenden institutionellen Strukturen angepasst wurden – und nicht umgekehrt. In der gegebenen Situation blieb den Akteuren aber kaum eine andere Möglichkeit, da institutionelle Neuregelungen des Finanzausgleichs die Vetomacht der beteiligten Akteure in einer politikverflochtenen Entscheidungsstruktur unverzüglich auf den Plan gerufen hätten. Angesichts des hohen Konsensbedarfs lag eine Politik der kleinen Schritte somit nahe. Im Ergebnis hatte sich die

Kritik am Finanzausgleichssystem

Grundstruktur des bestehenden Finanzausgleichs wenig verändert. Die nur kurzzeitig übertünchten Probleme und Konflikte brachen deshalb nur wenig später in noch stärkerer Form wieder auf: Dies betrifft sowohl die finanziellen Engpässe vieler Landeshaushalte als auch die hohe Verschuldung von Bund und Ländern. Die Verteilungsmaßstäbe und die Gerechtigkeitsvorstellungen, die dem bestehenden Finanzausgleich zugrunde lagen, wurden von den finanzstarken alten Ländern, die seit der Wende ohnehin auf mehr autonome Gestaltungsmacht drängen, nun mit Nachdruck zum Gegenstand der politischen Debatte gemacht.

„Gleichwertigkeit" als Illusion

Dem entsprechend sind die Forderungen aus der Wissenschaft und seitens der im Finanzausgleich benachteiligten Länder in den letzten Jahren lauter geworden, das bestehende System grundlegend zu reformieren. Hinzu kommt, dass die Handlungsspielräume für eine umverteilende Finanzpolitik in der jüngeren Vergangenheit enger geworden sind: Sinkende Steuereinnahmen stoßen auf die durch die politischen Akteure mitunter selbst geschürten Erwartungen von Bürgern und Unternehmen, die Steuerbelastung könne vermindert werden – bei keineswegs geringeren gesellschaftlichen Anforderungen an den Umfang und an die Qualität öffentlicher Güter. Der Globalisierungsdruck, die Spielregeln des europäischen Stabilitätspaktes, aber auch die jüngste weltweite Finanzkrise haben die Problematik ebenfalls verschärft. Warum also sollte man innerhalb Deutschlands weiterhin einen Finanzausgleich aufrechterhalten, der dem Ziel „einheitlicher" oder zumindest „gleichwertiger" Lebensverhältnisse verpflichtet ist, wenn in einem Europa ohne Grenzen – und z.B. an der Ostgrenze Deutschlands – vollkommen unterschiedliche ökonomische und strukturpolitische Bedingungen gegeben sind (Renzsch 2000b: 56)?

Verfehlte Anreizwirkungen

Vertreter des ökonomischen Föderalismus bemängeln, dass das bestehende System der Steuererhebung und des Finanzausgleichs keinen dezentralen Steuerwettbewerb zulasse (vgl. Zimmermann 2003). Durch den hohen Nivellierungsgrad würden Fehlanreize bei der Haushaltsdisziplin gesetzt. Im bis 2005 geltenden System wurden bis zu 90% der zusätzlichen Steuereinnahmen eines Landes durch den Finanzausgleich abgeschöpft. Die hohen Grenzeffekte setzen, so heißt es, Negativanreize, da die finanzschwachen Länder Anstrengungen für eine erfolgreiche Wirtschaftspolitik nicht unternehmen, wenn sie die Mittel einfacher aus dem Finanzausgleich erhalten können. Länder mit einem hohen Schuldenstand werden insofern belohnt, als ihre Verbindlichkeiten durch erhöhte Ansprüche bei der Steuerverteilung eingehen (Färber/Sauckel 2000: 681). Umgekehrt zahlen sich die Mühen einer guten Wirtschafts- und Finanzpolitik für die Geberländer nicht aus. Ein Beispiel hierfür ist das sog. „Deckungsquotenverfahren", dem zufolge dem Bund und den Ländern eine gleichmäßige Deckungsquote der erforderlichen Ausgaben durch laufende Einnahmen zugesichert werden müsse. Kleine und finanzschwache Länder werden somit regelrecht zum Trittbrettfahren ermutigt.

Allerdings heben Studien auch hervor, dass die angenommenen allokativen Wirkungen des Wettbewerbs empirisch nicht hinreichend unterfüttert seien (Vesper 2000: 7; Rheinisch-Westfälisches Institut für Wirtschaftsforschung 2001: 6). Untersuchungen, die Aufschluss darüber geben wollen, beruhen letztlich auf nicht nachweisbaren Kausalbeziehungen. Andere Autoren wiederum betonen, dass zumindest eine „gewisse empirische Relevanz" vorliege (Fehr/ Tröger 2003: 396).

Abbildung 16: Ausgleichszuweisungen und Beiträge der Bundesländer (-) zum Länderfinanzausgleich seit 1990 in Mio. Euro

Tabelle: Ausgleichszuweisungen und Beiträge der Bundesländer (-) zum Länderfinanzausgleich seit 1990 in Mio. Euro

	Geberländer				Nehmerländer										
	HE	BW	BY	NW	HH	SH	SL	RP	MV	HB	BB	TH	ST	NI	SN	BE
1990	-739	-1.264	-18	-32	-4	308	187	251	-	327	-	-	-	985	-	-
1991	-682	-1.282	-2	-4	-34	308	195	301	-	301	-	-	-	898	-	-
1992	-942	-770	28	-2	0	206	219	338	-	262	-	-	-	661	-	-
1993	-1.094	-518	-6	16	58	95	215	398	-	325	-	-	-	511	-	-
1994	-934	-210	-342	80	31	37	222	336	-	291	-	-	-	490	-	-
1995	-1.101	-1.433	-1.295	-1.763	-60	-72	92	117	334	287	442	521	574	231	907	2.159
1996	-1.657	-1.289	-1.463	-1.598	-246	8	120	118	438	325	529	576	635	283	1.005	2.217
1997	-1.610	-1.232	-1.586	-1.564	-140	-3	104	151	431	179	504	574	601	344	981	2.266
1998	-1.758	-1.778	-1.486	-1.583	-314	0	117	219	448	466	534	595	617	403	1.020	2.501
1999	-2.433	-1.760	-1.635	-1.318	-345	89	153	195	464	340	587	612	672	532	1.122	2.725
2000	-2.734	-1.957	-1.864	-1.141	-556	185	167	392	500	442	644	670	711	568	1.182	2.812
2001	-2.629	-2.115	-2.277	-278	-268	60	146	229	434	402	498	573	591	952	1.031	2.653
2002	-1.910	-1.663	-2.047	-1.628	-197	112	139	419	439	407	541	571	607	487	1.047	2.677
2003	-1.876	-2.169	-1.859	-50	-656	16	107	259	393	346	502	500	520	392	936	2.639
2004	-1.529	-2.170	-2.315	-213	-578	102	116	190	403	331	534	517	532	446	930	2.703
2005	-1.606	-2.295	-2.234	-490	-383	146	113	294	433	366	588	581	587	363	1.020	2.456
2006	-2.418	-2.057	-2.093	-132	-623	124	115	346	475	417	611	617	590	240	1.078	2.709
2007	-2.885	-2.316	-2.311	-38	-368	136	125	343	513	471	675	644	627	318	1.165	2.900
2008*	-2.489	-2.521	-2.938	50	-375	178	117	377	545	507	627	643	632	323	1.170	3.154
gesamt	-33.026	-30.739	-27.763	-11.688	-5.058	2.035	2.769	5.273	6.310	6.792	7.816	8.194	8.496	9.427	14.594	36.571

Vergleichswerte der alten Bundesländer 1985 und 1988

	HE	BW	BY	NW	HH	SH	SL	RP	HB
1985	-371	-738	14	46	-208	288	170	191	170
1988	-736	-982	0	15	0	305	170	160	262

* Angaben für 2008 vorläufig

Für die Tabelle wurden folgende Abkürzungen für die einzelnen Bundesländer verwendet: NW = Nordrhein Westfalen, BY = Bayern, BW = Baden-Württemberg, NI = Niedersachsen, HE = Hessen, RP = Reinland-Pfalz, SH = Schleswig-Holstein, SL = Saarland, HH = Hamburg, HB = Bremen, SN = Sachsen, ST = Sachsen-Anhalt, TH = Thüringen, BB = Brandenburg, MV = Mecklenburg-Vorpommern, BE = Berlin

Quelle: Datenbasis Bundesfinanzministerium. Grundlage der Zuordnung der Länder ist das Jahr 2005; werden Nehmer- zu Geberländer, ist dies in den einzelnen Jahren durch negatives Vorzeichen angezeigt.

Ein Teil der Kritik entzündet sich ferner daran, dass das ökonomische Prinzip der „fiskalischen Äquivalenz" systematisch verletzt wird, weil im bundesdeutschen Finanzausgleichssystem der Kreis der Leistungsempfänger mit dem der Finanzierer nicht übereinstimmt. Angesichts der umfangreichen Umverteilungen werde überdies die Eigenverantwortlichkeit der Gliedstaaten untergraben (Huber 2000: 123); die Kosten für Entscheidungen werden auf die Allgemeinheit abgewälzt. Kritisch sind ebenfalls die hohen Kosten der Entscheidungsfindung und die mangelnde Transparenz im verflochtenen Finanzausgleichssystem zu betrachten.

Keine fiskalische Äquivalenz

2.3.5 Probleme und Konflikte in Folge der Deutschen Einheit

Der Finanzausgleich war bereits vor dem Vollzug der Deutschen Einheit von föderativen Verteilungskämpfen überschattet. 1990 lagen beim Bundesverfassungsgericht zu Inhalt und Verfahren allein vier Normenkontrollanträge vor. Der Beitritt der neuen Länder hat die bestehenden Verteilungskonflikte abermals verschärft und dazu beigetragen, dass die geltenden Verteilungsregeln in Frage

Übergangsregelungen – Fonds Deutsche Einheit

gestellt wurden. Die alten Länder mussten im Zuge des Einigungsprozesses befürchten, dass sie zu den finanzpolitischen Verlieren zählen würden: In den neuen Ländern belief sich das Bruttoinlandsprodukt pro Einwohner gerade einmal auf 30% des westdeutschen Durchschnitts. Hätte man die neuen Länder einfach in das bestehende System integriert, wären alle alten Länder mit Ausnahme Bremens ausgleichspflichtig geworden (Renzsch 1991: 275). Auch wollten Bund und alte Länder verhindern, dass im Wesentlichen ungebundene Mittel in die neuen Länder fließen, da sie die Zügel einer gezielten Strukturpolitik nicht zu früh aus der Hand geben wollten. Angesichts des großen Zeitdrucks während des Einigungsprozesses verzichteten Bund und Länder darauf, den Finanzausgleich im Einigungsvertrag neu zu regeln, und versahen stattdessen die alte Ausgleichsregelung mit zahlreichen Sondervorschriften.

Die Ministerpräsidenten und die Bundesregierung einigten sich schließlich darauf, die neuen Länder in vollem Umfang an der Umsatzsteuer teilhaben zu lassen. Sie beschlossen zudem eine Übergangsregelung, welche die neuen Länder bis zum 31. Dezember 1995 aus dem horizontalen Finanzausgleich und von den Bundesergänzungszuweisungen ausnehmen sollte. Im Mai 1990 verständigten sich die Regierungschefs von Bund und Ländern darauf, einen „Fonds Deutsche Einheit" in Höhe von 115 Mrd. DM einzurichten, der bis 1995 die Defizite in den Staatshaushalten zu etwa zwei Drittel abdecken sollte. Der Fonds war aus Einsparungen des Bundes in Höhe von 20 Mrd. DM sowie aus je hälftigen Einzahlungen von Bund und Ländern zu speisen. Jedoch stellte es sich schon bald heraus, dass der Finanzbedarf der Deutschen Einheit erheblich unterschätzt worden war. Die Zahlungen in den Fonds mussten deshalb alsbald aufgestockt werden.

Handlungsfähigkeit trotz Politikverflechtung? Die vereinbarten Regelungen sahen vor, dass Bund und Länder bis 1995 eine Einigung über einen neuen Finanzausgleich erzielen mussten. Diese Aufgabe schien den Rahmen der bisher bekannten föderativen Konfliktstrukturen zu sprengen, denn mit dem Beitritt der neuen Länder hatten sich die Interessenlagen zwischen armen und reichen sowie zwischen westdeutschen und ostdeutschen Gliedstaaten weiter ausdifferenziert. Diese augenfälligen Gegensätze ließen erwarten, dass die Neuregelung einen Zentralisierungsschub zugunsten des Bundes auslösen würde.

Wie verhalten sich nun die bundesstaatlichen Akteure im System der Politikverflechtung und vor dem Hintergrund sich weiter aufspreizender Problemlagen? In der Tat wurde die Finanzverfassung kaum geändert, sondern es wurden die Zuweisungen des Bundes erhöht. Die Länderinteressen waren so heterogen, dass dem Bund nach Einschätzung vieler Beobachter eine Politik des „Teile und Herrsche" möglich war. Gleichzeitig aber konnten es sich weder Bund noch Länder erlauben, auf eine rigide Blockadepolitik zu setzen: Das Bundesverfassungsgericht hatte in seinem Urteil vom 27. Mai 1992 eine Änderung des Finanzausgleichs angemahnt, um die Haushaltsnotlagen im Saarland und in Bremen zu beheben (BVerfGE 86, 13). Der Entscheidungsdruck wurde zudem durch die zeitlichen Vorgaben des Einigungsvertrags erhöht. Hinzu kam ein Junktim der Bundesbank, die eine Zinssenkung von der Sanierung der Staatsfinanzen und der Senkung der Neuverschuldung abhängig machte (Czada 1995: 85).

Somit war kaum damit zu rechnen, dass bereits im Mai 1993 eine Einigung erzielt werden konnte. Die ursprünglichen Interessenlagen lagen zu Beginn des Verhandlungsprozesses weit auseinander. Dem Bund war daran gelegen, einen möglichst geringen Anteil der aus dem Vereinigungsprozess entstehenden Kosten zu übernehmen. Aus diesem Grunde strebte Bundesfinanzminister Theo Waigel (CSU) eine Koalition mit den alten finanzstarken und den neuen Ländern an. Von diesen beiden Ländergruppen waren alle Gliedstaaten mit Ausnahme Hessens und Brandenburgs CDU-regiert, was der Bundesregierung eine Absprache im eigenen parteipolitischen Lager ermöglichen sollte. Wären die Pläne der Bundesregierung Realität geworden, hätten die alten finanzschwachen Länder, seinerzeit SPD-geführt, die größten Verluste hinnehmen müssen. Die alten finanzstarken Länder wiederum wollten eine Zentralisierung durch den Bund abwehren und – im Gegensatz zum Willen der Bundesregierung – möglichst mehr Kompetenzen dazugewinnen. Dass die befürchtete Zentralisierung nicht eintrat, ist auch darauf zurückzuführen, dass die finanziellen Lasten der Einheit auch auf den Bund verschoben wurden und dieser sich somit in den nachfolgenden Verhandlungen in einer eher ungünstigen Ausgangsposition befand (Benz 1999: 144).

Eine Fallstudie über den Verhandlungsprozess (Renzsch 1994) hat herausgearbeitet, aufgrund welcher Ursachen sich die Länder trotz dieser an sich ungünstigen Ausgangsbedingungen auf eine gemeinsame Position einigen konnten. Zum einen vermochte Brandenburg, seinerzeit als einziges neues Land SPD-regiert, zwischen den alten SPD-Ländern und den neuen CDU-Ländern zu vermitteln. Dadurch gelang es, den Verteilungskonflikt zwischen den „armen" westdeutschen und den ostdeutschen Gliedstaaten abzumildern. Zum anderen stimmten sich das SPD-geführte Nordrhein-Westfalen und das CSU-regierte Bayern frühzeitig ab, da beide Länder gemeinsame finanzpolitische Interessen teilten. Auf diese Weise konnte die parteipolitische Konfliktlinie zwischen den Ländern in einem frühen Stadium des Verhandlungsprozesses durchbrochen werden. Indem gleichzeitig die Bundestagsfraktionen aus dem Verfahren ausgeschlossen wurden, blieb der in Parlamenten stärker polarisierte Parteienwettbewerb ausgeblendet. Die Verhandlungen fanden ausschließlich in der föderalen Arena statt; die Ergebnisse wurden vom Parlament nur noch ratifiziert.

Die Verhandlungen zur Neufassung des Finanzausgleichs blieben somit keineswegs in den gefürchteten Tücken der „Politikverflechtungsfalle" stecken. Vor dem Hintergrund des großen Drucks, der von den Regelungen des Einigungsvertrages sowie vom Urteil des Bundesverfassungsgerichts ausging, einigten sich die föderalen Einheiten auf ein Verhandlungspaket, dessen Grundstruktur immerhin etwa eine Dekade lang Bestand hatte. Die Lösung konnte aufgrund einer günstigen Ausgangssituation erzielt werden, so dass hier Zeitabhängigkeit und ein sich öffnendes Gelegenheitsfenster als Bedingungen für Handlungsfähigkeit bestätigt werden können. Das „Föderale Konsolidierungsprogramm" von 1993 bildete einen Kompromiss ab, für den teilweise extrem gegenläufige Interessen verarbeitet wurden. Obschon die „Politikverflechtungsfalle" nicht zugeschnappt ist, lassen sich doch einige Grundannahmen der Politikverflechtungstheorie anhand dieses Falles bestätigen. Die Länder erhielten sieben Prozentpunkte mehr von der Umsatzsteuer und wussten überdies im Großen und Ganzen

Verhandlungen über den Finanzausgleich nach der Deutschen Einheit

Politikverflechtungsfalle?

die befürchtete Zentralisierung durch den Bund abzuwehren; dieser wiederum übernahm (wie auch die Gemeinden der alten Länder) einen beachtlichen Teil der Kosten der Deutschen Einheit. Finanziert wurde der Kompromiss allerdings auf Kosten eines beträchtlichen Anstiegs der Neuverschuldung, und zwar sowohl im Bund als auch in den Ländern. Die neuen Länder haben seither – mit Ausnahme Sachsens – einen Schuldenberg angehäuft, den die alten Länder erst nach Jahrzehnten erreicht hatten. Um keine Verlierer aus den Verhandlungen hervorgehen zu lassen und um nicht-konsensfähige Eingriffe in die Substanz der Länder zu vermeiden, wurden die Kosten der gefundenen Lösung letztlich weitgehend externalisiert und in die Zukunft verschoben. Das Ergebnis ähnelt somit pareto-optimalen Lösungen, die Scharpf und sein Forscherteam politikverflochtenen Entscheidungsstrukturen zugeschrieben haben. Die Ressourcen für das „Surplus" der dazugewinnenden Einheiten sind dabei nicht aus bestehenden Finanzmitteln oder aus einem Wirtschaftswachstum abgeschöpft, sondern weitgehend durch die Verschuldung der öffentlichen Hand und durch höhere Besteuerung (Solidarzuschlag) erzielt worden. Der Bund hat sich damit einen Teil der Mittel wiedergeholt, die er durch die Verluste bei der Umsatzsteuer eingebüßt hat.

Solidarpakt I und II

Im März 1993 hatten sich die Ministerpräsidenten der Länder und die Bundesregierung darauf geeinigt, den „Fonds Deutsche Einheit" ein letztes Mal auf insgesamt über 160 Mrd. DM aufzustocken. Im Jahr 1995 entfielen dann diese Zahlungen, dafür einigte man sich auf den Solidarpakt I mit einer Laufzeit von zehn Jahren (1995 bis 2004), der außerhalb des Finanzausgleichsystems angesiedelt ist. Um die Schulden der Treuhandanstalt und des Kreditabwicklungsfonds zu tilgen, wurde ein Erblastentilgungsfonds eingerichtet, der allein durch den Bund verzinst und getilgt werden sollte. Den fünf ostdeutschen Bundesländern und Berlin wurden im Rahmen des Solidarpaktes für zehn Jahre Transferzahlungen des Bundes in Höhe von jährlich 20,6 Mrd. DM zugesichert. Gleichzeitig wurden die „Fehlbetrags-Bundesergänzungszuweisungen" eingeführt, um die Finanzkraft der Länder bis auf 99,5% des Durchschnitts aufzufüllen und sie damit ausgleichsfähig zu machen (vgl. oben). Im Gegenzug erhielten auch die finanzschwachen westlichen Bundesländer für die kommenden zehn Jahre zusätzliche Bundeszuweisungen, und die Umsatzsteuer wurde ebenfalls zugunsten der Länder angehoben. Bereits der erste Solidarpakt stellt somit ein Kompromisspaket dar, das zwischen den heterogenen Länderinteressen und dem Bund ausgehandelt worden war.

Im Jahr 2001 beschlossen Bund und die ostdeutschen Länder, den 2005 auslaufenden Solidarpakt I zu verlängern. Für einen Zeitraum von 15 Jahren, d.h. bis 2019, erhalten die neuen Länder im Rahmen des Solidarpakts II nun weitere erhebliche Bundesmittel in Höhe von insgesamt 156 Mrd. Euro. Davon werden 105 Mrd. in Form von Sonderbedarfs-BEZ geleistet, die degressiv gestaffelt sind und bis 2020 auf Null abgeschmolzen werden. Im Korb II sind überproportionale Leistungen des Bundes z.B. für Gemeinschaftsaufgaben und Finanzhilfen untergebracht.

Verwendung der Solidarpaktmittel

Bis zum Jahresende 2004 galten die Regelungen des Föderalen Konsolidierungsprogramms von 1993, nach denen die gewährten SoBEZ allgemein für den Abbau teilungsbedingter Sonderlasten und zum Ausgleich unterproportionaler kommunaler Finanzkraft verwendet werden sollten. Ab 2005 wird diese Regelung dergestalt eingeengt, dass nur noch der „infrastrukturelle Nachholbedarf" mit den Solidarpakt-Mitteln abgedeckt werden darf (Ragnitz 2003: 473). Eines der wesentlichen und heute stark kritisierten Ergebnisse der Verhandlungen bestand darin, dass der Bund auf die Anwendung konkreter Maßstäbe bei der Verwendung der Solidarpakt-Mittel durch die ostdeutschen Länder verzichtete; die Verantwortung wurde vielmehr den neuen Bundesländern übertragen. Einigkeit bestand nur darüber, dass die Mittel „aufbaugerecht" – nach gemeinsamer Lesart für den Aufbau der Infrastruktur – verwendet werden sollten. Im Gegenzug für den Verzicht des Bundes auf eine Zweckbindung der Mittel verpflichteten sich die Länder, in jährlichen „Fortschrittsberichten" über die Erfolge beim Infrastrukturaufbau, über die Verwendung der Mittel sowie über die finanzwirtschaftliche Entwicklung der Haushalte der Länder und der Gemeinden zu berichten. Es gilt nicht nur als problematisch, dass die neuen Länder in ihren Berichten sehr unterschiedliche Systematiken verwenden (vgl. Ragnitz 2003; Ragnitz 2004) und die vage Verpflichtung auf eine „aufbaugerechte Verwendung" unterschiedlichen Interpretationen Tür und Tor öffnet. Kritik wurde insbesondere an der Möglichkeit geübt, dass die Länder die Gelder für konsumtive Zwecke, mindestens aber als Ersatz für die fehlenden eigenen Investitionsmittel einsetzen können. Daneben sieht das Solidarpaktfortführungsgesetz keine Sanktionen für den Fall vor, dass eines oder mehrere neue Länder die Mittel der SoBEZ zweckwidrig verwenden. Allerdings haben viele Regionen in den neuen Ländern mittlerweile eine Infrastruktur aufgebaut, die der der alten Länder ebenbürtig oder teilweise sogar überlegen ist, so dass die Konzentration der Mittel auf die in der Haushaltssystematik definierten „Investitionen" heute als nur bedingt zeitgemäß erscheint (Ragnitz 2004: 415).

2.3.6 Die Neuregelung des Finanzausgleichs seit 2005: veränderte Maßstäbe?

Die politikverflochtenen Strukturen im deutschen Finanzwesen legen es nahe, dass große Reformschritte trotz des angewachsenen Problemhaushalts nicht zu erwarten sind. Selbst inkrementelle Änderungen im Ausgleichssystem und bei den Entscheidungsverfahren wurden häufig nur durch den Druck der Rechtsprechung erzielt oder durch besondere historische Konstellationen ermöglicht. Diese Aussage gilt auch und insbesondere für das Finanzausgleichssystem. Das Bundesverfassungsgericht musste immer wieder über Normenkontrollklagen und Organklagen in Bund-Länder-Streitigkeiten entscheiden: so erneut im November 1999, nachdem im Juli 1998 Bayern und Baden-Württemberg das Verfassungsgericht angerufen hatten, um das Finanzausgleichsgesetz von 1993 überprüfen zu lassen. Hessen, der größte Nettozahler und seinerzeit noch rot-grün regiert, schloss sich mit einem weiteren Normenkontrollantrag an. Der Minderheit der fünf Geberländer stand im Finanzausgleich eine Mehrheit von 11 Nehmerländern gegenüber (Abb. 16): Eine Reform zugunsten von mehr Wettbewerbselementen konnte unter diesen Bedingungen nur durchgesetzt werden, indem die Entscheidung aus der – in diesem Falle weitgehend von landesegoistischen Interessen definierten – föderalen Arena ausgelagert und dem Bundesverfassungsgericht übertragen wurde. Das Gericht verband diese Anträge mit weiteren Begehren der

Forderung: Stärkung von Wettbewerbselementen

Länder Bremen, Niedersachsen und Schleswig-Holstein, die ihrerseits die Verfassungskonformität des Finanzausgleichsgesetzes bestätigen lassen wollten.

In der Klage ging es nicht nur um Korrekturen am bestehenden System, die Kläger wollten vielmehr einen Paradigmenwechsel vom kooperativen zum kompetitiven Föderalismus durchsetzen (Vesper 2000: 1-4). Die Kläger argumentierten in Analogie zu den Rechten des Steuerbürgers mit dem sog. „Halbteilungsgrundsatz", dem zufolge sich die Pflicht zur Abgabe aus den erwirtschafteten Mitteln auf die Hälfte zu begrenzen habe. Ziel war, dass die ausgleichspflichtigen Länder nurmehr die Hälfte ihrer über dem Durchschnitt liegenden Finanzkraft abgeben sollten.

Verhandlung über das „Maßstäbegesetz"

In seinem Urteil vom 11. November 1999 forderte das Gericht vom Gesetzgeber schließlich ein sog. „Maßstäbegesetz". Mit Hilfe von klar definierten „Maßstäben" sollten die zahlreichen unbestimmten und im konkreten Fall auslegungsbedürftigen Rechtsbegriffe der Verfassung („notwendige Ausgaben"; „billiger Ausgleich", Art. 106 GG) und des Finanzausgleichsgesetzes konkretisiert werden. Auf diese Weise sollten verbindlich Zuteilungs- und Ausgleichsprinzipien festgelegt werden, die nicht länger nach Mehrheitsverhältnissen und politischer Opportunität verändert werden können. Die Verfassungsrichter verfolgten das Ziel, der Neigung der politischen Akteure, Regelungen auf der Grundlage gerade bestehender Interessenkoalitionen zu formulieren, einen Riegel vorzuschieben. Das Gericht verband diese Vorgaben mit einem äußerst rigiden Zeitplan: Sollte der Gesetzgeber nicht bis zum 31. Dezember 2002 die geforderten Maßstäbe entwickeln, sei das bestehende Finanzausgleichsgesetz ab diesem Tage ungültig (weiterführend hierzu: vgl. Wachendorfer-Schmidt 2003: 238; Münch 2001: 119; Kirchhof 2003).

Konfliktlinien in den Verhandlungen um den Finanzausgleich

Die Konfliktlinien in föderalen Finanzbeziehungen verlaufen weniger anhand des Parteienwettbewerbs, als dies in manch anderen Politikfeldern der Fall ist. Oft stehen sich Bund und Ländergesamtheit, die armen und die reichen Länder, und innerhalb der Regierungen die unterschiedlichen sektoralen Interessen der Ressorts einschließlich der sie abstützenden „Fachbruderschaften" gegenüber. Die Bundesparteien haben es nicht einfach, ihre Landesverbände bzw. Landesregierungen auf ein bestimmtes parteipolitisch konformes Verhalten einzuschwören. Die im Bereich der Finanzbeziehungen lockere innerparteiliche Disziplin wird dafür verantwortlich gemacht, dass die Parteispitzen umfassende Änderungen scheuen (Renzsch 2000b: 43). Die finanzschwachen Länder fürchten die Finanzierungsrisiken und Legitimationsprobleme gegenüber ihren Wählern und innerhalb der Landesverbände, die mit einer gewissen Wahrscheinlichkeit entstehen, wenn sie einem Rückgang der Umverteilungsintensität im Finanzausgleich zustimmen. Es war deshalb kein Wunder, dass sich während der Verhandlungen über das Maßstäbegesetz weniger die parteipolitischen, sondern die unterschiedlichen föderalen Interessenlagen formierten: Neun Nehmerländer zuzüglich Hamburg erarbeiteten im April ein Eckpunktepapier, dessen Inhalte (z.B. hinsichtlich der Einwohnerveredelung) sich deutlich von den Forderungen der unionsregierten Geberländer Bayern, Baden-Württemberg und Hessen (seit Februar 1999 ebenfalls unionsregiert) abgrenzen ließen. Diesen drei starken westdeutschen Ländern war u.a. daran gelegen, die Einwohnerveredelung abzuschaffen und die Hauptstadt-Zuweisungen an Berlin drastisch zurückzufahren.

Letztlich wurde, wie es für den deutschen Föderalismus und seine vielfältigen Verflechtungsbestände typisch ist, eine Paketlösung über verschiedene Politikbereiche hinweg geschnürt: Die Bundesregierung verband Zugeständnisse in der Steuerreform mit einem weitreichenden Stillstand bei der inhaltlichen Gestaltung des Finanzausgleichs und vermochte auf diese Weise Mehrheiten unter den Ländern zu organisieren (vgl. Abb. 8, Fallbeispiel zur Steuerreform). Auf diese Weise wurden zwei Materien, die sachlich allenfalls bedingt zusammengehören, miteinander gekoppelt. Das im Sommer 2001 verabschiedete Maßstäbegesetz wurde dem Grundgesetz dabei so weit angeglichen, dass sich am Zustand des Finanzausgleichs nicht viel änderte (Wachendorfer-Schmidt 2003: 269). Die Länder setzten gegenüber dem Bund eine Regelung durch, der zufolge der Bund allein die Abfinanzierung des Fonds Deutsche Einheit übernimmt. Die ostdeutschen Länder, denen am Erhalt ihres Sonderstatus gelegen war, vermochten den Bund zu einem Koppelgeschäft zwischen der Neufassung des Finanzausgleichsgesetzes und der Neuauflage des Solidarpaktes II zu bewegen (vgl. Kap. 2.3.5). Letzterer gewährt den neuen Ländern nun bis 2019 mit degressiver Staffelung Zuwendungen in Höhe von 156 Mrd. Euro. Von den bis zum Jahr 2019 gewährleisteten Einnahmen in Höhe von 156 Mrd. Euro werden 105 Mrd. Euro in Form von Sonderbedarfs-Bundesergänzungszuweisungen geleistet (vgl. oben).

Paketlösung als Ergebnis

Die Verhandlungen zeigen einerseits, wie unrealistisch die Annahme des Verfassungsgerichts war, ein Maßstäbegesetz könne gleichsam als „neutrale" Richtschnur – losgelöst von den bestehenden Interessengegensätzen – erarbeitet und anschließend als Grundlage für den Finanzausgleichs akzeptiert werden. Der zeitlich-hierarchische Vorrang des Maßstäbe- vor dem Finanzausgleichsgesetz sollte sicherstellen, dass diese Maßstäbe ohne Berücksichtigung der finanzwirtschaftlichen Folgen für die Beteiligten, also rein „rational", abgeleitet werden (Rheinisch-Westfälisches Institut für Wirtschaftsforschung 2001: 2). Wie zu erwarten war, wurden die Maßstäbe im Laufe des politischen Prozesses, und damit abhängig von der bestehenden Machtverteilung und dem gegebenen Erpressungspotential, erst auf politischem Wege herausgearbeitet. Damit aber kommen sie letztlich ergebnisorientiert zustande, d.h. Bund und Länder achteten darauf, was für sie in der Folge einer neuen Regelung „herauskommt" (Vesper 2000: 2). Das Verfassungsgericht schrieb zwar objektive Maßstäbe vor, nach denen die Deckung der „notwendigen" Ausgaben (Art. 106, 3 GG) gegenüber den im Haushaltsplan veranschlagten Ausgaben definiert werden sollte. „Die Vorstellung, man könne anhand objektiver Kriterien die Notwendigkeit von Ausgaben bestimmen, ist jedoch praxisfern" (ebenda). Es ist daher nicht weiter verwunderlich, dass die beteiligten Akteure darauf Wert legten, durch eine Neuregelung nicht zu sehr belastet zu werden.

„Maßstäbe" als Ergebnis politischer Machtverteilung

Im ab 2005 geltenden Finanzausgleichsgesetz (FAG) werden somit letztlich nur einige wenige Stellschrauben bewegt (Bundesministerium der Finanzen 2002: 99 ff.). Es enthält – hier grob zusammengefasst – folgende Regelungen (vgl. im Überblick Fehr/Tröger 2003: 392; Bayerisches Staatsministerium der Finanzen 2005):

Neues FAG

- Die kommunale Finanzkraft wird zu 64% statt bisher 50% einbezogen, was insbesondere den neuen Ländern zugute kommt. Diese Verfahrensweise, kritisiert etwa das Finanzministerium in Niedersachsen, sei jedoch blind gegenüber den mit Strukturkrisen zusammenhängenden Bedarfen der Gemeinden, wie sie z.B. aus der Sozialhilfe entstehen. Hohe vorgegebene Belastungen ökonomisch benachteiligter Regionen blieben weiterhin unberücksichtigt (Finanzministerium Niedersachsen 2005: 33).

- Die umstrittene Einwohnerveredelung mit 135% für die Stadtstaaten wurde beibehalten. Zusätzlich erhalten die dünn besiedelten Länder Brandenburg, Mecklenburg-Vorpommern und Sachsen-Anhalt nun einen „Dünnsiedler-Zuschlag": Mecklenburg-Vorpommern in Höhe von 105%, Brandenburg in Höhe von 103% und Sachsen-Anhalt 102%.
- Finanzkraftanteile, die auf einer im Vorjahr überdurchschnittlichen Steuerentwicklung in einem Land beruhen, werden in Zukunft zum Anteil von 12% vom Ausgleich ausgenommen, um die günstige strukturelle und wirtschaftliche Entwicklung eines Bundeslandes zu prämieren.
- Im Länderfinanzausgleich wurde ein „Deckel" für die durchschnittliche Abschöpfung der Überschüsse der Geberländer in Höhe von 72,5% eingeführt, um diese vor übermäßiger Belastung zu schützen.
- Die Ausgleichsintensität bei den allgemeinen (bisher: Fehlbetrags-) Bundesergänzungszuweisungen wird abgesenkt; statt 90% auf 100% wird nur noch zu 77,5% auf 99,5% des Länderdurchschnitts aufgefüllt.
- Der neue Ausgleichstarif gleicht die Finanzkraftdifferenz zu 95% bis 97% des Durchschnitts aus, dann abfallend auf 60% von 97% bis 100% des Durchschnitts (vgl. Finanzministerium Niedersachsen 2005; Bayerisches Staatsministerium der Finanzen 2005).
- Der Bund übernimmt als Mitschuldner die Verbindlichkeiten des „Fonds Deutsche Einheit" und die alleinige Finanzierungsverpflichtung für den Schuldendienst. Im Gegenzug leisten die Länder einen beträchtlichen finanziellen Ausgleich zugunsten des Bundes im Rahmen des neu gestalteten Ausgleichssystems, insbesondere durch einen jährlichen Vorwegabzug aus ihrem Umsatzsteueranteil i.H.v. rd. 1,323 Mrd. EUR, durch Absenkung des Volumens der allgemeinen Bundesergänzungszuweisungen gegenüber der bis 2004 geltenden Rechtslage sowie durch Verringerung des Volumens der Sonderbedarfs-Bundesergänzungszuweisungen wegen überdurchschnittlich hoher Kosten der politischen Führung (Finanzministerium Nordrhein-Westfalen 2007, http://www.fm.nrw.de/).

Fazit: wenig Anreizorientierung und Bestätigung der Politikverflechtungstheorie

Die seit 2005 geltende Reform des Finanzausgleichs wird angesichts dieser begrenzten Neujustierungen als typisches Ergebnis einer inkrementell vorgehenden Politik eingeschätzt. Die Entscheidungsprozesse bestätigen im Großen und Ganzen die Politikverflechtungstheorie (Wachendorfer-Schmidt 2003: 408). Fehr und Tröger (2003: 398) heben hervor, dass die Reform wohl insgesamt keine positiven Anreizwirkungen entfalten werde, da die Mehreinnahmen noch immer zu sehr abgeschöpft würden. Modellrechnungen zeigen (vgl. Fehr/Tröger 2003), dass auch die Grenzbelastungen der Geberländer nur unwesentlich sinken. Da eine anreizorientierte Reform für die finanzschwachen Länder zumindest vorübergehend zu beträchtlichen fiskalischen Einschnitten geführt hätte, lag es im nachvollziehbaren Eigeninteresse der ärmeren Länder, weit reichenden Verändrungen, die in Richtung Wettbewerb gezielt hätten, nicht zuzustimmen. Während positive Effekte sich nur langfristig einstellen, müssen die politisch Verantwortlichen während einer solchen Durststrecke angesichts der für sie ungünstigen Verteilungswirkungen einen Legitimationsverlust befürchten. Insbesondere die neuen Länder mit ihrem immensen Finanzbedarf und ihrer schwachen Steuerkraft wären davon betroffen (Vesper 2000: 5). Angesichts der bestehenden Mehrheitsverhältnisse werden deshalb kleine, immer wiederkehrende Reformschritte als die geeignete Strategie bewertet. Es ist bezeichnend, dass die Diskussion um einen neu zu gestaltenden Finanzausgleich bereits wieder nach dem Abschluss der Föderalismusreform von 2006 eröffnet wurde und die Föderalismusreform II erneut keinen entscheidenden Durchbruch erbracht hat.

Ob eine Rückführung der Ausgleichsintensität in Zukunft politisch durchsetzbar ist, darf skeptisch bewertet werden. Prognosen für die neuen Länder gehen davon aus, dass sich das Bruttoinlandsprodukt aufgrund der ungünstigen demographischen Situation (Abwanderung, geringe Geburtenrate) zurückhaltend entwickeln wird. Insbesondere werde die Zahl der erwerbsfähigen Personen stagnieren bzw. sich sogar noch verringern. Der Länderfinanzausgleich stellt zwar mit rund 15% aller Bruttotransfers nur einen kleinen Teil der gesamten Transfers dar, allerdings sind diese Finanzströme für die Handlungsfähigkeit der ostdeutschen Länder und Gemeinden von entscheidender Bedeutung. Simulationsrechnungen gehen deshalb davon aus, dass die Ausgleichszahlungen zwischen West- und Ostdeutschland unter den gegebenen Regelungen sogar noch in absoluten Werten zunehmen werden (Ragnitz 2005: 80).

Weiterhin hohe Umverteilungsintensität

2.3.7 Die Finanzverwaltung von Bund und Ländern

Steuern und andere Einnahmen, die den Bund, Ländern und Gemeinden zufließen, müssen mit Hilfe der Finanzverwaltung eingenommen und verausgabt werden. Politikverflochtene Strukturen ergeben sich im Bereich der Finanzverwaltung aus den föderativen Zuständigkeitsverteilungen, die den Ländern eigenständige Kompetenzen insbesondere beim Vollzug von Bundesgesetzen zuweisen. Wie oben gezeigt, gibt es nur wenige und vom Umfang her weitgehend unbedeutende Landessteuern. Die Gesetzgebungskompetenz für Steuergesetze liegt fast ausschließlich beim Bund. Deshalb ergibt sich die Stärke der Länder im Finanzwesen und in der Steuerpolitik aus ihren weit reichenden Vetorechten bei zustimmungspflichtigen Gesetzen sowie aus ihrer Verwaltungskraft. Es sind vor allem diese Rechte, die im Finanzwesen zum föderalen Gleichgewicht zwischen Bund und Ländern beitragen. Es wäre empfindlich gestört, würden die Verwaltungskompetenzen eine ebenso eindeutige Schlagseite zugunsten des Bundes aufweisen wie bei der Verteilung der Gesetzgebungskompetenzen. Allerdings ist die Finanzverwaltung gegenüber anderen Politikbereichen von einigen Besonderheiten geprägt, die dem Bund vergleichsweise große Zuständigkeiten verschaffen.

Der Bund verfügt für die Einnahmen, die nur ihm zustehen, über eine eigene Bundesfinanzverwaltung (Art. 87 GG). Diese hat die Aufgabe, Zölle und Finanzmonopole sowie die bundeseigenen Steuern, z.B. Mineralölsteuer, Tabaksteuer, Kaffee- und Teesteuer, und die Abgaben im Rahmen der Europäi-

Bundeseigene Finanzverwaltung

schen Gemeinschaften zu verwalten. Die Bundesfinanzverwaltung weist einen vierstufigen Aufbau auf: An der Spitze steht das Bundesfinanzministerium als Oberste Bundesbehörde. Diese ist dadurch gekennzeichnet, dass sie keiner anderen Behörde, sondern unmittelbar einem Verfassungsorgan oder einer sonstigen politischen Spitze unterstellt ist (vgl. Bogumil/Jann 2005: 73). Darunter sind eine Reihe von Bundesoberbehörden (Art. 87, 3 GG) angesiedelt, z.B. die Bundesschuldenverwaltung oder die Bundesmonopolverwaltung für Branntwein (vgl. Laufer/Münch 1998: 241). Die dritte Stufe bilden die Oberfinanzdirektionen als Mittelbehörden, die von Bund und Ländern gemeinsam genutzt werden. Die gemeinsame Zuständigkeit drückt sich darin aus, dass die Leiter der Oberfinanzdirektionen vom Bundesfinanzministerium mit Zustimmung der jeweiligen Landesregierung bestellt werden (vgl. Abb. 17). Diese „Mischverwaltung" ist eine einmalige Konstruktion, die den im Grundgesetz festgelegten Grundsätzen zum föderalen Verwaltungsaufbau eigentlich widerspricht. Begründet wird diese Ausnahme damit, dass der Einheitlichkeit der Steuerverwaltung Priorität zukommen müsse. Die unterste Ebene der bundeseigenen Verwaltung bilden die örtlichen Behörden, z.B. die Hauptzollämter mit Außenstellen (vgl. Laufer/Münch 1998: 241 f.).

Abbildung 17: Aufbau der Finanzverwaltung

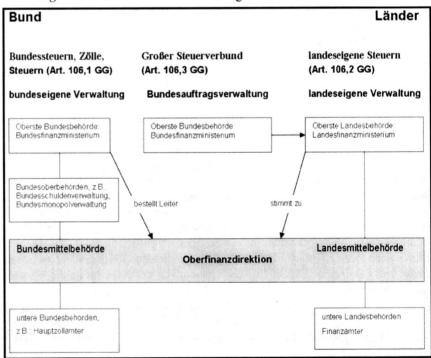

Die Länder verfügen ihrerseits über eine landeseigene Finanzverwaltung, die nach Art. 108, 2 GG für die Erhebung der übrigen Steuern zuständig ist. Sie folgt einem dreistufigen Aufbau: An der Spitze steht der Landesminister bzw. Senator der Finanzen, darunter befindet sich als Mittelbehörde die Oberfinanzdirektion; als unterste lokale Behörde dienen die Finanzämter. Die Eigenständigkeit der Landesfinanzverwaltungen ist dadurch eingeschränkt, dass sowohl der Aufbau der Landesfinanzbehörden als auch die Ausbildung der Beamten durch ein Bundesgesetz geregelt sind. Sinn dieser für das politische System außergewöhnlichen Konstruktion ist, dass das rechtsstaatliche Prinzip der Gleichbehandlung aller Bürger auch in einem föderativen System eine gleiche Praxis der Erhebung und Verausgabung von Steuern fordert. Dieser Gleichheitsgrundsatz wiederum setzt eine gleiche Ausbildung der Beamten sowie einheitliche Weisungen an die Behörden voraus. Die Alliierten hatten gegenüber dem Parlamentarischen Rat zwar gefordert, keine einheitliche Bundesfinanzverwaltung zuzulassen, um den Bund nicht zu mächtig werden zu lassen. Unterschiedliche Landesregelungen empfand man jedoch als problematisch. Deshalb wurden die Kompetenzen in diesem Bereich zwar zwischen Bund und Ländern aufgeteilt, gleichzeitig jedoch hat man auch Vorkehrungen eingebaut, die eine unterschiedliche Verwaltungspraxis weitgehend ausschlossen.

Landeseigene Finanzverwaltung

Werden Steuern im Großen Steuerverbund eingenommen, handeln die Länder im Auftrag des Bundes (Art. 85 GG). Die Auftragsverwaltung greift somit bei den wichtigsten und umfangreichsten Steuereinnahmen des Staates, um in diesem Bereich die Einheitlichkeit der Erhebung sicherzustellen. Im Rahmen der Bundesauftragsverwaltung kann der Bund ein umfassendes Weisungsrecht über die obersten Landesbehörden geltend machen, er kann somit die Länder veranlassen, bestimmte Maßnahmen durchzuführen oder zu unterlassen. Der Bund übt die Rechts- und die Fachaufsicht über die Länder aus, er erlässt Ausbildungsvorschriften usw. Die Finanzverwaltung zählt somit zu den Sektoren, in denen die Verwaltungszuständigkeiten überwiegend beim Bund angesiedelt sind (Bogumil/Jann 2005: 62).

Bundesauftragsverwaltung

2.4 Politikverflechtung und vertikal funktionelle Verschränkung zwischen Bund, Ländern und Gemeinden

Die Gemeinden stellen in Deutschland das unterste Glied im System der Politikverflechtung dar. Sie sind keine dritte Staatsebene, sondern werden verfassungssystematisch als Teil der Länder behandelt. Insofern verfügen sie über keine mit den Ländern vergleichbaren Mitspracherechte im Bundesstaat, sie implementieren jedoch den überwiegenden Anteil der Bundes- und Landesgesetze und übernehmen gleichzeitig den Hauptanteil an den Investitionen der öffentlichen Hand. Der Bundesgesetzgeber kann daher seine Ausführungs- bzw. Vollzugsbegehren nur in Ausnahmefällen direkt an die Gemeinden und Kreise richten; er muss normalerweise den Weg über die Länder gehen (Holtmann 2005: 353). Seit der Föderalismusreform ist es dem Bund sogar untersagt, den Gemeinden Aufgaben zu übertragen (vgl. hierzu auch Kap. 6.2). Trotz eigener Steuerhebungsrechte wird – in West- und Ostdeutschland indes in unterschiedlichem Umfang – ein

Gemeinden als Teil der Politikverflechtung

Großteil der kommunalen Aufgaben durch Zuweisungen von Bund und Ländern finanziert. Dabei gilt grundsätzlich das „Konnexitätsprinzip": Ohne die erforderlichen finanziellen Mittel bereitzustellen, dürfen die Länder Aufgaben nicht einfach „nach unten" verlagern.

Aus diesen Gründen existiert eine gewisse Asymmetrie. Die Gemeinden sind im föderalen Entscheidungssystem im Wesentlichen über die Länder „anwaltschaftlich" repräsentiert, sie spielen jedoch gleichzeitig eine entscheidende Rolle als Vollzugsebene für gesamtstaatlich bedeutsame Aufgaben. Die kommunalen Interessen werden auf Landesebene aber im Gegenzug dadurch vertreten, dass die Landtagsabgeordneten (und auch die Abgeordneten des Bundes!) einer kommunalen Verankerung bedürfen. In einigen Landesparlamenten, etwa in Baden-Württemberg, dürfen zudem auch Bürgermeister Mandate wahrnehmen, wodurch allerdings eine nicht unproblematische Durchbrechung der Gewaltenteilung entsteht. Weiterhin betreiben viele Gemeinden eine Art „kommunaler Außenpolitik" (vgl. hierzu auch: Kap. 4.7), d.h. sie nutzen beispielsweise die Kanäle der föderal organisierten und das Mehrebenensystem verspannenden Parteien, um ihre eigenen Interessen auf den höheren Ebenen mit Nachdruck anzumelden.

Aufgabenverteilung   Die öffentlichen Aufgaben werden in Deutschland grundsätzlich nach dem Subsidiaritätsprinzip zugewiesen. Erst wenn die untere Ebene eine Aufgabe nicht befriedigend erfüllen kann, soll die jeweils höhere einspringen. Dem Örtlichkeitsprinzip zufolge sollen die Gemeinden die Belange selber regeln, die sich aus dem räumlichen Zusammenleben der Bürger vor Ort ergeben und die sie selbst am effektivsten erledigen können. Mit diesem Prinzip geht einher, dass die Gemeinden überörtliche Aufgaben nicht übernehmen dürfen. Sie verfügen im Rahmen der Gesetze aber über einen eigenständigen Entscheidungsspielraum: Dieser lässt sich indes angesichts der realen Politikverflechtung mit Bund und Ländern, aber auch mit der Europäischen Union immer schwerer materiell bestimmen bzw. präzise angeben. Walter-Rogg u.a. (2005: 414 f.) weisen darauf hin, dass sich das Örtlichkeitsprinzip nur schwer als Grundlage eigne, um den Radius der kommunalen Aufgaben angeben zu können, da beinahe jede kommunale Angelegenheit mit externen Effekten einhergehe. Landesregierungen sind im Sinne einer sachangemessenen Regionalplanung gehalten, überörtliche Planungen vorzunehmen, indem sie z.B. Vorrangstandorte für Gewerbe, Entsorgung oder für Verkehr festlegen (Holtmann 2005: 354). Welche konkreten Aufgaben den Gemeinden in welchen Politikfeldern zugewiesen werden und über welche finanziellen und sonstigen Ressourcen sie verfügen, hängt daher in einem hohen Maße von den gegebenen politischen Rahmenbedingungen und dem Umfang der staatlichen Aufgaben insgesamt ab (Walter-Rogg/Kunz/Gabriel 2005: 416). In diesem Zusammenhang bleibt die Funktionalreform – begleitend zur Gebietsreform – als „immerwährendes", aber kaum realisiertes Ziel auf der politischen Agenda: Indem staatliche Aufgaben auf kommunale, vergrößerte Gebietskörperschaften „heruntergezont" werden, könnten Aufgaben wieder stärker kommunalisiert und die vertikal-funktionelle Gewaltenteilung fortentwickelt werden.

Die Gemeinden erfüllen in Deutschland die sog. „freiwilligen" Aufgaben und „pflichtigen" Selbstverwaltungsaufgaben im eigenen Wirkungskreis sowie die Auftragsangelegenheiten im übertragenen Wirkungskreis. Bei den Pflichtaufgaben im eigenen Wirkungskreis machen Gesetze die Erfüllung dieser Aufgabe zur Pflicht; der Gesetzgeber kann hier Standards setzen und Grenzen definieren (Kregel 2006: 130). Zu solchen Pflichtaufgaben gehören die Bauleitplanung oder die Trägerschaft für Schulen. Zu den freiwilligen Aufgaben zählen etwa Beratungsangebote oder Theater und Museen. Sie sind dem disponiblen Bereich zugeordnet, was zur Folge hat, dass hoch verschuldete Kommunen insbesondere dort ihre Leistungen zurückfahren müssen. Bei den Pflichtaufgaben zur Erfüllung nach Weisung kann der Staat – etwa bei der Bauaufsicht – auf die Kommunen Einfluss nehmen. Die Kosten hierfür werden überwiegend nicht vom Staat erstattet (Walter-Rogg/Kunz/Gabriel 2005: 416). Die Kommunen unterliegen in diesen Fällen nicht nur der Rechtsaufsicht übergeordneter Behörden, sondern auch der Fachaufsicht, d.h. sie sind auch an Weisungen und Anordnungen gebunden. Selbiges gilt auch für die staatlichen Auftragsaufgaben (übertragener Wirkungskreis). Die Länder nutzen hier, teilweise selbst in Ausführung von Bundesrecht, die kommunalen Verwaltungsstrukturen, was zur Folge hat, dass die Gemeinden und Landkreise in diesen Fällen als untere Verwaltungsstufen fungieren und die Entscheidungen nicht der Rat, sondern die Hauptverwaltungsbeamten zu treffen haben (Kregel 2006: 131). Hierzu gehören z.B. die Wehrerfassung oder die Ausstellung von Personalausweisen, aber auch die Durchführung von Bundestagswahlen. Auch dabei gilt das Konnexitätsprinzip, d.h. die dadurch entstehenden Mehrkosten müssen von den Auftraggebern getragen werden. In der Vergangenheit sind die Pflichtaufgaben als Bestandteil der Politikverflechtung immer stärker ausgedehnt worden, während die freiwilligen Aufgaben infolge der Finanznot vor allem in Gemeinden mit einer problematischen Sozialstruktur und weit reichender Privatisierungen (Bogumil/Holtkamp 2006: 93 ff.; 131 ff.) immer weiter zurückgedrängt wurden. Beispiele hierfür sind Auflagen des Bundes bei der Realisierung des Rechtsanspruchs auf einen Kindergartenplatz, das Steuersenkungsgesetz usw.

Allerdings weisen Studien zur Kommunalpolitik darauf hin, dass Bund und Länder die kommunale Ebene dennoch nicht einfach übersteuern könnten. Sowohl Bund als auch Länder sind angesichts der umfassenden Verwaltungszuständigkeiten der Länder auf einen „Vollzugskonsens" der Gemeinden angewiesen (vgl. Holtmann 2005: 353), der ein rein hierarchisches und restriktives Durchregieren erschwert. Die Kommunen besitzen angesichts der in manchen Politikfeldern ausgeprägten Vielfalt von Förderprogrammen der EU, des Bundes und der Länder zudem die Möglichkeit, sich gezielt Ressourcen zu erschließen. Landesinitiativen, etwa URBAN 21 in Sachsen-Anhalt, kombinieren die Fördermittel der unterschiedlichen Ebenen, um sie für übergreifende Konzepte der Stadtentwicklung bzw. Städtebauförderung nutzbar zu machen. Die Kommunen sind dabei gezwungen, verschiedene Vorgaben zu erfüllen, sich gegebenenfalls in einem Wettbewerb durchzusetzen und einen finanziellen Eigenanteil beizusteuern. Auch wenn man dies als eine Art „goldenen Zügel" interpretieren mag, so eröffnen solche Programme dennoch neue Möglichkeiten kommunaler Planung. Schon in der Studie von Reissert (1984) wurde darauf hingewiesen, dass sich die Investitionspolitik der Gemeinden nur teilweise und keineswegs verallgemeinernd in das Bild einer „Angebotsdiktatur" der beiden staatlichen Ebenen einfüge. Es gibt zwar durchaus (ärmere) kommunale Gebietskörperschaften, die

Übersteuerung der kommunalen Ebene durch Bund und Länder?

ihre Planungen aufgrund ihrer begrenzten Finanzmittel an den staatlichen Förderprogrammen ausrichten. Gleichzeitig lassen sich aber auch Fälle – insbesondere in den wohlhabenderen Gemeinden – nachweisen, bei denen Mitnahmeeffekte deutlich erkennbar sind.

Kommunale Finanzen

Auch die kommunalen Finanzen sind Gegenstand der Politikverflechtung zwischen Bund, Ländern und den kommunalen Gebietskörperschaften. Die kommunalen Haushalte speisen sich aus dem Hebesatzrecht für die Grund- und Gewerbesteuern, aus dem Anteil aus der Einkommensteuer und der Umsatzsteuer (vgl. Kap. 2.3), aus den laufenden Zuweisungen von Bund und Land sowie aus Gebühren, Entgelten und Beiträgen sowie aus der Aufnahme von Schulden. Auch für die Finanzbeziehungen gilt, dass der Bund seine Mittel in der Regel über die Länder an die Gemeinden und Kreise ausreicht. Insbesondere die ohnedies konjunkturanfällige Gewerbesteuer war jedoch in den vergangenen 30 Jahren Gegenstand zahlreicher staatlicher Eingriffe, die vorrangig das Ziel verfolgten, die Wirtschaft steuerlich zu entlasten. Diese Interventionen hatten zur Folge, dass sich die Steuerkraftunterschiede zwischen den strukturschwachen und den strukturstarken Regionen weiter verschärften (Walter-Rogg/Kunz/ Gabriel 2005: 420).

Die Länder reichen die Bundesmittel – etwa aus den Gemeinschaftsaufgaben oder den Finanzhilfen – nach zwischen Bund und Ländern vereinbarten Sätzen an die Gemeinden weiter. Generell unterscheidet man zwischen allgemeinen Zuweisungen (z.B. Schlüsselzuweisungen), die nach festen Größen, wie der gewichteten Einwohnerzahl oder der Schülerzahl, vorgenommen werden, und den speziellen Zuweisungen, die zweckgebunden sind.

Heute lassen sich z.B. für die westdeutschen und die ostdeutschen Gemeinden erhebliche Unterschiede in der Finanzausstattung festhalten. Die staatlichen Investitionszuweisungen an die westdeutschen Gemeinden und Kreise sind nach dem Vollzug der deutschen Einheit rückläufig gewesen (bei gestiegenen Kosten etwa im sozialen Bereich), was dazu führte, dass sich der Umfang der kommunalen Investitionen in die Infrastruktur deutlich verringert hat – trotz eines erheblichen und, mit fortschreitendem Verschleiß, wachsenden Bedarfs. Die ostdeutschen Gemeinden sind bis heute in größerem Maße abhängig von staatlichen Zuweisungen, da sie über deutlich geringere eigene Steuerquellen verfügen. Der Investitionsbedarf ist in Ostdeutschland angesichts der maroden Infrastruktur aus der DDR in vielen Städten und Gemeinden noch immer erheblich; er wird für die Zeit zwischen 2000 und 2009 auf etwa doppelt so hoch eingeschätzt wie in den alten Ländern (Walter-Rogg/Kunz/Gabriel 2005: 428).

Fazit

Die Gemeinden stehen zwar im Prozess der Politikformulierung weitgehend außerhalb des Systems der Entscheidungsfindung. Da sie jedoch die maßgebliche Implementationsebene sind, sind Bund und Länder auf eine gewisse Zustimmung „von unten" angewiesen. Insofern können z.B. zweckgebundene Zuweisungen zwar durchaus als kurze Leine oder „goldener Zügel" betrachtet werden. Allerdings ist eine weit reichende kommunale Autonomie nicht jedem Problem angemessen, zumal dann, wenn es um die Wahrnehmung überörtlicher Aufgaben geht. Politikverflochtene Strukturen eröffnen manchen Gemeinden zudem auch Chancen, wenn sie das Förderangebot der anderen Ebenen im Sinne eigener Planungen zu nutzen wissen. Bedenklich ist allerdings die Tendenz, dass angesichts der in den 1990er Jahren gewachsenen Kosten für die Sozialhilfe und durch geschmälerte staatliche Zuschüsse in vielen Gemeinden kaum noch Luft bleibt, die freiwilligen Aufgaben zu gestalten und zu finanzieren. Der Thüringer Verfassungsgerichtshof hat in diesem Zusammenhang entschieden, dass den Gemeinden ein gewisser finanzieller Spielraum für Maßnahmen im Bereich der freiwilligen Selbstverwaltungsangelegenheiten verbleiben müsse, da man ansonsten nicht mehr von einer kommunalen Selbstverwaltung sprechen kann (vgl. hierzu: Kregel 2006: 137).

3 Freiwillige Formen der bundesstaatlichen Kooperation

3.1 Vertikale Kooperation: Die Zusammenarbeit zwischen Bund und Ländern

3.1.1 Ursachen und Formen der freiwilligen Zusammenarbeit

In politikverflochtenen Systemen planen und finanzieren Bund und Gliedstaaten politische Programme gemeinsam. Das Grundgesetz hat, wie gezeigt, eine ganze Reihe solcher Pflichten zur Kooperation festgeschrieben, z.B. in der Finanzpolitik, bei den Gemeinschaftsaufgaben, durch die Konstruktion des Bundesrates und durch die arbeitsteilige Wahrnehmung von Aufgaben durch Bund und Länder. Idealtypisch lassen sich von solchen Zwangsverhandlungssystemen die Formen der Kooperation zwischen Bund und Ländern sowie zwischen den Ländern abgrenzen, die von den bundesstaatlichen Einheiten freiwillig unterhalten werden (vgl. hierzu: Goetz 1995; zur Begriffsklärung siehe Einleitung). Die einzelnen Gliedstaaten oder der Bund können im Bereich der freiwilligen Kooperation grundsätzlich auf eigene Zuständigkeiten zurückgreifen, wenn es ihnen nicht gelingt, mit den anderen Beteiligten eine Einigung herbeizuführen. Obschon diese Formen bundesstaatlicher Kooperation vom Ursprung her rechtlich nicht erzwungen werden können, gehen sie doch auf starke faktische Zwänge zurück.

Freiwilligkeit, aber häufig faktischer Zwang zur Kooperation

Kooperationen sind erforderlich, wenn die Grenzen der Zuständigkeit zwischen den bundesstaatlichen Einheiten zusammenhängende Problemstrukturen räumlich zerschneiden. In diesen Fällen müssen die Kompetenzen verschiedener Entscheidungsebenen für die Lösung eines Problems zusammengeführt werden. Durch Zusammenarbeit können „Externalitäten" vermieden werden, die dadurch gekennzeichnet sind, dass die Vor- bzw. Nachteile einer Entscheidung nicht bei der entscheidenden Einheit selbst anfallen, sondern von den politischen Akteuren absichtlich oder unabsichtlich aus dem eigenen Territorium ausgelagert werden. Viele Staatsaufgaben können heute von den unterschiedlichen, aufeinander angewiesenen und räumlich dennoch getrennten Organisations- und Entscheidungsebenen im Verbundföderalismus nur gemeinsam bewältigt werden. Die föderalen Einheiten können auf eine freiwillige Zusammenarbeit nicht verzichten, weil der deutsche Föderalismus – wie alle andere Bundesstaaten auch – unterschiedlich große und ökonomisch verschieden leistungsfähige Einheiten umfasst. Während die großen Flächenländer über bessere Möglichkeiten verfügen, einen politischen Ausgleich innerhalb ihres Territoriums vorzunehmen, sind die kleineren Länder und die Stadtstaaten demgegenüber auf die freiwillige Koordination mit den angrenzenden Ländern oder auf die „helfende Hand" des Bundes angewiesen, um eine raumbezogene Politik durchführen zu können.

Ursachen der bundesstaatlichen Kooperation

Die bundesstaatliche Zusammenarbeit unterliegt der ungeschriebenen, vom Bundesverfassungsgericht frühzeitig entwickelten und in Entscheidungen immer

Prinzip der Bundestreue

wieder ausgeführten Verfassungsnorm der wechselseitigen „Bundestreue" (BVerfGE 1: 38; 12: 23). Diesem Prinzip zufolge sind Bund und Länder gehalten, sich bundesfreundlich zu verhalten, d.h. gegenseitig ein Mindestmaß an Rücksichtnahme walten zu lassen. Ein Bundesland würde diesem Prinzip z.B. dann zuwiderhandeln, wenn es Industrieanlagen so platzierte, dass die Gewinne, etwa Arbeitsplätze und das Steueraufkommen, im eigenen Bundesland anfielen, die Kosten einer solchen Maßnahme – z.B. verschmutzte Abwässer – jedoch ausschließlich oder überwiegend im benachbarten Gliedstaat. Im Großen und Ganzen lebt dieser ungeschriebene Verfassungsgrundsatz von der Einsicht und freiwilligen Befolgung durch die politischen Akteure. Das Bundesverfassungsgericht hat in diesem Zusammenhang hervorgehoben, dass das Prinzip der Bundestreue sich nur mit äußerster Zurückhaltung als Maßstab richterlicher Entscheidung anwenden lässt. Die Bundestreue verpflichtet Bund und Länder zu einem entsprechenden Verhalten bei der Ausübung von grundgesetzlichen Kompetenzen, soll solche Zuständigkeiten aber nicht zugunsten der einen oder anderen Einheit verschieben (vgl. Vogel 1994: 1063).

„Dritte" und „vierte" Ebene im Bundesstaat

Die Länder hatten in der frühen Nachkriegszeit, bereits vor der Gründung der Bundesrepublik, damit begonnen, ihre Politik einer freiwilligen horizontalen Selbstkoordination zu unterziehen, da Nachkriegsschäden und der Neuaufbau der zerstörten Infrastruktur eine Koordination voraussetzten. Diese bundesstaatliche Zusammenarbeit fand bis 1969, als die Politikverflechtung schließlich auch in Form der Gemeinschaftsaufgaben und Finanzhilfen verfassungsrechtlich legitimiert worden ist, im Großen und Ganzen außerhalb der grundgesetzlichen Normen statt. Verfassungs- und Staatsrechtler betrachteten diesen „Wildwuchs" an vermischten Aufgaben und Finanzierungen als problematisch. Die verfassungsrechtlich fixierten Zuständigkeitsgrenzen waren verwischt worden: Bund und Länder unterhielten gemeinsame Einrichtungen, die Länder legten aus Kostengründen Einrichtungen zusammen oder beteiligten an ihnen andere Gliedstaaten. Auf diese Weise waren eine im Grundgesetz ursprünglich nicht vorgesehene „dritte Ebene" (horizontale Länder-Kooperation) und „vierte Ebene" (Bund-Länder-Kooperation) in der bundesstaatlichen Ordnung entstanden. Die Verfassungsänderungen der Großen Koalition von 1966-1969 legitimierten schließlich einige dieser gewachsenen Kooperationen, z.B. durch die Einführung der Gemeinschaftsaufgaben in das Grundgesetz.

Die Begriffe der „dritten" und „vierten" Ebene sind nicht unproblematisch, da sie mitunter eher Verwirrung als Klarheit stiften. Sie umschreiben jedenfalls kein hierarchisches Gliederungsprinzip, dem zufolge unterhalb der Länder noch weitere Ebenen existieren. Nach herrschender Rechtsauslegung ist die Bundesrepublik ein zweigliedriger Bundesstaat, der aus Bund und Ländern besteht. Auch die kommunale Ebene stellt keine staatsrechtliche dritte Ebene dar, sondern sie ist – trotz ausgeprägter kommunaler Selbstverwaltung – Bestandteil der Länder. Der Bund handelt im Rahmen seiner Zuständigkeiten für den Gesamtstaat *einschließlich* der Länder (Vogel 1994: 1053). Dabei gilt der Grundsatz, dass Bund und Länder ohne grundgesetzliche Regelung nicht die Aufgaben anderer bundesstaatlicher Teileinheiten erfüllen dürfen.

Heute gibt es eine schier unübersehbare Vielzahl unterschiedlicher Kooperationsgremien im Bundesstaat. Eine vom Landtag Nordrhein-Westfalen eingesetzte Kommission zählte schon 1989, noch vor der Wiederherstellung der Deutschen Einheit, rund 330 Bund-Länder-Gremien und 120 bis 140 reine Länderkommissionen (Landtag NRW 1990: 66). Dabei handelt sich teilweise um Ad-hoc-Gremien, teilweise um vergleichsweise fest formalisierte Zirkel. Heute liegt die nicht exakt bezifferbare Zahl noch höher. Der Bundesrat kann als Bundesorgan nicht bzw. nur bedingt als Koordinationsstelle für Länderinteressen genutzt werden, weshalb sich in der Vergangenheit ein dichtes Netz an Kooperationsformen gebildet hat, in denen Problemlösungen abgesprochen und teilweise in verbindliche Normen überführt werden. Ausdruck dieser starken Formalisierung sind z.B. Staatsverträge und Verwaltungsabkommen zwischen den Ländern, in denen sich die bundesstaatlichen Einheiten selbst an rechtswirksame Absprachen binden.

Verhandlungen von Regierungen und Verwaltungen prägen das Bild des kooperativen Föderalismus. Die Beschlüsse der Bund-Länder- bzw. Ländergremien sind zwar nicht rechtsverbindlich. Faktisch jedoch setzen sie Maßstäbe, welche die Landesparlamente nur schwer umgehen können. In den exekutiv dominierten Gesprächen erarbeiten die Akteure oft nur mühsam Kompromisse. Die Landesparlamente – zumal die Mehrheitsfraktionen, die „ihre" Regierungen stützen – können sich dem Druck, einmal erzielte Einigungen zu ratifizieren, kaum widersetzen. Entweder laufen ex post ausgeübte parlamentarische Kontrollversuche ins Leere, oder aber sie wirken störend, weil sie erzielte Vereinbarungen wieder in Frage stellen. Die Landtage leiden somit unter den typischen Problemen von Mehrebenenspielen. Sie kommen kaum umhin, von den Exekutiven ausgehandelte Kompromisse und Koppelgeschäfte im Nachhinein zu bestätigen und ihren „Agenten" relativ freie Hand in den Verhandlungen zu lassen (vgl. hierzu ausführlich: Kap. 5). Lehnen sie von den Regierungen beschlossene Pakete ab, steigen die Verhandlungskosten mitunter unvertretbar an, da die Verhandlungspartner erneut zusammentreten und um neue Kompromisse ringen müssen. Solche Fälle sind zwar nicht völlig ausgeschlossen, wie der Baden-Württembergische Landtag 1987 gezeigt hat, als er einen Staatsvertrag abgelehnt und damit eine Neufassung erzwungen hat (Greß/Huth 1998: 126). Sie gehören jedoch zu den Ausnahmen im kooperativen Bundesstaat – schon deshalb, weil die parlamentarischen Mehrheiten im politischen Normalfall kein Interesse daran haben, ihrer „eigenen", von ihr gestützten Regierung die Hände zu binden.

Überhang exekutiver Verhandlungsstrukturen und „Exekutivföderalismus"

Aufgrund der geschilderten Merkmale ist der deutsche Föderalismus immer wieder als „Exekutivföderalismus" bezeichnet worden. Der Begriff weist auf die dominante Stellung der Exekutiven in den bestehenden Strukturen der Selbstkoordination hin. In der Tat sind es die Regierungen und die Beamten, die in föderalen Gremien einvernehmliche Lösungen aushandeln. Dort dominieren weniger parteipolitische Polarisierungen, sondern eher sach- und konsensorientierte Verhandlungsstile. Ein solcher Verhandlungsmodus ist schon deshalb erforderlich, weil in freiwilligen Gremien nicht oder nur in wenigen Fällen mit qualifizierter Mehrheit entschieden werden kann (vgl. hierzu Kap. 3.2.2). Die Freiwilligkeit der Verhandlungen lässt sich nur dann aufrechterhalten, wenn die Akteure nicht zu ihren Ungunsten überstimmt werden. Meistens werden aber mehrere Tagesordnungspunkte zusammen beraten, so dass die verhandelnden Akteure in der Lage sind, „package deals" zu beschließen (Renzsch 1995: 185).

Demokratiedefizit?	In Deutschland führen der territoriale Zuschnitt und die ungleiche Leistungsfähigkeit der Länder somit zu einem gewissen faktischen „Zwang" zur Kooperation zwischen grundsätzlich autonomen, freiwillig zusammenarbeitenden Einheiten. Dies schmälert die demokratische Substanz des Bundesstaates, und zwar mindestens auf der Input-Seite des politischen Systems. Ob dies andererseits mit einer besseren Leistungsfähigkeit des Gesamtsystems einhergeht, die Legitimation also über die Output-Seite des Systems gestärkt werden kann, sei hier dahingestellt. Einen solchen Ausgleich nachzuweisen ist schwer, da kontrafaktische Analysen („Was wäre wenn?") kaum durchführbar sind. Politische Prozesse werden, wie in Kap. 2 gezeigt, im kooperativen und verflochtenen Föderalismus für den Wähler undurchschaubar. Die mangelnde Transparenz politischer Entscheidungsfindung führt dazu, dass Verantwortlichkeiten nicht mehr eindeutig an *eine* zuständige Ebene adressiert werden können. Auch die Kontrolle der kooperierenden Exekutiven seitens der Landtage läuft ins Leere – eine Entwicklung, welche die Grundsätze politischer Repräsentation in Frage stellt. Allerdings zeigen jüngere Entwicklungen, dass die Parlamente im Bundesstaat bzw. im Mehrebenensystem inzwischen ein Bündel von Gegenstrategien entwickelt haben. Wie wirksam diese tatsächlich sind, wird weiter unten diskutiert (vgl. Kap. 5).

3.1.2 Beispiele für vertikale Kooperation

Vertretungen der Länder beim Bund	Die Vertretungen der Länder beim Bund zählen zu den Institutionen, die als Beleg für die „Pfadabhängigkeit" des deutschen Föderalismus herangezogen werden können. Sie gehen zurück auf ein staatenbündisches Prinzip, nämlich auf die Tradition der Gesandtschaften der Gliedstaaten im Deutschen Reich von 1871. Diese Vertretungen werden heute von bevollmächtigten Kabinettsmitgliedern, meistens im Ministerrang (bzw. Staatssekretärsrang), genauer: den Landesministern bzw. Senatoren für Bundesangelegenheiten, angeführt. Die Landesvertretungen in Berlin – nicht zu verwechseln mit den Landesvertretungen bzw. Länderbüros in Brüssel (vgl. Kap. 4.4) – sind ins Leben gerufen worden, um föderative Querschnittsfunktionen wahrzunehmen. Die Bevollmächtigten begreifen sich als Scharnier zwischen Landes- und Bundespolitik, sie repräsentieren das Land im Bund und versuchen rechtzeitig, noch im Prozess des Agenda-Setting, auf den Gesetzgebungsprozess im Bund in ständiger Rückkopplung mit der Landesregierung Einfluss zu nehmen. Einflussadressaten sind sowohl die Bundesministerien und deren Verwaltungsapparat als auch Bundestag und Bundesrat, Medien und Interessengruppen (Laufer/Münch 1998: 270 ff.). Zu diesen Akteuren besteht ein dicht geknüpftes Netz an wechselseitig genutzten Kontakten.

Konferenzen der Regierungschefs	An der Spitze des Systems vertikaler Kooperation steht das Treffen des Bundeskanzlers mit den Regierungschefs der Länder. Die Bundesregierung lädt die präsidierenden Mitglieder der Landesregierungen mehrmals im Jahr zu gemeinsamen Besprechungen ein, um mit ihnen wichtige politische, wirtschaftliche und finanzielle Fragen zu beraten. Die Spitzentreffen der Regierungschefs dienen dazu, Materien aus unterschiedlichen Politikfeldern zu harmonisieren, um so über die bundesstaatlichen Ebenen hinweg eine möglichst reibungslose Regierungsarbeit zu gewährleisten. Umgekehrt verfügen die Länderregierungen über ein Forum, in dem sie eigene Interessen darlegen können. In diesem Kreise werden z.B. Fragen der Weiterentwicklung des föderalen Systems und schwierige Verteilungsprobleme, etwa Finanzfragen, erörtert, da angesichts der Richtlinienkompetenz des Kanzlers und der (meisten) Ministerpräsidenten die persönliche Autorität gegeben ist, um umstrittene Materien zu beraten. Auch die Verhandlungen zum Solidarpakt II waren z.B. Gegenstand der Konferenzen der Regierungschefs. In dieser Runde sollen politische Lösungen gefunden werden, die anschließend von allen bundesstaatlichen Einheiten mitgetragen werden.

Insofern dient das Gremium als „Clearing-Stelle", in der politische Konflikte entschärft werden können. Beratungsergebnisse können jedoch, als Resultat eines Agenda-Settings, auch von der Spitze der Regierungschefs „nach unten" hin, d.h. in die Verwaltungen, zur weiteren Ausarbeitung und Durchsetzung durchgestellt werden. Die einzelnen Ebenen der Regierungen in Bund und Ländern – von den Regierungschefs hin zu den verschiedenen Etagen der Ressorts, von der Ministerebene bis hin zur Koordination der Referenten in den Ministerien – arbeiten somit nach einer Art Paternoster-Prinzip in einem ständigen Bottom-up und Top-down-Prozess einander zu.

Wie für Organe und Gremien des deutschen Föderalismus typisch, durchmischen sich auch in den Besprechungen zwischen den Regierungschefs von Bund und Ländern parteipolitische und föderale Interessenlagen. Dem parteipolitischen Rollenmuster kommt dort eine größere Bedeutung als in den Koordinationsgremien der Beamten zu. Das bereits mehrfach zitierte Prinzip des „bundesfreundlichen Verhaltens" setzt jedoch einer unfairen oder auch nur taktisch motivierten parteipolitischen Ausgrenzung einzelner Akteure gewisse Grenzen. Zwar haben die Bundeskanzler immer wieder versucht, nur die Länderregierungschefs der jeweils eigenen Partei zu Besprechungen einzuladen, um auf diese Weise das eigene parteipolitische Lager über die föderalen Ebenen hinweg zusammenzuhalten und um Sonderabsprachen zu erreichen. Die im Laufe der letzten 35 Jahre für die Bundesregierung oft knappen Bundesratsmehrheiten sollten durch rechtzeitige Koordinierung der parteipolitisch „befreundeten" Länder „auf Linie" gebracht und die eigene Handlungskapazität erhöht werden (vgl. Renzsch 1989). Ein solches Verfahren liegt angesichts konkurrierender Präferenzen der Akteure und wegen der Rollenkonflikte, denen insbesondere die Landesregierungen häufig ausgesetzt sind, strategisch nahe. Auch gleich eingefärbte Landesregierungen folgen aus landespolitischen Gründen nicht automatisch der Parteiräson. Die oben (vgl. Kap. 2.1.3) dargestellten Fallbeispiele zur rot-grünen Bundesregierung geben Aufschluss über einen Teil des strategischen Instrumentenkastens, dessen sich die Bundesregierungen bedienen, um Vetopositionen des Bundesrates auszuhebeln.

Parteipolitik oder föderale Interessenlagen?

Verfassungsrechtlich ist diese Politik selektiver Besprechungen gleichwohl problematisch: Das Bundesverfassungsgericht hat die in den achtziger Jahren angewandte Praxis der Bundesregierung unter Kanzler Helmut Kohl, der die Minderheit der nicht CDU-geführten Länder von der föderativen Willensbildung gezielt ausgeschlossen hat, prinzipiell verworfen. Der Bund, so die Argumentation des Gerichts, dürfe bei Verhandlungen und Absprachen, welche die Interessen der Ländergesamtheit berührten, keine parteipolitisch begründete Auswahl unter den Gliedstaaten vornehmen. Ein solches Verfahren gilt als mit dem Grundsatz der Bundestreue unvereinbar. Im konkreten Urteil erhielt die Bundesregierung

Bundesverfassungsgericht zu parteipolitisch motivierten Absprachen

jedoch höchstrichterliche Absolution: Sie hatte schließlich über Monate hinweg ergebnislose Verhandlungen auch mit den der Opposition im Bundestag nahestehenden Regierungen geführt (BVerfGE 86: 13), bevor sie die SPD-regierten Länder aus dem Verfahren ausschloss.

Kooperation der Bundes- und Landesverwaltungen

Kaum noch überschaubar ist die Vielzahl der Bund-Länder-Ausschüsse, die sich aus Mitgliedern der Ministerialbürokratie beider Ebenen zusammensetzen. Diese Gremien dienen allgemein der Abstimmung von Politikinhalten; sie arbeiten den in der Hierarchie über ihnen angesiedelten Ausschüssen und Kommissionen zu und setzen gleichzeitig politische Vorgaben in den Verwaltungen um. Die Zusammenarbeit der Ministerialbürokratien findet auf allen administrativen Ebenen statt. Entstehungsgrund und Grad der Institutionalisierung sind höchst unterschiedlich: Die Gremien werden entweder auf der Grundlage förmlicher Abkommen oder von Beschlüssen, aber auch ohne schriftliche Grundlage ins Leben gerufen, sie sind ständige Einrichtungen oder aber lediglich Ad-hoc-Arbeitsgruppen. Gegenstand ihrer Tätigkeit sind Gesetzentwürfe und Verordnungen, welche die Interessen der Länder berühren, die Verwaltungstätigkeit, aber auch nur der Austausch von Erfahrungen.

Stärkung von „Fachbruderschaften"

Die zahlreichen informellen Abstimmungsgremien zwischen den Fachbeamten in Bund und Ländern führen dazu, dass sich in den Ministerialbürokratien von Bund und Ländern sog. „Fachbruderschaften" bzw. eine vertikal ausgerichtete „Ressortkumpanei" entwickelt haben (vgl. Wagener 1979). Darunter versteht man die gemeinsame Sichtweise und Interpretation von Problemen, die durch die jahrelange enge Zusammenarbeit weitgehend gleicher Personenkreise in der Verwaltung entstehen. In den Beamtengremien von Bund und Ländern werden eben auch informelle Normen und Interpretationen in einem Zuständigkeitsbereich erarbeitet und gepflegt, die von den politischen Verantwortlichen mitunter nur noch schwer kontrolliert und verändert werden können.

3.2 Horizontale Kooperation: Die Zusammenarbeit zwischen den Ländern

3.2.1 Selbstkoordination und Neugliederungsdebatte

Ursachen der Selbstkoordination

Die freiwillige Zusammenarbeit zwischen den Ländern ist nicht zuletzt von der Motivation getrieben, den Bund aus genuinen Länderzuständigkeiten herauszuhalten. Um mögliche Forderungen nach einer Verlagerung von eigentlich bundesfreien bzw. ausschließlichen Landeszuständigkeiten auf den Zentralstaat abzuwehren, hatten die Länder schon frühzeitig damit begonnen, ihre Politik einer freiwilligen horizontalen Selbstkoordination zu unterwerfen. Im Hintergrund stand und steht das grundgesetzlich festgeschriebene „Bedürfnis" nach bundeseinheitlichen Regelungen oder der Verweis auf gleichwertige, früher „einheitliche" Lebensverhältnisse, mit denen der Bund Eingriffe in Länderzuständigkeiten rechtfertigen konnte. Der Bundesrat scheidet, wie schon erläutert, als Bundesorgan für diese Aufgabe weitgehend aus. Die Selbstkoordination der Länder zielt somit darauf ab, Schwächen der bestehenden Ländergliederung zu überwinden und innerhalb der bestehenden Strukturen handlungsfähig zu bleiben. Sie dient, ebenso wie die Politikverflechtung, dazu, Externalitäten abzumildern, die entstehen, wenn Vor- und Nachteile von Entscheidungen nicht in der gleichen bundesstaatlichen Einheit anfallen. Sie unterscheidet sich von der Politikverflechtung jedoch durch die grundsätzlich gewahrte Exit-Option der politischen Akteure.

Eine Zusammenarbeit zwischen den Gliedstaaten ist, wie oben erwähnt, schon deshalb unverzichtbar, weil die Länder von einer sehr unterschiedlichen territorialen Ausdehnung geprägt sind. Die im Bundesgebiet gelegenen Ballungsräume greifen mehrheitlich über die Landesgrenzen hinaus. Durch den Beitritt der fünf neuen Länder sind zudem große strukturpolitische Ungleichgewichte entstanden. Der mit der Wiedervereinigung einhergehende Abbau ganzer nichtkonkurrenzfähiger Industriezweige auf dem Gebiet der ehemaligen DDR löste innerhalb nur weniger Jahre eine Binnenmigration aus, in deren Folge ganze Landstriche in Ostdeutschland einen beträchtlichen Teil ihrer gut ausgebildeten und jüngeren Arbeitnehmer an die stärker prosperierenden Regionen und Wachstumsbranchen in den alten Bundesländern abgegeben haben. Die ohnedies bestehenden Asymmetrien im deutschen Bundesstaat wurden so in nur wenigen Jahren erheblich vertieft (vgl. Sturm 1999c). Diese Entwicklungen haben nach der Deutschen Einheit abermals die Frage aufgeworfen, wie eine Neustrukturierung der Länder zur Effektivierung des deutschen Föderalismus beitragen könnte. Die Neugliederung des Bundesgebietes ist seither ein immer wieder diskutiertes Thema, allerdings ohne dass dem eine große Chance auf Realisierung eingeräumt würde.

Im Jahre 1976 war Art. 29 GG, der bis dahin eine Neugliederung des Bundesgebietes in leistungsfähige Einheiten vorgeschrieben hatte, in eine Kann-Vorschrift umgewandelt worden. Seither hat es zwar eine Vielzahl verschiedener Vorschläge zur Neugliederung des Bundesgebiets gegeben (vgl. für viele: Blaschke 1990), die mehr oder weniger realistisch waren. Jedoch hat nur noch ein ernsthafter Neugliederungsversuch stattgefunden, nämlich die gescheiterte Fusion zwischen Berlin und Brandenburg von 1996. Kritiker des Verbundföderalismus argumentieren, dass die zahlreichen Mechanismen des bundesstaatlichen Ausgleichs, die im Rahmen des Finanzwesens und durch föderale Kooperation vorgeschrieben und finanziell abgesichert sind, nicht eben den Druck auf die Länder erhöhen, sich die Neugliederung oder eine Länderfusion als Aufgabe zu eigen zu machen. Die Spreizung zwischen armen und finanzkräftigen Ländern und das Ausmaß an Umverteilung von Steuermitteln zwischen den Ländern und zwischen Bund und Ländern sind seit der Deutschen Einheit vielmehr gewachsen. Die externen Effekte im deutschen Bundesstaat, die schon vor 1990 beträchtlich waren, haben abermals zugenommen: Das der ökonomischen Theorie des Föderalismus entstammende Kriterium der „fiskalischen Äquivalenz" (vgl. Olson 1969; Thoeni 1986), das die Übereinstimmung der Nutzer mit den Zahlern von Leistungen postuliert, lässt sich im deutschen Föderalismus allenfalls noch als regulative Idee begreifen, der wenig Aussicht auf Durchsetzung beschieden ist. Die territoriale Gliederung trägt deshalb nach Meinung eines Teils der Politik- und Wirtschaftswissenschaften dazu bei, dass das Wohlfahrtsniveau abgesenkt wird (vgl. hierzu auch: Sturm 2003a). Allerdings sind föderale Gebietskörperschaften Räume, „...die politische Identität vermitteln und an denen nicht

Art. 29 GG

einfach nach ökonomisch-rationalen Kriterien herumgeschneidert werden kann" (Linder 2007: 10).

Neugliederungs-debatte

Die nach der Deutschen Einheit geführte Neugliederungsdiskussion bediente sich ähnlicher Argumente, wie sie schon in der Ernst-Kommission 1972 vorgebracht worden waren. Da die historisch gewachsene Grenzziehung im Bundesstaat nicht durchgängig leistungsfähige Länder hervorgebracht hat, muss der Bund Länderaufgaben übernehmen und mit finanzieren. Insofern gilt die territoriale Gliederung als eine der Ursachen dafür, dass der deutsche Bundesstaat unitarische Züge trägt. Allerdings atmet diese Argumentation selbst den Geist des Gedankens, dem zufolge die Gliedstaaten eine mindestens „gleichwertige" Politik hervorzubringen hätten: Andere Bundesstaaten, etwa die USA oder die Schweiz, können – gerade hinsichtlich der territorialen Ausdehnung – auf ebenfalls sehr unterschiedlich große territoriale Einheiten verweisen und lassen dennoch mehr Wettbewerbselemente als Deutschland zu. Außerdem beziehen sich die Argumente für eine Neugliederung oft ausschließlich auf Effizienzkriterien, wenn sie den Ländern im föderalen Wettbewerb eine ähnliche Leistungskraft zubilligen wollen.

Es besteht nur wenig Aussicht, dass die Kosten der bundesstaatlichen Kooperation und die Ineffizienzen der bestehenden Ausgleichsmechanismen in Zukunft über eine territoriale Neuordnung reduziert werden. Finanzielle Angebote des Bundes in Länderangelegenheiten, insbesondere nach Art. 104a GG, führen vielmehr immer wieder dazu, dass die Länder Bundesinitiativen zustimmen und die gegebene Ordnung als für sie zumindest nicht unvorteilhaft ansehen. Die Kleinräumigkeit vieler Länder erhöht im Falle knapper Finanzmittel die Neigung selbst bei genuinen Länderkompetenzen, wie beispielsweise der Kulturförderung, auf Bundeshilfe zu vertrauen. Abweichend von der allgemeinen Einstellung, dass Fusionen generell vorteilhaft für die Effektivität und Effizienz gliedstaatlicher Politik seien, weisen andere Studien darauf hin, dass bei Länderfusionen auch die politische Heterogenität wachse. Eine Landesregierung könnte sich deshalb nach einer Fusion ggf. weniger gut an den Präferenzen der Bevölkerung orientieren als zuvor, und ob die vermuteten Internalisierungseffekte tatsächlich einträten, sei umstritten (Berthold/Fricke 2008).

Die Ursachen, die Neugliederungen verhindern, sind ebenfalls auf die institutionellen Hürden zurückzuführen. Das Grundgesetz stellt hohe Anforderungen an einen Vereinigungsprozess. Alle Gebietsänderungen bedürfen nach Art. 29 GG der Zustimmung des Bundes sowie des Volksentscheids in den betroffenen Ländern. Abweichend von Art. 29,2 bis 29,7 GG dürfen die Länder auch durch Staatsvertrag eine Neugliederung beschließen. Allerdings müssen dabei nicht nur die betroffenen Kreise und Gemeinden gehört werden; der Vertrag muss vielmehr durch den Bundestag und durch Volksentscheid in den jeweiligen Ländern besiegelt werden. Nach der Wende wurde zudem im Zuge der Verfassungsreform (vgl. BT-Drs. 12/6000) ein neuer Art. 118a GG eingefügt, der den Zusammenschluss von Berlin und Brandenburg vereinfachen sollte. Dieser ist wegen der gescheiterten Fusion der beiden Länder derzeit allerdings gegenstandslos.

Regionale Identitäten als Gliederungsprinzip?

Ein Teil der Neugliederungsdiskussion vernachlässigt die Tatsache, dass Bundesstaaten historisch bedingte regionale Identitäten abbilden. Die sog. „landsmannschaftliche Verbundenheit" genießt indessen in Art. 29,1 GG sogar

Verfassungsrang. Wer aber auf regionale Identitäten als Bestandsgarantie für die Bundesländer hinweist, muss sich die Frage stellen, ob solche Identitäten als gegeben begriffen werden können oder aber ob sie nicht veränderbar bzw. sogar konstruierbar sind. Ist Letzteres der Fall, gibt es keinen Grund, unter Verweis auf Identitäten einen immerwährenden Bestand territorialer Grenzen zu fordern (vgl. Zimmermann-Steinhart 2005).

Für Deutschland mag in diesem Zusammenhang der Verweis auf die sog. „Bindestrich-Länder", wie Nordrhein-Westfalen, genügen, die künstliche Produkte der Nachkriegsgeschichte sind, inzwischen aber – nicht zuletzt befördert durch Werbekampagnen aus den Staatskanzleien – einen angeblich stabilen Identifikationshintergrund für die Bewohner des Landes abgeben. Umfragen zu einer möglichen Länderfusion Sachsen-Anhalts mit den Nachbarländern Sachsen und Thüringen, die in Sachsen-Anhalt durchgeführt werden, zeigen aber kein klares Bild: Fast gleich viele Bürger befürworten und lehnen den Zusammenschluss ab (Infratest dimap 2006: 12). Eine 2007 durchgeführte Umfrage zum deutschen Föderalismus belegt zudem, dass eine Mehrheit der Befragten in Berlin, Hamburg, Schleswig-Holstein, Rheinland-Pfalz, Bremen, Niedersachsen, im Saarland und in Sachsen-Anhalt sich inzwischen durchaus die Fusion mit einem Nachbarland vorstellen könnten (Petersen et al. 2008: 569). Die realpolitischen Chancen einer Neugliederung dürften jedoch gering sein (Linder 2007: 10).

Fest steht auch, dass robuste regionale Identitäten kleinräumiger sind als die heutigen Landesgrenzen (Schwaben in Bayern beispielsweise) und auch heute noch Grenzziehungen überwinden (Schwaben in Bayern und Baden-Württemberg; vgl. Sturm 2003c). Eine Grenzziehung, die solche Identitäten zugrunde legte, würde somit eher zu einer neuen Kleinräumigkeit des Bundesstaates führen. Landespolitische Identitäten sind offenbar keine unverrückbare Größe: Institutionelle Neuerungen, gezielte identitätsbildende Maßnahmen wie Marketingstrategien, grenzüberschreitende Kommunikationsräume und auch der territoriale Zuschnitt von Regionen können Identitäten formen und verändern. Da Deutschland keinen ethnischen Föderalismus oder Sprachgrenzen wie die Schweiz kennt, geht von Hinweisen auf eine gänzlich unveränderbare regionale Identität letztlich eine begrenzte Überzeugungskraft aus. Rund ein Viertel der Bundesbürger, am meisten in Sachsen-Anhalt und Nordrhein-Westfalen, sind sogar der Meinung, die Länder seien im politischen System eigentlich überflüssig.

Wie kompliziert es ist, auf der Grundlage der bestehenden Verfahren für eine Neugliederung selbst naheliegende Zusammenschlüsse durchzusetzen, zeigt die gescheiterte Fusion von Berlin und Brandenburg von 1996 (vgl. Kleger 1997; Kleger 2001; Kropp 1999: 275 f.). Beide Länder haben nicht nur mit den herkömmlichen Problemen einer grenzüberschreitenden Zusammenarbeit zu kämpfen, sondern zusätzlich mit Stadt-Umland-Problemen, da Berlin das „Loch in der Mitte" Brandenburgs darstellt. Beide Länder sind hoch verschuldet; die Kosten politischer Führung sind insbesondere in Berlin so Besorgnis erregend, dass das Land eine haushaltspolitische Notlage im Finanzausgleich für sich geltend zu machen versuchte (vgl. Kap. 2.3). Eine Fusion hätte das Gebiet zum fünftgrößten Bundesland aufgewertet.

Gescheiterte Fusion Berlin – Brandenburg

Die Erfolgsaussichten schienen ursprünglich vielversprechend: Der Bund fand sich zu Zugeständnissen bereit, die Einwohnerveredelung Berlins als Stadtstaat im Finanzausgleich noch 15 Jahre über die Fusion hinaus aufrechtzuerhalten. Selbst parteipolitische Kontroversen konnten beigelegt werden, obwohl die CDU in Berlin gegenüber dem seinerzeit noch SPD-alleinregierten Brandenburg befürchten musste, im fusionierten Bundesland in eine strukturelle Minderheitensituation zu geraten. Beide Landesregierungen waren somit bereit, die hohen politischen Opportunitätskosten auf sich zu nehmen – ein Verhalten, das Theorien des ökonomischen Föderalismus zufolge, die von einem grundsätzlich gemeinwohlschädlichen und egoistischen Handeln der Politiker ausgehen und die heilende Wirkung eher im Plebiszit suchen, nicht erklärt werden kann (vgl. hierzu kritisch: Braun 2004). Im Mai 1995 konnte der Staatsvertrag somit beide Landtage mit einer Zweidrittelmehrheit passieren – und dies, obwohl die Zahl der Mandate als auch der Umfang der Verwaltungen hätten reduziert werden müssen. Von allen parlamentarisch vertretenen Parteien rief nur die PDS zur Ablehnung des Vertrages auf.

Die Vereinigung der beiden Länder scheiterte schließlich am Volksentscheid. In Berlin erhielt der Vertrag zwar eine Zustimmung von insgesamt 53,4% der Stimmberechtigten – eine Mehrheit kam allerdings nicht im Ostteil der Stadt zustande. Die Brandenburger Wähler hingegen lehnten mit 36,6% Zustimmung die Länderfusion ab – dies im Übrigen erneut in einer 2007 durchgeführten Umfrage (Petersen et al. 2008: 569).

Horizontale Kooperation als Alternative zur Neugliederung

Da sich die Neugliederungspläne in den vergangenen Jahren zerschlagen haben, bleibt den Ländern kaum etwas anderes übrig, als weiterhin auf die grenzüberschreitende Zusammenarbeit als Mittel der Koordination zurückzugreifen. Die freiwillige Selbstkoordination der Länder zielt darauf ab, Schwächen der bestehenden Ländergliederung zu überwinden und innerhalb der bestehenden Strukturen handlungsfähig zu bleiben. Den Ländern steht das Recht zu, die ihnen verbliebenen Kompetenzfelder eigenverantwortlich zu gestalten und dabei mit anderen Ländern zusammenzuarbeiten. Diese Aufgabenhoheit umfasst auch die Möglichkeit, die dafür erforderlichen Instrumente und Institutionen auf der sog. „dritten Ebene" der Selbstkoordination einzurichten.

Dieses Vorgehen wirft allerdings hinsichtlich des den Ländern verbliebenen „Hausguts" an eigenen gesetzgeberischen Zuständigkeiten und auch wegen der rudimentären Mitwirkung der Landesparlamente am Entscheidungsprozess immer wieder kritische Fragen auf, wie es um den Zustand des deutschen Föderalismus bestellt sei. Selbst in den Bereichen, in denen die Länder noch eigenständige Gestaltungsmöglichkeiten besitzen, setzen sich unitarisierende Tendenzen durch. Um Eingriffe des Bundes in Länderzuständigkeiten abzuwehren, die dieser mit dem Hinweis auf gleichwertige Lebensverhältnisse begründen kann, vereinheitlichen die Länder in eigener Regie ihre Politik auch in den Bereichen, die zu ihren genuinen Zuständigkeiten zählen. Andererseits können gemeinsame Absprachen der Länder die Verhandlungsposition gegenüber dem Bund stärken, da dieser nur mit Mühe in eine geschlossene Länderfront einzubrechen vermag.

3.2.2 Formen der horizontalen Koordination zwischen den Länderexekutiven

Im Laufe der Jahre ist ein dichtes Netz bilateraler wie multilateraler Absprachen zwischen den Ländern geknüpft worden. Die praktizierten Kooperationsformen sind vielfältig: Sie reichen von gemeinsamen Verträgen und der gemeinsamen Landesplanung über regelmäßig durchgeführte Fachminister- und Ministerpräsidentenkonferenzen, über gemeinsame Kabinettssitzungen bis hin zu den zahlreichen Gremien der Beamten.

Den sichtbarsten Ausdruck findet die horizontale Selbstkoordination in formalrechtlich geregelten Abkommen. Solche rechtlichen Vereinbarungen zwischen mehreren oder allen Ländern werden in Form von Verwaltungsabkommen oder Staatsverträgen geschlossen. Diese Verträge enthalten gemeinsame Regelungen, mit denen grenzüberschreitende Probleme, die gemeinsame Bildung oder Nutzung von Einrichtungen, die Erstellung übergreifender Landesplanungskonzepte etc. in eine verbindliche Form gegossen werden. Solche Absprachen erleichtern die Kooperation, weil sie die Verpflichtung zur Zusammenarbeit förmlich festlegen und auf eine berechenbare Grundlage stellen. Diese formalen Vereinbarungen, mit denen die Selbstkoordination der Länder in Rechtsform gegossen wird, helfen Lücken des Grundgesetzes zu schließen. Dieses hat an nur wenigen Stellen Kooperationsnormen festgeschrieben, z.B. in Art. 35 (Amtshilfe, Katastrophenhilfe), in Art. 91 (Polizeihilfe) oder in Art. 107,2 GG (Finanzausgleich). Eine bekannte Institution, die von den Regierungschefs der Bundesländer per Staatsvertrag geschaffen worden ist, ist z.B. das Zweite Deutsche Fernsehen (ZDF), ebenso die fusionierten Anstalten MDR, RBB, NDR und SWR. Die Staatsverträge unterliegen der Zustimmung durch die Landesparlamente. Die Verwaltungsabkommen wiederum werden von den Landesregierungen abgeschlossen; sie sehen, wie der Name sagt, keine parlamentarische Ratifikation vor.

Staatsverträge und Verwaltungsabkommen

An der „Spitze" des weitverzweigten Systems der „dritten Ebene" stehen die Konferenzen der Ministerpräsidenten (MPK), die mehrmals im Jahr tagen und von den Tagungen der Chefs der Staats- bzw. Senatskanzleien (CdS-Konferenzen) vorbereitet werden. Dieses Gremium wurde bereits vor der Entstehung der Bundesrepublik Deutschland gegründet. Schon im Juni 1947 wurde der erste Versuch unternommen, eine gesamtdeutsche Ministerpräsidentenkonferenz anzuberaumen. Die Regierungschefs der sowjetischen Besatzungszone verließen jedoch die Konferenz wegen unüberbrückbarer Interessenkonflikte mit den Kollegen der westlichen Zonen. Im Juli 1948 wurde die MPK in Koblenz erneut ins Leben gerufen, um einzelne Themen im Parlamentarischen Rat und die Ausarbeitung der Verfassung vorzubereiten. Nachdem das Grundgesetz verabschiedet worden war, sah man zunächst keine Veranlassung, die MPK als Koordinationsinstrument wiederzubeleben. Seit 1954 jedoch ist die MPK wieder eine ständige Einrichtung, mit deren Hilfe die Länder vermeiden wollen, dass die zentralstaatliche Ebene zu viele Kompetenzen an sich zieht. Beraten werden sollen Fragen, „... die eine gewisse Versuchung zur zentralen gesetzlichen Regelung in sich bergen, wenn es die Länder nicht fertig bringen, sie im gegenseitigen Benehmen auf vernünftige und verständige Weise unter sich zu regeln" (Bayerischer Ministerpräsident Hans Ehard, zit. nach: Laufer/Münch 1998: 257). Im Dezember 1990 fand die erste gesamtdeutsche MPK nach der Wiederherstellung der Deutschen Einheit statt.

Ministerpräsidentenkonferenz

Die Aufgaben der MPK umfassen heute noch ein ähnliches Spektrum wie vor 50 Jahren. Zum Themenkatalog zählen die Vorbereitung von Staatsverträgen und Vereinbarungen zwischen den Ländern oder mit dem Bund. Ziel der Beratungen ist es, gemeinsame Positionen und Politiken der Länder, auch gegenüber dem Bund, „außerhalb des normalen Gesetzgebungsverfahrens" abzustimmen (Landesregierung Nordrhein-Westfalen 2006). Inhaltliche Schwerpunkte der MPK-Beratungen in den vergangenen Jahren waren die Themen, die das Selbstverständnis und den Aufgabenkern der Landespolitik berühren. Hierzu zählen die Europapolitik, die Föderalismusreform (vgl. z.B. MPK-Beschluss vom 27.3. 2003), die Bund-Länder-Finanzbeziehungen und Fragen der Bildungspolitik. Die MPK entscheidet auch, wenn in europapolitischen Fragen in der Europaministerkonferenz Uneinigkeit herrscht. Beschlüsse der MPK werden anschließend in der Regel vom Bundesrat meistens im Wortlaut für Stellungnahmen zu europapolitischen Fragen übernommen (Große Hüttmann/Knodt 2003: 289). Die MPK versteht sich inzwischen zudem auch selbst als europapolitischer Akteur. Sie adressiert z.B. eigenständige Stellungnahmen an die Kommission nach Brüssel, was wiederum nicht eben dazu beiträgt, die deutsche Position in Europa eindeutig hervortreten zu lassen.

Die Ministerpräsidenten treffen sich viermal jährlich, wobei diese Zusammenkünfte auf der „dritten" Ebene im Sommer und im Dezember im Anschluss unmittelbar in die „vertikale" Absprache mit dem Bundeskanzler übergehen. Für die Tagesordnungen der MPK melden die Länder Themen an. Stehen drängende Probleme ins Haus, etwa bei der Neugestaltung des Länderfinanzausgleichs oder für die Bund-Länder-Beratungen zur Föderalismusreform, werden über diesen Turnus hinaus Sonderkonferenzen anberaumt. Die ostdeutschen Ministerpräsidenten haben sich angesichts der spezifischen Interessenlagen der neuen Länder zudem zur MPK-Ost zusammengeschlossen. Dort werden gemeinsame Positionen, etwa für die Verhandlungen zum Solidarpakt, abgestimmt.

Übergang zum „qualifizierten Ländermehr"

In der MPK verfügt jedes Land über eine Stimme; eine Gewichtung nach Einwohnerzahl, wie im Bundesrat, gibt es nicht. Bis 2004 galt, wie für freiwillige Formen der Selbstkoordination üblich, das Konsensprinzip, d.h. Entscheidungen konnten nur auf der Grundlage einstimmiger Voten getroffen werden. Das Einstimmigkeitsprinzip war vom Bundesverfassungsgericht schon 1952 in seinem Urteil über die Verteilung der Bundesmittel für den sozialen Wohnungsbau als die dem föderalistischen Rechtsverhältnis angemessene Regel hervorgehoben worden (BVerfGE 1: 38). Das Mehrheitsprinzip hingegen würde dazu beitragen, autonome Zuständigkeiten eines Landes auszuhöhlen, es könnte damit einer Zentralisierung von Kompetenzen Vorschub leisten. Die MPK ist somit nur dann handlungsfähig, wenn die Länder ein hohes Maß an Kompromissbereitschaft zeigen. Dieser Interaktionsstil unterscheidet dieses Gremium auch von einem Bundesorgan wie dem Bundesrat, wo die parteipolitische Polarisierung zwischen den Ländern föderale Gesichtspunkte stärker überlagert. Seit Ende 2004 ist das Einstimmigkeitsprinzip jedoch gelockert worden: Um die Handlungsfähigkeit der Ländergesamtheit zu erhöhen, hat die MPK im Zuge der Beratungen zur Föderalismusreform beschlossen, dass Entscheidungen nurmehr die Unterstützung von mindestens 13 Ländern voraussetzen (qualifiziertes Ländermehr). Ausgenommen sind Entscheidungen über ihre Geschäftsordnung, haushaltswirksame Angelegenheiten und die Schaffung von Gemeinschaftseinrichtungen. In diesen Fällen gilt weiterhin das Einstimmigkeitsprinzip (Landesregierung Nordrhein-Westfalen 2006). Stehen politisch heikle Themen an, die eines besonderen Vertrauensschutzes bedürfen, kann die Beratung der MPK in sog. „Kamingespräche" verlagert werden, an denen nur die Regierungschefs, nicht aber die Mitarbeiter teilnehmen.

Die MPK ist zwar weniger als der Bundesrat, aber dennoch geprägt von den Rollenkonflikten der Ministerpräsidenten, die föderale Politik mit parteipolitischen Aspekten ihrer Tätigkeit im Bundesstaat ausbalancieren müssen. Wie auch die Ministerkonferenzen (vgl. unten), kennt die MPK deshalb vorgelagerte Koordinationsrunden, in denen sich die Ministerpräsidenten absprechen, die der gleichen politischen Partei angehören. Vor den Plenarsitzungen treffen sich somit in getrennten Sitzungen die A-Länder (SPD-geführt) sowie die B-Länder (CDU-geführt) und beraten die Tagesordnungspunkte für das Plenum vor.

Die Ressort-Ministerkonferenzen verfolgen den Zweck einer freiwilligen sektoralen Abstimmung zwischen den Ländern. Beinahe jedes Politikfeld kennt seine eigene Ministerkonferenz, die mehrfach im Jahr regulär und zusätzlich zu Sonderkonferenzen zusammentritt. Die Tagungen haben, je nach Politikfeld und der damit verbunden Zuständigkeitsverteilung zwischen Bund und Ländern, unterschiedliche Spielarten der Beteiligung des Bundes entwickelt. Grundsätzlich stellen sie jedoch nach wie vor ein Element der sog. „dritten Ebene", d.h. der Länderkoordination, dar. Hierzu zählt z.B. die oben bereits dargestellte EMK, in der die europapolitischen Positionen der Länder als Querschnittspolitiken abgestimmt werden. Einen besonders hohen Grad der Institutionalisierung hat die Kultusministerkonferenz (KMK) erreicht. Es gibt kaum noch Bereiche der Bildungs- oder Kulturpolitik, die nicht in der KMK beraten werden. Zwar sind deren Beschlüsse nicht rechtsverbindlich, faktisch jedoch werden sie von den Kultusverwaltungen der Länder als handlungsleitend angesehen (Laufer/Münch 1998: 258 ff.).

Ministerkonferenzen der Länder

Die Kultusministerkonferenz wurde im Jahre 1948, noch vor der Konstituierung der Bundesrepublik Deutschland, gegründet. Vorläufer war die „Konferenz der deutschen Erziehungsminister", die am 19. und 20. Februar 1948 noch unter Teilnahme von Vertretern ostdeutscher Länder tagte. Die Minister aus der sowjetischen Zone kündigten jedoch noch im gleichen Jahr eine weitere Zusammenarbeit auf, so dass die KMK 1948 schließlich eine ständige Einrichtung der Kultusminister der Länder aus den drei westlichen Besatzungszonen wurde.

Beispiele KMK und IMK

Heute tritt die KMK etwa drei- bis viermal im Jahr zusammen. Die KMK ist eine hochgradig formalisierte Organisation, die ein Präsidium, ein Sekretariat mit einem Generalsekretär und verschiedenen Abteilungen sowie unterschiedliche Ausschüsse und Kommissionen sowie Fachkommissionen eingerichtet hat. Sie umfasste bis 2004 etwa 250 Mitarbeiter, dabei arbeiteten mehr als 30 Gremien dem Sekretariat zu. Vorbereitet werden die Sitzungen des Plenums von den Amtschefs (zumeist im Staatssekretärsrang), die weniger kontroverse politische Fragen abschließend beraten. Sind die Zuständigkeiten für Bildung auf mehrere Ressorts verteilt, nehmen mehrere Vertreter pro Land an den Besprechungen teil.

Auch die Ministerkonferenzen in anderen Politikfeldern haben einen ähnlichen administrativen „Unterbau" ausgebildet. In der Innenministerkonferenz werden die Jahreskonferenzen z.B. von sechs ständigen Arbeitskreisen vorbereitet, in denen die auf der Jahres- oder Sonderkonferenz anstehenden Themen von Fachleuten vorab erörtert werden. Den Arbeitskreisen, deren Zuschnitt das breite

Aufgabenspektrum der Innenressorts abbildet, gehören die jeweiligen Abteilungsleiter der Innenressorts der Länder und des Bundes an. Die Beschlüsse der Ministerkonferenzen selbst entfalten zunächst nur eine politische Wirkung. Um eine rechtliche Bindekraft zu erzielen, müssen sie durch die Behörden der Länder und des Bundes noch umgesetzt werden.

Die KMK verfolgt – so auch ihre Selbstdarstellung – das Ziel, in Belangen, die von länderübergreifender Bedeutung sind, für das notwendige Maß an Gemeinsamkeit in Bildung, Wissenschaft und Kultur zu sorgen (vgl. Kultusministerkonferenz 2006). Die Koordination erfolgt durch Empfehlungen, Vereinbarungen bzw. Staatsabkommen. Nach der teilweise tiefgreifenden Kritik an der Regulierungsdichte der KMK-Beschlüsse und heftigen Konflikten im Bildungsbereich, in deren Zuge das Land Niedersachsen sogar angekündigt hatte, aus der Arbeit der KMK auszusteigen (vgl. unten stehendes Fallbeispiel), verpflichtet sich das Gremium nunmehr, im Sinne „von mehr Toleranz und Vielfalt im Bildungswesen" auf Detailregelungen zu verzichten. Das gemeinsam vereinbarte Niveau müsse auch weiterhin Experimente und Innovationen einzelner Länder zulassen.

Einstimmigkeitsprinzip oder qualifizierte Mehrheitsregel?

In den Ministerkonferenzen gilt nach wie vor das Einstimmigkeitsprinzip, wobei jedes Land nur über eine Stimme verfügt. Somit sind die Beteiligten gezwungen, auf Maximalpositionen zu verzichten. Um das Konsensprinzip zu unterstützen und ein Mitglied nicht zur Ablehnung einer sonst akzeptierten Vorlage zu zwingen, ist z.B. in der Innenministerkonferenz die Möglichkeit der Stimmenthaltung gegeben. Das abweichende Land bzw. der Bund erhält in einer Erklärung zum Protokoll jedoch die Gelegenheit, seine Auffassung näher erläutern. Die KMK hat allerdings auf Druck des Landes Niedersachsen hin inzwischen eine Reform durchgeführt und in Anlehnung an die Regelung in der MPK den qualifizierten Mehrheitsentscheid eingeführt. So sind nur noch 13 Länder nötig, um einen Beschluss fassen zu können.

Mitwirkung des Bundes an Ministerkonferenzen

In der Arbeit der KMK überkreuzen sich Elemente der „dritten" und „vierten" Ebene im Bundesstaat, obwohl der Bildungsbereich eines der von den Ländern eifersüchtig überwachten Reservate autonomer Landeszuständigkeiten ist und deshalb auch in den Verhandlungen über die Föderalismusreform Gegenstand heftiger Kontroversen zwischen Bund und Ländern war. Die Kultusminister versuchen, ihre Politik zu vereinheitlichen, um ein Mindestmaß an Mobilität für Schüler, Hochschüler und Lehrende zu ermöglichen. Sie sind – trotz aller Versuche, den Bund aus dem Bereich der Bildung herauszudrängen, und trotz der Präsenz der Länder auf der europäischen Ebene – gezwungen, mit ihm in der auswärtigen Kulturpolitik sowie aufgrund der internationalen und europäischen Zusammenarbeit im Bildungswesen zusammenzuarbeiten, zumal die Zuständigkeit für die auswärtigen Beziehungen grundsätzlich beim Bund angesiedelt ist. Somit bedarf es einer Verklammerung zwischen der auswärtigen Kompetenz des Bundes und der grundsätzlichen Zuständigkeit der Länder für den Bildungsbereich. Diese Verknüpfung wird nicht zuletzt in der KMK vorgenommen.

Auch an anderen Ministerkonferenzen, z.B. an der Innenministerkonferenz, nimmt der Bundesinnenminister als ständiger Gast an den Sitzungen des Gremiums teil. Wie die Mitglieder der Länder, verfügt er über Rede- und Antragsrecht, im Gegensatz zu den Ländervertretern allerdings über kein Stimmrecht. Dieses steht auch dem Vertreter des Bundeskanzleramtes nicht zu, der z.B. an den Plenarsitzungen der Bauministerkonferenz (ARGEBAU) regelmäßig teilnimmt. Der Mehrebenencharakter der Ministerkonferenzen kommt u.a. dadurch zum Ausdruck, dass sie heute in ihren Selbstdarstellungen teilweise mit Nachdruck die europäische Dimension ihrer Tätigkeit betonen. Die Innenministerkonferenz hebt z.B. hervor, dass der Vorsitzende sie auch auf europäischer Ebene vertreten solle (Bayerisches Staatsministerium des Inneren 2006).

Die Ministerkonferenzen sind nach einem ähnlichen Prinzip wie die MPK organisiert. Im Großen und Ganzen kann man den Ablauf der Zusammenkünfte in vier Abschnitte unterteilen. Am ersten Sitzungstag treffen sich die Minister der sog. A-Länder und B-Länder zu getrennten Gesprächen, den „A- und B-Länder-Vorbesprechungen". Diese Vorgespräche sind fester Bestandteil der Tagungen und auf den Einladungen und Zeitplänen eigens ausgewiesen. In diesen Vorgesprächen werden der eigentlichen föderalen Koordinierung parteipolitische Absprachen der Exekutiven vorgeschaltet. Bei den Ministerkonferenzen handelt es sich somit um ein typisches Beispiel dafür, wie sich Parteienwettbewerb und Föderalismus als Strukturprinzipien in der Entscheidungsfindung überlagern. Die kleinen Koalitionspartner in den Länderregierungen richten sich dabei nach der Farbenlehre des Regierungsbündnisses, in das sie eingebunden sind. Werden die zuständigen Ministerien vom kleinen Koalitionspartner FDP geführt, nimmt der Minister mit FDP-Parteibuch an den A-Runden teil, wenn er in eine sozialliberale Koalition eingebunden ist, an den B-Runden, wenn sein großer Bündnispartner die CDU ist. Seit der Wiedervereinigung haben sich die Interessenlagen durch den Beitritt der neuen Länder weiter ausdifferenziert, was sich auch in den Abläufen der Ministerkonferenzen niederschlägt: Wenn, wie im Falle des Stadtumbauprogramms, dezidiert ostdeutsche Interessen auf der Tagesordnung stehen, koordinieren sich im Vorfeld der A- und B-Länderrunden zusätzlich die Vertreter der neuen Länder. Die Interessensstrukturen in den Ministerkonferenzen werden dann durch die bestehenden organisatorischen Abläufe als Sechseck abgebildet. Das Verfahren sieht somit, je nach Thema, mittlerweile eine parteipolitisch definierte, eine Ost-West- sowie die eigentliche föderale Koordinierung von Interessenlagen vor.

A- und B-Länderrunden

Im Anschluss an die Vorgespräche treffen die Minister und Senatoren – in einem dritten Verfahrensabschnitt – in der Regel abends zu einem „Kamingespräch" zusammen, wo sie ohne Mitarbeiter und jenseits des Protokolls vertraulich politisch bedeutsame und konflikthafte Themen erörtern und gemeinsame Schnittstellen ausloten können. Erst auf dieser Grundlage findet am zweiten Sitzungstag die Plenarsitzung statt, in der die Minister und Senatoren die einzelnen Punkte der Tagesordnung beraten und formale Beschlüsse fassen. Die Konferenz schließt mit dem vierten Abschnitt, der Pressekonferenz, in welcher der Vorsitzende der Konferenz sowie die Sprecher der A- und B-Länder sowie der Vertreter des Bundesministeriums die Öffentlichkeit über die Ergebnisse unterrichten.

Kamingespräche

Obwohl die Ministerkonferenzen als reines Koordinationsinstrument der Exekutiven gelten, werden an den regelmäßig vorgeschalteten Vorgesprächen der A-Länder und B-Länder – je nach Koalitionsmehrheit – ebenfalls die fachpolitischen Sprecher der regierungstragenden Mehrheit im Bund beteiligt (vgl.

Beteiligung von Abgeordneten

Kropp 2002: 444). Auf den Fachministerkonferenzen werden somit Länderregierungen und regierungstragende Fraktionen im Bund miteinander verzahnt. Auf diese Weise wird der wechselseitige Informationsfluss sichergestellt. Die Regierungsfraktionen im Bundestag bleiben über ihre Sprecher in die fortlaufende föderale Koordinierung und in die politische Planung eingebunden. Sie sind auch aufgrund dieser Verzahnung zwischen Exekutive und Legislative in der Lage, Ergebnisse der föderalen Koordinierung in ihre fachpolitisch definierte Arbeitsgruppe der Fraktion einzuspeisen.

Viele Vorhaben der Ministerkonferenzen können nicht allein auf der Landesebene umgesetzt werden, sondern sie durchlaufen notwendig den Gesetzgebungsprozess auf Bundesebene. Dies erklärt, warum auch die Minister der Länder ein Interesse daran haben, bereits im Vorfeld auf mögliche potentielle Konflikte der Bundestagsfraktionen hingewiesen zu werden und sich dabei gleichzeitig des Sachverstands der Fraktionen zu bedienen. Die Beteiligung der fachpolitischen Sprecher der regierungstragenden Fraktionen im Bundestag dient somit neben der föderalen Koordinierung dazu, Mehrheiten im Vorfeld formaler Entscheidungsprozesse auszuloten.

Je fragmentierter ein Regierungssystem ist, desto mehr Akteure müssen eingebunden werden, sofern diese Vetopositionen geltend machen können. Dieser Zusammenhang gilt beinahe paradigmatisch für die Ministerkonferenzen. Es wäre deshalb verfehlt anzunehmen, dass die z.B. im Plenum der Bauministerkonferenz beschlossenen Ergebnisse von den Exekutiven lediglich in die Fraktion hinein vermittelt werden. Es handelt sich nicht automatisch um ein hierarchisches Verhältnis zwischen Exekutive und Legislative, wie die Rede von der „Deparlamentarisierung" mitunter suggeriert, vielmehr können die fachpolitischen Sprecher sowohl ihre Kompetenz als auch ihr Machtpotential in diesen Gremien nutzen. Die Fraktionssprecher sind in der Lage, die Teilnahme an den Ministerkonferenzen als Hebel anzusetzen, um den parlamentarischen Einfluss selbst in den Gremien des Exekutivföderalismus sicherzustellen.

Arenenvernetzung   Die Ministerkonferenzen der Länder sind ein plastisches Beispiel dafür, wie sich im deutschen Bundesstaat verschiedene politische Arenen überlappen (vgl. allgemein hierzu: Benz 1995). Arenen sind durch ihre Entscheidungsfunktionen definiert: Während es im Zuge der föderalen Koordinierung darauf ankommt, über das Konsensprinzip zu von den Ländern gemeinsam getragenen Lösungen zu gelangen, ist in der parlamentarischen Arena das Mehrheitsprinzip entscheidend. Dies geht in Parlamenten tendenziell mit einer stärkeren Polarisierung und Gewichtung parteipolitischer Positionen einher.

Regieren im föderalen System Deutschlands kann sich nicht damit begnügen, die föderale Koordinierung durchzuführen und anschließend zu hoffen, dass sich die entsprechenden Mehrheiten im Bundestag finden werden. Eine solche Verhaltensweise würde das Scheitern von politischen Vorhaben fast zwangsläufig nach sich ziehen; nötig sind im politischen Normalbetrieb vielmehr fortlaufende und intensive Absprachen. Dazu dienen die vielen freiwilligen Koordinierungen auf der „dritten" und „vierten" Ebene. Dort werden – häufig innerhalb der parteipolitischen Kanäle, die selbst Mehrebenen-„Systeme" darstellen – die föderale und die parlamentarische Arena schon im Vorfeld der formalen Entscheidungen in Bundestag und Bundesrat miteinander vernetzt. Dies geschieht, wie die Vorbesprechungen der Ministerkonferenzen zeigen, gewaltenteilig durchaus „über Kreuz": Es kooperieren in den Vorbesprechungen die Landesminister – d.h. die Landesexekutiven – mit den Fachpolitikern der regierungstragenden Fraktionen – d.h. mit der Legislative im Bund.

Die Ursache für diese mehrfache Arenenverschränkung ist darin zu sehen, dass die vielen Vetospieler im bundesdeutschen Entscheidungssystem zusammengebunden werden müssen. Ausgeschlossen sind die Landtage, eben weil sie – bei bundesrelevanten Materien – kein Erpressungspotential geltend machen können. Der Kreis der Akteure schließt somit genau diejenigen ein, die Vetomacht besitzen. Die „Vetospielertheorie" von George Tsebelis (Tsebelis 1999, 2002) geht in diesem Zusammenhang davon aus, dass eine große Zahl von Vetospielern und eine hohe Polarisierung – diese Bedingungen sind in Deutschland gegeben – die Reformfähigkeit eines Systems vermindern und eher am Status quo orientierte Lösungen erzeugen. Die Ministerkonferenzen zeigen jedoch unterhalb dieser Folie der von Tsebelis modellhaft verdichteten Idee von Vetopositionen, dass in den konsensorientierten Verfahren der „dritten" und der „vierten" Ebene versucht wird, die Polarisierungen zwischen den Akteuren gering zu halten und trotz der fragmentierten Entscheidungsstruktur mit vielen Vetopositionen handlungsfähig zu bleiben. Mit anderen Worten: Die Akteure nutzen nicht, wie dies die Vetospielertheorie nahe legt, automatisch und immer das ihnen zur Verfügung stehende Vetopotential (vgl. hierzu auch Merkel 2003: 169, 186 ff.). Sie erfinden vielmehr Verfahren, die darauf angelegt sind, Blockaden im Vorfeld formaler Entscheidungen zu vermeiden und die Handlungskapazitäten zu steigern. In diesem Sinne betonen auch kritische Analysen des ursprünglichen Vetospieler-Ansatzes (der inzwischen weitere Ausdifferenzierungen erfahren hat, vgl. Abromeit/Stoiber 2006), dass dieser keine politischen Strategien der Umgehung, des „Kaufens", z.B. über *side-payments*, oder der Paketlösungen und Quersubventionierungen berücksichtigen könne (Merkel 2003: 186). Auch werde die Motivation des *policy-seeking* gegenüber dem *office-seeking* zu hoch gewichtet. Geht man zudem – realistischerweise – davon aus, dass sich die beteiligten Entscheider im föderalen System periodisch wiedersehen und immer wieder miteinander über Lösungen verhandeln, muss man annehmen, dass sich auch ihr Entscheidungsverhalten an dieser Langzeitperspektive ausrichtet: Es dominieren Kompensationen und Tauschgeschäfte, die sich über ein oder mehrere Politikfelder und über die einzelnen Entscheidungsarenen hinweg aufspannen (vgl. Kropp 2001).

Abbildung 18: Fallbeispiel: Die Krise der Kultusministerkonferenz im Jahr 2004

Die Kultusministerkonferenz war in den letzten Jahrzehnten Zielscheibe heftiger Kritik. Wegen des Einstimmigkeitsprinzips produziere sie Entscheidungen auf dem kleinsten gemeinsamen Nenner, Entscheidungsprozesse benötigten zu viel Zeit („Maultierkarawane"), die Flexibilität des Gremiums und seine Effizienz tendierten gegen Null – so lauten nur einige der am häufigsten gegen die KMK angeführten Argumente. Insbesondere im Bildungsbereich, einer der wenigen autonomen Landeszuständigkeiten, verhinderten in den vergangenen Jahrzehnten ideologische Polarisierungen zwischen den Ländern in der Schul- und Hochschulpolitik und ein eifersüchtiges Bewachen des eigenen „Hausguts" größere Reformfortschritte. Die in der KMK gefunden Lösungen führten, so der Vorwurf, zu Bürokratismus und zu einer im besten Fall inkrementalistischen Politik.

Im Herbst 2004 kündigte der niedersächsische Ministerpräsident Christian Wulff (CDU) an, dass seine Landesregierung die KMK verlassen wolle. In der Geschäftsstelle säßen, so Wulff, 250 Personen, die keinen Respekt vor anderen Meinungen hätten und kein Gespür für das, was in der Bildungspolitik möglich sei. Der niedersächsische Vorstoß erfolgte nicht zufällig zeitgleich zur Arbeit der Föderalismuskommission, in der die Länder nur wenig später eine Einigung an der umstrittenen Frage der Zuständigkeitsverteilung zwischen Bund und Ländern in der Bildungspolitik scheitern ließen. Wulff betrieb den Ausstieg zu einem Zeitpunkt, zu dem die KMK selbst bereits eine Arbeitsgruppe eingesetzt hatte, die sich mit ihrer organisatorischen Reform befassen sollte. Die Ankündigung löste auch deshalb Verwunderung unter den anderen Bundesländern und heftige Kritik selbst in der Riege der christdemokratischen Kultusminister aus, weil die niedersächsischen Vertreter in der KMK bis dato keine abweichenden Positionen vertreten hatten. Niedersachsen kündigte jedoch schließlich das Verwaltungsaufkommen zwischen den Ländern auf, so dass – im Falle einer Nichteinigung – das Sekretariat der KMK bis Ende 2005 hätte aufgelöst werden müssen. Das Land wollte durch diesen Schritt weiter reichende Reformen erreichen, als sie von der KMK bis dato vorgesehen waren.

Die Kritik am Vorgehen Niedersachsens folgte auf dem Fuß. Die damalige Präsidentin der KMK, Kultusministerin Doris Ahnen (SPD Rheinland-Pfalz), wies darauf hin, dass die KMK ausgerechnet zu diesem Zeitpunkt als Folge des PISA-Schocks bereits etliche Reformen durchlaufen, ideologische Grabenkämpfe überwunden habe und außerdem wesentlich effizienter geworden sei. Unstrittig blieb ebenfalls, dass in der Bildungspolitik eine nationale Koordinierung unverzichtbar sei, um im internationalen Wettbewerb mithalten zu können. Selbst Wulff stimmte der Meinung zu, dass es die KMK als Gremium weiter geben müsse, um Eingriffe des Bundes in die Bildungspolitik abzuwehren. Der KMK-Generalsekretär, Erich Thies, wies außerdem darauf hin, dass etwa zwei Drittel der im Sekretariat Beschäftigten Dienstleistungen für die Länder erbrächten, indem sie beispielsweise den Lehrer- und Schüleraustausch organisierten oder sich um die Anerkennung von ausländischen Abschlüssen kümmerten. Würde sich ein Land aus der KMK verabschieden, müsste es dezentral diese Aufgaben mit den damit verbundenen Kosten tragen.

Es blieb vorerst unklar, wie die KMK mit der von Niedersachsen allgemein formulierten Forderung nach mehr Effizienz umgehen sollte. In den folgenden Monaten suchten die Minister innerhalb der KMK und auch die Ministerpräsidenten nach einer Lösung des Problems. Die Abkehr der KMK vom Einstimmigkeitsprinzip, wie von Wulff vorgeschlagen, warf einige ungelöste Fragen auf. Zum einen würde durch Mehrheitsentscheide die Rolle der Landesparlamente weiter abgewertet, da die parlamentarische Kontrolle und die zumindest potentielle Möglichkeit, ein Veto einzulegen, damit obsolet würden. Unter demokratietheoretischen Gesichtspunkten und angesichts der immer wieder geforderten Aufwertung der Landtage schien das Vorgehen somit nicht unproblematisch zu sein. Zudem würden, so hieß es, die Länder einen Teil ihrer Bildungshoheit aufgeben, wenn sie verbindliche Entscheidungen in einem horizontalen Koordinierungsgremium zulassen, das mit Mehrheit beschließt. Einwohnerstarke Länder, wie Bayern oder Nordrhein-Westfalen, wiesen zudem darauf hin, dass man sich keineswegs von den kleinen Ländern überstimmen lassen wolle, da die eigenen Einwohner dann angesichts einer mangelnden Stimmengewichtung, wie sie im Bundesrat vorgesehen ist, weniger gut repräsentiert seien. Bildungsexperten sprachen gar davon, dass das Einstimmigkeitsprinzip ohne eine Verfassungsänderung nicht verändert werden könne. Man müsste in Folge einer solchen Entscheidung Hoheitsaufgaben auf ein neu zu schaffendes Organ übertragen – ein Vorgehen, das letztlich einer Zentralisierung im Bundesstaat Vorschub leiste.

Der Konflikt trug dennoch dazu bei, dass neue Abstimmungsregeln beschlossen wurden. Dem Beispiel der MPK folgend, die 2004 ebenfalls zu qualifizierten Mehrheiten übergegangen war, führte die KMK eine Stimmregel ein, der zufolge nur noch 13 Stimmen erforderlich sind, um eine Veränderung gegenüber dem Status quo zu erreichen. Ein oder zwei Länder können somit Beschlüsse nicht länger blockieren. Ausgenommen sind weiterhin Materien, die finanzwirksam sind und die die Anerkennung von Abschlüssen oder die Mobilität von Lehrenden und Schülern sowie Hochschülern betreffen. In diesen Fällen wird auch weiterhin einstimmig entschieden. Die über 30 Gremien der KMK sollen zudem auf Druck Niedersachsens im Zuge einer Effizienzsteigerung um rund die Hälfte, d.h. auf 17, reduziert werden.

Der Konflikt wirft einerseits ein Licht auf die nach der Deutschen Einheit erschwerten Konsensbildungsprozesse zwischen den nunmehr 16 Ländern, die auf der Grundlage einer föderalen Einstimmigkeitsregel nur mit hohem Aufwand Regelungen treffen können. Er zeigt andererseits aber auch, dass eine horizontale Kooperation zwischen den Ländern unverzichtbar ist, da sich Wettbewerb in einigen Politikbereichen – etwa in der Bildung – heute nicht nur zwischen den Ländern abspielen kann, sondern inzwischen wesentlich auf der internationalen Ebene, z.B. innerhalb Europas, stattfindet. Dies zwingt die Gliedstaaten dazu, auch in den Bereichen, die den autonomen Landeszuständigkeiten zuzurechnen sind, freiwillige Vereinheitlichungen vorzunehmen. Institutionelle Anpassungen sind zwar nicht ausgeschlossen, sie setzen aber, wie das Beispiel zeigt, ganz im Sinne des Historischen Institutionalismus voraus, dass Druck von außen oder innerhalb der Gremien ausgeübt wird und dass Veränderungsvorschläge auf eine grundsätzliche Bereitschaft zur Reform stoßen. Die restlichen 15 Länder hätten zwar auch ohne Niedersachsen in der KMK nach der Neugründung des Sekretariats weiterarbeiten können, jedoch verlieh die faktisch enge Einbindung Niedersachsen ein gewisses Erpressungspotential. Umgekehrt wären die Kosten einer Abwanderung aus dem Gremium für Niedersachsen hoch ausgefallen. Die tatsächlichen politischen Zwänge der an sich „freiwilligen" Kooperation erweisen sich also als hoch. Reformen erfolgen typischerweise in Schritten, sie führen aber im Zeitverlauf durchaus zu Veränderungen der Arbeitsweise von Akteuren und der politischen Ordnung.

Quellen: Landesregierung Nordrhein-Westfalen 2006; Datenbank LexisNexis: Süddeutsche Zeitung vom 27.9.2004, 28.9.2004, 29.9.2004; 9.10.2004, 13.10.2004, Stuttgarter Zeitung vom 27.9.2004, 28.9.2004, 1.10.2004, 9.10.2004, 16.12.2004; Die Welt vom 30.9.2004, 18.10.2004; taz vom 5.10.2004, 27.9.2004, Frankfurter Rundschau vom 14.10.2004, Capital vom 14.10.2004, Spiegel online vom 5.10.2004, 7.10.2004, 2.12.2004; AP vom 2.12.2004.

Administrative Kooperation

Die Ministerkonferenzen der Länder sind organisatorisch untersetzt durch die ständige Abstimmung der Beamten aus den Landesverwaltungen. Diese Kooperationen finden auf allen Arbeitsebenen der Ministerien statt, d.h. sie umfassen sowohl die Koordination der Abteilungsleiter in einem Politikfeld – diese bereiten u.a. die Sitzungen der Ministerkonferenzen und der Chefs der Staatskanzleien vor – als auch die Zusammenarbeit auf der Referatsleiterebene sowie Besprechungen der Referenten. Es gibt in jedem Bundesland Hunderte solcher Arbeitsgruppen, die teilweise auf schriftlichen Vereinbarungen beruhen, teilweise ad hoc zusammengerufen werden. Sie bereiten einerseits die Zusammenkünfte auf der jeweils höheren Ebene vor, gleichzeitig werden auch Fragen besprochen, die auf der Referatsleiter- bzw. Abteilungsleiterebene selbst geregelt werden können. Diese Gremien umfassen nicht immer Vertreter aus allen Bundesländern. Es haben sich z.B. auch regelmäßige Runden eingebürgert, die nur aus Vertretern der neuen Länder zusammengesetzt sind und zusammentreten, wenn z.B. die speziellen Interessen der Strukturpolitik oder aber Fragen des Finanzausgleichs berührt sind.

Gegenstand der administrativen Kooperation auf der dritten Ebene sind Gesetzentwürfe und Verordnungen, welche die Interessen der Länder berühren, die Verwaltungstätigkeit, aber auch nur der Austausch von Erfahrungen. Wenn auf Beamtenebene Blockadesituationen eintreten, werden Paketlösungen eher auf der Ebene der Regierungschefs gebündelt, also schrittweise über die Hierarchieebenen nach oben weitergereicht. Mitunter entstehen durch die langjährige enge Fühlung und Zusammenarbeit der Ministerialbeamten enge fachpolitische Identitäten von „issue-groups" oder Landesfachbruderschaften, die es der politischen Führung erheblich erschweren, gegen das fachliche Votum neue Politiken durchzusetzen.

3.2.3 Grenzüberschreitende Zusammenarbeit zwischen den Ländern und funktionaler Föderalismus

Funktionale Kooperationen als Vorstufe der Neugliederung?

Neugliederungen des Bundesgebietes in gleich leistungsfähige Länder sind – mit Ausnahme der erneut geplanten Fusion von Berlin und Brandenburg – angesichts hoher politischer Opportunitätskosten und bestehender institutioneller Hürden – zumindest solange eine Änderung von Art. 29 GG ausbleibt – für die nächsten Jahre kaum zu erwarten. Daher rücken die Chancen und Grenzen funktional definierter Kooperationen zwischen Grenzregionen und zwischen verschiedenen Bundesländern in den Mittelpunkt des Forschungsinteresses und der praxisnahen Politikberatung (vgl. Sturm/Kropp 2004). Funktional definierte Kooperationen zwischen den Ländern könnten und sollten mittel- und langfristig Neugliederungen – im Sinne einer kontinuierlichen Institutionenpolitik – vorbereiten. Es ist davon auszugehen, dass die territoriale Neustrukturierung des Bundesgebietes angesichts des sich verschärfenden fiskalischen Problemdrucks und wegen der Herausforderungen der EU-Osterweiterung nicht von der politischen Agenda verschwinden wird – so wenig Aussicht auf Erfolg sie derzeit auch haben mag. Derartige Muster der Zusammenarbeit in einzelnen Politikfeldern, die über Landesgrenzen hinweg reichen, könnten den Boden für territoriale Neugliederung vorbereiten, wenn sich mehrere solcher Kooperationsformen überlappen (vgl. zu

Ideen des funktionalen Föderalismus pointiert: Frey/Eichenberger 1996; Frey 1997, siehe unten).

In diesem Zusammenhang wäre ein Bündel verschiedener Fragen zu beantworten: Wie können die Nachteile einer bestehenden Ländergliederung, die keine befriedigende Koordination der durch Landesgrenzen zergliederten Fachpolitiken erlaubt, so kompensiert oder doch annähernd ausgeglichen werden, dass endogene Ressourcen von Regionen mobilisierbar sind? Welche neuen Formen der funktionalen Kooperation können für die Zukunft als realisierbar gelten, und wie ermutigend sind die bisherigen Erfahrungen mit länderübergreifenden Kooperationen? Wie sehen die politischen, d.h. mehrheitsfähigen und institutionell machbaren Rahmenbedingungen für eine Institutionalisierung von länderübergreifenden Kooperationen aus, die sich sowohl sektoral als auch, je nach Problemlage, politikfeldübergreifend konzipieren lässt? Welche Entscheidungsregeln lassen sich in solchen räumlich wirksamen, länderübergreifenden Institutionen installieren? Wie lassen sich funktional und sektoral definierte und institutionalisierte Formen der Kooperation mit dem – zumindest in einer Übergangszeit – auch weiterhin bestehenden territorialen Gliederungsprinzip des Föderalismus zur Deckung bringen (vgl. Sturm/Kropp 2004)? Sind solche Formen der Zusammenarbeit mit dem Prinzip der repräsentativen, parlamentarischen Demokratie vereinbar, und lassen sich eventuell alternative Formen der Demokratie damit verbinden?

Prüffragen

Einige dieser Ideen wurden theoretisch im Konzept der FOCJ („*Functional Overlapping Competing Jurisdictions*"), das ursprünglich für eine föderale Ordnung Europas entwickelt wurde, weiter zugespitzt (vgl. Frey 1997; Frey/Eichenberger 1996). Wie die meisten ökonomischen Theorien des Föderalismus (z.B. Thoeni 1986), orientieren sich die Autoren am Maßstab der effizienten Staatsorganisation; sie fügen darüber hinaus demokratietheoretische Erwägungen systematisch in ihr Konzept ein. Das Prinzip des Wettbewerbs soll, ähnlich wie bei privaten Märkten, eine bessere Versorgung mit öffentlichen Gütern und Dienstleistungen gewährleisten und ineffiziente politische Prozesse vermeiden helfen (Huber 2000: 124). Wie nahezu alle Ansätze, die dieser Spielart der Föderalismustheorie zuzurechnen sind, unterstellen sie implizit, dass eine Staatsorganisation fast beliebig nach Effizienzkriterien gestaltbar ist (vgl. Benz 2002: 15). Das Konzept geht davon aus, dass sich Politiker grundsätzlich gemeinwohlschädlich und egoistisch verhalten (Frey 1997: 11). Dem soll vorgebeugt werden, indem institutionelle Restriktionen – hier die Einführung von Konkurrenzmechanismen – eingebaut werden.

Konzept der FOCJ

Der Idee der FOCJ zufolge besitzt ein Gliedstaat im Inneren insofern keine festen Grenzen mehr, als sie oft kleiner als die heutigen Leistungsträger sind. Grenzziehungen der alten Art, in der ein und dieselbe Regierung die Probleme innerhalb ihres Kompetenzbereichs bearbeitet, gehören der Vergangenheit an. Mehrere FOCJ, die die gleiche Funktion haben, sollen ihre Leistungen im gleichen geographischen Gebiet anbieten können (Frey 1997: 14). Öffentliche Güter sollen nach funktionalen – nicht nach territorialen – Kriterien innerhalb eines FOCUS angeboten werden können. Dabei sollen wie in „Clubs" Eintrittspreise die Nutzung öffentlicher Güter abgelten. Mitglieder können Individuen oder auch Gemeinden sein; im zweiten Fall wird ein Bürger automatisch Mitglied in einem FOCUS; er kann aus ihm austreten, indem er umzieht.

„Funktional" bedeutet in diesem Zusammenhang, dass nur diejenigen in den Genuss eines öffentlichen Gutes kommen sollen, die es auch finanzieren. Ein FOCUS nützt nur dem Beteiligten und schließt Nichtbeteiligte von der Nutzung aus. Um das Prinzip der „funktionalen Äquivalenz" konsequent anwenden zu können, müssen Funktion und Gebiet also deckungsgleich sein. Wendet man dieses Prinzip durchgängig nach Problemlagen an, entstehen letztlich unterschiedliche „Jurisdiktionen" (Zuständigkeitsbereiche) mit verschiedenem Wirkungsbereich und unterschiedlicher territorialer Größe – je nach Funktion. Diese Jurisdiktionen, die über Zwangsgewalt und Steuerhoheit verfügen sollen, können sich in vielfältiger Weise überschneiden („overlapping"). Das Wettbewerbs- und Marktelement wäre wiederum dadurch garantiert, dass die Bürger – je nach Präferenz – von einer Jurisdiktion zur nächsten wandern können. Erbringen mehrere FOCJ die gleiche Leistung innerhalb einer Jurisdiktion, sind solche Wanderungen überflüssig. Die Bürger und auch die Gemeinden haben somit die Möglichkeit zu entscheiden, welchen Anbieter sie wählen. Da FOCJ überschaubar sind, können die Bürger ihre Präferenzen intensiver nutzen. Sie können, wenn sie mit einem Angebot unzufrieden sind, überdies ihre Exit-Option wahrnehmen und aus einer Jurisdiktion austreten. Kündigen sie ihre Mitgliedschaft in einem FOCUS, erhalten sie dafür Steuerrabatte, die sie wiederum anderweitig für Bildung, Gesundheit usw. einsetzen können. Um den Wettbewerb gewährleisten zu können, sind die FOCJ weitgehend autonom, d.h. sie können eigenständig über ihre Steuersätze bestimmen. Der Grundsatz der Demokratie wiederum soll – zusätzlich zum „voting by feet" – dadurch gesichert werden, dass direktdemokratische Elemente in den Jurisdiktionen verstärkt angewandt werden („voice"). Auf diese Weise soll das Demokratiedefizit in diesem Modell behoben werden.

Realisierbarkeit der FOCJ?

Das Modell der FOCJ weist zwar überzeugend darauf hin, dass funktionale und territoriale Grenzen in Bundesstaaten häufig auseinander fallen. Elemente funktionaler Kooperation existieren zweifelsohne, z.B. in Gestalt von Zweckverbänden (etwa Abwasser). Die Möglichkeiten, das Modell komplett in praktische Politik umzusetzen, können aber als gering eingestuft werden, auch wenn es durchaus einige innovative Ansätze enthält. Kritik gibt es vor allem zu folgenden Punkten:

- Im Modell würden die Notwendigkeit zur Koordination und Verflechtungsprobleme gerade angesichts der Vielzahl miteinander konkurrierender Jurisdiktionen in beträchtlichem Umfang zunehmen. Ungeklärt bleibt auch, wie die Bürger eine wirksame demokratische Kontrolle ausüben können, wenn sich ihre Aufmerksamkeit unablässig auf eine Vielzahl von Kontrollobjekten – sich überlappende und miteinander konkurrierende FOCJ – richten muss. Die Informationsbeschaffung, die für eine solche umfassende Kontrolle erforderlich wäre, stellt allein schon ein schwer zu überwindendes Hindernis dar. Dem könnte zwar wiederum die Aufbereitung von auf Informationen spezialisierten FOCJ entgegenwirken. Kosten fallen aber auch für die Nutzung solcher Angebote an.

- Dietmar Braun (vgl. Braun 2004: 144) formuliert seine Kritik noch grundsätzlicher: Dieser Theoriestrang sei darauf gerichtet, aus der Theorie hergeleitete Wohlfahrtsverluste zu beheben. Die Art der Probleme wird dabei grundsätzlich auf der Grundlage von Kosten-Nutzen-Denken, individuellen Präferenzen und der Unterstellung hergeleitet, dass die Politiker sich gemeinwohlschädlich verhalten. Letztlich, so Braun pointiert, lösten „Ökonomen ... Probleme, die sie selbst definieren", die aber mitunter nichts oder nur wenig mit der Realität zu tun hätten.
- Sachliche Optimalitätskriterien, wie sie von ökonomischen Theorien zur Bewertung von politikverflochtenen Systemen verwendet werden, betonen implizit (und manchmal auch explizit), dass Demokratie auch eine Output-Dimension besitzt. Deshalb könne Legitimation nicht ausschließlich über Verfahren hergestellt werden (vgl. Sartori 1992). Demokratische Systeme müssten fähig sein, Probleme zu lösen, damit eine politische Ordnung von den Bürgern mittel- und langfristig akzeptiert wird. Jedoch weichen solche sachlich optimalen Lösungen von dem für den Verbundföderalismus als realistische Bezugsgröße angesehenen sog. „politischen Optimum" ab. Nur wenn politische Akteure darauf verzichten, Ideallösungen als Maßstab heranzuziehen, kann in föderativen Entscheidungssystemen Konsens hergestellt werden. Renzsch argumentiert in diesem Sinne, dass solchermaßen ausgehandelte Lösungen der „zweiten Wahl" (vgl. hierzu: Renzsch 1995: 188 f.) oft mit einem höheren Maß an *politischer* Akzeptanz einhergehen. Sie erzeugen deshalb unter Umständen mehr Stabilität als nach der Mehrheitsregel getroffene und umstrittene „effiziente" Lösungen, die dem ökonomischen Optimum genügen.

Die Lösung des Problems kann folglich in der Praxis nicht darin bestehen, dass eine Vielzahl sich überlappender Jurisdiktionen geschaffen wird. Neuere, eher empirisch ausgelegte Konzepte versuchen demgegenüber zu prüfen, inwieweit die räumliche Gliederung in „Stadtregionen" einen innovativen Ansatz darstellen könnte (vgl. Benz 2001). In diesem Konzept sollen bestehende funktionale Verflechtungen gleichsam territorial umgesetzt werden. Die bereits bestehende Vielzahl von Zweckverbänden könnte so in Stadtregionen gebündelt und koordiniert sowie durch parlamentarische Vertretungen untersetzt werden (ein Beispiel wäre Stuttgart). Auch dabei ergibt sich jedoch eine Reihe von Schwierigkeiten. Um Stadtregionen sinnvoll zuschneiden zu können, müssten einige Bundesländer schon zuvor fusionieren. Die Länderneugliederung wäre somit bereits die *Voraussetzung* für die flächendeckende Bildung von Stadtregionen. Ebenso wäre es nötig, Landkreise und Stadtbezirke als territoriale Gliederungsstufen aufzugeben – ansonsten würde nur eine zusätzliche Verwaltungsstufe eingerichtet und die bestehende Politikverflechtung damit eventuell noch weiter vertieft. Nur durch eine solche Neukonzeption könnte in einem „Stadtregionalen Föderalismus" gewährleistet werden, dass die Interessen der unterschiedlich strukturierten städtischen und ländlichen Räume innerhalb von evtl. vergrößerten Bundesländern angemessen vertreten werden (Knüttgen 2003: 85). Steuerhebungsrechte und Kompetenzen müssten neu abgegrenzt werden. Der Aufwand für die mit diesem Konzept einhergehende Institutionenreform sowie die Eigeninteressen und Re-

Stadtregionen als Lösung?

striktionen, die einer flächendeckenden Umsetzung solcher Konzepte entgegenstehen, sind erheblich; sie lassen sich wohl nur modellhaft und in einzelnen Regionen erproben. Angesichts der begrenzten Umsetzbarkeit von funktional definierten Jurisdiktionen und Stadtregionen stellt sich die Frage, welche institutionellen Lösungen und Spielarten der freiwilligen Zusammenarbeit *innerhalb* des bestehenden territorialen Zuschnitts realistisch entwickelt werden können. Bislang haben sich Aktivitäten von sog. „Metropolregionen", etwa in Hamburg, wesentlich darauf konzentriert, die Stadt und umliegende Landkreise so aufeinander abzustimmen, dass eine gemeinsame Förderpolitik und sinnvolle Infrastrukturmaßnahmen möglich waren. Auf diese Weise konnten auch zusätzliche EU-Fördermittel gebunden werden.

Ursachen der Kooperation der norddeutschen Länder

Die verschiedenen Kooperationsformen zwischen den Ländern wurden beispielhaft in einer Studie über die norddeutschen Bundesländer untersucht (vgl. Scharpf/Benz 1991; Benz/Scharpf/Zintl 1992). Diese Studie ist, unter dem Gesichtspunkt der grundsätzlichen Probleme einer horizontalen Koordinierung der Bundesländer, auch auf andere Ballungsräume in Deutschland übertragbar (vgl. Fallbeispiel Mitteldeutschland, siehe unten). Die Spielarten und Formen solcher horizontalen Kooperationen sind äußerst vielfältig. Im Norden Deutschlands zerschneiden die Landesgrenzen von Hamburg, Niedersachsen und Schleswig-Holstein einen sowohl siedlungsstrukturell als auch geographisch zusammenhängenden Ballungsraum. Dabei stellt Hamburg als Stadtstaat gleichzeitig das Oberzentrum der norddeutschen Region dar. Standortprobleme ergeben sich, weil sich grenzüberschreitende Koordinationsprobleme angesichts der territorialen Gliederung nicht vermeiden lassen. Hierzu zählen Nutzungskonflikte, da z.B. die Hochschulen in Hamburg auch von Nicht-Landeskindern besucht werden können, Probleme der Industrieansiedlung im Hamburger Speckgürtel, aber auch die Tatsache, dass die Bewohner des angrenzenden Bundeslandes Schleswig-Holstein ins Oberzentrum Hamburg einpendeln und ihre Einkommensteuer nach dem Wohnsitzprinzip am Wohnort, d.h. außerhalb des Bundeslandes Hamburg, entrichten.

Eine Neugliederung des Territoriums ist aus unterschiedlichen Gründen schwer durchsetzbar, u.a. wegen der fiskalischen Risiken, denen insbesondere Hamburg durch den Wegfall der Einwohnerveredelung in einem gemeinsamen Bundesland ausgesetzt wäre. Eine Zustimmung ist deshalb nur im Falle einer angemessenen Kompensation wahrscheinlich (vgl. Scharpf/Benz 1991: 20-47).

Formen der Kooperation in Norddeutschland

Zur Lösung der Stadt-Umland-Problematik wurden einerseits Zweckverbände (Abwasser) und Verkehrsverbünde eingesetzt. Benz und Scharpf (1991: 60 ff.) betonen in ihrem Gutachten, dass Konflikte zwischen den Kommunen jedoch auch weiterhin auf Landesebene geregelt werden müssten, weil der dezentrale Verhandlungsspielraum bei solchen Lösungen eingeengt bleibe. Skeptisch beurteilen die Autoren auch die Handlungsfähigkeit des gemeinsamen Landesplanungsrates, der als Beratungs- und Beschlussforum für Schleswig-Holstein und Hamburg fungieren sollte. Im Hauptausschuss, der die Entschließungen erarbeiten sollte, waren die Regierungschefs, die Leiter der Staatskanzleien sowie zwei weitere Minister bzw. Senatoren vertreten. Das Plenum umfasste zudem Mitglieder des Parlaments und Vertreter von Interessengruppen. Da diese Konstruktion des Planungsrates aber keine neutrale Stelle für die Entscheidungsvorbereitung umfasste, mussten Vorschläge in den Ministerialverwaltungen der beiden Länder vorbereitet werden. Schon in diesem Stadium war die Entscheidungsstruktur somit kaum geeignet, landesegoistische Positionen zu überwinden.

Auch die bestehenden Strukturen der Bund-Länder-Zusammenarbeit und der horizontalen Länderkooperation erweisen sich als nur bedingt tauglich, wenn es darum ging, zwischen zwei oder drei Ländern eine gemeinsame Strukturpolitik zu betreiben. Zwar haben viele Länder inzwischen gemeinsame Kabinettsitzungen eingerichtet, so auch Hamburg und Schleswig-Holstein nach 1988 (vgl. Benz 1992b: 43). Die Konsensfähigkeit solcher Veranstaltungen hängt indessen nicht zuletzt davon ab, wie stark die parteipolitische Polarisierung zwischen den beteiligten Partnern ausgeprägt ist. Den mitteldeutschen Ländern Sachsen, Thüringen und Sachsen-Anhalt z.B. gelang es erst, ihre Kooperation zu intensivieren, nachdem nach 2002 in allen drei Ländern CDU-geführte Regierungen ins Amt gekommen waren. Auch diese Form der Zusammenarbeit wird durch die Fachverwaltungen in den Ländern vorbereitet, so dass in diesem Stadium sektorale Perspektiven dominieren. Es fehlt ein übergreifendes Koordinierungsgremium, in dem ressortübergreifende Paketlösungen verbindlich beschlossen und Ausgleichszahlungen vereinbart werden können. Selbst wenn die Regierungschefs zu einvernehmlichen Lösungen gelangen, laufen Kompromisse Gefahr, im dezentralen Vollzug wieder aufgeschnürt zu werden (Benz 1992: 47). Angesichts von möglichen Regierungs-, Personal- und Koalitionswechseln, die die Verhandlungsbasis zwischen Ländern erheblich erschweren (oder erleichtern) können, ist es grundsätzlich erforderlich, die Kooperationsbasis nicht nur in informelle Bahnen einzubetten, sondern ein „institutionelles Gedächtnis" zu etablieren, d.h. die Kooperation zu verstetigen. Nur auf diese Weise können Koppelgeschäfte und Paketlösungen über einen Zeitpunkt hinweg verrechnet werden (Scharpf 1992b: 84 f.). Scharpf und Benz schlagen in diesem Zusammenhang u.a. Regionalverbände, Staatsverträge oder gemeinsame Steuerungsgruppen als Lösungen vor.

Grenzen der horizontalen Kooperation

Ein großer Teil der regionalen Strukturpolitik eines Landes wird innerhalb der Gemeinschaftsaufgaben planerisch und finanziell vorgenommen. Dem Bund, dessen Zustimmung für die Erstellung der Pläne erforderlich ist (vgl. Kap. 2.2.1), gelingt es jedoch kaum, innerhalb dieses Förderrahmens eine Koordination raumbezogener Politiken zwischen einzelnen Ländern vorzunehmen. Die Länder haben es in der Vergangenheit stets verstanden, den Bund aus den Entscheidungen über Einzelvorhaben herauszuhalten und ihn auf die Rolle des Geldgebers zu verweisen (Scharpf/Benz 1991: 69). Diese Tendenz trifft sich zwar mit der Interessenlage und den Handlungsmöglichkeiten der großen Flächenländer, für die grenzüberschreitende Politiken, wie sie in Ballungsräumen gegeben sind, keine überragende Rolle spielen. Die kleinen Länder und die Stadtstaaten jedoch würden von einer übergreifenden Koordination des Bundes eher profitieren; sie befürworten heute deshalb auch nicht uneingeschränkt eine Entflechtung der Politikbereiche oder die Abschaffung der Gemeinschaftsaufgaben (vgl. Kap. 6). Es bleibt somit festzuhalten, dass die GA keine geeignete Struktur für die horizontale Abstimmung der Strukturpolitik zwischen den Ländern darstellt.

Gemeinschaftsaufgaben nach Art. 91 GG als Lösung?

Es stehen folglich eingeschränkte Möglichkeiten zur Verfügung, eine funktionale oder nach Politikbereichen definierte Kooperation zwischen zwei oder drei Ländern auszubauen und diese – wenn auch mit etlichen institutionellen und

Initiative Mitteldeutschland

politischen Restriktionen – zum begrenzten Erfolg zu führen. Die für die Ministerkonferenzen und andere Gremien der freiwilligen horizontalen Koordination beschriebenen gemischten Motivlagen, die aus föderalen und parteipolitischen Komponenten zusammengesetzt sind, gelten auch für die beschriebenen Formen der grenzüberschreitenden Zusammenarbeit zwischen zwei oder mehr Ländern. Akteursmerkmale können damit – wie auch die organisatorische bzw. institutionelle Ausgestaltung – eine Kooperation erleichtern bzw. erschweren.

Die Studie über die Kooperation der norddeutschen Länder wurde Anfang der 1990er Jahre erarbeitet, d.h. noch bevor der durch Europäisierung und die Deutsche Einheit ausgelöste Druck auf den deutschen Bundesstaat eine neue Qualität erhielt. Seither haben sich die finanziellen Restriktionen der Landeshaushalte weiter verschärft und die Motivlagen der Akteure im föderalen System ausdifferenziert. Zur Trennung zwischen armen und reichen, parteipolitisch verschieden geführten und durch regionale Merkmale verbundenen Länder kam noch die Unterscheidung zwischen neuen und alten Ländern hinzu. Die Debatte darüber, ob einzelne Länder überhaupt langfristig überlebensfähig sind, schafft es nun periodisch auf die Agenda der Medien. Ein Blick in die neuen Länder zeigt dabei, dass es eine Vielzahl von Initiativen zur horizontalen Koordination gibt. Da es insbesondere der fiskalische Druck ist, der eine sektorale Zusammenarbeit nahe legt, stellt sich die Frage, ob die ostdeutschen Länder dabei innovativere bzw. intensivere Formen der Kooperation entwickelt haben.

Abbildung 19: Fallbeispiel: Die „Initiative Mitteldeutschland"

Nach dem Machtwechsel in Sachsen-Anhalt vom April 2002, als die SPD-geführte Minderheitsregierung durch eine CDU/FDP-Koalition abgelöst worden war, beschlossen die drei ostdeutschen Regierungen Thüringens, Sachsens und Sachsen-Anhalts, enger als bislang in einer „Initiative Mitteldeutschland" zusammenzuarbeiten. Die drei Länder umfassen einen geographisch und wirtschaftlich in Teilen zusammenhängenden Siedlungsraum. Sie arbeiten in unterschiedlichen Kontexten – bilateral wie trilateral – ohnedies bereits eng zusammen: So betreiben etwa die Länder Sachsen und Sachsen-Anhalt sowie die Städte Halle, Leipzig und Dresden zusammen die „Mitteldeutsche Flughafen AG"; beide Länder tragen gemeinsam den „Mitteldeutschen Verkehrsverbund", der „Mitteldeutsche Rundfunk" sendet in allen drei Ländern. Auch die regionale Wirtschaft betrachtet, wie das gemeinsame „Regionenmarketing Mitteldeutschland" zeigt, den Raum bereits als eine wirtschaftliche Einheit.

Zum Start der Initiative Mitteldeutschland vereinbaren die CDU-Regierungschefs ein 17-Punkte-Programm, in dessen Rahmen sie u.a. die oberen Finanz-, Sozial- und Arbeitsgerichte zusammenlegen wollten und eine engere Zusammenarbeit der Landesämter für Statistik vorsahen. Ebenso beabsichtigten die Länder, im Justizvollzug eine arbeitsteilige Kooperation zu erzielen und in anderen Politikbereichen, etwa im Verkehr, gemeinsame Verwaltungen aufzubauen und funktional miteinander zu kooperieren. Mit einer Bündelung der Ressourcen wollten die Regierungschefs die Interessen Mitteldeutschlands sowohl gegenüber dem Bund als auch in Europa wirksamer als bisher vertreten. Die drei Länder setzten sich insbesondere im Zuge der Osterweiterungen für Übergangsregelungen bei der Ziel 1-Förderung ein. Ein Vorstoß zur Einrichtung einer Sonderwirtschaftszone fand beim Bund allerdings keine Unterstützung. Von Beginn an hoben aber alle Seiten hervor, dass die Initiative nicht als Vorstufe zur Ländervereinigung gedacht sei.

Die Motive für eine verstärkte Kooperation zwischen den drei mitteldeutschen Ländern liegen auf der Hand: Alle drei Länder sind im Finanzausgleich Nehmerländer. Die Landeshaushalte der neuen Länder haben – mit Ausnahme Sachsens – binnen nur weniger Jahre einen riesigen Schuldenberg aufgehäuft, der die Handlungsfähigkeit der Landesregierungen empfindlich einschnürt. Spätestens wenn 2019 der Solidarpakt II auslaufen wird, verlieren die neuen Länder einen Teil ihrer finanziellen Unterstützung. Die Arbeitslosigkeit liegt in allen drei Ländern bei über 16%, die Abwanderung ist hoch, und die Maßnahmen der Bundesregierung in der Arbeitsmarkt- und Sozialpolitik wirken sich in West- und Ostdeutschland angesichts der strukturellen Unterschiede sehr verschieden aus. Die Interessen der drei Länder sind daher in vielen Bereichen ähnlich, und auch die parteipolitische Polarisierung ist derzeit vergleichsweise gering.

Die wesentlichen Ziele der Kooperation bestehen darin, die Verwaltungskosten zu senken und zu einer effektiveren Außenvertretung der gemeinsamen Interessen zu gelangen. Eine Fusion wurde von den Regierungschefs nicht zuletzt deshalb abgelehnt, weil sie das Gewicht Mitteldeutschlands im Bundesrat senken würde: Getrennt verfügen die Gliedstaaten über insgesamt 12 Stimmen bei zusammen 9,1 Mio Einwohnern – also über doppelt so viele wie das bevölkerungsreiche Nordrhein-Westfalen mit über 18 Mio Einwohnern. In einem fusionierten mitteldeutschen Bundesland würde sich damit der Einfluss in der Länderkammer um genau die Hälfte reduzieren.

Die vorläufige Bilanz der Initiative deckt Grenzen und Chancen einer freiwilligen Länderzusammenarbeit gleichermaßen auf. In den regelmäßigen Treffen der drei Regierungschefs werden häufig Aufgaben und Aufträge zur Koordination von Einzelpolitiken an die jeweiligen Landesverwaltungen durchgestellt. Für diese Formen gelten somit die gleichen Probleme, wie sie für die Kooperation der norddeutschen Länder berichtet wurden. Die drei Länder führen gemeinsame Kabinettsitzungen durch, die wiederum durch die jeweils eigenen Ministerialbürokratien der Länder vorbereitet werden. Problemlagen werden damit sektoralisiert und in die Zuständigkeit der Ministerialbürokratie übergeben. Es fehlt ein übergreifendes Koordinierungsgremium, in dem die Länder ressortübergreifende Pakete schnüren und Kompromisse eingehen können. Zunächst wurden drei Staatsverträge abgeschlossen, denen zufolge die Statistischen Landesämter zusammengelegt, eine Sicherheitspartnerschaft im Justizvollzug vorbereitet und ein Justizvollzugskrankenhaus in Leipzig gemeinsam genutzt werden. Aus den gemeinsamen Besprechungen der Regierungschefs gehen ferner Erklärungen und Positionsbestimmungen zu unterschiedlichen Themen hervor, die nicht in die genuinen Zuständigkeiten der Länder fallen. Weitergehende Maßnahmen und Abstimmungen scheiterten u.a. an politischen Differenzen zwischen den Ländern, die – je nach regionalen Problemlagen – durchaus unterschiedliche Positionen gegenüber dem Bund vertreten, trotz gleicher parteipolitischer Couleur. Selbst ein ähnlicher politischer Hintergrund reicht nicht immer aus, um eine schlagkräftige Einheit zu bilden. Hinzu kamen regionalpolitische Motive der Länder: Keines von ihnen will auf Behördensitze verzichten. Auch die Kampagnen z.B. aus der sächsischen Staatskanzlei, die

> ein Landes- und kein Regionalbewusstsein (nicht Ostdeutschland, sondern Sachsen) fördern sollten, weisen darauf hin, dass einer stärkeren Kooperation oder gar Fusion Grenzen gesetzt sind, wenn Identitätskampagnen mit der Imagepflege einer „Staatspartei" verknüpft werden.
>
> Die anfängliche Euphorie ist damit angesichts der offenkundigen Mühen der Ebene erst einmal abgeebbt. Deshalb weisen Vorstöße z.B. des ehemaligen Leipziger Oberbürgermeisters und Bundesverkehrsministers Wolfgang Tiefensee (SPD) oder des derzeitigen stellvertretenden Ministerpräsidenten Sachsen-Anhalts, Jens Bullerjahn (SPD), erneut in die Richtung einer Fusion zwischen den drei Gliedstaaten: Das Thema wird wohl auch weiterhin auf der politischen Agenda auftauchen.

Quellen: APW vom 29.8.2002, 26.10.2003; Der Spiegel vom 14.10.2002; Impulse vom 1.4.2003; Taz vom 25.4.2003; FR vom 3.5.2003, 1.10.2003, 2.7.2005; SZ vom 17.5.2002; Die Welt vom 2.8.2003; FAZ vom 23.4.2006; Erklärungen der Regierungschefs der Länder Sachsen, Sachsen-Anhalt und Thüringen zur Initiative Mitteldeutschland vom 12.3.2003 und 7.4.2005; http://www.thueringen.de/de/homepage/presse/16016/uindex.html, http://www.thueringen.de/de/tmbv/presse/pm/20582/uindex.html, http://www.mittelde.de/gesamt/inhaltgesamt/showcontenthis.php3?cat_present4&meta_present4&main_present4http://www.mitteldeutschland.com/index.html, Download am 30.6.2006.

Vorzüge horizontaler Kooperation gegenüber politikverflochtenen Systemen?

Auch der hohe Druck auf die finanzschwachen neuen Länder führt somit nicht zu neuartigen Wegen der Zusammenarbeit zwischen den Gliedstaaten. Dennoch weisen diese Spielarten der föderalen Kooperation einige Vorzüge auf. Im Gegensatz zu Zwangsverhandlungssystemen bieten Formen der freiwilligen horizontalen (und vertikalen) Kooperation zwischen den Gliedstaaten den Vorteil, dass die einzelnen Akteure – mit Einschränkungen gewiss – auch im Falle einer Nichteinigung handlungsfähig bleiben. Immer dann, wenn in politikverflochtenen Systemen eine Seite handeln möchte, die andere aber nicht, werden nämlich durch den Zwang zum Einvernehmen die Kosten der Nichteinigung zugunsten der Akteure umverteilt, die am Status quo interessiert sind (Scharpf/Benz 1992: 93 ff.). Deshalb liegt es nahe, nicht noch weitere Rechtsbestände einzuführen, die eine Kooperation zwischen den Gliedstaaten und diesem und dem Bund verbindlich regeln und die die Politikverflechtung weiter institutionalisieren. Zwar sind die tatsächlichen politischen Zwänge, eine solche an sich „freiwillige" Kooperation aufrechtzuerhalten, ausgesprochen groß. Dennoch sind sie auch unter demokratietheoretischen Gesichtspunkten der Politikverflechtung vorzuziehen, da die Regierungen weiterhin verantwortlich bleiben. Zwar sind die Parlamente auch unter diesen Bedingungen einem hohen Begründungszwang ausgesetzt, eine erst einmal ausgehandelte Entscheidung im parlamentarischen Verfahren zu stoppen. Jedoch lösen sie damit, anders als unter dem Vorzeichen der Politikverflechtung, noch keine Blockade aus.

Von Nachteil sind die freiwilligen Kooperationsformen immer dann, wenn aufgrund der in solchen Gremien möglichen Exit-Option der Akteure bundesstaatliche Einheiten, die durch Externalitäten begünstigt sind, durch ihr Festhalten am Status quo andere Bundesländer systematisch benachteiligen und eigene Lasten auslagern können. Eine solche Situation tritt im deutschen Föderalismus, wie gezeigt, immer wieder ein; dies erklärt auch, warum manche Länder des Bundes bedürfen, um solche Nachteile ausgleichen zu können. Da die horizontale Zusammenarbeit zwischen den Ländern in vielen Bereichen nicht erzwungen werden kann, bleiben die kleinen Flächenstaaten und nicht finanzstarke Länder auf den Bund angewiesen. Auch haben es Regierungen unter den Bedingungen freiwilliger Kooperation leichter, sich durch populistische Politik zu profilieren, indem sie Vorteile für die eigene Gebietskörperschaft reklamiert und gemeinsam zu tragende Kosten abwenden will (Benz 2009b: 218ff.).

4 Die Europäisierung von Politikverflechtung und kooperativem Bundesstaat

4.1 Problembeschreibung: Verschiebung der bundesstaatlichen Architektur?

Durch die Europäisierung haben sich neben der Politikverflechtung auch die Formen des kooperativen Bundesstaates weiter entwickelt und verändert. Das nachfolgende Kapitel gibt einen Überblick sowohl über die europäisierte Politikverflechtung als auch über die Kooperationsformen im europäisierten Bundesstaat, die außerhalb des Systems der Politikverflechtung angesiedelt sind. Die Elemente von europäisierter Politikverflechtung, europäisiertem kooperativem Bundesstaat und die autonomen Strategien der Länder in Europa lassen sich zwar analytisch trennen. Sie sind jedoch funktional eng aufeinander bezogen. Auch die Formen der Kooperation zwischen den Ländern und den europäischen Institutionen, die auf ein Überspielen des Bundes angelegt sind, werden z.T. letztlich wieder mit den Strukturen der Politikverflechtung und der bundesstaatlichen Kooperation verknüpft. Selbst wenn die Länder, die ohne den Bund auf europäischer Ebene mitspielen wollen und deshalb ohne jenen mit den Institutionen der EU kooperieren, Ausschluss- und Umgehungsstrategien anwenden, so kommen sie doch nicht umhin, Elemente des kooperativen Bundesstaates gegenüber dem Bund zu praktizieren. Auch die bestehenden Strukturen der Politikverflechtung wirken letztlich in diese Richtung. Insbesondere die Kapitel 4.2 und 4.3 verdeutlichen, wie sich die bundesstaatlichen Strukturen inkrementell und weitgehend geräuschlos an die Erfordernisse der Europäisierung angepasst haben.

Europäisierung von Politikverflechtung und Kooperationsformen zwischen Ländern und EU

Die Vertiefung der europäischen Integration, insbesondere die Vollendung des Binnenmarktes, hat die Verflechtung zwischen den Ebenen im deutschen Föderalismus in den 1990er Jahren weiter verdichtet. Es gibt inzwischen kaum mehr eine Institution in Bund, Ländern und Gemeinden oder ein Politikfeld, das von europäischen Themen bzw. von der Umsetzung europäischer Richtlinien und Verordnungen nicht berührt wäre (vgl. hierzu im Überblick Sturm/Pehle 2005). Die EU regelt heute allein einen beträchtlichen Teil der Wirtschaftsgesetzgebung in den Mitgliedstaaten, auch wenn angesichts neuerer Untersuchungen bezweifelt werden darf, ob die oftmals zitierten 80% tatsächlich der Realität entsprechen (König/Mäder 2008; Töller 2008). Die dennoch weit reichende Europäisierung wirkt sich in föderalen Staaten nicht nur auf das Zusammenspiel zwischen der nationalen und der europäischen Ebene aus; vielmehr verschieben sich dadurch auch die innerstaatliche Kompetenzverteilung und das System der Politikverflechtung umfassend und nachhaltig. Entscheidungen der EU beeinflussen zunehmend auch die Politikbereiche, die den originären Landeszuständigkeiten zuzurechnen sind. Verfassungsrechtler sprechen in diesem Zusammenhang von einer hinkenden „Dreier-Beziehung" (Isensee 2001: 752 ff.): Die Beziehungen zwischen Bund, Ländern und der EU sind nicht symmetrisch ange-

Vertiefung der Europäischen Integration und Länderkompetenzen

legt, sondern sie leisten einer Zentralisierung im Inneren des Staates angeblich Vorschub. Im Ergebnis werde die Staatlichkeit der Länder schrittweise ausgehöhlt.

Schleichender Kompetenzverlust der Länder

Selbst die ausgreifenden Zuständigkeiten im Verwaltungsbereich und beim Vollzug von Bundesgesetzen und EU-Rechtsmaterien, die den deutschen Bundesstaat charakterisieren, können den schleichenden Kompetenzverlust der Länder nur ansatzweise eindämmen. Sind die Zuständigkeiten der Länder und des Bundes erst einmal nach Europa abgewandert, sind Akteure auf die Mitwirkung am europäischen Entscheidungsprozess angewiesen. Dort müssen sie sich – je nach Entscheidungsverfahren – mit den Vertretern anderer Mitgliedstaaten auf eine gemeinsame Lösung oder auf *package deals* einigen. Sofern im Ministerrat qualifizierte Mehrheiten angewandt werden und das Europaparlament in die Entscheidung als Vetospieler einbezogen ist, können nationale Positionen überstimmt werden. Da die Höhe der öffentlichen Verschuldung den „Maastricht-Kriterien" zufolge zu begrenzen ist, sind die Länder heute zudem nur noch eingeschränkt in der Lage, die eigene Einnahmensituation durch Kreditaufnahmen zu verbessern (Renzsch 2000b: 55 f.; vgl. Kap. 6.2) – unbeschadet der Tatsache, dass die hohen Zinslasten etliche Landeshaushalte auch ohne fiskalischen Druck aus Europa bis zur Bewegungsunfähigkeit einschnüren.

Die EU reklamiert heute Kompetenzen für sich, die nach deutschem innerstaatlichem Recht in die Zuständigkeiten der Länder fallen. Diese Abwanderung von Kompetenzen auf die EU-Ebene ist für die Länder nicht zuletzt dann problematisch, wenn die Bundesregierung in Fragen, die im Ministerrat mit qualifizierter Mehrheit entschieden werden, überstimmt werden kann. Dadurch wird die Abstimmung der Bundesregierung mit den Ländern, die sich die Gliedstaaten im Gegenzug zur Umsetzung des Maastrichter Vertrags erkämpft haben, für diese letztlich zum stumpfen Instrument. Auch der innerstaatliche Schutz vor einer föderalen Konkurrenz, den das Gleichwertigkeitsgebot bzw. die Einheitlichkeit von Lebensverhältnissen als Regulativ im Grundgesetz lange Zeit bot, wird durch die europäische Integration aufgeweicht (vgl. Scharpf 2001). Es ist deshalb nicht verwunderlich, dass Ideen, die sich am Wettbewerbsföderalismus als Leitmodell orientieren, eine wachsende Popularität in Wissenschaft und bei dem Teil der politischen Akteure gewinnen, die von einem Wettbewerb entweder profitieren oder aufgrund ihrer programmatischen Positionierung stärker auf ökonomische Prinzipien als Regelungsprinzip als auf den traditionellen Schutz des Wohlfahrtsstaates setzen.

Offene Methode der Koordinierung – Eingriff in Landeszuständigkeiten

Die Ursachen, die zur schleichenden Entmachtung der Länder beitragen, sind inzwischen mit dem Abfluss formaler Zuständigkeiten nach Brüssel nicht mehr hinreichend benannt. Zusätzlich zum fortschreitenden Souveränitätstransfer nach Brüssel sehen sich die Länder seit Jahren der intensivierten Anwendung von europäischem „soft law" bzw. „weichen" Kontrollinstrumenten ausgesetzt (vgl. Große Hüttmann 2004: 476 ff.). Mit Hilfe der „Offenen Methode der Koordinierung" (OMK), die vom Europäischen Rat von Lissabon 2000 „... als neue politische Strategie dort eingeführt worden ist, wo es der Europäischen Gemeinschaft an gesetzgeberischer Kompetenz gebricht" (Schulte 2006: 53), will die EU eine Vereinheitlichung der Politiken und Innovationsschübe in nicht-vergemeinschafteten Politikfeldern erreichen. Anwendungsbereiche der OMK sind z.B. die Bildungspolitik, aber auch die Gesundheits- und Sozialpolitik.

Zwar soll die OMK das Subsidiaritätsprinzip respektieren; gleichzeitig jedoch strebt diese Methode ein „freiwilliges" Zusammenwirken der Mitgliedstaaten außerhalb des bestehenden Institutionengefüges unter Anleitung bzw. mit Hilfestellung der Europäischen Kommission an. Diese Art der europäischen Politikgestaltung steht per definitionem außerhalb der europäisierten Politikverflechtung, sie übt jedoch einen beträchtlichen Handlungszwang auf die EU-Mitgliedstaaten (und Gliedstaaten) aus. Die Indikatoren und Benchmarks, an denen sich die Mitgliedstaaten orientieren sollen, werden zwar in einem konsentierten Verfahren, d.h. erst im laufenden Prozess festgelegt, um Flexibilitäten und nationalstaatliche Eigenheiten von Politikbereichen nicht zu untergraben. Was nach freiwilliger Koordination klingt, ist jedoch mit beträchtlichem politischem Druck verbunden. Die EU hat, um die OMK effektiv zu gestalten, begleitende Überwachungs- und Evaluierungssysteme entwickelt, die den Fortschritt der Nationalstaaten mit Hilfe von Review-Verfahren messen sollen. Länder, welche die vereinbarten Benchmarks und Indikatoren nicht erzielen, können durch Taktiken des *naming and shaming* beeinflusst werden.

Zwar werden die unter Einsatz der OMK erzielten Ergebnisse und ihr Innovationsgehalt überwiegend positiv bewertet. Allerdings kann diese vorläufige Bilanz nicht darüber hinwegtäuschen, dass der Einsatz von „soft law" ebenfalls zum schleichenden Verlust von Landeskompetenzen beiträgt und dieser Abschmelzungsprozess in Zukunft wohl weiter voranschreiten wird. Die Regionen mit Gesetzgebungskompetenzen in der EU standen der OMK von Beginn an skeptisch gegenüber; insbesondere aus Bayern erfolgte eine Generalkritik. Jedoch lehnen – bei allen grundsätzlichen Bedenken – nicht alle deutschen Länder das neue Steuerungsinstrument rundweg ab (Große Hüttmann 2004: 485-487).

Die Länder haben sich angesichts des fortschreitenden Abflusses von Kompetenzen auf die europäische Ebene während der Verhandlungen zum Amsterdamer Vertrag 1997 darum bemüht, die EU stärker auf das Subsidiaritätsprinzip zu verpflichten. Solange Aufgaben auf dezentraler Ebene erledigt werden können, soll dem Willen der Länder zufolge ein Eingriff der EU nicht möglich sein. Im Protokoll zum Vertrag wurde zwar diesem Willen entsprochen, allerdings ohne dabei die deutschen Länder explizit zu erwähnen. Da die meisten Mitgliedstaaten der EU kein föderales Prinzip oder starke subnationale Regionen kennen und die im Zuge der Osterweiterung beigetretenen neuen Mitglieder weniger durch eine Föderalisierung, sondern eher durch das Prinzip eines dezentralisierten Einheitsstaates geprägt sind, können die Bundesländer ihrer Forderung nach einem wirksamen Schutz vor einer weiteren Auszehrung ihrer Substanz eher weniger Nachdruck verleihen als dies vor der Osterweiterung möglich gewesen wäre (vgl. Sturm/Zimmermann-Steinhart 2005).

Subsidiaritätsprinzip als Schranke?

Gleichwohl wird die Rechtsetzung der Gemeinschaftsorgane heute von Bundesregierung und Bundesrat anhand eines systematischen Prüfrasters auf die Einhaltung des Subsidiaritätsprinzips hin untersucht (vgl. BT-Drs. 14/4017). In der Gemeinsamen Geschäftsordnung der Bundesministerien (§ 85a GGO II) sind diese Prüfakte verbindlich festgeschrieben. Für den Zeitraum zwischen 1995 und 1999 lässt sich insgesamt eine verbesserte Einhaltung des Subsidiaritätsprinzips durch die Kommission festhalten: Wurden 1995 bei 232 geprüften Rechtsakten noch 13 beanstandet, sank diese Zahl 1999 bei 60 Prüffällen auf nur noch zwei ab (BT-Drs. 14/4017: 5). Oft beziehen sich die Bedenken nicht auf den gesamten Rechtsakt, sondern nur auf einzelne Teilaspekte. Der Bundesrat beanstandet geringfügig mehr Akte der Kommission, da er nicht nur rechtswirksame Vorgänge unter die Lupe nimmt, sondern auch Grün- und Weißbücher, die in der Aufstellung der Bundesregierung nicht enthalten sind. Meistens besteht zwischen beiden Organen jedoch Übereinstimmung, weshalb es der Bundesregierung leicht fällt, die Einwände des Bundesrates weitgehend zu berücksichtigen.

Selbst wenn die Bundesregierung Bedenken gegen eine Kommissionsvorlage erhebt, so bemüht sie sich meistens dennoch, im Rat weiterhin an der Ausgestaltung eines Vorhabens konstruktiv mitzuwirken. Sie wird die Mitarbeit einer Ablehnung insbesondere dann vorziehen, wenn mit dem Zustandekommen eines Rechtsaktes aufgrund der Haltung der Mehrheit der Mitgliedstaaten ohnehin zu rechnen ist. Eine Ablehnung würde ansonsten dazu führen, dass deutsche Sachinteressen bei den Verhandlungen im Rat übergangen werden (BT-Drs. 14/4017: 4). Generelle Bedenken hegen Bundesregierung und Bundesrat gegenüber der Kommission jedoch insbesondere deshalb, weil diese sich bis heute nicht zur Subsidiarität im Binnenmarkt bekannt hat. Einzelne Studien weisen überdies darauf hin, dass die Leitidee der Subsidiarität häufig dann in den Hintergrund tritt, wenn eine Aussicht auf die Inanspruchnahme von Fördermitteln besteht (Degen 1998: 109).

Doppelte Politikverflechtung oder Entkopplung?

Manche Autoren haben betont, dass die EU als Mehrebenensystem selbst einem föderalen System ähnele (z.B. Scharpf 1985, vgl. hierzu auch: Wachendorfer-Schmidt 2003: 121) und, wie der deutsche Föderalismus, von einer erheblichen Verflechtung geprägt sei. Wessels spricht in diesem Zusammenhang von einem „fusionierten Föderalstaat", in dem Regierungen und Verwaltungen eng miteinander verschmolzen sind (Wessels 1992: 40). Einige Analogien zum deutschen Bundesstaat sind in der Tat unübersehbar: Der Ministerrat der EU ist, wie auch der Bundesrat, aus den Regierungen der „darunter liegenden" Ebene zusammengesetzt. Ein beachtlicher Teil der Gesetzgebungstätigkeit ist mittlerweile auf die europäische Ebene abgewandert, während der Vollzug bei den Nationalstaaten verbleibt (Fischer/Schley 1999: 33). Im deutschen Fall kommt hinzu, dass die Länder (und die Gemeinden) nicht nur die entscheidende Vollzugsebene für bundespolitische Entscheidungen sind, sondern auch europäische Richtlinien und Verordnungen implementieren. Die Politikverflechtungsthese weist ferner darauf hin, dass die einzelnen Ebenen zwar nicht vollständig fusioniert sind, Regieren sich heute aber in einem komplexen System voneinander abhängiger und miteinander verschränkter Ebenen vollzieht. Die einzelnen Ebenen verfügen trotz wechselseitiger Abhängigkeit gleichzeitig über hinreichende Autonomie und Handlungsressourcen, die sie in Entscheidungsprozessen gegenüber den anderen Beteiligten geltend machen können (Sturm/Pehle 2005: 16). Politische Programme werden im Mehrebenensystem in einem eng geknüpften Netz von gemeinsamer Entscheidung, Finanzierung und Implementation entwickelt und verarbeitet. Da somit die Zustimmung vieler Beteiligter erforderlich ist, dominieren politische Kompromisse und Koppelgeschäfte auch im Entscheidungsgefüge des Mehrebenensystems.

Die Europäisierung von Politikverflechtung und kooperativem Bundesstaat

Das europäische Mehrebenensystem mit seinen wechselseitigen Abhängigkeiten und Kompetenzverflechtungen wurde schon vor über zwanzig Jahren mit dem Begriff der „doppelten Politikverflechtung" umschrieben (z.B. Hrbek 1986). In der politikwissenschaftlichen Forschung stehen sich unterschiedliche Einschätzungen gegenüber, welche Bedeutung die EU für die weitere Entwicklung der bundesstaatlichen Politikverflechtung hat. Den theoretischen Ausführungen über „Rationalitätsfallen" zufolge, müsste die doppelte Politikverflechtung die ohnedies zahlreichen Kompromisszwänge verschärfen und zu einer Politik des kleinsten gemeinsamen Nenners, im schlimmsten Fall zu Blockaden führen. Das Eigeninteresse der Nationalstaaten steht demzufolge einheitlichen europäischen Problemlösungen wahrscheinlich entgegen (vgl. Scharpf 1994: 42). Die Mitwirkung der Länder in Angelegenheiten der EU wäre der Politikverflechtungsfalle zufolge eine weitere Ursache dafür, dass die Blockadetendenzen auf der europäischen Ebene sogar noch schärfer zutage treten als im innerstaatlichen Rahmen (vgl. hierzu Kap. 4.2). Die doppelte Politikverflechtung vermindere, so heißt es, außerdem die ohnedies geringe Transparenz von Entscheidungsprozessen und entmachte die Landtage. Diese wurden bislang als die eigentlichen Verlierer im Mehrebenensystem angesehen, da sie Kompetenzen nicht nur an den Bund, sondern auch an die EU abtreten mussten und gleichzeitig nicht in die exekutiv dominierten Steuerungsgremien des Mehrebenensystems eingebunden sind (Kap. 5).

Manche Analysen weisen darauf hin, dass der Grad der Verflechtung eher noch zugenommen habe (vgl. hierzu abwägend: Wachendorfer-Schmidt 2003: 142 ff.). Die bestehenden Routinen der föderalen und interministeriellen Koordination seien übernommen und angepasst worden, was die Komplexität der Entscheidungsstrukturen abermals gesteigert habe (Große Hüttmann 2006: 204). Andere gehen von einem positiveren Szenario aus. Die innerstaatliche Politikverflechtung wird demzufolge durch die Europäisierung eher aufgelockert, weil zwei wechselnde Akteure die jeweils dritte Ebene aus der Kooperation und Koordination auszuschließen versuchen. Dieses Phänomen zeigt sich etwa in Kap. 4.4, wo geschildert wird, wie die Länder die Bundesebene zu überspringen und so das System der Politikverflechtung zu verlassen versuchen. Die prophezeiten Politikblockaden könnten so durchaus umgangen werden, mehr jedenfalls, als es im Rahmen der „einfachen", rein bundesstaatlichen Politikverflechtung möglich erscheint (für die Regionalpolitik vgl. Benz 2000: 147; Kilper 2008). Insofern wirke die EU-Integration eher in Richtung einer Entkopplung und Entflechtung der verschiedenen Ebenen als in die einer „doppelten Politikverflechtung".

EU als „Problemlöser"?

Jüngere Studien zum Mehrebenensystem bestätigen die Auffassung, dass die EU nicht nur zu einer Verdichtung der Politikverflechtung beiträgt, sondern auch als „Problemlöser" wirkt (Wachendorfer-Schmidt 2003: 400). Dass Blockaden im Mehrebenensystem überwunden werden können, liegt allerdings nur zum kleinen Teil daran, dass die europäische Integration eine innerstaatliche Entflechtung nach sich zieht. Die Ursache ist vielmehr darin zu sehen, dass die Mechanismen politischer Steuerung in der EU hierarchisiert werden. Dennoch vermag die EU die Probleme politikverflochtener Strukturen nicht umfassend zu lösen, da das Mehrebenensystem auch neue Probleme verursacht, etwa die weit verbreitete Gießkannenförderung und eine nicht-effiziente Mittelzuweisung (Wachendorfer-Schmidt 2003: 402, weiterhin: 275 ff.). Als Beispiel für solche

Ineffizienzen kann nicht zuletzt die regionale Wirtschaftsförderung herangezogen werden.

4.2 Institutionalisierte Politikverflechtung: Die Europäisierung des Bundesrates

Entwicklung der Bundesratsbeteiligung

Auf welche Weise haben sich die Institutionen der Politikverflechtung europäisiert? Die Entwicklung des Bundesrates nach dem Maastrichter Vertrag ist ein augenfälliges Beispiel dafür, dass sich die Ausrichtung auf den europäischen Integrationsprozess weitgehend inkrementell vollzogen und allmählich zu einer erheblichen Veränderung der Institutionen beigetragen hat (vgl. Moore/Eppler 2008). Ein kurzer Blick in die Entwicklung der Bundesratsbeteiligung soll diesen Prozess veranschaulichen. Die Länder sind nicht erst seit dem 1992 in die Verfassung eingeführten neuen Art. 23 GG in europapolitische und außenpolitische Angelegenheiten eingebunden. Schon 1957 wurde den Ländern im Lindauer Abkommen zwischen Bund und Gliedstaaten eine Beteiligung an Verträgen mit anderen Staaten zugestanden. Ebenso verpflichtete sich der Bund, die Länder frühzeitig über Verhandlungen zu unterrichten, sofern ihre Interessen wesentlich berührt seien. Es galt als Ausdruck einer bundesfreundlichen Haltung, den Ländern eine angemessene Einflussnahme einzuräumen. Gleichwohl musste der Bundesrat als Ländervertretung schon vor den 1990er Jahren einen schleichenden Machtverlust hinnehmen, denn es blieb der Bund, welcher die Bundesrepublik Deutschland auf der internationalen Bühne vertrat. Deshalb vermochte die Bundesregierung aus integrationspolitischen Gründen von Beschlüssen und Stellungnahmen des Bundesrates auch jederzeit abzuweichen – und zwar selbst dann, wenn europäische Materien Länderangelegenheiten unmittelbar berührten und die Länder zum Vollzug der Brüsseler Richtlinien und Verordnungen verpflichtet waren.

Länderbeobachter

Die Länderregierungen suchten angesichts dieser sich mehrenden Eingriffe in ihre Substanz schon früh nach Möglichkeiten, um sich ihre Kompetenzen über eine Beteiligung an der europäisierten Bundespolitik zu sichern. Bereits 1956 gelang es den Gliedstaaten, einen Länderbeobachter durchzusetzen, der mit der deutschen Delegation an den Tagungen des Rates teilnimmt und die Gliedstaaten über den Verlauf der Verhandlungen informiert. Bis heute gibt es diesen Länderbeobachter als eine gemeinsame Einrichtung der Gliedstaaten in Brüssel. Seine Funktion beschränkt sich im Wesentlichen darauf, Informationen über europäische Vorgänge zu sammeln und weiterzugeben. Er berichtet über die Verhandlungen im Ministerrat und über die Weisungen, welche die Bundesregierung dem Ständigen Vertreter in Brüssel erteilt (Burgsmüller 2003: 4 ff.).

Der Länderbeobachter kann allerdings keine geeignete Schaltstelle sein, an der ein erfolgreiches Lobbying für die Länder bei den europäischen Institutionen betrieben werden könnte. Dafür sind die Interessen der Länder zu heterogen; die Gliedstaaten verfolgen aufgrund ihrer Wirtschaftsstruktur inzwischen verschiedene wirtschaftliche Schwerpunkte, für die wiederum unterschiedliche Förderprogramme der EU und damit verschiedene regionale Strategien in Frage kommen. Mit der Deutschen Einheit hat die Vielfalt der Interessen und damit die

Die Europäisierung von Politikverflechtung und kooperativem Bundesstaat 161

Tendenz, sich nicht von einer gemeinsamen Institution in Brüssel vertreten lassen zu wollen, eher noch zugenommen.

1979 wurde ein „neues Länderbeteiligungsverfahren" eingeführt, in dem der Bund den Ländern die Möglichkeit zugestand, sich mit ihm abzustimmen und gemeinsame Standpunkte auf europäischer Ebene so weit wie möglich durchzusetzen. In den Gremien des Ministerrates und der Kommission sollten stets zwei Ländervertreter hinzugezogen werden, welche die Position und Interessen der deutschen Gliedstaaten auf europäischer Ebene wahren sollten. Bereits dieses Verfahren legte die Schwierigkeiten der Länder offen, ein kollektives Handeln zu organisieren: Weil die Interessen und Präferenzen der Länder nicht homogen sind, haben sie Probleme, einen gemeinsamen Standpunkt gegenüber dem Bund in europapolitischen Belangen zu vertreten. Da der Bund gleichzeitig von der Stellungnahme des Bundesrates abweichen darf, bleibt dessen Durchsetzungsfähigkeit trotz der allseits anerkannten Verpflichtung auf ein „bundesfreundliches Verhalten" letztlich begrenzt. Der Bund muss im Einzelfall integrationspolitische Gesichtspunkte und das legitime Interesse der Länder, im Bundesstaat ein „Hausgut" (BVerfGE 34: 2) an eigenen Gesetzgebungskompetenzen zu bewahren, gegeneinander abwägen. Dieses Spannungsverhältnis kann angesichts der Einbindung Deutschlands in den europäischen Entscheidungsprozess nicht immer zugunsten der Länder aufgelöst werden, auch wenn sich die Bundesregierung darum bemüht, Positionen im Konsens abzustimmen und die Belange des Bundesrates so weit als möglich auf europäischer Ebene mit einfließen zu lassen (vgl. hierzu: BT-Drs. 14/4017). Die Bundesregierung bewertete, etwa im Falle der Fernsehrichtlinie von 1989 (vgl. Sturm/Pehle 2005: 88), die konstruktive Mitarbeit auf europäischer Ebene – im nationalen Interesse – gegenüber den institutionellen Eigeninteressen der Länder aber im Konfliktfall als vorrangig.

Neues Länderbeteiligungsverfahren

Die Länder wollten sich somit mit dem neuen Länderbeteiligungsverfahren nicht zufrieden geben, da ihre Forderungen und Bedürfnisse nur über die Bundesregierung im europäischen Ministerrat geltend gemacht werden konnten. Sie vermochten letztlich auf politische Entscheidungen in Europa nur indirekt und ex post Einfluss zu nehmen. Um regionale Interessen wirksam vertreten zu können, ist es aber erforderlich, frühzeitig auf den durch nationale und europäische Akteure dominierten Politikzyklus der EU einzuwirken – möglichst bereits in der Phase des Agenda-Setting durch die Europäische Kommission. Aus diesem Grunde begannen die Länder seit den 1980er Jahren, neben dem bestehenden Beteiligungsverfahren eine eigenständige Europapolitik am Bund vorbei zu betreiben (vgl. Kap. 4.4).

Mit dem Inkrafttreten der Einheitlichen Europäischen Akte (EEA) 1987 wurde das Ziel festgeschrieben, den einheitlichen Binnenmarkt in naher Zukunft zu vollenden. Um den freien Verkehr von Waren, Personen, Dienstleistungen und Kapital innerhalb Europas Grenzen zu gewährleisten, mussten die Nationalstaaten in den Bereichen der Regional- und Agrarpolitik Kompetenzen nach Brüssel abgeben. In Deutschland sind dies häufig Politikfelder, die eine innerstaatliche Beteiligung der Länder z.B. über die Gemeinschaftsaufgaben nach Art. 91 GG vorsehen. In den 1990er Jahren folgten die weiteren Vertragsrevisionen von Maastricht (1992), Amsterdam (1997) und schließlich von Nizza (2000), die ebenfalls in die Struktur des deutschen Föderalismus eingegriffen haben.

Bundesratsverfahren

Den Ländern war daran gelegen, mit dem Ratifikationsgesetz zur EEA weitere Verbesserungen ihrer Mitwirkungsmöglichkeiten an der europäischen Politik durchzusetzen. Durchaus mit Erfolg: In dem von ihnen durchgesetzten Bundesratsverfahren musste der Bund die Länder nun frühestmöglich über Themen und Vorhaben der Europäischen Gemeinschaft in Kenntnis setzen. Sofern die ausschließliche Gesetzgebung der Länder berührt war, war der Bundesrat ex ante zu konsultieren. Die Bundesregierung verpflichtete sich weiterhin, die Stellungnahmen des Bundesrates bei ihren Verhandlungen im europäischen Ministerrat „zu berücksichtigen". Allerdings war auch diese Konstruktion der Bundesrats-Beteiligung nicht geeignet, den schleichenden Abfluss von Landeskompetenzen in der Gesetzgebung auf die europäische Ebene aufzuhalten.

Dilemma von Zwei-Ebenen-Spielen

Die Wirksamkeit dieses Instruments ist durch das generelle Dilemma eines Zwei-Ebenen-Spiels eingeschränkt (vgl. für viele: Putnam 1988): Um verhandlungsfähig zu sein, muss eine nationale Regierung im Ministerrat *package deals* abschließen und Kompromisse eingehen können. Dies setzt voraus, dass sie in Brüssel nicht auf der Grundlage eines zu eng gefassten Mandates agiert. Zwar kann es gegenüber den anderen Nationalstaaten durchaus von kurzfristigem Vorteil sein, wenn eine Regierung auf die Zwänge im eigenen Land verweisen kann. Jedoch schwächt es langfristig die Verhandlungsposition einer Regierung, wenn sie keine Flexibilität zeigen will oder kann. Aus diesem Grunde sind Bundesregierung und Bundesrat bemüht, ihre Positionen frühzeitig im Konsens abzustimmen. Die Arbeitsweisen beider Organe wurden entsprechend so umgestaltet, dass eine frühzeitige Fühlung zwischen diesen möglich ist und eine tragfähige Verhandlungsgrundlage hergestellt werden kann.

EG-Kammer

Sowohl die *policies* als auch die politischen Prozesse, d.h. die *politics,* unterlagen seit Ende der 1980er Jahre einem raschen und umfassenden Europäisierungsprozess. Somit sah sich der Bundesrat gezwungen, seine eigene Organisation so umzubauen, dass flexible und schnelle Reaktionen auf europäische Vorhaben möglich waren. Bereits im Vorfeld von Vorhaben, die in Brüssel beschlossen wurden, wollte der Bundesrat Einfluss im europäischen Politikzyklus nehmen können. Mit Hilfe einer Änderung der Geschäftsordnung kann die EG-Kammer, die, anders als die anderen Bundesratsausschüsse, nicht aus Beamten, sondern aus Politikern zusammengesetzt ist, anstelle des Bundesrates mit Mehrheit der Stimmen entscheiden und Stellungnahmen zu Vorhaben der EG abgeben (vgl. hierzu Patzelt 2005). Die EG-Kammer erhielt 1992 überdies Verfassungsrang (Art. 52,3a GG). Sturm und Pehle (2005: 90) weisen in diesem Zusammenhang darauf hin, dass durch die Aufnahme der EG-Kammer in das Grundgesetz der „verfassungsrechtlich bedenkliche Zustand" beseitigt wurde, dass „im Namen Europas ein auf einfachgesetzlicher Basis agierendes Bundesorgan mit Mehrheitsabstimmung über ausschließliche Länderkompetenzen befinden konnte".

Allerdings ist die EG-Kammer seit dem Maastrichter Vertrag nur drei Mal zusammengetreten – was auch daran liegt, dass Stellungnahmen regelmäßig im regulären Sitzungsturnus beschlossen werden konnten (von Dewitz 1998: 72). Ort der europapolitischen Willensbildung ist heute vielmehr der EU-Ausschuss des Bundesrates, in dem die Landespolitik der Gliedstaaten abgestimmt wird. Im Ausschuss werden, so Sturm und Pehle in ihrer Analyse der Ausschusstätigkeit, weniger integrationspolitische Grundsatzfragen beraten, sondern eher die Probleme der fortlaufenden Europäisierung einzelner Politikfelder erörtert. Gegenstände der Beschlussvorlagen sind überwiegend Regelungen, die sich auf die Gesetzgebungstätigkeit der Länder beziehen. Dabei versteht sich der Ausschuss selbst nicht so sehr als Wächter landespolitischer Kompetenzen als vielmehr als Förderer der Europäisierung (Sturm/Pehle 2005: 94). Er unterstützt und ergänzt die Arbeit der fachpolitischen Ausschüsse und mildert in Anträgen Formulierungen ab, die als europafeindlich interpretiert werden könnten (von Dewitz 1998: 73).

Die Länder trachteten schon früh danach, an der europapolitischen Willensbildung angemessen beteiligt zu werden. Die oben dargestellten Etappen der Bundesratsbeteiligung zeigen, dass sich seit den 1950er Jahren „pfadabhängig", d.h. in kleinen, aufeinander folgenden Schritten und im Rahmen der bereits bestehenden institutionellen Strukturen, ein System entwickelt hat, das mittlerweile abgestufte Mitwirkungs- und Informationsrechte des Bundesrates festschreibt. Den Ländern gelang es, die Strukturen des deutschen Föderalismus an die vertiefte europäische Integration anzupassen („Beteiligungsföderalismus"), ohne dass dabei der Charakter des Bundesstaates als Verbundsystem im Kern verändert wurde. Im Gegenteil: Gerade die Tatsache, dass die Länder bei Verfassungsänderungen und im Rahmen zustimmungspflichtiger Gesetze ein absolutes Veto geltend machen können, eröffnete ihnen die Möglichkeit, dem Bund immer wieder Zugeständnisse abzutrotzen. Das Verbundsystem verschaffte den Ländern tendenziell bessere Einflusspotentiale als ein Trennföderalismus, da sie den Bund aufgrund der vielfältigen wechselseitigen Abhängigkeiten und Vetomöglichkeiten immer wieder zu Konzessionen zwingen konnten (vgl. Börzel 2000, 2001).

„Beteiligungsföderalismus"

Unter Führung der Bayerischen Landesregierung wussten die Länder im Zuge der Grundgesetzänderungen von 1992, die durch den Vertrag von Maastricht erforderlich geworden waren, ihre Zustimmung von einer stärkeren Formalisierung und Stärkung der bisher bestehenden Beteiligungsrechte des Bundesrates abhängig zu machen. Sie forderten umfangreiche Mitwirkungsrechte in EU-Angelegenheiten als Kompensation für Hoheitsrechtsübertragungen auf die EU in ihrem eigenen Zuständigkeitsbereich. Verhalten und Strategien der EU-Kommission, etwa im Bereich der Daseinsvorsorge und bei Staatsbeihilfen, standen mit den genuinen Interessen der Länder oftmals in direktem Widerspruch. Diese Konstellation trug wesentlich dazu bei, dass die Länder ihre Rolle im deutschen Föderalismus geschützt sehen wollten, um so zu einer effektiven Vertretung ihrer Interessen auf europäischer Ebene zu gelangen (vgl. Moore/Eppler 2008: 495). Ergebnis der Verhandlungen war schließlich Art. 23 GG neu, in dem die Rechte des Bundesrates in der „Zusammenarbeit von Bund und Ländern in Angelegenheiten der Europäischen Union", so auch der Titel des Ausführungsgesetzes vom 12.3.1993 (EuZBLG), festgeschrieben wurden.

Art. 23 GG orientiert sich am innerdeutschen Modell von Zustimmungspflicht und einfachen Gesetzen und hat ein abgestuftes System der Mitwirkung und Einbindung der Länder in den europäischen Entscheidungsprozess etabliert (Große Hüttmann 2006: 210). Der in Art. 23 GG nun grundgesetzlich legitimierte „Beteiligungsföderalismus" ist in der Wissenschaft sehr unterschiedlich bewertet worden. Einerseits sind die ohnedies bestehenden Notwendigkeiten, eine Abstimmung zwischen den gliedstaatlichen Ebenen herbeizuführen, weiter intensiviert worden. Die Transparenz der Verfahren hat angesichts der abermals

Art. 23 GG neu

verdichteten Vernetzung innerstaatlichen und europäischen Regierens sicherlich gelitten. Andererseits aber weisen manche Autoren darauf hin, dass eine „Abschottungsstrategie", die darauf zielt, die Kompetenzen zwischen EU, Bundes- und Landesebene präzise voneinander abzugrenzen, ebenfalls keine befriedigende Lösung dargestellt hätte. Eine klare Trennung von Zuständigkeiten wäre Gefahr gelaufen, die zwischen den Ebenen der EU, des Bundes und der Länder eng verzahnten Problemzusammenhänge voneinander zu trennen. Sie hätte die unter funktionalen Gesichtspunkten erforderlichen räumlich und sachlich integrierten Lösungen eher erschwert als erleichtert (z.B. Algieri u.a. 1992: 43). Außerdem stellen die Länder sowohl bei Bundesgesetzen als auch bei europäischen Normen eine zentrale Vollzugsebene dar. Im Ergebnis hat sich ein System wechselseitiger Abhängigkeiten und mehrschichtiger Kooperation ausgebildet, und entsprechend schwierig gestaltet sich heute in einigen Politikfeldern die in den Reformdebatten angestrebte Entflechtung von Zuständigkeiten im deutschen Bundesstaat (vgl. Kap. 6) – dies aber nicht nur aus Gründen der zahlreichen Vetopositionen, sondern auch angesichts sachlicher Überlegungen.

Der 1992 neu eingefügte Art. 23 GG und das EuZBLG legen gestaffelte Rechte des Bundesrates in Angelegenheiten der Europäischen Union fest. Die Länder sollten damit den innerstaatlichen Verfahren entsprechend an der europapolitischen Willensbildung des Bundes teilhaben und ihre eigenen Kompetenzen auf die Europapolitik übertragen können. Die in Art. 23 GG festgeschriebenen Zugeständnisse reichen vom Informationsrecht (Art. 23,2 GG) über das Recht zur Stellungnahme (Art. 23,3 GG) und das Recht zur Beteiligung an der Willensbildung des Bundes entsprechend den bestehenden innerstaatlichen Regelungen (Art. 23,4 GG) bis hin zum – schon oben genannten – Verfahren, dem zufolge die Stellungnahme des Bundesrates durch die Bundesregierung berücksichtigt werden muss, sofern die ausschließlichen Kompetenzen der Länder berührt sind (Art. 23,5 GG). Die Länder können darüber hinaus die Bundesrepublik Deutschland in den Verhandlungen auf der europäischen Ebene selbst vertreten, wenn im Schwerpunkt ausschließliche Gesetzgebungsbefugnisse der Länder betroffen sind. Die Wahrnehmung dieser Rechte erfolgt jedoch „unter Beteiligung und Abstimmung mit der Bundesregierung"; dabei ist, wie es im Grundgesetz heißt, „die gesamtstaatliche Verantwortung des Bundes zu wahren" (Art. 23,6 GG).

Die Bundesregierung informiert den Bundesrat, wie auch den Bundestag, über ein Zuleitungsverfahren fortlaufend über Themen und Verhandlungen auf der europäischen Ebene. Wenn die Länder europäische Richtlinien umsetzen müssen bzw. an der Umsetzung über die Gesetzgebung im Bundesrat beteiligt sind, muss die Information so rechtzeitig erfolgen, dass dem Bundesrat noch genügend Zeit bleibt, eine unter den Ländern abgestimmte Stellungnahme abzufassen.

Brückenklausel   Sieht man von europapolitischen Entscheidungen ab, die eine Grundgesetzänderung und damit eine Zweidrittelmehrheit im Bundesrat voraussetzen – dies ist z.B. bei der Übertragung von Hoheitsrechten auf die europäische Ebene der Fall – so verfügt die Bundesregierung trotz der festgeschriebenen Rechte des Bundesrates über eine relativ große Beweglichkeit. Dies liegt zum einen daran, dass ohnedies ein beachtlicher Teil an Kompetenzen bereits auf die europäische Ebene abgewandert ist. Bei qualifizierten Mehrheiten im Ministerrat kann sich die Bundesregierung grundsätzlich enthalten und überstimmen lassen – eine Verhaltensweise, die im Falle einer Nichteinigung zwischen Bund und Ländern umstritten ist. Dieser Ausschluss der Länder nimmt mit der Anwendung der Passarelle-Klausel eher noch zu, da der Europäische Rat nun die Möglichkeit hat, mit einstimmigem Beschluss von der Einstimmigkeits- zur Mehrheitsregel überzugehen – und zwar auch in Politikfeldern wie der Innenpolitik, die teilweise zu den genuinen Landeszuständigkeiten gehören. Das Bundesverfassungsgericht hat in seinem Urteil vom 30. Juni 2009 jedoch hervorgehoben, dass die allgemeine Brückenklausel, soweit sie den Übergang vom Einstimmigkeitsprinzip zum qualifizierten Mehrheitsprinzip in der Beschlussfassung des Rates ermöglicht, eine nach Art. 23,1 zu beurteilende Vertragsänderung beinhalte. Der deutsche Regierungsvertreter im Europäischen Rat dürfe einer Vertragsänderung durch die Brückenklausel künftig nur zustimmen, wenn Bundestag und Bundesrat ein Gesetz nach Art. 23,1 (2) erlassen haben (BVerfG, 2 BvE 2/08 vom 30.6.2009). Das Vetorecht im Rat dürfe auch bei sachlich in den Verträgen bereits bestimmten Gegenständen nicht ohne Beteiligung der zuständigen Gesetzgebungsorgane aufgegeben werden. Soweit die Regelungen über die Gesetzgebung dies erforderten, müsse neben dem Bundestag auch der Bundesrat seine Zustimmung zu einer Änderung des Primärrechts durch Anwendung der Brückenklausel erteilen.

Grundsätzlich gilt aber, dass die Auffassung des Bundesrates „maßgeblich" durch die Bundesregierung berücksichtigt werden muss, wenn die Einrichtung ihrer Behörden oder ihre Verwaltungsverfahren betroffen sind oder kein „Bedürfnis" nach bundeseinheitlicher Gesetzgebung im Rahmen der konkurrierenden Gesetzgebung besteht. Eingeschränkt wird diese Regelung allerdings dadurch, dass die gesamtstaatliche Verantwortung des Bundes zu wahren ist. Gelingt es Bundesrat und Bundesregierung nicht, ein Einvernehmen zu erzielen, gilt die Stellungnahme des Bundesrates nur dann als „maßgeblich", wenn in der Zweiten Kammer eine Zweidrittelmehrheit hergestellt werden kann. Die Länder müssen somit, wollen sie sich gegenüber dem Bund durchsetzen, zu kollektivem Handeln in der Lage sein. Die Bundesregierung muss aber auch weiterhin einer mit Zweidrittelmehrheit beschlossenen Stellungnahme des Bundesrates zustimmen, wenn damit Einnahmen- oder Ausgabenerhöhungen verbunden sind. Deshalb war zu erwarten, dass in der Praxis lediglich die ausschließlichen Gesetzgebungsbefugnisse der Länder die „Maßgeblichkeit" der Stellungnahmen des Bundesrates auslösen, d.h. insbesondere im Bereich des Bildungswesens (Oschatz/ Risse 1995: 444). Angesichts dieser vielen Einschränkungen, denen die Bundesratsbeteiligung ausgesetzt ist, ist es der Bundesregierung auch weiterhin möglich, sich selbst im Falle einer ausschließlichen Landesautonomie gegen ein einfaches Mehrheitsvotum der Länder durchzusetzen. Einer Auskunft der Bundesregierung auf eine Kleine Anfrage zufolge hat die Regierung bisher aber nicht davon Gebrauch gemacht, unter Berufung auf die gesamtstaatliche Verantwortung des Bundes von einer „maßgeblich" zu berücksichtigenden Stellungnahme des Bundesrates abzuweichen (BT-Drs. 15/1961: 3).

Maßgeblichkeit der Stellungnahme des Bundesrats

Es war eine umstrittene Frage zwischen den Bundesorganen, wie im Falle von kontroversen Stellungnahmen des Bundestages und des Bundesrates zu verfahren ist. Der Bundestag pochte darauf, dass seiner Meinungsäußerung ge-

Konflikte zwischen Bundestag und Bundesrat

genüber der von der Zweiten Kammer abgegebenen Stellungnahme eine höhere Verbindlichkeit zukommen müsse. Allerdings kann der Bundesrat eher noch als der Bundestag seine Interessen geschlossen durchsetzen. Die Versuche des Bundestages, den eigenen Stellungnahmen gegenüber denen des Bundesrates ein höheres Gewicht zu verleihen und das Interorganverhältnis zum eigenen Gunsten auszugestalten, sind im Vermittlungsausschuss somit letztlich gescheitert (vgl. Oschatz/Risse 1995: 441).

Wirksamkeit von Art. 23 GG

Die Meinungen darüber, wie wirksam die in Art. 23 GG festgeschriebenen Rechte sind, gehen auseinander. Während die Länder betonen, dass die Zusammenarbeit in der Praxis problemlos funktioniere, klagte der Bund im Vorfeld der Föderalismusreform von 2006 darüber, dass seine Strategiefähigkeit in den europäischen Institutionen begrenzt sei. Die Länderminister besäßen z. B. keine diplomatische Erfahrung (Moore/Eppler 2008: 498 f.). Immerhin hat der Bundesrat in europapolitischen Belangen eine rege Tätigkeit entfaltet und innerhalb einer Dekade, von 1993 bis 2003, allein rund 1500 Stellungnahmen abgegeben. Zwischen 1998 und 2003 forderte er aber in lediglich 37 von 900 Fällen, das sind nur 4,1% aller Fälle, dass seine Stellungnahme „maßgeblich" zu berücksichtigen sei. In nur 17 Fällen hat die Bundesregierung dem zugestimmt, in den anderen 20 Fällen hat sie die Meinung vertreten, dass die Voraussetzungen für eine solche „Maßgeblichkeit" nicht gegeben seien. Die verschiedenen Rechtsauffassungen führten in der Praxis nicht zu Problemen, da zwischen den Positionen der Bundesregierung und der der Länder kein Widerspruch bestand (Kommission von Bundestag und Bundesrat zur Modernisierung der bundesstaatlichen Ordnung, Drs. 0034: 3). Nur ein einziges Mal kam es beim Richtlinienvorschlag zur Umweltverträglichkeitsprüfung zum echten Streitfall, in dem sich schließlich die Bundesregierung durchzusetzen wusste. Einer Befragung der Ländervertreter zufolge bewerten diese die Stellungnahme keineswegs als stumpfes Schwert, sondern als Hebel, mit dessen Hilfe sie den eigenen Forderungen und Interessen gegenüber der Bundesregierung den nötigen Nachdruck verleihen können (Große Hüttmann/Knodt 2003: 288). Sie sei auch hilfreich, um eine gemeinsame Position im Bundesrat festzulegen. Diese Befunde verweisen darauf, dass selbst dann, wenn der Bundesrat von diesem Instrument keinen ausdrücklichen Gebrauch macht, dessen potentielle Anwendung doch eine gewisse Vorwirkung erzielt. Beide Seiten, die Bundesregierung wie der Bundesrat, sind bemüht, Konfliktherde erst gar nicht entstehen zu lassen.

Studien weisen indessen darauf hin, dass die Beschlüsse des Bundesrates in der Mehrzahl zu detailliert und zu sehr an rechtstechnischen Fragen der innerstaatlichen Umsetzung von EU-Recht orientiert seien, als dass sie in den Verhandlungen in Brüssel zum Tragen kommen könnten (Große Hüttmann 2006: 211). Der Bundesrat konzentriere sich darauf, die traditionelle innerstaatliche Machtverteilung in der deutschen Politik zu bewahren (Sturm/Pehle 2005: 95). Sein Problem ist mittlerweile weniger ein Informationsdefizit, sondern vielmehr eine Flut von Materialien, die ihm eine effektive Kontrolle erschweren.

Übertragung der Verhandlungsführung auf die Länder

Es zählt zu den stärksten Formen der Länderbeteiligung, wenn die Gliedstaaten auf europäischer Ebene selbst in die Rolle der Entscheider schlüpfen können. Diese Möglichkeit ist gemäß EuZBLG insbesondere bei den ausschließlichen Gesetzgebungsbefugnissen, d.h. in den Themenbereichen Bildung, Medienrecht,

Die Europäisierung von Politikverflechtung und kooperativem Bundesstaat 167

teilweise auch beim Wettbewerbsrecht, bei Justiz und Innerem gegeben. Der Bundesrat hat für vier Ratsformationen (Forschung, Bildung, Kultur sowie Innen und Justiz) insgesamt neun Minister bzw. Senatoren zur Teilnahme benannt (von Dewitz 1998: 76 f.; Kommission von Bundestag und Bundesrat zur Modernisierung der bundesstaatlichen Ordnung, Drs. 0034: 4). Die Verhandlungsführung im Ministerrat der EU ist seit der Einführung des Art. 23 GG aber nur selten auf die Länder übertragen worden; die Delegationsleitung obliegt dabei auch weiterhin der Bundesregierung (BT-Drs. 15/1961: 4). Der Bundesrat hat dieses Recht zwischen 1998 und 2004 acht Mal eingefordert, drei Mal hat die Bundesregierung dem Begehren widersprochen (Kommission von Bundestag und Bundesrat zur Modernisierung der bundesstaatlichen Ordnung, Drs. 0034: 4). Inzwischen haben Bundesregierung und Bundesrat ein Verfahren entwickelt, um Differenzen über die Zuständigkeit rechtzeitig und im Konsens beilegen zu können (von Dewitz 1998: 77 f.). Inhaltlich gab es dabei zwischen beiden Seiten ohnedies keine Meinungsunterschiede. So sorgte die Regierung – etwa im Rat für Bildung – dafür, dass die Ländervertreter zu allen Themen, die in der Länderzuständigkeit liegen, das Wort ergreifen können – und zwar auch dann, wenn über die Übertragung der Verhandlungsführung im Vorfeld gestritten worden war.

Allerdings kann selbst die Übertragung der Verhandlungsführung auf die Länder keine sichere Gewähr dafür bieten, dass die Positionen des Bundesrates in Europa erfolgreich durchgesetzt werden. Auch Ländervertreter sind, wenn sie eine ablehnende Haltung im Rat vorbringen, wie die Bundesregierung der Gefahr ausgesetzt, dass ohne ihre konstruktive Mitarbeit die deutsche Position von den anderen Mitgliedstaaten nicht berücksichtigt wird (von Dewitz 1998: 79). Vertreter der Bundesministerien weisen in diesem Zusammenhang mitunter darauf hin, dass die Übertragung der Verhandlungsführung auf Ländervertreter die Regierungen anderer Nationalstaaten, die keine föderale Ordnung kennen, irritieren würde. Die gleiche Augenhöhe mit den anderen Verhandlungsführungen im Rat sei nur gegeben, wenn die Bundesministerien als Akteure in den europäischen Gremien – und nicht die Regierungen subnationaler Einheiten – vertreten seien. Durch die Föderalismuskommission I wurde beschlossen und schließlich grundgesetzlich verankert, dass die Verhandlungsbefugnis Deutschlands in den Beratungsgremien der EU dann auf die Länder übergeht, wenn deren ausschließliche Gesetzgebungsbefugnisse in der schulischen Bildung, der Kultur oder des Rundfunks betroffen sind (vgl. Kap. 6).

Wenn in Brüssel Materien entschieden werden, bei denen der Bundesrat nach innerstaatlicher Zuständigkeitsverteilung mitwirken müsste oder die Länder selbst zuständig sind, werden auf der Grundlage von Gremienlisten oder vorlagenbezogen Landesbeamte in die Gremien der Kommission oder des Ministerrates entsandt (Oschatz/Risse 1995: 446). Diese Gremienlisten enthalten die europäischen Arbeitsgruppen, für die der Bund die Länderrepräsentation durchsetzen konnte bzw. wenn zwischen Bund und Ländern eine Entsendung von Landesbeamten ausgehandelt wurde. Kalbfleisch-Kottsieper (2000: 123) spricht von insgesamt rund 110 Gremien, in denen Landesbeamte auf europäischer Ebene vertreten sind; man stellt heute ca. 300 Benennungen durch den Bundesrat fest (Kommission von Bundestag und Bundesrat zur Modernisierung der bundesstaatlichen Ordnung, Drs. 0034: 3). Existieren keine solchen Listen, erfolgen die

Entsendung von Landesbeamten in EU-Gremien

Absprachen, wer entsandt werden soll, zwischen den Ländern auch ad hoc. Dies geschieht z.B. in den Ministerkonferenzen der Länder, die aufgrund ihres regelmäßigen Tagungsturnus vergleichsweise rasch auf Prozesse des Agenda-Setting der Europäischen Kommission reagieren können.

Die EU-Kommission hat in der Vergangenheit immer wieder Arbeitsgruppen eingesetzt, die sich mit Themen befassen, die in den Bereich noch nicht vergemeinschafteter Politikfelder fallen und welche die Landespolitik unmittelbar berühren, etwa im Bereich der Stadtentwicklung (vgl. Kropp 2002; vgl. auch: BT-Drs. 14/4017: 3). Die Länder entsenden in solchen Fällen notgedrungen auch dann einen Beamten in solche Gremien, wenn sie der Meinung sind, der EU stünden eigentlich keine Kompetenzen in diesem Politikfeld zu, um keine potentiellen Einflussmöglichkeiten zu verschenken. Bei der Entsendung von Landesbeamten ergibt sich insgesamt ein Übergewicht der großen Flächenstaaten Bayern, Baden-Württemberg und Nordrhein-Westfalen. Diese verfügen nicht nur über eine personell stärkere Landesverwaltung als die kleinen Bundesstaaten, sondern sie wissen auch am nachdrücklichsten eigenständige Kompetenzen gegenüber dem Bund und in Europa einzufordern (Knodt 2000: 251).

Mangelnde Effektivität? Diese Spielarten des Beteiligungsföderalismus erscheinen als sehr kompliziert und anfällig für Reibungsverluste und Koordinationsprobleme. Dies scheinen auch die Bundesbürger ähnlich zu sehen: Zwischen 60 und 76 Prozent möchten, dass der Bund allein die Interessen Deutschlands in Brüssel vertritt (Petersen et al. 2008: 571). Jedoch arbeiten z.B. die Ländervertreter in den Gremien der EU ständig und eng mit dem Bundesrat und der Bundesregierung zusammen. Sie bringen auf europäischer Ebene rechtzeitig ihre Erfahrungen bei der Anwendung von EU-Recht ein und tragen damit dazu bei, Umsetzungsprobleme frühzeitig zu vermeiden. Die ständige Rückkopplung mit dem Bundesrat gewährleistet, dass dieser zeitig seine Stellungnahmen abgeben kann. Bundesregierung und Bundesrat suchen schon früh einen Konsens, um die befürchtete Vielstimmigkeit auf europäischer Ebene einzudämmen. Insgesamt hat sich dieses Verfahren somit weitgehend bewährt (Große Hüttmann/Knodt 2003: 288; von Dewitz 1998: 83; Jeffery 2007). Wenn Probleme bei der Umsetzung europäischen Rechts aufgetreten sind, so lagen die Ursachen nicht im föderalen Aufbau Deutschlands, sondern vielmehr daran, dass die interministeriellen Konflikte und sektoral gefasste Zuständigkeiten keine einheitliche Stimme Deutschlands in Europa erlauben und häufig mangelhaft abgestimmt ihre eigenen Interessen verfolgten (Bulmer/Jeffery/Paterson 1998: 99 ff.). Eine Bilanz der Umsetzung von EU-Rechtsakten kommt zu dem Schluss, dass Deutschland zu Beginn des Jahres 2004 an drittletzter Stelle der seinerzeit noch 15 EU-Staaten lag. Mit einem Umsetzungsdefizit von 3,5% wurde die angestrebte Grenze von 1,5% klar verfehlt. In 51 von 53 durch die Kommission monierten Fällen war aber der Bund alleine für die Umsetzung verantwortlich (Kommission von Bundestag und Bundesrat zur Modernisierung der bundesstaatlichen Ordnung, Drs. 0034: 5).

Gleichwohl kann schwerlich abgestritten werden, dass die Repräsentanz von Ländervertretern in Europa zu einer Vervielfachung von Arbeitseinsätzen, zu hohem Finanzeinsatz, mehrfachen Informationsschleifen und erhöhtem Koordinationsaufwand führt. Der Bundesrat ist daher z.B. bemüht, die Einsätze der Landesbeamten in Brüssel in der Zukunft besser als bislang abzustimmen.

Die Europäisierung von Politikverflechtung und kooperativem Bundesstaat 169

Die meisten Autoren betrachten den Bundesrat trotz der inzwischen verfassungsrechtlich fixierten Mitwirkungs- und Informationsrechte als Verlierer der Europäisierung. Insofern hat sich das innerstaatliche Kräfteverhältnis im Rahmen der europäisierten Politikverflechtung durchaus verschoben. Der Bundesrat als Institution ist dadurch tendenziell geschwächt worden. Die Beteiligungsrechte würden, so die überwiegende Einschätzung, nicht die Verluste aufwiegen, die durch den Kompetenztransfer nach Brüssel entstanden seien (Oberländer 2000: 205, ähnlich Sturm/Pehle 2005: 95). Der Bundesrat reagiere eher auf EU-Vorlagen als dass er aktiv europäische Politik mitgestalte. Die bisherigen institutionellen Anpassungen waren überwiegend defensiv angelegt, d.h. von der Motivation getrieben, einen Teil der innerstaatlichen Mitspracherechte auf das europapolitische Tagesgeschäft zu übertragen. Ein erfolgreich praktizierter Beteiligungsföderalismus setzt zudem voraus, dass sich die Länder auf weitgehend einheitliche Positionen einigen können. Die Länderinteressen können jedoch schon aufgrund der gewachsenen wirtschaftlichen Asymmetrien zwischen den Gliedstaaten nur mit Mühe homogenisiert werden. Die Gliedstaaten messen landesegoistischen Motiven und dem Bemühen, die jeweils eigenen Vorteile – z.B. bei der Akquisition von Förderprogrammen – im Rahmen der Europäisierung zu sichern, im konkreten Fall zuweilen eine höhere Bedeutung bei als dem Ziel, die föderale Ordnung vor europäischer Vereinheitlichung zu schützen. Deshalb haben die Länder ein Repertoire an Ausweich- und Umgehungsstrategien entwickelt, die dazu beitragen sollen, an der europapolitischen Willensbildung durch eigenständiges Lobbying teilzuhaben bzw. die Bundesebene zu überspringen und damit aus ihrer Kooperation mit den Institutionen der EU auszuschließen.

Bundesrat als Verlierer der Europäisierung?

4.3 Europapolitik der Länder im kooperativen Föderalismus

Die grundgesetzlich festgeschriebenen Verfahren des „Beteiligungsföderalismus" haben den Kompetenzverlust der Länder in Europa letztlich nicht kompensieren können. Seit Jahren versuchen die Gliedstaaten zu erreichen, dass die EU sie als eigenständige Ebene im europäischen Haus ernst nimmt und Regionen und Kommunen einen Bestandsschutz im Rahmen des Subsidiaritätsprinzips gewährt. Die Gliedstaaten verfolgten deshalb in den letzten Jahren eine mehrgleisige Politik: Sie versuchten einerseits, die Strukturen der Politikverflechtung und des kooperativen Föderalismus an die Erfordernisse des europäischen Entscheidungsprozesses anzupassen. Da sich, wie gezeigt, die Interessen der Gliedstaaten jedoch nicht immer auf einen gemeinsamen Nenner bringen lassen, entwickelten die Länder gleichzeitig autonome europapolitische Strategien. Schon seit den achtziger Jahren begannen sie, am Bund vorbei eine eigenständige Europapolitik zu betreiben (vgl. Knodt 2000), um so das Zwangsverhandlungssystem der Politikverflechtung ansatzweise verlassen zu können. Die Strategie des „Let us in", also der Partizipation an europapolitischen Angelegenheiten analog der innerstaatlichen Kompetenzverteilung, wurde begleitet und ergänzt durch die des „Leave us alone", also dem Bemühen der Gliedstaaten,

Mehrgleisige Strategien der Länder in Europa

sich vor dem Eingriff des Bundes und Europas in die Landeskompetenzen zu schützen (Jeffery 2003). Die Aktivitäten der Länder umfassen Lobbystrategien auf europäischer Ebene sowie die Mitwirkung an der interregionalen und grenzüberschreitenden Zusammenarbeit und an Institutionen wie dem Ausschuss der Regionen. Daneben versuchen die Länder, unter Verweis auf das Subsidiaritätsprinzip zusammen mit der Bundesregierung einen weiteren Abfluss von Kompetenzen auf die europäische Ebene zu verhindern (vgl. oben). So ergibt sich heute ein gemischtes Bild, das Komponenten einer europäisierten Politikverflechtung, Elemente des kooperativen Föderalismus und Kooperationsformen zwischen EU und Ländern enthält (die zwischen Bund und EU sind nicht Gegenstand dieses Buches). Dabei fällt jedoch auf, dass selbst diese letztgenannten Arten der Zusammenarbeit teilweise wieder in den Geltungsbereich bundesstaatlicher Kooperation reintegriert werden.

Abbildung 20: Strategien der Länder im Mehrebenensystem

innerstaatliche Beteiligung	Lobbying und informelles Bypassing	formalisierte Beteiligung in der EU
Art. 23 GG (Politikverflechtung)	Länderbüros	AdR
Vollzug europäischer Normen (Politikverflechtung)	Bildung von Ländergruppen mit gleichgerichtetem Interesse	Länderbeobachter im Europäischen Ministerrat
Europaministerkonferenz (kooperativer Föderalismus)	Lobbying und Informationsaustausch mit Kommission	
Europabeauftragte	Lobbying und Informationsaustausch mit dem Europäischen Parlament	

Anpassung der Arbeitsstrukturen als Voraussetzung für europapolitische Handlungsfähigkeit

Seit den 1980er Jahren haben die Länder begonnen, ihre internen Verfahren und Abläufe der fortschreitenden europäischen Integration anzupassen, um gegenüber dem Bund und in Europa die Handlungsfähigkeit der Landespolitik zu erweitern. Die bislang entwickelten institutionellen Lösungen und Verfahrensweisen entsprechen im Großen und Ganzen dem Repertoire des kooperativen Föderalismus (vgl. Kap. 3). Die Fachressorts in den Ländern richteten als Schaltstelle für europäische Fragen innerhalb der Ministerien Europareferenten bzw. Europareferate ein. Diese europapolitische Ausrichtung der Politikbereiche wird in den Staatskanzleien der Länder wiederum entweder in entsprechenden Spiegelreferaten oder, je nach Organisationsprinzip, in eigens eingerichteten Europaabteilungen koordiniert, die ihrerseits unterschiedliche fachpolitisch definierte Referate umfassen (vgl. hierzu ausführlicher: König/Häußer 1996; Gebauer 1994). Die Referenten treffen sich regelmäßig, um die Aspekte der Landespolitik miteinander zu verbinden, die europapolitisch von Bedeutung sind.

In vielen Bundesländern wechselten die Zuständigkeiten für die Europapolitik in den vergangenen Jahren gleich mehrfach, und dies nicht nur aus Gründen der Koalitionsräson: Während manche Länder ein eigenständiges Ministerium für Bundes- und Europaangelegenheiten schufen (z.B. anfänglich Niedersachsen oder Sachsen-Anhalt), ressortieren in den meisten anderen Ländern die Europaangelegenheiten inzwischen direkt in der Staatskanzlei, manchmal auch im Jus-

Die Europäisierung von Politikverflechtung und kooperativem Bundesstaat 171

tiz- oder im Wirtschaftsministerium. Wobben und Heinke (2006: 227) sehen die Vorteile einer solchen Anbindung an das Wirtschaftsministerium darin, dass die Zuordnung zur Wirtschaftspolitik den Schwerpunkt der Europapolitik zumal in den neuen Ländern – die Struktur- und Regionalpolitik – gut abbilden konnte. Außerdem war zu Beginn der 1990er Jahre auch das Bundeswirtschaftsministerium dafür zuständig, die Europapolitik der Bundesressorts zu koordinieren, so dass das Landeswirtschaftsministerium die Koordinierungsarbeiten sowohl gegenüber Brüssel als auch im Bundesrat in allen wirtschaftsrelevanten Bereichen im eigenen Haus vornehmen konnte. Indem allgemeine Europapolitik, EG-Strukturfondsförderung, EG-Binnenmarkt, EG-Angelegenheiten im Bundesrat und interregionale Zusammenarbeit im Wirtschaftsressort gebündelt wurden, konnten Mehrfacharbeiten und Effizienzverluste vermieden werden. Der Nachteil einer solchen Anbindung besteht allerdings darin, dass sich Ressorts nur ungern von einem anderen Fachministerium koordinieren lassen. Angesichts dieser interministeriellen Konkurrenz sind heute die meisten Bundesländer dazu übergegangen, die Europapolitik in den Staatskanzleien zu koordinieren. Die organisatorische Eingliederung in die Regierungszentrale spiegelt den Wandel der Landespolitik wider, die der Europapolitik heute eine hohe Bedeutung beimisst. Die interministerielle Koordination spielt denn auch innerhalb der Landesregierungen eine untergeordnete Rolle für die Europapolitik.

Im Oktober 1992 haben sich in Wildbad Kreuth die Europabeauftragten der Länder als Ständige Konferenz der Europaminister der Bundesrepublik Deutschland konstituiert (EMK). Diese ist Teil des kooperativen Bundesstaates, ihre Tätigkeit ist dabei auf die Mitwirkung in der EU ausgerichtet. Ihre Arbeitsweise ist wie die der anderen Ministerkonferenzen der Länder gestaltet (vgl. Kap. 3.2.2). Dort und in den Staats- und Senatskanzleien der Länder, insbesondere in Vorbereitung der Ministerpräsidentenkonferenzen, wird die Europapolitik der Länder abgestimmt. In der EMK werden gemeinsame europapolitische Aktivitäten abgesprochen. Die Europabeauftragten übernehmen vielfältige Aufgaben im Mehrebenensystem. Sie stimmen die gliedstaatliche Politik im Regierungsapparat zwischen den Ministerien ab und dienen als Schaltstelle für eine europabezogene Querschnittspolitik. Ferner wirkt die EMK als vorbereitendes Gremium für die Sitzungen des Bundesrates und koordiniert das Vorgehen der Länder gegenüber der Bundesregierung und den europäischen Institutionen. Manchmal werden unmittelbar aus der EMK Stellungnahmen an die Kommission gesandt, so dass nicht immer klar ist, wer die „deutsche" Position in Brüssel nun eigentlich vertritt. Wenn innerhalb der EMK keine Einigung erzielt werden kann, wird die Ministerpräsidentenkonferenz mit der Schlichtung von Konflikten befasst. Deren Positionen werden anschließend fast wortwörtlich vom Bundesrat übernommen (Große Hüttmann/Knodt 2003: 289 ff.). Somit sind die EMK als Element der „dritten Ebene" und der Bundesrat als Teil der Politikverflechtung miteinander verschränkt. Oft sind es die Länder Bayern, Baden-Württemberg und Nordrhein-Westfalen, die für die EMK Grundsatzpositionen erarbeiten sowie die Vertretung der Länder in den Gremien und Arbeitsgruppen der Kommission und der Komitologie übernehmen. Als große Flächenstaaten verfügen vor allem sie über ausreichende personelle Ressourcen, sprich: die „Akteurqualität", um Beamte mit europapolitischen Aufgaben zu betrauen (vgl. Große Hüttmann/Knodt 2003: 292 f.).

Europaministerkonferenzen

4.4 Umgehungsstrategien: Die Landesvertretungen bzw. Länderbüros in Brüssel

Länderbüros in Brüssel: verfassungsrechtlich umstritten

In der Institution der Länderbüros spiegeln sich die Umgehungsstrategien der Gliedstaaten, die versuchen, den Bund als dritten Spieler aus der Kooperation mit der EU ansatzweise auszuschließen, recht plastisch wider. Seit 1985 haben die Länder eigene Informationsbüros in Brüssel eingerichtet. Das erste Büro wurde von Hamburg eröffnet, das dem ehemaligen Vizepräsidenten der Europäischen Kommission, Wilhelm Haferkamp, die Wahrnehmung der Interessen des Stadtstaates in Brüssel übertrug (Borchert 2006: 39). Weitere Büros wurden ebenfalls noch in den 1980er Jahren gegründet. Die ostdeutschen Länder folgten diesem Beispiel 1992, unmittelbar nach dem Vollzug der Deutschen Einheit (Wobben/Heinke 2006: 240).

Die Bundesregierung tritt der selbständigen Vertretung von Landesinteressen auf der europäischen Ebene bis heute mit Misstrauen gegenüber. Sie befürchtet, dass die Länder durch eine solche „Bypassing-Strategie" den Bund aushebeln und mit ihm auf europäischer Ebene in Konkurrenz treten könnten. Die Beteiligungsverfahren, die über den Bundesrat organisiert sind, tragen dazu bei, das System der Politikverflechtung auszudehnen, und wirken eher auf eine geschlossene Position und konsensuale Verfahren zwischen den Ländern hin. Demgegenüber drohte nun ein Gewirr von verschiedenen, miteinander konkurrierenden „deutschen" Stimmen und Interessen in Brüssel die nationale Position Deutschlands in der EU zu schwächen (Burgsmüller 2003: 12 ff.). Die Kommission ist heute eher mit einem Überangebot an „deutschen" Positionen und Interessen konfrontiert. Daneben warf das Vorgehen der Länder verfassungsrechtliche Probleme auf. Die Bundesländer bewegten sich auf glattem Parkett, da sie begannen, am Bund vorbei eine eigene „Nebenaußenpolitik" zu betreiben. Die Gliedstaaten argumentierten ihrerseits wiederum mit dem Verlust der Staatsqualität, den ihnen der fortwährende Abfluss von Kompetenzen durch die europäische Integration beschert habe. Diese Zuständigkeitsverluste müssten die Länder, wenn sie nicht zur bloßen Verwaltungseinheit in einem zunehmend unitarischen Staat abgestuft werden wollten, durch eigene Einwirkungsrechte in Europa kompensieren. Außerdem sei, so wird argumentiert, die Europapolitik inzwischen Innenpolitik, weshalb die außenpolitische Zuständigkeit des Bundes nicht angetastet werde (vgl. Brummer 2002: 77). In vielen Bereichen, etwa in der Bildungspolitik oder in der Innen- und Justizpolitik, müssen sich Bundesministerien und die 16 Länder abstimmen, um eine europafähige Politik zu betreiben.

Letztlich vermochte der Bund die Länder nicht daran zu hindern, eigenständige Interessenvertretungen in Brüssel aufzubauen. Die Konstruktion der Länderbüros wurde verfassungsrechtlich gebilligt, sofern sie nicht als Botschaften der Bundesrepublik Deutschland auftreten und sich damit außenpolitische Kompetenzen anmaßen. Einige Länder, etwa die Bayerische Staatsregierung, bezeichnen ihre Büros jedoch heute demonstrativ als „Vertretungen" und bringen sie – was durchaus einer symbolischen Aussage gleichkommt – in repräsentativen Gebäuden in Brüssel unter. Die Bundesregierung nimmt dies nur missbilligend hin. § 9 des EuZBLG regelt inzwischen aber das Verhältnis zwischen den Büros und dem Bund und fordert, dass die Büros bzw. die Vertretungen vom

Bund zu unterstützen seien. Ständige direkte Kontakte mit der Ständigen Vertretung des Bundes in Brüssel sollen einen reibungslosen Kontakt ermöglichen und potentielle Konflikte und Störungen zwischen der Bundes- und der Landesseite vermeiden helfen. Somit wird das Bypassing der Länder letztlich doch wieder ansatzweise in den Bereich der bundesstaatlichen Kooperation verlagert.

Die ersten Büros organisierten sich anfänglich noch als privatrechtliche Lobbyvereinigungen, um Auseinandersetzungen mit dem Bund aus dem Wege zu gehen. Heute genießen sie durchgängig öffentlich-rechtlichen Status und können damit Vorteile wie die Steuerfreiheit in Anspruch nehmen (Sturm/Pehle 2005: 110). Die organisatorische Anbindung der Länderbüros an die Landesregierungen ist unterschiedlich gelöst. Inzwischen sind die meisten Landesvertretungen bei den Staats- bzw. Senatskanzleien angesiedelt, was die Bedeutung der Europapolitik für die Länder und die Ministerpräsidenten der Länder symbolisiert. Die Landesministerien entsenden regelmäßig Mitarbeiter nach Brüssel, um die Europakompetenz ihrer Verwaltungen zu erhöhen. Gleichzeitig können auf diese Weise die Kontakte zwischen den Landesvertretungen, den europäischen Institutionen und den Landesministerien intensiviert werden (Borchert 2006: 43). Während ihres Brüsseler Aufenthalts halten die Landesbeamten engen Kontakt zu den sie entsendenden Landesministerien. Sie nehmen „zuhause" an Koordinationsrunden, Abteilungsleiterbesprechungen oder an interministeriellen Arbeitskreisen teil, die sich bei der Umsetzung europäischen Rechts mit Querschnittsaufgaben (Dienstleistungsrichtlinie, Chemikalienpolitik usw.) befassen (Borchert 2006: 68).

Organisation und Einordnung der Länderbüros in die Arbeit der Landesregierung

Die Aufgaben der Länderbüros bestehen zum einen darin, für ihre Region in Brüssel Öffentlichkeit herzustellen und für das eigene Land zu werben. Sie bieten eine Anlaufstelle für politische Akteure aus dem eigenen Bundesland in Brüssel. Gleichzeitig dienen sie als Plattform für Lobbying-Aktivitäten des Gliedstaates in der EU.

Aufgaben und Adressaten der Länderbüros

Der Begriff des „Lobbying", der einen definitorischen Bestandteil von Pluralismuskonzepten darstellt, suggeriert zwar eine Einbahnstraße der versuchten Einflussnahme – d.h. von den Ländern hin zu den europäischen Institutionen. In der Tat haben die Länder die Büros als Ort regionaler Interessenvertretung eingerichtet, um ihre spezifischen Landesbelange schon frühzeitig in den europäischen Willensbildungsprozess einspeisen zu können (vgl. von Alemann/Köhn 2005). Tatsächlich jedoch – und dies schließen auch Pluralismuskonzepte nicht aus – gibt es ein komplementäres Interesse insbesondere der Kommission, die eine Vielzahl von direkten Kontakten zu nationalen und regionalen Institutionen und Akteuren aufgebaut hat, um sich z.B. bei Rechtsetzungsvorhaben auf Informationen aus erster Hand stützen zu können. Insbesondere die ostdeutschen Büros haben schon frühzeitig besondere Kooperationsformen mit den EU-Institutionen entwickelt, z.B. regelmäßige Treffen und Abstimmungen mit dem Generalsekretär der Europäischen Kommission (Wobben/Heinke 2006: 240). Da die Länder im verbundföderalen System Deutschlands eine wesentliche Verwaltungs- und Implementationsebene für europäische Richtlinien und Verordnungen sind und die Kommission über keinen eigenen Verwaltungsunterbau in den Mitgliedstaaten verfügt, dienen Informationen der Länder als eine Art Frühwarnfunktion für die Kommission (vgl. hierzu auch: Buchheim 2002). Diese Strategie korrespondiert mit dem Demokratieverständnis der Kommission, dem zufolge der Informationsaustausch und die Einflussnahme bottom-up, d.h. durch eine verstärkte Einbeziehung von kommunalen und regionalen sowie zivilgesellschaftlichen Akteuren, im Zuge eines „democratic governance" erfolgen soll (Commission of the European Communities 2001). Die Kommission versucht auf diese Weise, ihre defizitäre demokratische Legitimation durch die Inanspruchnahme und Entwicklung von Elementen diskursiver und deliberativer Demokratiemodelle auszugleichen. Interviews mit Beschäftigten der Länderbüros weisen darauf hin, dass die Zusammenarbeit mit den unterschiedlichen Arbeitsebenen der Kommission in der Tat sehr eng und von beiderseitigem Nutzen ist. Die Kommission setze diese Kontakte zudem geschickt ein, um über die Länder Einfluss auf den Bund auszuüben (Borchert 2006: 54 ff.).

Europäisches Parlament

Ein weiterer Adressat der Länderbüros ist das Europäische Parlament. Seitdem die Mitentscheidungsrechte des Parlaments ausgebaut worden sind, hat es als Ansprechpartner für die Länder an Bedeutung gewonnen. Da die parteipolitische Ausrichtung der Abgeordneten im Vergleich zur nationalen Bühne eine weniger große Rolle spielt, gelten die Europaabgeordneten auch als regionale Interessenvertreter. Von ihnen wird erwartet, dass sie nicht nur parteipolitische und nationale Gesichtspunkte, sondern ebenfalls die Belange „ihres" Bundeslandes nach Brüssel transportieren.

EU-Ministerrat

Der EU-Ministerrat hingegen ist als Ort der intergouvernementalen Aushandlung weniger Zielscheibe des Länderlobbying, da die Einflussnahme in den Räten über die nationalen Regierungen verläuft. Der Länderbeobachter, der dort passives Mitglied ist, dient lediglich als Informationsquelle (Borchert 2006: 60 ff.). Allerdings finden über die Kooperation der Länderbüros mit der Ständigen Vertretung Deutschlands in Brüssel, welche die Ratssitzungen vorbereitet, ständig Vor- oder Nachbesprechungen statt. An dieser Stelle kommt somit der Bund wieder als dritter Beteiligter ins Spiel. Die Landesvertreter haben so die Möglichkeit, rechtzeitig Informationen über die Ratsarbeit zu sammeln und diese wiederum an die Landesregierungen weiterzugeben.

Zusammenarbeit mit dem Bundesrat und der Ständigen Vertretung

Die Länderbüros dienen nicht nur als Sammelstelle für europapolitisch bedeutsame Themen und Vorgänge, sondern sie fungieren auch selbst als Drehscheibe für die Weitergabe und Verbreitung von Informationen. Sie setzen die Landesregierungen und den Bundesrat rechtzeitig in Kenntnis über die Tagesordnungen und die Arbeitsprogramme von Rat und Kommission (Wobben/ Heinke 2006: 241). Die Stellungnahmen der Mitglieder des eigenen Bundeslandes im Ausschuss der Regionen werden ebenfalls in den Brüsseler Länderbüros vorbereitet. Ein Großteil dieser Tätigkeit ist im Bereich informaler Politik angesiedelt, d.h. es gibt für die Ländervertretungen nur wenig formalisierte Strukturen der politischen Alltagsarbeit. Die Ergebnisse der informellen Netzwerke und Kontakte werden allerdings wieder in die formellen Strukturen, etwa in die Bundesratsarbeit, eingespeist. Somit darf auch die Zusammenarbeit zwischen dem Bundesrat und den Landesvertretungen nicht als ein Gegeneinander, sondern muss als eine funktional aufeinander bezogene Kooperation interpretiert werden. Die Landesvertretungen füllen die Stellungnahmen des Bundesrates z.B. häufig mit „Spiegelstrichen", d.h. mit konkreten Arbeitsprogrammen aus. Somit versuchen die Büros bereits im Vorfeld an der Bundesratsarbeit mitzuwirken, indem

Die Europäisierung von Politikverflechtung und kooperativem Bundesstaat

sie z.B. den Berichterstatter im Bundesrat rechtzeitig mit Informationen versorgen. Die Brüsseler Landesbüros arbeiten dabei wiederum eng mit ihren eigenen Landesvertretungen in Berlin zusammen, da diese für die Vorbereitung der Ausschussarbeit im Bundesrat, und damit auch für den EU-Ausschuss, zuständig sind. Auch die Zusammenarbeit der Länderbüros mit der Ständigen Vertretung in Brüssel ist, wie im EuZBLG gefordet, in den vergangenen Jahren intensiviert worden, um potentielle Konflikte zwischen Bund und Ländern und Implementationsprobleme schon im Vorfeld von formalen Verfahren zu vermeiden (vgl. hierzu ausführlich: Borchert 2006: 61 ff.).

Diese vielschichtigen, sich überlagernden und auf die unterschiedlichen Institutionen des Mehrebenensystems ausgreifenden Kontakte der Länderbüros spiegeln die Komplexität des europäisierten föderalen Entscheidungssystems treffend wider. Diese Vernetzungen bieten den Vorteil, dass sich durch ständige informelle Kooperation föderale Interessengegensätze bereits im Vorfeld von Entscheidungen vermeiden lassen. Sie erhöhen den Aufwand, eine für Außenstehende klar erkennbare deutsche Position in Brüssel zu vertreten, jedoch ganz beträchtlich. Angesichts der vielen Fäden, die im europäischen wie dem nationalen Policy-Zyklus zu einem Knoten verknüpft werden müssen, ist es beinahe erstaunlich, dass die Koordination von föderaler Zusammenarbeit mit der europäischen Politik dennoch so geräuschlos vonstatten geht.

Da die Länderbüros zuvörderst daran interessiert sind, für das jeweils eigene Bundesland Vorteile zu erzielen, stehen sie in einer gewissen Konkurrenz zueinander. Die Grundstruktur des kooperativen Föderalismus, in der ein Gliedstaat sowohl in vielfältige vertikale als auch in horizontale Strukturen der Zusammenarbeit eingebunden ist, bringt es aber mit sich, dass sich auch die Landesvertretungen in Brüssel freiwillig abstimmen müssen, um gemeinsame Positionen in der EU effektiver vorbringen zu können. Ansonsten laufen sie Gefahr, die Kommission mit einem Überangebot an Interessenvertretung zu konfrontieren und sich dabei im Ergebnis selbst zu schwächen. Zu diesem Zwecke bilden die Vertretungen informelle Arbeitskreise zu wechselnden Themenbereichen der EU. Diese Gremien, die in regelmäßigem Turnus zusammentreten, werden mit den fachlich zuständigen Referenten der Büros besetzt. Zu den Sitzungen werden auch Vertreter der Kommission und der Ständigen Vertretung oder des Europäischen Parlaments sowie mitunter Experten oder Verbandsvertreter eingeladen. Parteipolitische Aspekte spielen eine nachgeordnete Rolle, vielmehr dominiert ein diskursiver, argumentationsbezogener Kommunikationsstil. Diese Runden haben sich für alle Seiten als zeit- und ressourcensparendes Instrument erwiesen, da sie z.B. für die Kommissionsmitarbeiter den Aufwand minimieren, mit allen Länderbüros einzeln Kontakt halten und diese Informationen anschließend wieder aggregieren zu müssen (vgl. Borchert 2006: 76 ff.).

Horizontale Koordination der Länderbüros

Das Beispiel der Landesvertretungen in Brüssel zeigt recht plastisch, dass die Strategien der Bundesländer in der Realität nur mit Abstrichen idealtypisch als „Beteiligungsföderalismus" und „Nebenaußenpolitik" einander gegenübergestellt werden können. Die Länderbüros sind zwar zweifelsohne ins Leben gerufen worden, weil sich die Länder von einer eigenständigen, nicht über den Bund vermittelten Vertretung ihrer heterogenen Interessen in Brüssel Vorteile versprachen. Gleichzeitig jedoch stehen sie keineswegs nur im Wettbewerb zueinander,

Beteiligungsföderalismus oder Nebenaußenpolitik?

sondern sie kooperieren und stimmen sich eng untereinander ab. Insofern haben sie die Traditionen und Verfahren des kooperativen Föderalismus auf ihren Arbeitsalltag übertragen. Die Länderbüros dienen als Schaltstelle und Verteiler von Informationen, die sie wiederum in „beteiligungsföderale" Verfahren, wie das der Stellungnahmen des Bundesrates, und in politikverflochtene Strukturen einspeisen. Die sog. „Sinatra-Strategie" („I did it my way"; vgl. Knodt 2000) kann für den Fall der Landesvertretungen somit zwar hinsichtlich der ursprünglichen Motivlage bestätigt werden, nicht aber – zumindest nicht ohne Abstriche – für die alltägliche Arbeitsweise und Aufgabenwahrnehmung der Länderbüros im Mehrebenensystem. Letztlich scheinen sich auch solche recht jungen Institutionen an die bestehenden, pfadabhängigen Entwicklungen des kooperativen Bundesstaates anzupassen – und zwar trotz bzw. neben dem Bemühen der großen Flächenländer, im deutschen Bundesstaat mehr wettbewerbsföderale Elemente durchzusetzen.

Informelle Strategien

Mit dieser inkrementellen institutionellen Entwicklung gehen aber auch Nachteile einher. Die oben geschilderten Beispiele der Bundesratsbeteiligung und die Aktivitäten der Länderbüros legen beredt Zeugnis davon ab, dass sich ein fast unübersehbares Netz von kooperativen Verfahren und Abstimmungszwängen entwickelt hat, das personelle, finanzielle und zeitliche Ressourcen bindet. Der Ressourceneinsatz muss realistischerweise noch höher taxiert werden, wenn man nicht nur diese vergleichsweise stark formalisierten Instrumente der Ländervertretung bedenkt, sondern berücksichtigt, dass die Länder auch informelle Netzwerke unterhalten müssen, um rechtzeitig an Informationen zu kommen und um früh Einfluss auf Akteure zu nehmen.

Die anderen Formen der Interessenvertretung unterstützend, hat sich ein dichtes Netz an bilateralen Kontakten zwischen den EU-Institutionen und den Landesregierungen ausgebildet. Wobben und Heinke (2006: 223 f.) berichten z.B. von Kabinettsitzungen, welche die sachsen-anhaltische Landesregierung gemeinsam mit dem Vizepräsidenten der Kommission oder mit einzelnen Kommissaren durchgeführt habe. Auf diese Weise konnten Interessen des Bundeslandes im Bereich der Strukturpolitik direkt und ohne Umweg über die Bundesregierung angemeldet werden. Ebenso wurden sog. „fact-finding-missions" in den Ländern eingesetzt. Diese Delegationen bestanden aus Vertretern verschiedener Generaldirektionen der Kommission, die sich über die Fördernotwendigkeiten in den neuen Bundesländern vor Ort informieren wollen.

Die Landesregierungen haben in den vergangenen Jahren generell ihre unmittelbaren Beziehungen zu hochrangigen Vertretern der Europäischen Kommission und des Europäischen Parlaments intensiviert. Für das Land Sachsen-Anhalt wurden z.B. zwischen 2002 und 2005 über 20 Besuche von Ministern der Landesregierung in Brüssel gezählt (Wobben/Heinke 2006: 232). Diese Kontakte dienen dazu, sich frühzeitig in den Konsultationsprozess im Vorfeld der Entstehung von Rechtsakten – z.B. zur Daseinsvorsorge, zur Chemikalienpolitik oder zur Dienstleistungsrichtlinie – einzubringen, da viele dieser Entscheidungen die Landespolitik und ihre spezifischen Wirtschaftsstrukturen unmittelbar betreffen. Die direkten Kontakte zwischen den Landesministern und den Abgeordneten des Europäischen Parlaments, die häufig innerhalb der „Parteischienen" erfolgen, sind angesichts der aufgewerteten Mitentscheidungsrechte des Parlaments heute

Die Europäisierung von Politikverflechtung und kooperativem Bundesstaat   177

für die Länder ebenfalls unverzichtbar. So lohnt es sich für ein Land z.B., die Drähte zu den Abgeordneten des Europaparlaments auch noch zu einem späten Zeitpunkt, wenn der europäische Entscheidungsprozess weit vorangeschritten ist, zu halten, da das Parlament im Mitentscheidungsverfahren einen Vetopunkt darstellt.

Abbildung 21: Landesregierungen im Mehrebenensystem
(vereinfachte Darstellung)

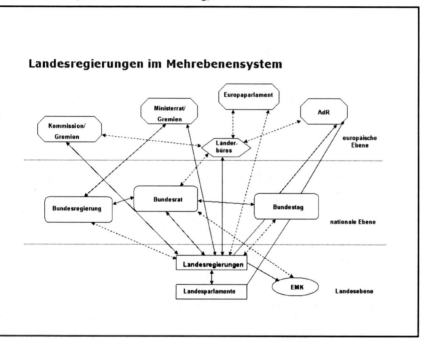

Die gestrichelten Pfeile geben informelle Einflusswege an, die durchgezogenen formale Einflusswege. Die Abbildung enthält lediglich die Vernetzungen, auf die im Text Bezug genommen wurde; sie beansprucht daher keine Vollständigkeit.

Informelle Kontakte und Absprachen sind nicht nur vertikal angelegt, sondern erstrecken sich auch horizontal über Ländergruppen, sofern diese ein gemeinsames Interesse vereint. So haben sich z.B. die ostdeutschen Landesregierungen wiederholt zusammengeschlossen, um ihre recht ähnlichen strukturpolitischen Interessen auf der europäischen Ebene – am Bund vorbei – artikulieren zu können. Dies geschieht zum Beispiel in der Ministerpräsidentenkonferenz-Ost, die sich mit dem damaligen Kommissionspräsidenten Romano Prodi traf (Große Hüttmann/Knodt 2003: 289). Die neuen Länder befürchteten z.B., dass sie angesichts der durch die Osterweiterung bewirkten Absenkung des EU-Durchschnitts über die 75%-Grenze geraten und so ihren Ziel 1-Status aus rein rechnerischen Gründen verlieren könnten, ohne dass dem eine materielle Verbesserung ihrer Leistungsfähigkeit vorausgeht. Die Bundesregierung hatte den ostdeutschen Ländern für diesen Fall keine innerstaatlichen Kompensationen angeboten, was

178 Die Europäisierung von Politikverflechtung und kooperativem Bundesstaat

die Länder wiederum zu einer „konzertierten Aktion" bewogen hat. Diese eigenständigen Versuche der Gliedstaaten, Interessen in Brüssel anzumelden, stießen bei der Bundesregierung auf heftige Kritik, da sie sich damit gegen gesamtdeutsche Interessen stellen, implizit dem spanischen Lobbying das Wort reden und letztlich die deutsche Verhandlungsposition in Brüssel schwächen würden (Wobben/Heinke 2006: 236).

Fazit: Rückbindung autonomer Strategien der Länder an Politikverflechtung und kooperativem Föderalismus

Somit gibt es eine Reihe von Bestrebungen der Länder, außerhalb des Systems der Politikverflechtung eine eigenständige Kooperation mit den Institutionen der EU zu pflegen und dabei den Bund als dritten Spieler auszuschließen. Die Beispiele haben aber gezeigt, dass diese Versuche offenbar immer wieder an die bestehenden Verfahren des kooperativen Föderalismus und an die Strukturen der Politikverflechtung zurückgebunden werden. Dieser Befund liegt insofern nahe, als diese Strukturen – z.B. im Bundesrat – starke Kooperationsnotwendigkeiten erzeugen. Selbst die Länderbüros, die ursprünglich als Ort einer autonomen Landeseuropapolitik gedacht waren, werden ansatzweise als Ressource für die Zusammenarbeit zwischen den Ländern und dem Bund (z.B. mit der Ständigen Vertretung) genutzt.

4.5 Zwischenfazit: Die Länder als Verlierer im Prozess der Europäisierung des Bundesstaates?

Mitwirkung und Bypassing als unvollständige Kompensation?

Die bisherigen Analysen zeigen, dass die Länder prinzipiell alle zur Verfügung stehenden Kanäle im Mehrebenensystem nutzen, um eigene Interessen bilateral oder multilateral – mit oder ohne Beteiligung des Bundes – durchzusetzen. Eine Befragung von Ländervertretungen kommt zu dem Schluss, dass der Schwerpunkt auf den innerstaatlichen Institutionen der Repräsentation liegt (Große Hüttmann/Knodt 2003: 287). Die Beispiele legen die Auffassung nahe, dass die Länder im Großen und Ganzen zu den Verlierern im europäischen Integrationsprozess zählen. Sturm und Pehle (2005: 111 f.) etwa kommen zu dem Ergebnis, dass die Europäisierung des deutschen Beteiligungsföderalismus selbst für die Länderexekutiven, die traditionell vom Beteiligungsföderalismus im nationalen Rahmen profitierten, inzwischen eine politische Sackgasse darstelle. Der Einfluss der Länder in der EU habe mittlerweile seinen Zenit überschritten. Nach der EU-Osterweiterung finden sich die Länder in einer noch ungünstigeren Situation wieder, weil die beigetretenen Länder aufgrund ihrer unitarischen Staatsorganisation für die Probleme föderaler Einheiten kaum Verständnis aufbringen und sich gleichzeitig die Mehrheiten in der EU-27 verändert haben. Diese institutionelle Schwächung kann auch durch informelle Kontakte, die mit einem Überspringen der Bundesebene einhergehen, allenfalls ansatzweise ausgeglichen werden.

Akteurqualität der Länder unterschiedlich

Will man die Möglichkeiten der deutschen Gliedstaaten zur Mitgestaltung europäischer Politik bewerten, darf man indessen nicht von „den" Ländern sprechen. Die Länder weisen, wie auch die Kommunen (vgl. Kap. 4.7), jeweils eine sehr unterschiedliche Akteurqualität auf, d.h. sie unterscheiden sich hinsichtlich ihrer finanziellen und administrativen Ressourcen, in ihrer Wirtschaftskraft sowie in der strategischen Begabung der Akteure, die im Mehrebenensystem lan-

Die Europäisierung von Politikverflechtung und kooperativem Bundesstaat 179

despolitische Interessen anmelden und vertreten. So sind es insbesondere die großen Flächenländer, und hier vor allem Bayern und Baden-Württemberg, die unter Verweis auf das Subsidiaritätsprinzip mehr innerstaatliche und europapolitische Autonomie für sich fordern und diese Forderung mit dem Begehren einer innerstaatlichen Entflechtung verbinden. Diese Länder fungieren gleichzeitig als „Ideengeber" im Mehrebenensystem. Letztlich bleibt die Fähigkeit der Länder, sich zu kollektivem Handeln zusammenzuschließen, begrenzt. Im Bundesrat ist man sich zwar oft einig, wenn es darum geht, die allgemeine Forderung nach Subsidiarität zu unterstützen. Diese Harmonie bricht jedoch auf, wenn die Neuordnung von Kompetenzen, Detailfragen und die konkrete Umsetzung allgemeiner Prinzipien gefragt sind. Dann wird das Verhalten der Ländervertreter wieder durch die unterschiedlichen parteipolitischen und regionalen Interessenlagen geprägt (Große Hüttmann/Knodt 2003: 293-297).

Sind die Länder – oder ein Teil der Länder – somit Verlierer der Mehrebenenverflechtung? Diese Argumentation ist, wie gezeigt, nicht ganz von der Hand zu weisen. Sie muss aber dringend ergänzt werden durch den Hinweis, dass die Landeshaushalte von den EU-Förderprogrammen stark profitieren. So zählten bislang z.B. alle neuen Bundesländer zu den Ziel 1-Fördergebieten in der EU, die den Aufbau Ost erheblich mitfinanziert hat. Nach der Osterweiterung der EU prüfte die Kommission, inwieweit sie den Regionen, die durch die Erweiterung der EU unter die 75%-Grenze des durchschnittlichen Pro-Kopf-BIP rutschen, auf der Grundlage von Dreijahres-Durchschnittsraten nicht weiterhin die erhöhten Regionalbeihilfen gewähren kann (Bundesamt für Bauwesen und Raumordnung 2006: 9). Ergebnis war die Definition sog. „Phasing-out"-Regionen, die nur knapp über der 75%-Marke liegen; zu diesen zählen nun auch einige ostdeutsche Regionen. Betrachtet man die Landeshaushalte eines Geberlandes im Länderfinanzausgleich, z.B. von Nordrhein-Westfalen, so erkennt man unschwer, dass auch diese Regionen in den Genuss von EU-Förderprogrammen kommen, selbst wenn sie nicht an der Ziel 1-Förderung teilhaben. Erfahrungsgemäß werden Forderungen nach Subsidiarität leiser ausgesprochen, wenn sich durch die Mehrebenenverflechtung fiskalische Vorteile ergeben.

Landeshaushalte profitieren von der Mehrebenenverflechtung

Die Aufstellung der Haushalte der Einzelressorts für das Land Nordrhein-Westfalen (siehe Abb. 22) zeigt exemplarisch, dass es insbesondere zwei Ministerien sind, die in den Genuss von EU-Fördermitteln kommen: Dies sind die Bereiche Umwelt und Landwirtschaft sowie Arbeit und Wirtschaft.

180 Die Europäisierung von Politikverflechtung und kooperativem Bundesstaat

Abbildung 22: Haushalt des Landes Nordrhein-Westfalen und Anteile der EU-Einnahmen in den jeweiligen Ressorts

	2003 Einnahmen	2003 Prozentanteil der EU-Einnahmen	2003 Ausgaben	2004 Einnahmen	2004 Prozentanteil der EU-Einnahmen	2004 Ausgaben	2005 Einnahmen	2005 Prozentanteil der EU-Einnahmen	2005 Ausgaben
Landtag	1408,2	0,00%	89328,6	1443,2	0,00%	88550,7	1461,1	0,00%	89233,6
Ministerpräsident	911,4	0,00%	117630,3	1119,2	0,00%	126246,9	1119,2	0,00%	122735,7
Innenministerium	187280	0,00%	3873313,8	201995,6	0,00%	4184061,5	184208,8	0,00%	4254979
Justizministerium	1016213,4	0,00%	3035873,3	1025641	0,00%	3077842,4	1039034,5	0,00%	3090896,7
Ministerium für Schule, Jugend und Kinder	203475,8	0,00%	12576773,3	370183,9	0,00%	12785671,8	370094,9	0,00%	13079284,8
Ministerium für Wissenschaft und Forschung	866159,3	0,00%	5305158	947293	0,00%	5366013,2	852203,9	0,00%	5378462,9
Ministerium für Verkehr, Energie und Landesplanung	1483848,8	0,00%	2730923,8	1479548,3	0,00%	2733241,1	1516225,5	0,00%	2759469,3
Ministerium für Umwelt, Naturschutz, Landwirtschaft und Verbraucherschutz	330794,5	13,36%	880426,6	499283,7	9,81%	991117,8	509053,1	9,80%	973783,9
Ministerium für Gesundheit, Soziales, Frauen und Familie	258500,3	0,00%	1406078,1	271516,6	0,00%	1488214,3	271731,7	0,00%	1502295,6
Finanzministerium	901925,4	0,01%	1722819,6	949763	0,00%	1750114,2	1026876,3	0,00%	1757202,7
Landesrechnungshof	326,2	0,00%	36329,9	320,8	0,00%	36324,5	320,8	0,00%	36804,9
Ministerium für Städtebau und Wohnen, Kultur und Sport	9525104	0,00%	2052036,2	922751,9	0,00%	2001468,4	498122,5	0,00%	1136278,8
Ministerium für Wirtschaft und Arbeit	403627	28,72%	885965,3	351283,3	39,53%	983417,3	367280,6	46,70%	913650,1
Allgemeine Finanzverwaltung	41562340,8	0,00%	13456664,7	41602005	0,00%	13011864,4	40628458,7	0,00%	12171113,6
Gesamt	**48169321,5**	**0,33%**	**48169321,5**	**48624148,5**	**0,39%**	**48624148,5**	**47266191,6**	**0,47%**	**47266191,6**

Quellen:
Haushaltsplan des Landes Nordrhein-Westfalen für die Haushaltsjahre 2004 und 2005 unter:
http://fm.fin-nrw.de/info/fachinformationen/haushalt/havinfo/hh2004.ges/doku/eaa/04.pdf,
http://fm.fin-nrw.de/info/fachinformationen/haushalt/havinfo/hh2004.ges/doku/e10/kap090.pdf,
http://fm.fin-nrw.de/info/fachinformationen/haushalt/havinfo/hh2004.ges/doku/e12/kap020.pdf,
http://fm.fin-nrw.de/info/fachinformationen/haushalt/havinfo/hh2004.ges/doku/e15/kap031.pdf
Haushaltsplan des Landes Nordrhein-Westfalen für das Haushaltsjahr 2006 unter
http://www.landtag.nrw.de/haushalt/2006.ent/doku/eaa/04.pdf , Download am 30.6.2006

Die Europäisierung von Politikverflechtung und kooperativem Bundesstaat   181

Die unten stehenden Tabellen zeigen, dass die Anteile des Bundes im Bereich der Fördermaßnahmen für Wirtschaft und Arbeit mit fünf bis sechs% vergleichsweise gering ausfallen. Die EU finanziert jedoch in beträchtlichem Umfang Maßnahmen in diesen Politikfeldern mit. Die Länder haben zwar, legt man der Bewertung den Umfang der Gesetzgebungskompetenzen zugrunde, Federn lassen müssen. Andererseits profitieren sie durch die Fördermittel der Europäischen Union zumindest finanziell. Für die Ressorts, die Nutznießer dieser Mittel sind, stellen die EU-Mittel oft einen Schutz vor den Sparambitionen des Finanzministers dar. Im Landeshaushalt müssen für ein Ressort die Mittel für die Kofinanzierung bereitgestellt werden, um in den Genuss von Fördermitteln zu kommen.

Abbildung 23: Förderprogramme und Fördermaßnahmen im NRW-Landeshaushalt des Ministeriums für Wirtschaft und Arbeit und deren Landes-, Bundes- und EU-Anteile in Prozent

	2003 (IST)	2004 (SOLL)	2005 (SOLL)
Gesamtvolumen (Mio. Euro)	671,6885	870,8	821,3
davon Anteile Land	53,28%	50,63%	46,05%
davon Anteile Bund	5,36%	5,96%	5,53%
davon Anteile EU	41,36%	43,41%	48,42%
Alleinige Finanzierung Land	19,60%	15,52%	15,67%
Alleinige Finanzierung EU	0,00%	12,91%	16,21%
Gemeinsame Finanzierung Land und EU	67,86%	57,96%	55,53%
davon Anteile Land	39,05%	47,37%	41,99%
davon Anteile EU	60,95%	52,63%	58,01%
Gemeinsame Finanzierung Land und Bund	12,54%	13,61%	12,59%
davon Anteile Land	k.A.	k.A.	k.A.
davon Anteile Bund	k.A.	k.A.	k.A.

Errechnet aus: Förderprogramme und Fördermaßnahmen im Geschäftsbereich Ministerium für Wirtschaft und Arbeit, abzurufen unter: http://www.fm.nrw.de/cgi-bin/fm/custom/pub/visit.cgi?lang=1&ticket=guest&oid=555, Download am 30.6.2006

182 Die Europäisierung von Politikverflechtung und kooperativem Bundesstaat

Abbildung 24: Förderprogramme und Fördermaßnahmen im NRW Landeshaushalt des Ministeriums für Umwelt und Naturschutz, Landwirtschaft und Verbraucherschutz und deren Landes-, Bundes- und EU-Anteile in Prozent

	2003 (IST)	2004 (SOLL)	2005 (SOLL)
Gesamtvolumen (Mio. Euro)	237,724389	292,0075	290,617
davon Anteile Land	51,90%	56,92%	53,08%
davon Anteile Bund	21,54%	17,16%	20,51%
davon Anteile EU	26,56%	25,92%	26,41%
Alleinige Finanzierung Land	22,42%	29,15%	26,67%
Alleinige Finanzierung EU	5,59%	4,51%	4,46%
Gemeinsame Finanzierung Land und EU	20,02%	19,92%	19,61%
davon Anteile Land	60,50%	60,35%	59,83%
davon Anteile EU	39,50%	39,65%	40,17%
Gemeinsame Finanzierung Land und Bund	13,69%	9,58%	9,83%
davon Anteile Land	39,99%	40,00%	40,00%
davon Anteile Bund	60,01%	60,00%	60,00%
Gemeinsame Finanzierung Land, Bund und EU	38,28%	36,84%	39,43%
davon Anteile Land	31,07%	32,36%	27,24%
davon Anteile Bund	34,81%	30,96%	37,07%
davon Anteile EU	34,12%	36,68%	35,69%

Errechnet aus: Förderprogramme und Fördermaßnahmen im Geschäftsbereich Ministerium für Umwelt und Naturschutz, Landwirtschaft und Verbraucherschutz, abzurufen unter: http://www.fm.nrw.de/cgi-bin/fm/custom/pub/visit.cgi?lang=1&ticket=guest&oid=555, Download am 30.6.2006

4.6 Die kommunale Ebene: Verflechtung ohne Mitspracherechte?

Kommunen als unterstes Glied der Mehrebenenverflechtung

Die kommunale Ebene gilt gemeinhin als Verlierer der Politikverflechtung im europäischen Mehrebenensystem. Zwar enthält Art. 28,2 GG eine institutionelle Garantie für die kommunale Selbstverwaltung: „Den Gemeinden", so heißt es dort, werde das Recht gewährleistet, „alle Angelegenheiten der örtlichen Gemeinschaft im Rahmen der Gesetze in eigener Verantwortung zu regeln". Damit verbunden sind eine Reihe von Hoheitsrechten der Gemeinden, etwa die Personal-, die Organisations-, die Satzungs- und Haushaltshoheit, die eine starke Stellung der kommunalen Ebene im politischen System gewährleisten sollen. Das Bundesverfassungsgericht und die Verwaltungsgerichte haben die Bedeutung der kommunalen Ebene durch eine „institutionelle Bestandsgarantie" und eine Aufgabenbestandsgarantie untermauert, wobei Letztere nicht durch einen sachlich ungerechtfertigten Entzug von Aufgaben ausgehöhlt werden darf.

Gerade bei dieser Aussage scheiden sich nun aber die Geister. Die EU hat in der Vergangenheit die besonderen verfassungsrechtlichen Schutzrechte für die deutsche kommunale Selbstverwaltung durch ihre Rechtsetzung so weit untergraben, dass heute kontrovers diskutiert werden muss, wie weit der „Kern" des kommunalen Aufgabenbestands noch abschmelzen darf, bis das Etikett der „Selbst"-Verwaltung seine Gültigkeit verliert. Die Freiheiten des europäischen Binnenmarktes überschneiden sich mit den nationalen Bestandsgarantien für die kommunale Selbstverwaltung, so dass Art. 28 GG letztlich nicht als „europafest" gelten kann (von Ameln 1992).

Wie in Kap. 2.4 dargestellt, spielen die Gemeinden als Implementationsebene der Bundes- und der Landespolitik eine herausragende Rolle. Einige Förderprogramme der EU, etwa URBAN oder INTERREG III, sind direkt an die Kommunen adressiert. Gleichzeitig werden auch europäische Richtlinien und Verordnungen wesentlich auf der kommunalen Ebene umgesetzt. Studien sprechen davon, dass etwa 80% aller nationalen Regelungen durch die Gemeinden implementiert werden müssen (Schmal 1999; Thränhardt 1999: 365). Im Rahmen des europäischen Sekundärrechts sind die Gemeinden direkt betroffen bei der Umsetzung von Richtlinien sowie bei Verordnungen und Entscheidungen, während die Empfehlungen vergleichsweise unverbindlichen Charakter haben. Die Zahlen des Deutschen Städte- und Gemeindebundes von 2004 weisen darauf hin, dass mittlerweile etwa 60% aller kommunalrelevanten Gesetze und Verordnungen von der EU ausgelöst werden – eine Zahl, die zwischenzeitig auf bis zu 80% hochkorrigiert worden ist (vgl. Münch 2006: 127), angesichts der mittlerweile aber wieder „heruntekorrigierten" Einschätzung der Europäisierung nationaler Gesetzgebung (König/Mäder 2008) jedoch mit Skepsis zu betrachten sein dürfte.

Gemeinden als Implementationsebene des EU-Rechts

Die EU erkennt zwar die nationalen Besonderheiten bzw. die nationale Identität ihrer Mitgliedstaaten im EU-Vertrag (Art. 6) – und damit die starke und verfassungsrechtlich geschützte Stellung der deutschen Städte und Gemeinden – grundsätzlich an. Auch die Kommission betont in ihrem Weißbuch zu „European Governance", dass sie die Kommunen im Zuge eines stärker „bottom-up" ausgerichteten demokratischen Willensbildungsprozesses einbeziehen wolle (vgl. Commission of the European Communities 2001). Die Gemeinden werden zu ihrem Missfallen aber von der Kommission als zivilgesellschaftliche Akteure aufgefasst. Sie teilen sich diesen Status mit Organisationen, die keine eigene demokratische Legitimation genießen und außerdem nicht als Implementationsebene von EU-Rechtsakten in Frage kommen.

Im Entwurf des europäischen Verfassungsvertrags ist das Institut der kommunalen Selbstverwaltung explizit erwähnt. Die Union verpflichtet sich darin, die Identität der Mitgliedstaaten einschließlich der regionalen und kommunalen Selbstverwaltung zu respektieren. Als Ausdruck des Subsidiaritätsprinzips will die EU nur tätig werden, sofern Maßnahmen weder auf zentraler noch auf regionaler oder lokaler Ebene hinreichend erreicht werden können. Damit wurden zweifelsohne langjährige Forderungen der Kommunen erfüllt. Ob und wann der Entwurf ratifiziert wird, bleibt jedoch abzuwarten; ebenso, ob sich das Bekenntnis zur Rolle der Kommunen in Europa tatsächlich in materielle Politik übersetzen lässt (vgl. Rechlin 2004: 15).

184 Die Europäisierung von Politikverflechtung und kooperativem Bundesstaat

Europabetroffenheit der Gemeinden – Politikverflechtung mit „Schlagseite"?

Mit diesen Bekenntnissen war bisher keineswegs eine Neigung der EU verbunden, sich selbst eine Art „Regelungsbremse" aufzuerlegen. Das Gemeinschaftsrecht greift weit in die Rechte der kommunalen Selbstverwaltung ein, z.B. indem Organisationsräume und Entscheidungsfreiheiten verringert werden, indem Kompetenzen entzogen und neue Abhängigkeitsverhältnisse durch Kontrollmechanismen geschaffen werden (Münch 2006: 73). Besonders umfassend wirkt sich das europäische Wettbewerbs- und Beihilferecht auf die Zuständigkeiten der Gemeinden aus. Laut EG-Vertrag dürfen z.B. staatliche Beihilfen nicht gewährt werden, wenn diese bestimmte Unternehmen oder Produktionszweige begünstigen und damit den Wettbewerb im Gemeinsamen Markt verfälschen. Aus diesem Grunde sind die Gemeinden gehalten, alle Maßnahmen der kommunalen Wirtschaftsförderung dem Genehmigungssystem der Europäischen Kommission zu unterziehen (vgl. Rechlin 2004: 16 ff.). Allerdings zeigen Studien (z.B. Rechlin 2004), dass die Gemeinden sich diesen Pflichten entweder aus schierem Mangel an Informationen oder wegen zu knapper Personalressourcen immer wieder entziehen. Die Kommission verfügt ihrerseits aber über zu wenig Kontrollkapazitäten, um Verstöße gegen das Beihilfe- und Wettbewerbsrecht flächendeckend und wirksam zu ahnden.

In der Diskussion darüber, wie das Verhältnis zwischen europäischer und lokaler Ebene zu bewerten ist, lassen sich heute zwei Positionen unterscheiden (vgl. hierzu: Münch 2006: 125 ff.). Während der Großteil der Literatur auf die Europabetroffenheit der Gemeinden abhebt, die dieser Entwicklung schon aufgrund der geringen institutionellen Mitwirkungsmöglichkeiten nur wenig entgegenzusetzen hätten, betonen neuere Darstellungen, dass die Kommunen durchaus über einen gewissen Handlungsspielraum verfügen. Sie müssten nur willens sein, die ihnen zur Verfügung stehenden Optionen zu nutzen. Letzteres sei bislang nicht immer der Fall gewesen; viele Kommunen waren und sind bis heute auf der europäischen Bühne eher inaktiv.

Entgegen dieser optimistischeren Sichtweise teilen die meisten Studien die Ansicht, dass die Politikverflechtung zwar beim Vollzug von Aufgaben von der europäischen auf die kommunale Ebene durchgreift. Umgekehrt jedoch haben die deutschen Gemeinden wenig institutionalisierte Möglichkeiten, ihre Interessen über die innerstaatliche Partizipation an europäischen Materien wirksam auf europäischer Ebene anzumelden. Auch ist es ihnen bisher nicht gelungen, einen Schutzzaun um ihre verfassungsrechtlich garantierten kommunalen Hoheitsrechte nach Art. 28 GG zu ziehen. Mit anderen Worten: Die europäisierte Politikverflechtung weist offenkundig eine Schlagseite auf. Die Kommunen sind mit dem Vollzug von europäischem Recht befasst, sie können die dadurch entstehenden Lasten und Pflichten aber weniger als die Gliedstaaten über eine institutionalisierte Form der Mitgestaltung im deutschen föderalen System ausgleichen. Ihnen steht – wie auch den Ländern – allerdings der Weg offen, sich selbst als Akteure im europäischen Mehrebenensystem zu formieren.

Spannungsverhältnis zwischen Ländern und Gemeinden

Angesichts der prekären Lage, in der sich die kommunale Selbstverwaltung wegen der fortschreitenden Europäisierung – und, so muss man ergänzen, auch aufgrund der groß angelegten Privatisierung von kommunalen Infrastruktureinrichtungen und Dienstleistungen in den vergangenen Jahren – befindet, stellt sich die Frage, welche Gegenstrategien die deutschen Städte und Gemeinden entwi-

Die Europäisierung von Politikverflechtung und kooperativem Bundesstaat 185

ckelt haben, um die Abwanderung von Zuständigkeiten und wettbewerbsrechtliche Eingriffe in die Aufgaben der Daseinsvorsorge abzuwenden. Im Gegensatz zu den Ländern, die angesichts ihrer verfassungsrechtlich definierten Vetopositionen in Art. 23 GG den Beteiligungsföderalismus intensivieren konnten, ermangelt es den Kommunen an vergleichbaren Machtressourcen, die sie gegenüber Ländern, dem Bund und der Europäischen Union ins Feld führen können, wollen sie sich Mitwirkungsrechte in Europa erstreiten. Sie müssen damit, sofern es ihre Ressourcen erlauben, ebenfalls auf eine Umgehungsstrategie setzen. Dabei befinden sie sich jedoch in der ungünstigen Situation, dass sie gleich zwei Ebenen überspringen müssen.

Die kommunalen Spitzenverbände stoßen auf vielfältige Widerstände, wenn sie ihre eigenen europapolitischen Interessen anmelden wollen. Die Länder betrachten die Gemeinden als staatsrechtliche Teile der Gliedstaaten, da die Kommunen keine verfassungsrechtlich legitimierte dritte staatliche Ebene in der Bundesrepublik Deutschland darstellen. Aus diesem Grund sprechen die Länder den Gemeinden bis heute das Recht auf eine eigene Außenvertretung in Europa oder Anhörungsrechte rundweg ab (vgl. Rechlin 2004: 26) – damit setzt sich der Konflikt zwischen Bund und Ländern über die Einrichtung der Länderbüros im kleinen Maßstab gewissermaßen nach unten hin über die territorialen Ebenen hinweg fort. Allerdings haben sich die Kommunen in der Neufassung der GGO der Bundesministerien (§ 75 Abs. 5) 1995 das Recht erstritten, dass sie im Rahmen von Vorhaben der EU bei Gesetzesinitiativen, welche die Belange der Kommunen betreffen, möglichst frühzeitig angehört werden müssen. Der Bundesrat ist diesem Beispiel aber nicht gefolgt, da sich die Länder gegen eine solche frühzeitige Anhörung der kommunalen Spitzenverbände erfolgreich zur Wehr zu setzen wussten (vgl. Münch 2006: 212).

Selbst die Beteiligung im Ausschuss der Regionen mussten sich die Gemeinden regelrecht erkämpfen. Die kommunalen Spitzenverbände erhielten nur gegen den erklärten Widerstand der Gliedstaaten und auch nur durch Intervention des Bundeskanzlers und des Bundestages drei der 24 Sitze im AdR (Thränhardt 1999: 368; Münch 2006: 105 ff.). Für die Gemeinden ist der AdR als Einflusskanal jedoch von begrenztem Wert, da er nur beratend tätig werden kann und zudem eine heterogene Mischung von kommunaler und regionaler Interessenvertretung darstellt (vgl. Kap. 4.5). Das institutionelle Gefüge des europäischen Mehrebenensystems bietet ebenfalls kaum Zugangswege für kommunale Belange: Die Städte und Gemeinden sind integraler Bestandteil der Länder, die es, wie gezeigt, nicht eben einfach haben, im europäischen Haus die eigenen Interessen anzumelden. Eigenständige kommunale Aktivitäten werden von den Ländern letztlich als potentielle Konkurrenz und Schwächung der eigenen Position bewertet. Die Kommunen haben deshalb ebenfalls begonnen, über ihre Spitzenverbände ein eigenes Lobbying in Brüssel zu betreiben.

Die Fähigkeit der Gemeinden zu kollektivem Handeln ist jedoch begrenzt, weil die Interessen der insgesamt über 12.000 Kommunen in Deutschland außerordentlich heterogen sind. Die Anliegen und Bedürfnisse von Großstädten oder großstädtischen Agglomerationen unterscheiden sich gravierend von denen des ländlichen Raumes und denen der kleinen Gemeinden, die mitunter nur wenige hundert Einwohner umfassen (vgl. Thränhardt 1999). Gemeinden mit einer ho-

Heterogene Interessen der Gemeinden in Deutschland

hen Abwanderung, insbesondere in Ostdeutschland, stehen Ballungsräume in den alten Bundesländern gegenüber, die Zuzugs- und Wachstumsregionen sind. Die ostdeutschen Kommunen profitierten bislang im Gegensatz zu denen in den alten Ländern von der Ziel 1-Förderung der EU. Die verbandsförmige Organisation der Kommunen in Deutschland spiegelt diese Unterschiede insofern wider, als es drei kommunale Spitzenverbände gibt: den Deutschen Städtetag, in dem die kreisfreien Städte organisiert sind, den Deutschen Landkreistag sowie den Deutschen Städte- und Gemeindebund als Zusammenschluss der kreisangehörigen Städte und Gemeinden.

Lobbying und Vernetzung der Gemeinden

Wie die deutschen Länder, so versuchen auch die Städte und Gemeinden eine eigenständige Lobbyarbeit in Brüssel zu betreiben. Der hauptsächliche Adressat ist die Europäische Kommission, die aufgrund ihres fehlenden Verwaltungsunterbaus und wegen der Implementationsfunktion der deutschen Gemeinden ein komplementäres Interesse daran hat, die Interessen und Vorstellungen der Kommunen schon im Vorfeld der Umsetzung von Rechtsvorschriften kennen zu lernen. Seitdem im Mitentscheidungsverfahren die Stellung des Europaparlaments aufgewertet worden ist, richtet sich das kommunale Lobbying auch an diese Stelle. Der Ministerrat ist hingegen als intergouvernemental geprägte Institution weniger an einer Kooperation mit den Kommunen interessiert.

Die Versuche der Gemeinden, sich eigenständige und von Bund und Ländern unabhängige Informationsquellen über europapolitische Vorhaben und Prozesse zu erschließen, lassen sich auf das Jahr 1963 zurückdatieren. Damals richteten die kommunalen Spitzenverbände ein eigenständiges kommunales Informationsbüro bei der EWG ein (vgl. Pehle 2005: 10). Die Spitzenverbände beschäftigten seinerzeit lediglich einen einzigen Europareferenten (vgl. hierzu: Schultze 1997) – angesichts des noch geringen Europäisierungsgrades war mehr Personal seinerzeit nicht erforderlich. Dem Beispiel der Länder folgend, begannen die drei Spitzenverbände im Zuge des Ausbaus des Binnenmarktes und der zunehmenden Regulierung des Wettbewerbsrechts auf der europäischen Ebene zu Beginn der 1990er Jahre schließlich, gemeinsam mit der deutschen Sektion des RGRE (vgl. unten) ein gemeinsames Europabüro – genannt „Eurocommunalle" – in Brüssel aufzubauen (vgl. hierzu: Rechlin 2004: 41 ff.; Münch 2006: 236 ff.). Diese kommunale Interessenvertretung wurde durch den Deutschen Städtetag dominiert. Das Büro setzte es sich zum Ziel, die bislang wahrgenommenen Aufgaben der Informationssammlung und -weitergabe um eine informelle Lobbyarbeit zu ergänzen.

Mit diesem Perspektivwechsel begannen aber auch die Schwierigkeiten der Gemeinden, sich auf eine gemeinsame Strategie zu einigen: Schon wenige Jahre später war das Büro auf die Funktion einer mehr oder weniger „virtuellen Adresse" reduziert (Rechlin 2004: 43). Während die Aufgabe der Informationsbeschaffung noch ein gemeinsames Anliegen der Gemeinden darstellt, fallen gemeinsame Strategien der Interessenvertretung angesichts der Heterogenität der Kommunen erheblich schwerer. Landkreise und Großstädte sind beispielsweise Adressaten unterschiedlicher europäischer Förderprogramme (Sturm/Pehle 2005: 125), weshalb inzwischen differenzierte Strategien der Spitzenverbände gegenüber den europäischen Institutionen eingesetzt werden müssen.

Insofern ist es kaum verwunderlich, dass der Versuch der kommunalen Spitzenverbände, in Brüssel eine gemeinsame Anlaufstelle einzurichten, heute als gescheitert bezeichnet werden muss. Inzwischen gehen die kommunalen Spitzenverbände getrennte Wege; sie haben jeweils eigene Europabüros installiert. Eine Abstimmung und Einigung gelingt auf den wöchentlichen Treffen der Büroleiter vor allem über grobe Richtlinien der kommunalen Europapolitik. Schon 1992 haben die Bayerischen Kommunalverbände zudem ein eigenes Europabüro für ihre Städte und Gemeinden eingerichtet. Die Kommunen Baden-Württembergs und Sachsens folgten diesem Beispiel bald. Damit beginnt sich die Repräsentanz der deutschen Kommunen nicht nur nach Gemeindegröße, sondern auch regional auszudifferenzieren, was es der Kommission wiederum erschwert, einen Ansprechpartner für Fragen der kommunalen Entwicklung zu finden. Als Folge der getrennten kommunalen Strategien gibt es eher ein Nebeneinander und Überangebot als eine Bündelung gebietsspezifischer Interessenvertretung, die sich noch weiter ausdifferenzieren könnte, wenn andere Spitzenverbände diesem Beispiel folgen. Die drei Vorreiter einer eigenständigen landesspezifischen Kommunalvertretung haben deshalb ihre Ressourcen in einem gemeinsamen Büro zusammengefasst, um Verwaltungskosten zu sparen und um sinnvolle Synergieeffekte zu erzielen. Die kommunalen Vertretungen spielen die Gefahr einer Zerfaserung – und damit Schwächung – ihrer Interessen eher herunter, sie betonen vielmehr die Vorteile eines arbeitsteiligen Vorgehens der Europabüros der kommunalen Spitzenverbände und der Vertretungen der Landesverbände: Während die Landesverbände eher die Förderpolitik im Auge behielten, würden sich die Spitzenverbände vorrangig auf die allgemeinen Rechtsetzungsaktivitäten und ihre Auswirkungen auf die kommunale Ebene konzentrieren (Pehle 2005: 12).

Getrennte bzw. konkurrierende Strategien der Kommunen in Europa

Mittlerweile gibt es eine Vielzahl von Zusammenschlüssen europäischer Städte und Gemeinden, die versuchen, ein Lobbying gegenüber den EU-Institutionen zu betreiben, das ihren spezifischen Interessenlagen angemessen ist. Da ihre Mitwirkungsmöglichkeiten an europäischen Angelegenheiten im innerstaatlichen Rahmen äußerst begrenzt sind, versuchen die Kommunen, mit Hilfe einer Bypassing-Strategie die Ebenen von Bund und Land zu überspringen. Zu diesem Zweck haben die Gemeinden schon frühzeitig den Schulterschluss mit den Kommunen anderer Mitgliedstaaten gesucht. Die Zusammenarbeit verläuft dabei bei weitem nicht nur im Rahmen von Städtepartnerschaften, die durch die EU mitfinanziert werden.

Interkommunale Zusammenschlüsse

Auch für interkommunale Kooperationsformen gilt die Regel, dass die Durchsetzungsfähigkeit solcher Vereinigungen umso größer ist, je homogener die Interessen der Mitglieder sind. Die ersten Dachorganisationen der europäischen Gemeinden, so der schon 1951 gegründete „Rat der Gemeinden und Regionen Europas (RGRE)", umfassen allerdings äußerst heterogene Interessen und Organisationen. In Deutschland sind sowohl die kommunalen Spitzenverbände als auch einzelne Gemeinden Mitglieder dieses Netzwerks. Der RGRE vereinigt heute 44 nationale Verbände überwiegend kommunaler Gebietskörperschaften aus insgesamt 31 Ländern (Rechlin 2004: 46) – das sind mehr als 100.000 Kommunen – und kommt daher für eine schlagkräftige Interessenvertretung nur bedingt in Frage. Die Bilanz des RGRE fällt gemischt aus: Zwar berät und unterstützt er seine Mitglieder durchaus nicht ohne Erfolg bei der Einwerbung von Fördermitteln und der Herstellung von Kontakten zu den Gemeinden anderer Mitgliedstaaten. In der deutschen Sektion werden zwischen den Europareferenten der Mitglieder inzwischen rege Informationen über Antragstellung und effektives Lobbying ausgetauscht. Auch das Europaparlament sucht den Rat des RGRE bei kommunalrelevanten Themen. Jedoch bleiben die Kompetenzausstattung und die Ziele zwischen den am Netzwerk beteiligten Gemeinden in den Mitgliedstaaten letztlich so unterschiedlich, dass der RGRE gerade in der Konkurrenz mit anderen Interessenvertretern subnationaler Gebietskörperschaften eine nur begrenzte Schlagkraft aufweist (siehe hierzu auch: Münch 2006: 224 ff.).

Ein weiteres Netzwerk kommunaler Interessenpolitik ist „EUROCITIES", das 1986 von den Bürgermeistern der Städte Barcelona, Birmingham, Frankfurt a.M., Lyon, Mailand und Rotterdam gegründet wurde und nach der Osterweiterung der EU mehr als 120 europäische Großstädte umfasst. Trotz der Vielzahl der Mitglieder verbindet das Netzwerk noch eher ein gleichgerichtetes Interesse als der RGRE. 1992 wurde ein eigenes Büro in Brüssel eröffnet. Das Netzwerk zielt laut eigener Darstellung darauf, den Dialog mit den europäischen Institutionen zu intensivieren und auf eine Vielzahl von Politikbereichen Einfluss zu nehmen. Die Strategien werden vom Verband selbst mit „networking, lobbying und campaigning" sowie mit der Initiierung von wechselseitigen Lernprozessen und der Bereithaltung von Expertenwissen beschrieben. Adressaten dieses Netzwerks ist die Kommission, der man Unterstützung sowohl in der Politikentwicklung als auch in der Implementation von Programmen anbietet, aber auch das Europaparlament, die Mitgliedstaaten und der AdR. Das Netzwerk hält es sich zugute, die Interessen der Kommunen in den Verhandlungen über den Verfassungsvertrag wirksam zur Geltung gebracht zu haben. Folgt man der Selbstdarstellung von EUROCITIES (vgl. http://www.eurocities.org/main.php), so sieht man, dass die Kooperation auf den Jahreskonferenzen insbesondere von den Bürgermeistern der inkorporierten Großstädte vorangetrieben wird. Seit 2004 können dem Netzwerk auch Unternehmen und andere Partner beitreten.[1]

Kommunale Mitwirkung im Mehrebenensystem – ein Papiertiger?

Anders als die Länder finden die Kommunen innerhalb des deutschen Föderalismus keine bzw. kaum wirksame institutionelle Ansatzpunkte für eine gesicherte Mitwirkung im europäischen Mehrebenensystem. Die Politikverflechtung, die im Zuge der Implementation und der Finanzierung von Aufgaben in vielen Politikfeldern inzwischen von der europäischen auf die kommunale Ebene hinab-

---

[1] Weitere kommunalpolitische Vereinigungen sind z.B. der „Kongress der Gemeinden und Regionen" beim Europarat (KGRE), der eng mit dem RGRE zusammenarbeitet. Von ihm gilt jedoch noch mehr, was bereits über den RGRE berichtet wurde (vgl. die Selbstdarstellung in: http://www.coe. int/t/d/KGRE/): Die Anzahl der Mitglieder ist zu groß und ihre Interessen sind zu vielfältig, um eine wirkungsvolle Politik zu betreiben. Zwar konnten RGRE und KGRE zusammen erfolgreich eine Europäische Charta der kommunalen Selbstverwaltung durchsetzen, in der die Mitgliedstaaten anerkennen, dass ein wesentlicher Teil der öffentlichen Aufgaben von den kommunalen Gebietskörperschaften in eigener Verantwortung gestaltet werden soll. Dies hat die Kommission jedoch nicht davon abgehalten, weitgehende Eingriffe in die Substanz der kommunalen Selbstverwaltung vorzunehmen. Hauptaufgaben des KGRE sind die Beratung des Europarates, die Information sowie die Unterstützung der neuen Mitgliedstaaten beim Aufbau einer kommunalen Selbstverwaltung. Zudem ist der KGRE durch seine Anbindung an den Europarat nicht mehr Teil des europäischen Entscheidungsgefüges und steht damit bereits außerhalb des Systems einer ebenenübergreifenden Politikverflechtung.

reicht, wird allenfalls ansatzweise durch eine entsprechende Verflechtung auf der Input-Seite, d.h. bei der Formulierung und Entscheidung von Policies, begleitet. Im Prozess der Politikentstehung sind die Kommunen noch mehr ins Hintertreffen geraten als die Bundesländer. Jedoch haben auch die Kommunen Strategien des Lobbying, der interkommunalen Zusammenarbeit und der Informationsgewinnung jenseits und neben den rudimentären rechtlich festgeschriebenen Einflusskanälen entwickelt und sich damit am innerstaatlichen Institutionengefüge vorbei Einflusskanäle im Policymaking-Prozess erschlossen. Diese Strategien fallen zumal bei der Kommission, die auf solche Formen der Kooperation angewiesen ist, auf fruchtbaren Boden.

All diese unbestreitbaren Fortschritte, welche die Kommunen in den vergangenen 15 Jahren gemacht haben, können jedoch die Kommission nicht davon abhalten, über das Wettbewerbsrecht weit in die in Art. 28 GG garantierten Zuständigkeiten der Städte und Gemeinden einzugreifen. Inwieweit diese Aushöhlung von Kompetenzen durch angepasste kommunale Strategien und durch von der EU ausgelöste Modernisierungsschübe auf der kommunalen Ebene aufgefangen und kompensiert werden kann, ist eine umstrittene Frage. Die Mehrzahl der skeptischen Stimmen überwiegt derzeit jedenfalls.

4.7 Folgen der Europäisierung von Politikverflechtung und bundesstaatlicher Kooperation

Angesichts des vielfältigen Drucks, dem der föderale Staat im Zuge der Europäisierung ausgesetzt ist, mag die Frage angemessen erscheinen, ob sich der Föderalismus als staatliches Gliederungsprinzip überhaupt mit den der europäischen Integration innewohnenden Tendenzen zur suprastaatlichen und intergouvernementalen Politik vereinbaren lässt. Trotz dieser Entwicklungen, die zu einer unverkennbaren Auszehrung von Landeszuständigkeiten beigetragen haben, wird dem deutschen Föderalismus aber eine erhebliche Anpassungsfähigkeit an die Erfordernisse der europäischen Integration attestiert. Studien sprechen davon, dass föderale Systeme gegenüber zentralistisch bzw. unitarisch organisierten Staaten im innereuropäischen Vergleich einem schwächeren Anpassungsdruck ausgesetzt sind, also einen institutionellen „fit" statt eines „misfit" aufweisen (vgl. hierzu weiter: Radaelli 2000; Sturm/Pehle 2005: 23 f.). Gerade weil der deutsche Bundesstaat zu den Föderalstaaten gehört, die wesentlich durch Kooperation und Politikverflechtung statt durch Wettbewerb gekennzeichnet sind, war es für die Länder offenbar einfacher als in einem trennföderalen System, dem Bund Zugeständnisse abzuringen und die innerstaatliche Macht- und Kompetenzverteilung und Kooperationsmechanismen auf die europäische Willensbildung zu übertragen (Börzel 2000: 246; ähnlich Schmidt 2005). Die politischen Akteure haben den Bundesstaat mit frappierend wenigen institutionellen Änderungen und äußerst sparsamem Ressourceneinsatz an die neuen Rahmenbedingungen angepasst – auch wenn Verhaltensänderungen, strategische Anpassungen und Adaptionen der Institutionen durchaus zu einem gegenüber den 1980er Jahren deutlich veränderten nationalen politischen System geführt haben. Sowohl die interministerielle als auch die föderale Koordination wurden von den beste-

„Fit" oder „misfit"? – Anpassungsfähigkeit politikverflochtener Institutionen

henden Strukturen des politischen Systems absorbiert (vgl. Bulmer/Maurer/ Paterson 2001: 236 ff.).

Überdehnung der Institutionen?

Gleichzeitig jedoch drängt sich die Frage auf, ob die Europäisierung von Politikfeldern und Institutionen das föderale System nicht nachgerade „überdehnt", d.h. dazu beigetragen hat, dass sich die ohnedies durch viele Vetopositionen geprägten Entscheidungsprozesse nun noch komplexer gestalten, als dies im innerstaatlichen Rahmen ohnedies der Fall war. Es ist kein Zufall, dass die Diskussion über die Reformfähigkeit des deutschen Systems und, spezifischer, über die „Europafähigkeit" des deutschen Föderalismus, in den vergangenen Jahren intensiver denn je geführt worden ist. Der deutsche Bundesstaat geriet aber nicht nur wegen der vertieften europäischen Integration, sondern auch aufgrund der Probleme unter Druck, die in der Folge der Deutschen Einheit auftraten (vgl. Kap. 2). Angesichts des doppelten Handlungsdrucks war eine sparsame institutionelle Anpassungsstrategie – oft als Unfähigkeit der Akteure zur Reform gebrandmarkt – durchaus naheliegend. Die Übertragung der Rechtsverhältnisse auf die ostdeutschen Länder wäre unter dem gegebenen hohen Zeitdruck der Transformation kaum geglückt, wenn gleichzeitig auch noch der institutionelle Rahmen, innerhalb dessen sich die Deutsche Einheit vollzog, grundlegend umgeformt worden wäre. Ein Blick in die mittelosteuropäischen Länder zeigt, mit wie viel Schwierigkeiten dieser Prozess andernorts verlaufen ist: Da die politischen und rechtsstaatlichen Institutionen dort nicht transferiert werden konnten, sondern gleichzeitig mit der wirtschaftlichen Ordnung umgestaltet werden mussten, war die Qualität der Gesetzgebung anfangs gering. Viele Rechtsakte mussten nachgearbeitet und erneut beschlossen werden.

Der Historische Institutionalismus kann diese Zählebigkeit von Institutionen, die für den deutschen Einigungsprozess bestätigt werden kann, treffend interpretieren: Es ist durchaus ein rationales Verhalten der Akteure, die Problemlagen zu zerkleinern, sie den bestehenden Entscheidungsstrukturen anzupassen und innerhalb dieser zu verarbeiten. Bestehende Institutionen werden nur dann grundlegend reformiert, wenn der Handlungsdruck so hoch ist, dass Untätigkeit nicht mehr legitimierbar ist. Im Kapitel 6 zur Föderalismusreform wird der Frage nachgegangen, inwieweit die bestehenden föderalen Institutionen im Rahmen der Mehrebenenverflechtung angepasst werden konnten.

„Unterkomplexe" institutionelle Lösungen?

Einige Autoren haben die Politik der graduellen, inkrementellen Anpassung als „unterkomplex" (z.B. Landfried 1995: 48) kritisiert. Die Gleichzeitigkeit von Transformation und Europäisierung wird in diesem Zusammenhang, etwa im Sinne politischer Kontingenztheorien (vgl. z.B. Kingdon 1995), als eines der sich selten öffnenden Gelegenheitsfenster bewertet, das die Chance bot, die ohnedies verkrusteten föderalen Strukturen aufzubrechen. Da sich die politischen Akteure diese Gelegenheit aber nicht zunutze machten und nur geringfügige Korrekturen des Bundesstaates vornahmen, verstrich vorerst die Möglichkeit zur grundlegenden Reform.

Man kann darüber streiten, ob zum damals gegebenen Zeitpunkt, d.h. zu Beginn der 1990er Jahre, weitreichende institutionelle Reformen überhaupt möglich waren und ob diese die Verarbeitungsfähigkeit des politischen Systems nicht überfordert hätten. Insofern tragen die Interpretationsangebote des Historischen Institutionalismus hier offenbar weiter als der zuweilen pauschal angeführte

Hinweis, die politischen Akteure hätten die Gelegenheit zur Reform schlicht ignoriert. Der Inkrementalismus wurde außerdem durchaus positiv bewertet, weil er der Unsicherheit der Übergangssituation angemessen war (Benz 1999: 150). Mit kleinen Schritten konnten große Irrtümer vermieden werden. Sofern man die Kritik aber nicht nur auf die zu Beginn der 1990er Jahre möglichen und praktizierten Verfahren, sondern auf die langfristige Effektivität des institutionellen Gefüges überträgt, hat sie sich als berechtigt erwiesen. Im Regierungsalltag des vereinigten und in die EU integrierten Deutschland waren die inkrementellen institutionellen Lösungen schon bald dem fortlaufenden Praxistest ausgesetzt, der ihre mangelnde Effektivität deutlicher denn je an das Tageslicht brachte. Nach nur wenigen Jahren stellte es sich heraus, dass die Gestalt der föderalen Ordnung und ihre Entscheidungsverfahren Gegenstand von wissenschaftlichen und politischen Reformdebatten bleiben würden (vgl. im Überblick: Margedant 2003: 8-13; Schmidt 2001; Münch/Zinterer 2000).

Die bisherigen Ergebnisse haben weiterhin gezeigt, dass die nationalen Exekutiven im europäischen Haus über einen strategischen Vorteil verfügen. Sie sind in der Lage, die von ihnen getragenen Entscheidungen als Folgen des Europäisierungsprozesses auszuweisen und gegenüber nationalen Interessen schwer durchsetzbare politische Entscheidungen als alternativlos auszugeben. Dass die Konstruktion des Mehrebenensystems die Exekutiven als Entscheidungsträger begünstigt (vgl. insgesamt: Moravcsik 1997), hat mehrere Gründe: Sie stellen homogenere Akteure als die Parlamente dar, sie erhalten Informationen über europäische Vorgänge als Entscheidungsträger aus erster Hand bzw. sie produzieren diese selbst, und sie sind aufgrund der geringeren Anzahl von beteiligten Entscheidungsträgern in einem konsensual ausgerichteten System verhandlungsfähiger als Parlamente. Dieser Befund gilt nicht nur für die an europäischen Entscheidungen unmittelbar beteiligten Regierungsmitglieder, sondern auch für die nationalen Ministerialbürokratien, die in den Arbeitsgruppen der Kommission und in der Komitologie eng miteinander kooperieren und in der Lage sind, sich einen eigenständigen Freiraum für die Gestaltung von Politiken zu sichern (vgl. Töller 2002; Knill 2003). Studien zu anderen EU-Mitgliedstaaten zeigen, dass sich die Beamten durch die Tätigkeit auf der europäischen Ebene auch selbst „europäisieren", d.h. sich weniger als nationale Akteure, sondern als Räder im Brüsseler Getriebe begreifen und dergestalt ihr Rollenverständnis verändern (vgl. Trondal/Veggeland 2003). Als Verlierer des Europäisierungsprozesses gelten somit gemeinhin die Parlamente, da diese die Funktionen der Gesetzgebung und der Kontrolle nicht bzw. nur eingeschränkt gemeinsam wahrnehmen können (vgl. hierzu ausführlich: Maurer 2002; Maurer/Wessels 2001). Auf diesen Zusammenhang weisen die Begriffe der Deparlamentarisierung oder Entparlamentarisierung oder aber die Rede von der „post-parlamentarischen" Demokratie hin (vgl. Andersen/Burns 1996; Benz 1998, ausführlicher siehe Kap. 5).

Exekutiven als Gewinner der Mehrebenenverflechtung?

Angesichts der institutionalisierten Mitwirkungsmöglichkeiten der Länder an der Europapolitik und vor dem Hintergrund der politikverflochtenen Strukturen des Mehrebenensystems, in dem sowohl Länder als auch Kommunen mittlerweile eigenständige Strategien der Interessenvertretung verfolgen, stellt sich die Frage, wie „europafähig" Deutschland im Vergleich zu stärker unitarischen und weniger dezentralisierten Staaten in der EU ist. Unter „Europafähigkeit"

„Europafähigkeit" Deutschlands mit Politikverflechtung?

kann man allgemein eine Bündelung von Ressourcen und Kapazitäten unterschiedlicher Art verstehen, die es einem Mitgliedstaat ermöglichen, die eigenen Interessen in Brüssel effektiv zu vertreten und Handlungsfähigkeit zu beweisen. „Europa" spielt demzufolge eine wesentliche Rolle im Alltagsgeschäft und bei der Anpassung der innerstaatlichen Institutionen (vgl. Kohler-Koch 2000; Bulmer/Radaelli 2005).

Viele Autoren sehen die Europafähigkeit Deutschlands aufgrund der typischen Merkmale des politischen Systems gefährdet. Zum einen erschwere es die Politikverflechtung den deutschen Verhandlungsführungen in Brüssel, eine einheitliche Position zu vertreten. Deutschland müsse sich in den europäischen Gremien häufig enthalten und werde immer wieder überstimmt („German vote"). Obwohl der größte Mitgliedstaat in der EU, spielt Deutschland, so der Befund, in den Brüsseler Gremien eher auf Regionalliga- denn auf Bundesliga-Niveau (ähnlich: Bulmer/Jeffrey/Paterson 1998: 99). Zwar haben die Analysen der Bundesratsbeteiligung sowie der autonomen Handlungsstrategien der Länder in Europa gezeigt, dass die Koordination zwischen Bund und Ländern vergleichsweise reibungslos vonstatten geht – besser jedenfalls, als man angesichts der vielfältigen Abstimmungszwänge vermuten sollte (vgl. Jeffery 2007). Viele Abstimmungsprobleme entstehen zudem auch innerhalb des Kabinetts. Dennoch wird das bestehende Prozedere nach Art. 23 GG heftig kritisiert, sowohl von Föderalismusexperten als auch von politischen Akteuren, und unter Letzteren insbesondere von Seiten der Bundesregierung: Der Europaartikel und das EuZBLG hätten sich keineswegs bewährt, vielmehr hätten die Akteure in der Praxis sich den Notwendigkeiten des Brüsseler Getriebes nur pragmatisch angenähert (vgl. zusammenfassend: Große Hüttmann 2006: 214). Aus diesem Grunde forderten etliche Beteiligte in den Beratungen der Föderalismuskommission, Art. 23 GG ersatzlos zu streichen. Nur so könne die Bundesregierung auf europäischer Ebene Paketlösungen eingehen, auf Anforderungen schnell reagieren und strategische Koalitionen schmieden (vgl. Kap. 6). Die Europafähigkeit des kooperativen Bundesstaates war denn auch eines der zentralen Themen in der Föderalismuskommission.

5 Die Zusammenarbeit der Parlamente im europäisierten Bundesstaat

5.1 Schwierigkeiten interparlamentarischer Kooperation

Wie in den vorangegangenen Kapiteln gezeigt, haben sich im kooperativen Föderalismus sich seit dem Bestehen der Bundesrepublik unterschiedliche Spielarten der vertikalen wie horizontalen Kooperation und Verflechtung zwischen den Exekutiven entwickelt. Auch wenn Parlamentarier in solche exekutiven Strukturen vereinzelt einbezogen werden, so vermittelt die Praxis des kooperativen Bundesstaates doch das Ergebnis, dass die föderale Koordination vornehmlich eine Angelegenheit von Regierungen und Verwaltungen ist. Dies mag ein Grund dafür sein, dass interparlamentarische Beziehungen erst in den vergangenen Jahren das Interesse der Föderalismusforschung geweckt haben. Gegenüber älteren Darstellungen zu diesem Thema werden sie heute zudem positiver bewertet. Die meisten der älteren Studien hoben hervor, dass parlamentarische Kooperationsformen die strukturelle Problematik des kooperativen Föderalismus nur ansatzweise zu beheben vermögen: Politikformulierung, Entscheidungsvorbereitung und Implementation werden wesentlich und überwiegend von den Regierungen und den ihr zugeordneten Ministerialbürokratien getragen. Die Landesparlamente können demgegenüber häufig nur außerhalb der wesentlichen Parlamentsfunktionen – Regierungsbestellung, Gesetzgebung und Kontrolle – zusammenarbeiten (Klatt 1989: 1780). Angesichts dessen mag man sich fragen, welchen Zweck interparlamentarische Gremien erfüllen und was der Grund dafür ist, dass die Parlamente im Mehrebenensystem in den vergangenen Jahren ihre Kooperation intensiviert haben.

Parlamentsfunktionen nicht von Parlamenten gemeinsam wahrnehmbar?

Es gibt eine Reihe von Hindernissen, die Parlamente für eine effektive Zusammenarbeit überwinden müssen. Zum einen umfassen ihre Gremien in der Regel eine wesentlich größere Anzahl an Akteuren, was zur Folge hat, dass gemeinsame Standpunkte nur mit Schwierigkeiten formuliert werden können. Zum anderen ist die Polarisierung zwischen den Akteuren aus zwei Gründen größer als in exekutiven Gremien: Umfassen die Gremien nicht Positionsinhaber (wie etwa die Konferenz der Landtagspräsidenten), sondern sog. „einfache" Parlamentarier, ist es nötig, Gremien nach Fraktionsstärke zu besetzen. Damit nimmt tendenziell die Polarisierung innerhalb einer derart beschickten Kommission zu. Während z.B. die Ministerialbeamten einen stärker diskursiven Stil und eine fachpolitische Perspektive einnehmen, beziehen die parlamentarischen Akteure ihr Mandat aus dem Parteienwettbewerb, der auch ihren Interaktionsstil prägt. Wir können in Gremien, die nach Fraktionsproporz besetzt sind, grundsätzlich also einen höheren Anteil von „bargaining" als von „arguing" in der Interaktion vermuten. Die Ministerialbürokratie ist zudem – sieht man von der Ebene der politischen Beamten ab – durch das Beamtenrecht vor einem parteipolitisch motivierten Austausch teilweise geschützt. Insbesondere auf der Referentenebe-

Zahl der Akteure und Polarisierung

ne kooperieren deshalb über lange Jahre hinweg die gleichen Personen miteinander, so dass sich in diesen Runden wechselseitige Vertrauensverhältnisse und gleichgerichtete fachpolitische Ansichten entwickeln können – und zwar unabhängig von Parteigrenzen. Demgegenüber unterliegen die Abgeordneten, trotz teilweise hoher Verbleibdauer in den Parlamenten (das Mandatsalter bei ostdeutschen und westdeutschen Landtagsabgeordneten liegt bei fünf bzw. zehn Jahren, im Bundestag bei sechs bzw. 13 Jahren; vgl. Best/Jahr 2006: 75), aufgrund der regelmäßigen Wahlen zu den Volksvertretungen in höherem Umfang einem zyklischen Austausch, auch wenn die Mandatszeit der professionalisierten Abgeordneten in den Parlamenten inzwischen sehr lang sein kann (vgl. hierzu z.B. die Analyse der Landtage in Mielke/Reutter 2004).

„Stützungsfunktion" der Mehrheitsfraktionen

Eine gewisse Geschlossenheit erreichen die Abgeordneten in interparlamentarischen Gremien ehestens dann, wenn die Interessen der Institution „Parlament" und Fragen der Weiterentwicklung des Parlamentarismus im Mehrebenensystem berührt sind. Doch selbst in diesem Fall sind die Parlamentarier der regierungstragenden Fraktionen gezwungen, das eigene institutionelle Interesse gegenüber der von ihnen ebenfalls vorgenommenen Stützung der Regierung abzuwägen. Die Mehrheitsfraktionen im Parlament bilden zusammen mit der Regierung – trotz manchmal heftiger Konflikte zwischen beiden Seiten und einem mitunter beträchtlichen institutionellen Eigensinn der Abgeordneten – eine Handlungs- und Entscheidungseinheit. Sie legen deshalb im politischen Normalfall Wert darauf, der eigenen Regierung nicht zu schaden, da beide Seiten im gleichen Boot sitzen. Damit ist – zumal für parlamentarische Regierungssysteme, die sowohl im Bund wie auch in den Ländern gegeben sind – noch ein weiterer „natürlicher" Interessengegensatz benannt, nämlich der zwischen den Mehrheitsfraktionen und der Opposition. Diese unterschiedlichen Hemmnisse tragen dazu bei, dass es Parlamenten nur in wenigen Fällen gelingt, als homogener Akteur die politische Bühne zu betreten.

Information und Kontrolle

Häufig werden Parlamente an der Ausübung der „klassischen" Parlamentsfunktionen der Gesetzgebung, Kontrolle und Regierungsbestellung gemessen. Es liegt auf der Hand, dass zumindest die Gesetzgebung und die Regierungsbestellung nicht von mehreren Volksvertretungen gemeinsam wahrgenommen werden können (Klatt 1989: 1780). Angesichts dessen und als Modifikation dieser Einwände scheint der Hinweis angebracht, dass Parlamente im Mehrebenensystem auch noch weitere Funktionen ausüben können. Obgleich die deutschen Parlamente eher als Mischtypus von Rede- und Arbeitsparlament anzusehen sind, so dominieren doch die Strukturen eines Arbeitsparlaments, in dem die Abgeordneten die Gesetzesentwürfe, die überwiegend aus der Regierung kommen, in den Ausschüssen durcharbeiten und gegebenenfalls ergänzen und verändern. Diese Sicht vernachlässigt – darauf haben Auel und Benz (Auel/Benz 2004; Benz 2004a) in ihren Studien über nationale Parlamente in Europa hingewiesen – die Kommunikationsfunktion, die z.B. von einem Redeparlament wie dem britischen Unterhaus wesentlich intensiver wahrgenommen wird als vom Deutschen Bundestag. Hierfür ist ein Informationsaustausch zwischen den Volksvertretungen durchaus hilfreich; dieser trägt ebenso dazu bei, die Kontrollkapazität der Legislative gegenüber der Exekutive zu erweitern. Interparlamentarische Kooperationen haben somit nicht nur das Ziel, gemeinsame institutionelle Interessen anzumelden, sondern sie dienen ebenfalls dem Informationsaustausch und den daran anschließenden Funktionen von Kommunikation und Kontrolle.

Principal-Agent-Theorien zählten in den vergangenen Jahren zu den einflussreichen Ansätzen in der Politikwissenschaft. Ihr Siegeszug lässt sich nicht zuletzt dadurch erklären, dass sie auf zahlreiche Interaktionen und Strukturkomponenten anwendbar sind. Sie bieten sich als analytische Grundlage vor allem dann an, wenn zwischen Akteuren ein Delegationsverhältnis besteht. So wurde das Verhältnis von Wähler, Parlament, Regierung und Verwaltung in parlamentarischen Regierungssystemen von der ökonomisch inspirierten Principal-Agent-Theorie als eine einzige, durchgängige Delegationskette interpretiert (Strøm 2000: 269; Strøm/Müller/Bergman 2003; König 2005). Die Entwicklung des parlamentarischen Regierungssystems ist in der Tat davon gekennzeichnet, dass die Macht aus dem Parlament zunehmend auf das Kabinett verlagert worden ist (Strøm 2000: 262). In dem hier diskutierten Kontext des europäisierten Bundesstaates wird diese Tendenz parlamentarischer Systeme zur Delegation fraglos verstärkt: Die (nationalen) Regierungen agieren auf europäischer Ebene, ohne dass die parlamentarische Kontrolle dabei hinreichend sichergestellt wäre; die Landesregierungen wiederum sind – gleichsam ein „Stockwerk" tiefer – über den Bundesrat an der Formulierung bundespolitischer Gesetze beteiligt, ohne dass die Landesparlamente für sie zufriedenstellende Möglichkeiten besitzen, die Exekutiven an ihren Willen zu binden. Mehrebenensysteme schaffen somit komplizierte und demokratietheoretisch problematische Interaktionsmuster, da in ihnen insbesondere die Exekutiven miteinander verhandeln. Die Parlamente haben aus den oben dargestellten Gründen in dem mehrstöckigen Aufbau des europäisierten Bundesstaates nur begrenzte Möglichkeiten, diesen Vorsprung der Regierungen und Verwaltungen zu kompensieren. Die verhandlungsdominierte Struktur des kooperativen Föderalismus und der Politikverflechtung in Deutschland schafft somit „günstige" Voraussetzungen dafür, dass sich eine Regierung gegenüber ihrem Parlament verselbständigen kann (vgl. hierzu auch: Moravcsik 1997).

Wie sieht nun die Wechselbeziehung zwischen dem Agenten und seinem Prinzipal in der Theorie aus? Die grundlegende Idee des Ansatzes besteht darin, dass ein Prinzipal – im Verhältnis zwischen Exekutive und Legislative wäre dies das Parlament bzw. die Parlamentsmehrheit – Befugnisse an seinen Agenten – an die Regierung und diese wiederum an die Ministerialbürokratie – überträgt. Der Agent übt diese Befugnisse dann treuhänderisch für den Prinzipal aus. Aus der Machtverlagerung hin zu den Agenten ergeben sich Delegationsprobleme, als deren kritische Voraussetzungen *Informationsasymmetrien* sowie auseinanderstrebende *Interessen* zwischen Prinzipal und Agent benannt werden können (Lupia/McCubbins 1994): Verfügen die Agenten über einen Informationsvorsprung, sind sie in der Lage, sich von den Prinzipalen abzukoppeln. Unterstellt man außerdem quasi „natürliche" Interessendivergenzen zwischen Prinzipal und Agent, dann es zumindest nicht ausgeschlossen, dass – bezogen auf unsere Fragestellung – Parlamente von Regierung und Verwaltung sogar vorsätzlich hintergangen werden.

In den meisten Anwendungen der Theorie wird deshalb auf die Möglichkeiten verwiesen, über die Regierungen verfügen, um die Parlamentsseite im politischen Prozess zu überspielen: Die Bundesregierung verfügt über einen umfassenden Informationsvorsprung, da sie in die Entscheidungsprozesse in Brüssel direkt eingebunden ist. Als Agent ist sie in der Lage, sich vom Willen und dem ursprünglichen Auftrag der Legislative (zumindest teilweise) loszulösen. Diese Tendenz ist dem Umstand geschuldet, dass sie als „Agent" der Parlamentsseite bedeutsame Informationen vorenthalten kann. Gleichzeitig droht der Theorie zufolge die Gefahr, dass die Abgeordneten wegen der intransparenten institutionellen Architektur des europäischen Mehrebenensystems nicht mehr in der Lage sind, die Präferenzen, Interessen und das Handeln der Exekutive eindeutig zu erkennen. „Agenturprobleme" können ferner auch dann entstehen, wenn die Konsenszwänge im Verhandlungssystem so stark sind, dass die Exekutiven die Interessen des Prinzipals, d.h. des Parlaments, schlicht nicht befolgen können, ohne gegenüber den Verhandlungspartnern an Vertrauenswürdigkeit zu verlieren und dadurch langfristig Positionsverluste zu erleiden, die schließlich auch den Interessen des Prinzipals zuwiderlaufen. Damit ist ein typisches Dilemma von Zweiebenenspielen umschrieben, wie es die Konstruktion der EU und auch die des Bundesstaates hervorruft (vgl. Putnam 1988).

Kontrollmöglichkeiten Jedoch betont die Theorie selbst, dass der Prinzipal über unterschiedliche Möglichkeiten verfügt, um das Tun und Lassen seines Agenten zu kontrollieren. Er hat einige Instrumente an der Hand, um der Gefahr des sog. *„agency loss"* zu begegnen. Solche Vorkehrungen können zum einen durch Ex-ante-Mechanismen getroffen werden. Hierzu sind zu rechnen: der Abschluss eines Vertrages, der den Agenten stärker an den Willen des Prinzipals bindet, oder eine sorgfältige Rekrutierung und Auswahl des oder der Agenten durch den Prinzipal. Zum anderen kann der Prinzipal auch auf Ex-post-Mechanismen vertrauen. Hierzu zählen etwa eine regelmäßige Rechenschaft über das eigene Handeln oder Berichtspflichten, daneben auch institutionelle Gegengewichte im Rahmen von *checks and balances*, welche die Macht des Agenten begrenzen.

Parlamentarische Regierungssysteme bieten schon aufgrund der Tatsache, dass die Regierung vom Willen des Parlaments abhängt, einige Vorkehrungen gegen den Missbrauch delegierter Macht. Sie sind andererseits aber, wenn sie mit Mehrebenenstrukturen verknüpft sind, anfällig dafür, dass der Wille des „Auftraggebers", hier: des Parlaments, in der langen Kette indirekter Delegation und Verantwortung abhanden kommt (vgl. im Folgenden Strøm 2000: 277, 284). Aus diesem Grund stellen Ex-ante-Mechanismen eine besonders wichtige Vorkehrung dar. Nicht zufällig verweist die Anwendung der Theorie auf parlamentarische Systeme auf die Bedeutung der Parteien für die Rekrutierung des politischen Personals. Das Parteienprinzip gewährleistet es ehestens, dass die Prinzipale Agenten wählen, die mit ihren Präferenzen und programmatischen Positionen übereinstimmen. Auch wenn ein Mehrebenensystem aus parlamentarischen Regierungssystemen besteht, ist somit aus der Sicht der Parlamente (bzw. der Parlamentsmehrheit) weniger die Gefahr gegeben, dass eine schon von vornherein „falsche" Auswahl an Agenten getroffen wird. Vielmehr erscheint es schlüssig, dass sich die Exekutive aufgrund der langen, mittelbaren Verantwortlichkeiten und der fortlaufenden Einbindung in Verhandlungssysteme, an denen die Abgeordneten als Agenten nur teilweise teilhaben, vom Willen der Auftraggeber entfernt.

Die Übertragung des Principal-Agent-Ansatzes auf die Parlaments- und Föderalismusforschung hat Kritik hervorgerufen, die Aussagen der Theorie seien zu holzschnittartig; sie könnten die Empirie nur teilweise erfassen. In der Tat sind Exekutiven nicht nur Agenten des Parlaments, sie verfügen in Deutschland z.B. über einen durch Verfassungsgerichtsurteile geschützten „Kernbereich exekutivischer Eigenverantwortung", der auch durch Parlamente nicht angetastet werden darf (BVerfGE 67, 100 ff., 139).[2] Regierung (und Verwaltung) handeln in Teilen des politischen Entscheidungsprozesses rechtmäßig ungebunden von parlamentarischem Einfluss, auch wenn sie im parlamentarischen Regierungssystem aufgrund ihrer faktischen Abhängigkeit von den Mehrheitsfraktionen mit diesen eng kooperieren. Zum eigenständigen Verantwortungsbereich gehört z.B. auch das Bundesratsverhalten der Landesregierungen, das nicht von den Landesparlamenten festgelegt werden darf. Die Agenturtheorie selbst hat zudem, wie beschrieben, eine Reihe von theoretisch möglichen Vorkehrungen herausgearbeitet, welche die Prinzipale einsetzen können, um einer Verselbständigung ihrer Agenten entgegenzuwirken. Hierzu gehören die erwähnten Ex-ante- und Ex-post-Kontrollen. Regelmäßige Berichtspflichten gegenüber dem Prinzipal verringern die Wahrscheinlichkeit eines Machtmissbrauchs. Verfügt der Prinzipal außerdem über wirksame Sanktionsmöglichkeiten, hat er einen Hebel an der Hand, ein aus seiner Sicht unangemessenes Verhalten des Agenten zu bestrafen.

Kritik und Erweiterung des Ansatzes

Solche Kontroll- und Einwirkungsmöglichkeiten existieren in parlamentarischen Regierungssystemen in vielfältiger Weise. Schon das Grundmerkmal parlamentarischer Regierungssysteme, die Abhängigkeit der Regierung vom Vertrauen der Parlamentsmehrheit, eröffnet den regierungstragenden Fraktionen wirksame Ressourcen. Es ist deshalb zwar nie ganz auszuschließen, aber doch wenig wahrscheinlich, dass Regierung und Verwaltung fortlaufend das Misstrauen der Parlamentsseite schüren, indem sie ihr wichtige Informationen systematisch vorenthalten. Das eigentliche Problem besteht für die Legislativen heute denn auch weniger darin, dass sie über zu wenige Informationen verfügen. Vielmehr haben sie Schwierigkeiten, die Flut an Informationen systematisch zu entscheidungsfähigen Alternativen aufzubereiten. Im politischen Normalbetrieb sind zudem innerhalb der Regierungsmehrheit meistens handhabbare Interessengegensätze zwischen der Regierungs- und der Parlamentsseite gegeben (vgl. hierzu von Oertzen 2005: 101 f., 124 ff.). Dies heißt nicht, dass im Einzelfall nicht auch harte Konflikte auftreten können, die darin münden, dass die regierungstragenden Fraktionen der Regierung bei einzelnen Vorlagen die Gefolgschaft entziehen. In der Regel jedoch werden es die Parlamente (bzw. Parlamentsmehrheiten) vermeiden, der „eigenen" Regierung in Verhandlungen auf einer anderen Ebene in den Rücken zu fallen – dies würde dem gemeinsamen Interesse zuwiderlaufen (vgl. auch Auel 2006). Die überwiegende Mehrzahl der deutschen Abgeordneten hat als handlungsleitende Richtschnur zudem die Europäische Integration bislang als grundsätzlich gute Sache internalisiert; europaskeptische Tendenzen lassen sich ehestens bei der Linkspartei feststellen. Dieser feste Überzeugungskern hat dazu beigetragen, dass der Bundestag seine Kon-

---

[2] Allerdings hat das Bundesverfassungsgericht jüngst eher zugunsten des Parlaments geurteilt, vgl. BVerfG, 2 BvE 5/06 vom 1.7.2009, Absatz-Nr. (1 - 147), http://www.bverfg.de/entscheidungen/es20090701_2bve000506.html, Download am 10.8.2009.

trollbemühungen in der Vergangenheit eher zurückhaltend ausgeübt hat (vgl. Dieringer/Kropp 2009).

Als *policy-seeker* sind Parteien und Fraktionen daran interessiert, ihre Programmatik in politische Entscheidungen umzusetzen. Dies gelingt ihnen, je nach institutioneller Ausformung des Regierungssystems in unterschiedlichem Umfang (vgl. hierzu Müller/Strøm 2003), in einer regierungstragenden Fraktion aber besser als in der Opposition. Jedoch muss man berücksichtigen, dass die Formulierung und Entscheidung von Policies nicht das einzige Handlungsziel von Parlamenten ist. Regierungstragende Fraktionen stützen ihre Fraktionen im Regelfall auch deshalb, weil sie als *office-seeker* daran interessiert sind, die Macht der Regierungsmehrheit und eigene Ämter abzusichern.

Funktionen interparlamentarischer Gremien aus Sicht der Principal-Agent-Theorie

Welche Funktion haben innerhalb dieses Ansatzes interparlamentarische Gremien? Auch unter den Bedingungen der Gewaltenverschränkung im parlamentarischen Regierungssystem gibt es institutionelle Eigeninteressen von Parlamenten. Wendet man den Principal-Agent-Ansatz auf die interparlamentarische Kooperation im europäisierten kooperativen Föderalismus an, erkennt man, dass es – wie oben schon erwähnt – nicht zuletzt diese Eigeninteressen und weniger unterschiedliche *policy issues* sind, die gerade interparlamentarische Gremien zu verteidigen suchen. Die institutionelle Architektur des Mehrebenensystems führt außerdem dazu, dass die Parlamente – trotz aller Berichtspflichten der Exekutiven und verbesserter Informationsversorgung – sich angesichts der Informationsflut bemühen müssen, „gewichtete", d.h. vorselektierte und mit verlässlichen Interpretationen versehene Informationen zu erhalten. Auch hierfür können interparlamentarische Kooperationen geeignet sein, weil in ihnen Erfahrungswerte weitergegeben werden können.

„*Mehrebenenparlamentarismus*"

Die interparlamentarische Zusammenarbeit des Bundestages und der Landtage im Mehrebenensystem ist in den vergangenen Jahren weiterentwickelt und ausgebaut worden, nicht zuletzt mit dem Ziel, gemeinsame Interessen bei der Fortentwicklung des Parlamentarismus im europäisierten Föderalismus zu formulieren. Bezogen auf den Principal-Agent-Ansatz geht es darum, den Agenten „Regierung" wieder stärker in den parlamentarischen Kontrollbereich zurückzuholen. Die nachfolgende Darstellung soll diese Formen der Zusammenarbeit kurz darstellen. Sie erstrecken sich über die sog. „dritte" Ebene, d.h. zwischen den Landesparlamenten, und über die „vierte" Ebene, zwischen Bundestag und den Parlamenten der Gliedstaaten. Hinzugekommen ist die Zusammenarbeit zwischen den Parlamenten der EU-Mitgliedstaaten sowie zwischen der europäischen Ebene und den Parlamenten in Bund und Ländern, so dass sich heute im Ergebnis das Bild eines „Mehrebenenparlamentarismus" ergibt. Dabei zeigt es sich, dass die Komponenten der Principal-Agent-Theorie als analytische Grundlage durchaus brauchbar sind, auch wenn nicht alle Ausschnitte der politischen Realität von ihr abgedeckt werden.

5.2 Interparlamentarische Kooperation im föderalen System

5.2.1 Innerstaatliche Kooperationsformen

Eine der bekanntesten und öffentlichkeitswirksamsten Formen der horizontalen Zusammenarbeit ist die Konferenz der Landtagspräsidenten. Die Präsidenten veranstalten gewöhnlich einmal jährlich Konferenzen, zu denen als Gast in der Regel auch ein Mitglied des Präsidiums des Bundestags geladen wird. Im Mittelpunkt dieser Konferenzen stehen allgemeine Fragen des Verhältnisses zwischen Regierung und Parlament, die Frage, wie die Gesetzgebungskompetenzen der Landesparlamente gestärkt werden können, die Weiterentwicklung der bundesstaatlichen Ordnung, aber auch die Rolle der Landesparlamente in Europa (Johne 2000: 39 ff.; 80 ff.). Von den Konferenzen gehen oft wichtige Impulse für die Entwicklung des Landesparlamentarismus aus. Ziel ist es, die Länderpolitiken zu koordinieren: Beschlüsse werden meist einstimmig verabschiedet, sie unterliegen jedoch anschließend der Zustimmung der Landtage (Klatt 1989: 1799 ff.).

Konferenzen der Landtagspräsidenten

Dass die Landesparlamente heute zu den Verlierern der deutschen Institutionengeschichte gehören, zählt zum Gemeingut von Föderalismus- und Parlamentarismusanalysen (vgl. Thaysen 2004: 514; auf der Grundlage einer Vollerhebung aller Landtage abwägend vgl. Mielke/Reutter 2004). Die Grundmuster der Principal-Agent-Theorie sind besonders gut auf die Situation der Landtage anwendbar, da diese im mehrstöckigen europäischen Haus mehr als der Bundestag vom politischen Entscheidungsprozess abgehängt werden. Die fortschreitende Europäisierung hat in den vergangenen 15 Jahren allerdings das Bewusstsein der Landesparlamentarier dafür geweckt, dass die europäischen Verträge die ohnedies bescheidenen Kompetenzen der Landtage bedrohen. Seit den 1990er Jahren hat es eine Reihe von Enquete-Kommissionen gegeben, die sich mit dem Stand und den Perspektiven des Landesparlamentarismus auseinander setzten (vgl. die Synopse in: Thaysen 2003). Von der Konferenz der Landtagspräsidenten ging im Jahr 2000 schließlich die Initiative aus, mit Hilfe eines Konvents die Situation des Landesparlamentarismus wieder auf die politische Agenda zu setzen. In ihrer „Wartburg-Entschließung" von 2002 regte die Präsidentenkonferenz an, einen Konvent einzuberufen, der sich aus den Präsidenten und den Fraktionsvorsitzenden aller deutschen Landesparlamente zusammensetzen sollte. Diese Zusammensetzung sollte der Öffentlichkeit signalisieren, dass die Anliegen ohne Ansehen der parteipolitischen Polarisierung vorgebracht wurden. Auf dieser Grundlage wurde schließlich der Konvent der Landesparlamente für den 31. März 2003 nach Lübeck einberufen (vgl. Hahn 2002). Die Initiatoren erhofften sich, dass das gemeinsame Auftreten sowohl auf eine Föderalismuskommission als auch auf den europäischen Verfassungskonvent Auswirkungen haben würde.

Konvent der Landesparlamente

In der Lübecker Erklärung der Landesparlamente (vgl. http://www.sh-landtag.de/aktuell/daten_aktuell/luebecker-konvent/doku_foederalismus-konvent.pdf, Download am 30.4.2006) forderten die Vertreter der Landtage eine Reihe von Reformen, darunter eine Vorranggesetzgebung für die Länder, die Rückführung von Materien der konkurrierenden Gesetzgebung und der Rahmengesetzgebung in die Landesgesetzgebung sowie eine Abschaffung der Gemeinschaftsaufgaben bzw. ihre Übertragung in die Landeszuständigkeit. Gegenüber den „eigenen" Regierungen wurde – in Analogie zur Mitwirkung des Bundestages an europäischer Politik – die Forderung erhoben, dass die Stellungnahmen der Landtage für das Verhalten der Bundesratsmitglieder maßgeblich zu berücksichtigen seien. Die Landesparlamente beharrten überdies darauf, am europäischen Verfassungskonvent beteiligt zu werden. Der Konvent der Landesparlamente setzte schließlich eine Verhandlungskommission ein, welche die Forderungen im Dialog mit der Föderalismuskommission zur Geltung bringen sollte. Der aus Vertretern des Bundestages und des Bundesrates zusammengesetzten Föderalismuskommission gelang es jedoch alsbald, dem Konvent der Landesparlamente in der Diskussion über die Reform des Bundesstaates das Heft aus der Hand zu nehmen (Thaysen 2004: 531). In der Bundesstaatskommission erhielten die Landesparlamente schließlich Informations-, Initiativ- und Rederecht, jedoch blieb ihnen das Stimmrecht versagt.

Es ist positiv hervorzuheben, dass sich die Landesparlamente über die Parteigrenzen hinweg und trotz einer Vielzahl unterschiedlicher Interessen auf gemeinsame Forderungen einigen konnten. Angesichts der formalen Zuständigkeiten und notwendigen Zweidrittelmehrheiten für Grundgesetzänderungen haben sich aber die herkömmlichen Strukturen föderaler Koordinierung durchgesetzt. In der Föderalismuskommission waren letztlich wieder Bundestag und Bundesrat die zentralen Akteure. In gewisser Weise überkreuzen sich allerdings die Interessen mancher Landesregierungen mit denen der Landesparlamente: Eine effektive europäische Standortpolitik bedarf eines größeren Spielraums „der" Länder, mithin auch einer größeren Beweglichkeit und mehr Zuständigkeiten in der Gesetzgebung (vgl. auch Kap. 6).

Sektorale und parteigebundene Kooperationsformen

Die Parteien bilden ebenfalls Korridore für die Ebenen übergreifende oder horizontale Zusammenarbeit zwischen den Parlamenten im Bundesstaat. Die Parlamentsfraktionen identischer Parteirichtungen haben eine enge Zusammenarbeit über die bundesstaatlichen Ebenen hinweg ausgebildet. Hierzu zählen die Fraktionsvorsitzendenkonferenzen von Bund und Ländern, Treffen der Präsidien und Vorstände der politischen Parteien auf Bundesebene, sofern sie Bund-Länder-Angelegenheiten beraten, die fachpolitischen Sprecher der Fraktionen oder die Landesgruppen innerhalb der Bundestagsfraktion. Durch interfraktionelle Absprachen soll eine parteipolitisch gemeinsame Linie in den einzelnen Politikfeldern in Bund und Ländern gewährleistet werden. Diese vertikale Koordination mag auf den ersten Blick suggerieren, dass es eine Art „Unterordnung" der Landesparteipolitik unter die Vorgaben der Bundesfraktion gibt. Dies ist jedoch keineswegs und ausschließlich der Fall. Auch wenn die beiden großen Parteien, SPD und CDU, weitgehend föderalisiert und durch verschiedene Flügel und *policy positions* fragmentiert sind (vgl. Lösche/Walter 1992; Schmid 1990), so verläuft die Einflussnahme keineswegs nur „top-down". Die Landtagsabgeordneten wie auch die Parlamentarier im Bundestag erringen ihre Mandate im Parteienwettbewerb, weshalb sie ihrer jeweiligen Wählerklientel im Bund bzw. im Land verpflichtet sind. Deren Interessen sind keineswegs immer deckungsgleich.

„Dritte" und „vierte" Ebene

Daneben existiert eine Fülle an verschiedenen Mustern der Zusammenarbeit, die sich sowohl über die „dritte" als auch über die sog. „vierte" Ebene erstreckt. Die parteipolitisch definierte Zusammenarbeit von Parlamentariern erfolgt z.B. auch sektoral, d.h. zwischen den Fachpolitikern des Bundestages und der Landtage, ohne dabei immer die Abgeordneten aus allen Landesparlamenten zu integrieren. Zuweilen werden auch Minister der gleichen Fachpolitik hinzugezogen – was die Gewaltenverschränkung im parlamentarischen System insofern widerspiegelt, als die meisten Kabinettsmitglieder über ein Parlamentsmandat verfügen. Manche Landtage halten auch gemeinsame Sitzungen von Ausschüssen ab, um den Informationsaustausch aufrechtzuerhalten oder – etwa wenn es um grenzüberschreitende Politiken zwischen den Landtagen geht – um gemeinsame Planungen der Exekutiven parlamentarisch zu begleiten.

Ferner fördert die „Interparlamentarische Arbeitsgemeinschaft", bestehend aus Abgeordneten aller Fraktionen des Bundestags und der Landtage, gemeinsame parlamentarische Initiativen beider Ebenen (vgl. http://www.interparlamentarische.de/). Stellvertretend für die Kooperation der Parlamentsgremien sei zudem der Erfahrungsaustausch z.B. der Petitionsausschüsse von Bundestag und Landtagen genannt.

5.2.2 Europäische Kooperationsformen und Mehrebenenparlamentarismus

Inzwischen haben sich verschiedene Spielarten des Mehrebenenparlamentarismus ausgebildet. Sie umfassen sowohl Abgeordnete der subnationalen als auch der nationalen Parlamente, die sich entweder untereinander oder aber zusammen mit dem Europaparlament vernetzen. Beispielsweise treffen sich die Vertreter der Europaausschüsse der nationalen Parlamente halbjährig in einer Konferenz, der sog. COSAC (Conférence des Organes spécialisés en Affaires communautaires, vgl. Maurer 2002: 359 ff.). Diese Kontakte dienen dazu, Informationsasymmetrien gegenüber den eng kooperierenden Regierungen und Verwaltungen abzubauen, was wiederum als eine Voraussetzung dafür gelten kann, dass die nationalen Parlamente die parlamentarische Kontrolle der Regierung in EU-Fragen verbessern können. Zwischen den Fachabgeordneten des Europaparlaments und den nationalen Parlamenten haben sich ebenfalls sektoral begründete Arbeitskontakte in einzelnen Politikfeldern herausgebildet, so dass die Fachpolitiken über beide Ebenen hinweg miteinander verzahnt werden (Maurer 2002: 314). Diese Spielarten interparlamentarischer Zusammenarbeit haben, streng genommen, nur am Rande etwas mit der Konstruktion des deutschen Bundesstaates zu tun. Sie weisen aber darauf hin, dass die Landesparlamente, also die subnationale Ebene, angesichts der institutionellen Konstruktion der EU große Schwierigkeiten haben, im Zuge eines „parlamentarischem Beteiligungsföderalismus" ihre eigenen Bedürfnisse auf der europäischen Ebene anzumelden. Deshalb stehen ihnen zwei Wege offen: Entweder sie versuchen, zusammen mit anderen subnationalen Parlamenten eine interparlamentarische Interessenvertretung direkt in Brüssel wahrzunehmen, oder aber sie machen ihre Belange im innerstaatlichen Rahmen geltend. Dass Letzteres nur ansatzweise und mit sehr begrenztem Erfolg durchgesetzt werden kann, haben die vielfachen, weitgehend erfolglosen Initiativen der Landesparlamente gezeigt.

Vernetzung ohne subnationale Parlamente?

Aus diesem Grunde haben die Landesparlamente begonnen, sich mit anderen regionalen Parlamenten zu vernetzen. Dies geschieht z.B. bilateral oder trilateral, wie z.B. gemeinsame Tagungen der Präsidenten der Landesparlamente

Interparlamentarische Kooperation der Landtage in Europa

Deutschlands, Österreichs und Südtirols zeigen. Die Landtage haben sich zudem seit 1997 inzwischen mit anderen subnationalen Parlamenten, die Gesetzgebungsbefugnis haben, in der CALRE organisiert (vgl. http://www.calre.be/DE/default.html). In diesem Gremium treffen sich die Präsidenten der regionalen gesetzgebenden Versammlungen in der Europäischen Union. Wie oben erwähnt, verfügen 73 Regionen in acht Mitgliedstaaten der EU über Gesetzgebungsbefugnisse. Die Parlamente dieser Regionen werden direkt gewählt und können Gesetze, also allgemeine rechtliche Verfügungen auf oberster Normenstufe, erlassen, die keiner politischen Kontrolle durch die nationale Ebene unterliegen (vgl. Kiefer 2004: 398). Die deutschen Landtage sind nicht alle in demselben Maße in der CALRE integriert, hervorzuheben ist jedoch insbesondere das Engagement des Landtags Baden-Württembergs (Gattermann 2006: 32).

Diese Organisation spiegelt das Bemühen der stärkeren Regionen in Europa wider, sich neben dem AdR zu einer homogeneren und damit schlagkräftigeren Gruppe von Parlamenten zusammenzufinden. Die Diskussionen und Abstimmungen im AdR, der von kommunalen Gebietskörperschaften dominiert ist, hatten wiederholt gezeigt, dass dieses Gremium die Anliegen der starken Regionen nicht hinreichend vertritt. Im Jahr 2005 haben CALRE und AdR jedoch wieder einen gemeinsamen Aktionsplan verabschiedet, in dem vereinbart wurde, die Subsidiaritätskontrolle mit vereinten Kräften wahrzunehmen (Aktionsplan AdR-CALRE 2005). Das Ziel dieser interparlamentarischen Kooperation besteht nicht nur im Informationsaustausch; über diese Organisation sollen auch Exante-Kontrollen und Mitwirkungen im Policymaking-Prozess mit mehr Nachdruck als bisher durchgesetzt werden. Die regionalen Parlamente haben, damit der „Mehrebenenparlamentarismus" nicht nur auf die nationale und europäische Ebene beschränkt bleibt, gefordert, auch in die Arbeit der COSAC einbezogen zu werden. Auf diese Weise wollen sie die interparlamentarische Kooperation durch die subnationale Ebene unterfüttern und mit einer regionalen Komponente versehen. Ebenso streben sie an, als die Institutionen, welche z.T. für die Umsetzung von europäischen Richtlinien zuständig sind, in die vorbereitende Phase des Verfahrens zur Gesetzesausarbeitung und in die Diskussion des jährlichen Arbeitsprogramms der Kommission einbezogen zu werden. Ihre Entschließungsvorschläge sollen zudem, dies ist der Tenor der einstimmig verabschiedeten Erklärung von Reggio Calabria von Oktober 2003, künftig von den Parlamentsfraktionen im Europaparlament vorgelegt werden können. Die Forderungen der CALRE zielen somit darauf, die Kooperation zwischen den Parlamenten in der EU territorial nach unten hin zu verstreben. Zudem melden sie im Diskussionsprozess zum europäischen Verfassungskonvent die Interessen der Regionen in Europa an. Insofern haben die Landesparlamente im europäischen Haus in den letzten Jahren durchaus einen institutionellen Lernprozess durchlaufen.

Europäisierung der Arbeitsstrukturen von Bundestag und Landtagen

In Deutschland galt die Integration Europas bis heute angesichts der historischen Erfahrungen zweier Weltkriege als alternativlos. Dass kaum Interessendivergenzen existierten, erklärt auch, warum die parlamentarischen Kontrollversuche in Fragen der EU bislang vergleichsweise „zahm" ausgefallen sind (vgl. oben). Die historisch begründete Zurückhaltung der Abgeordneten hat dazu beigetragen, dass es – zusätzlich zu den ohnedies ungünstigen institutionellen Rahmenbedingungen – zu einer erheblichen „Schlagseite" zugunsten der Exekutiven gekommen ist.

Die Parlamente haben in den vergangenen 15 Jahren ihre Arbeitsstrukturen dennoch, mit einer gewissen Zeitverzögerung gegenüber Regierung und Ministerialbürokratie, Schritt für Schritt „europäisiert". Dies geschah insbesondere durch die Einführung von EU-Ausschüssen. Die Zuleitung von Informationen ist seither erheblich verbessert worden, so dass die Parlamente inzwischen die Gelegenheit haben, ihre Stellungnahmen zu verfassen, bevor auf europäischer Ebene entschieden wird (vgl. hierzu für viele: Maurer 2002; Benz 2004a; Sturm/Pehle 2005: 63-84). Inzwischen ist der Bundestag auch dem dänischen Beispiel gefolgt und hat ein Büro in Brüssel eingerichtet, das eine Informationsgewinnung unabhängig von der Regierung betreiben soll. Dieses Büro, dessen Mitarbeiter von den Fraktionen entsandt werden, ist vernetzt mit europäischen Institutionen und einer entsprechenden Arbeitseinheit in der Verwaltung des Bundestages. Im Ergebnis werden EU-relevante Materien priorisiert; ca. 50% aller Dokumente werden so bereits im Vorfeld aussortiert, so dass der Bundestag entlastet wird.

Bewertet man die verschiedenen Spielarten von Politikverflechtung und Kooperation im Mehrebenensystem, so ist festzuhalten, dass das Handeln der Abgeordneten im Mehrebenensystem – bei gewachsener Strategiefähigkeit – inzwischen die parlamentarischen Kanäle durchbricht (vgl. hierzu auch den Band von Auel/Benz 2005), auch wenn sich die Parlamente auf den verschiedenen Ebenen nach wie vor dem Problem gegenüber sehen, dass Regeln und Verfahren wechselseitig schwer aufeinander abgestimmt werden können (Auel 2006). Einzelne Parlamentarier bzw. Gruppen von Abgeordneten treten heute aber als Mehrebenenspieler auf: Bundestagsabgeordnete knüpfen Kontakte zur Kommission und zum Europaparlament und verschaffen sich, an der Bundesregierung vorbei, Zugang zu Informationen und zusätzlichen Einfluss (vgl. Auel/Benz 2004). Auch Abgeordnete der Oppositionsfraktionen, die, anders als die der regierungstragenden Fraktionen, in den Arbeitsgruppen der Fraktionen nicht in ständigem Kontakt mit der Ministerialbürokratie stehen, nutzen die fragmentierte institutionelle Architektur des Mehrebenensystems zur Informationsgewinnung. Sie können beispielsweise den Kontakt zu parteipolitisch „befreundeten" europäischen Regierungen suchen, um Informationen über Verhandlungen im Ministerrat zu gewinnen, die über die Bundesregierung nicht zu erhalten sind (vgl. Auel/Benz 2004). Mittlerweile haben einzelne Fraktionen auch Vorstandssitzungen in gewissen Abständen nach Brüssel verlegt, um sich rechtzeitig, d.h. schon im Prozess des Agenda-setting, über Kontakte u.a. zur Kommission und zur Ständigen Vertretung in den europäischen Politikzyklus einzuschalten (Dieringer/Kropp 2009). Solche Kooperationen sind informeller Natur. Sie bieten gegenüber den formalen Einflusskanälen den Vorteil, dass sie bereits in einem früheren Stadium des Entscheidungsprozesses genutzt werden können, sie sich flexibel an neue Akteurskonstellationen und Problemlagen anpassen und sich über sie politisch gewichtete Informationen gewinnen lassen.

Abgeordnete als „Mehrebenenspieler"

Auch die Landesparlamente haben ihre Arbeitsstrukturen an europäischen Themen ausgerichtet. Nicht alle Landtage haben zwar eigene EU-Ausschüsse eingerichtet (vgl. hierzu im einzelnen Mielke/Reutter 2004). Eine Studie zur Eu-

Europapolitische Tätigkeit der Landtage

ropapolitik des Düsseldorfer Landtags weist indessen darauf hin, dass das Thema „Europa" seit den 1990er Jahren auch auf der landespolitischen Agenda eine durchaus bedeutsame Rolle spielt. Die Kontrolltätigkeit des Landtags, z.B. über Kleine oder Große Anfragen, belegt beispielsweise eine steigende Tendenz in Richtung Europäisierung, auch wenn die parlamentarische Tätigkeit sich noch immer hauptsächlich auf landespolitische Themen bezieht (Gattermann 2006: 24). Bereits 1993 wurde zudem ein Treffen der Vorsitzenden der EU-Ausschüsse aller deutschen Landtage angestoßen. Eine kontinuierliche Fortsetzung dieses Erfahrungsaustauschs lässt sich anhand der Ausschussprotokolle des Düsseldorfer Landtags nicht nachweisen; es mag sein, dass die Tatsache, dass nicht in allen Landesparlamenten ein eigener EU-Ausschuss besteht, die Arbeitsfähigkeit dieser interparlamentarischen Kooperation erschwert (Gattermann 2006: 32). Ferner bemühen sich die nordrhein-westfälischen Parlamentarier insbesondere um einen engen Austausch mit den Europaabgeordneten des Europaparlaments. Diese Mehrebenenperspektive wird ergänzt durch die 1995 eingerichtete Stelle des Beobachters aller deutschen Landtage beim Europaausschuss des Bundestages. Allerdings hatten die interviewten Mitglieder des Düsseldorfer Ausschusses z.B. selbst noch nicht von dieser Informationsquelle gehört, was darauf schließen lässt, dass diese Institution bislang nicht oder nur rudimentär genutzt wird (Gattermann 2006: 28).

Arbeitsteilige Wahrnehmung von Parlamentsfunktionen?

Inzwischen gilt es als Gemeingut, dass der Mehrebenenparlamentarismus nur unter der Bedingung funktionieren kann, dass die Parlamente auf den verschiedenen Ebenen – im Bund, in den Ländern und auf europäischer Ebene – ihre Regierungen hinreichend kontrollieren, sich frühzeitig in den Entscheidungsprozess einschalten und ihre Öffentlichkeitsfunktion entsprechend wahrnehmen. Dies ist auch der Tenor zahlreicher Presseerklärungen und Verlautbarungen der Parlamente, die nur zögerlich Interessendivergenzen artikulieren. Eine „arbeitsteilige" Wahrnehmung von Funktionen soll demnach aber nicht bedeuten, dass die Parlamentsfunktionen zwischen den territorialen Ebenen aufgeteilt werden, so dass sich z.B. die Landesparlamente vorrangig auf die Kommunikationsfunktion beschränken würden. Dies ist auch faktisch bislang nicht der Fall gewesen, da sich die Landtage, wie der Bundestag, weitgehend als Arbeitsparlamente verstehen. Angesichts der Föderalismusreform und der damit einhergehenden Verlagerung von einigen Gesetzgebungsmaterien auf die Länder (vgl. Kap. 6) wird eine solche Entwicklung in naher Zukunft wohl auch nicht eintreten. Trotz der nach wie vor gemischten Bilanz bleibt das Fazit, dass die Landtage, mehr noch der Bundestag – sowohl hinsichtlich ihrer organisatorischen Strukturen als auch was die Ausbildung verschiedener parlamentarischer Kooperationsformen und informeller Strategien betrifft – in den vergangenen Jahren unverkennbare Fortschritte gemacht haben.

5.3 Parlamentarische Kooperation und Demokratie

Ausreichende Kompensationen durch parlamentarische Kooperation?

Die empirischen Befunde, die von parlamentarischen Anpassungsstrategien im Mehrebenensystem zeugen, lassen die Rede von der „postparlamentarischen Demokratie" in einem weicheren Licht erscheinen. Inzwischen ist in wissenschaftlichen Darstellungen sogar von einem „Neoparlamentarismus" die Rede. Tatsächlich haben die vergangenen Jahre gezeigt, dass Bundestag und Landesparlamente in Fragen der Europäischen Integration etwas „wachsamer" geworden sind und ihre institutionellen Eigeninteressen stärker verteidigen, mitunter allerdings nur mit tatkräftiger Nachhilfe und Anschub durch das Bundesverfassungsgericht. Jedoch bleibt es fraglich, ob die neuen Formen des Mehrebenenparlamentarismus und der parlamentarischen Kooperation im Bundesstaat die oft beschriebenen Demokratiedefizite im Mehrebenensystem auffangen können. Auch wenn in den vergangenen Jahren beachtliche Fortschritte erzielt worden sind, lassen sich Informationsdefizite und der Entscheidungsvorsprung der Exekutiven zwar ansatzweise ausgleichen, aber nicht vollständig kompensieren. Dies liegt auch daran, dass im Brüsseler Institutionengefüge der Kompetenztransfer nach Europa nicht von einer spiegelbildlichen Aufwertung des Europaparlaments begleitet worden ist (kritisch und kontrovers zu den Voraussetzungen vgl. Graf Kielmannsegg 1996; Fuchs 2000). In diesem Sinne befand das umstrittene Urteil des Bundesverfassungsgerichts zum Lissabon-Vertrag vom 30. Juni 2009, dass das Europäische Parlament im europäischen Kompetenzgefüge nicht dafür gerüstet sei, repräsentative und zurechenbare Mehrheitsentscheidungen als einheitliche politische Leitentscheidungen zu treffen. Im derzeitigen Stadium könne das einheitliche europäische Volk als Legitimationssubjekt nicht seinen Mehrheitswillen gleichheitsgerecht politisch wirksam formulieren, weshalb die Kontroll- und Mitgestaltungsrechte des Bundestags aufzuwerten seien (vgl. BVerfG, 2 BvE 2/08 vom 30.6.2009; kritisch hierzu: Tomuschat 2009; Wohlfahrt 2009).

Alternative Formen der Demokratie, welche die abschmelzenden parlamentarischen Befugnisse ausgleichen könnten, vermögen zwar eventuell zu einer Verbesserung der Demokratiequalität beizutragen, sie sind aber nur als flankierende Maßnahmen einsetzbar: Spielarten der „assoziativen Demokratie", wie sie von der Europäischen Kommission selbst popularisiert werden, um durch die Einbeziehung von NGOs und der Zivilgesellschaft eine höhere Legitimation zu erzielen, verfügen gegenüber repräsentativen Formen über eine mindere Legitimation, da die Vertreter der an Diskursen und Entscheidungsprozessen beteiligten gesellschaftlichen Gruppierungen und Assoziationen nicht, wie die Abgeordneten, in allgemeinen und freien Wahlen bestimmt werden. Sie vertreten zudem nur sektoral definierte Interessen. Plebiszite wiederum sind allein schon wegen des erheblichen verfahrenstechnischen Aufwands im Regierungsalltag nicht als Standardinstrument einsetzbar. Die Erfahrungen, die im Zusammenhang mit den Abstimmungen über den Verfassungsvertrag in den Niederlanden und in Frankreich gemacht wurden, könnten in Zukunft die Zurückhaltung gegenüber plebiszitären Instrumenten im europäischen Rahmen noch stärken, da die Wähler bei der Stimmabgabe nicht eindeutig zwischen europäischen und nationalen Themen trennen. Beide Formen können die parlamentarische Demokratie somit zwar sinnvoll ergänzen und das Legitimationsniveau steigern, aber keineswegs ersetzen (vgl. ebenda). Das Verhältnis zwischen den unterschiedlichen Demokratieelementen ist zudem nicht einfach ein additives. Vielmehr können sich z.B. direktdemokratische und repräsentative Komponenten – je nach Kombination – auch wechselseitig beeinträchtigen, so bereits Ernst Fraenkel in den 1950er Jahren (vgl. Fraenkel 1991). Unklar ist zudem, ab wann durch Integration verschiedener Demokratieelemente eine zufriedenstellende Gesamtlegitimation erreicht ist und wie ein solches Niveau nachvollziehbar definiert werden kann.

Alles deutet somit darauf hin, dass die Frage nach der Beschaffenheit des Parlamentarismus im europäisierten Föderalismus auch weiterhin auf der wissenschaftlichen und politischen Agenda bleibt. Jüngere vergleichende Studien behaupten in diesem Zusammenhang, das europäische Demokratiedefizit bestehe insbesondere darin, dass die nationalen Eliten und Wählerschaften nicht mit den veränderten Funktionsweisen ihrer nationalen Demokratien zurechtkämen. Bevor man Institutionen reformiere, benötige man neue Ideen, um neue Praktiken zu legitimieren. Bestrebungen der EU zielten nicht zufällig darauf, die Transparenz und Verantwortlichkeit zu verbessern und sich gegenüber der Zivilgesellschaft zu öffnen. Dies sei insofern eine folgerichtige Strategie, als in der EU die Einbindung von zivilgesellschaftlichen Akteuren („government with the people") und eine Stärkung der Output-Dimension („government for the people") durchaus gegeben seien. Hingegen seien das „government by the people" und „government of the people" bis heute unterentwickelt geblieben (Schmidt 2005). Es muss jedoch bezweifelt werden (vgl. die oben stehende Argumentation), ob diese beiden Dimensionen ausreichen, um Demokratie hinreichend legitimieren zu können.

Zunahme der Binnendifferenzierung in Parlamenten?

Die Mehrebenenkonstruktion führt dazu, dass einige Abgeordnete, die in der Parlamentshierarchie höhere Positionen einnehmen, zu Mehrebenenspielern geworden sind. Im Ergebnis ist so eine vertiefte parlamentarische Binnendifferenzierung entstanden, welche sich auch auf die Hierarchien innerhalb der Parlamente auswirkt (vgl. Kropp 2006b: 293 ff.). Die Delegations- und Kontrollbeziehungen, wie sie oben mit Hilfe von Principal-Agent-Theorien beschrieben worden sind, verlagern sich damit weiter in die Parlamente und in die Fraktionen selbst hinein. In arbeitsteilig organisierten Parlamenten ist die Feststellung einer solchen Hierarchie in der Gesamtinstitution wie in den Fraktionen zwar eine Selbstverständlichkeit: Wie sonst, wenn nicht durch fachpolitische Spezialisierung und Professionalisierung der Organisationsstruktur, könnte ein Parlament seine Aufgaben wahrnehmen, den Wissensvorsprung gegenüber Regierung und Ministerialbürokratie ausgleichen und eine wirksame Kontrolle ausüben? Gleichwohl werfen die jüngeren Entwicklungen mehr denn je die Frage auf, ob und wie Parlamente im Mehrebenensystem noch in der Lage sind, ihre demokratiesichernde Funktion als Einheit auszuüben. In Interviews von der Verfasserin befragte Abgeordnete verneinen in diesem Zusammenhang jedoch Koordinations- und Strategieprobleme der Fraktionen, die durch die weitere Ausdifferenzierung formaler und informaler Parlamentarierrollen entstehen könnten. Vielmehr erlaube es eine ausdifferenzierte Binnenstruktur erst, sich der zunehmend fragmentierten und komplexeren Umwelt im europäischen Mehrebenensystem anzupassen.

Wahrnehmung verschiedener Parlamentsfunktionen

Analysen, welche den Niedergang der Parlamente konstatieren, beziehen sich häufig vorrangig auf die Gesetzgebungsfunktion. Dies korrespondiert mit der Tatsache, dass der Bundestag und die Landesparlamente Arbeitsparlamente sind, d.h. Gesetzesvorlagen durcharbeiten und verändern. Parlamente nehmen indessen sehr unterschiedliche Funktionen wahr. Die Kommunikationsfunktion spielt zwar sicherlich eine große Rolle, allerdings sind der Deutsche Bundestag – und erst recht die Landtage – keine Redeparlamente, sondern eben Mischtypen, mit einer starken Ausprägung arbeitsparlamentarischer Strukturen. Manche Vorschläge raten dem Deutschen Bundestag und den Landesparlamenten deshalb, ihre Kommunikationsfunktion intensiver wahrzunehmen, da auf diese Weise effektives Regieren in Europa nicht beeinträchtigt würde und der oft als defizitär bewertete europäische Diskurs und Transparenz dennoch zustande kämen (vgl. hierzu: Sturm/Pehle 2005: 81). Auf diese Weise ließen sich output-orientierte Effizienz und input-orientierte Qualitäten der Demokratie besser miteinander vereinbaren. Dem britischen Unterhaus käme dabei die Rolle eines Realtypus zu (vgl. Benz 2004a: 896 f.). Allerdings kann man davon ausgehen, dass es einem Arbeitsparlament wie dem Deutschen Bundestag – das es im nationalen Gesetzgebungsprozess auch bleiben wird – schwer fallen wird, in europäischen Fragen den Übergang zu einem Redeparlament zu vollziehen und gleichzeitig im innerstaatlichen Rahmen Arbeitsparlament zu bleiben (vgl. hierzu auch: Benz 2004a). Ein solcher Rollenwechsel forderte von den Abgeordneten, dass sie fortlaufend ihren Interaktionsstil verändern. Auch die Tatsache, dass sich der Parlamentarismus im Wesentlichen pfadabhängig entwickelt, lässt – zumindest für die nähere Zukunft – eine solche Funktionsverschiebung unwahrscheinlich erscheinen.

Die Landesparlamente wiederum, die ohnedies über erheblich weniger Gesetzgebungsbefugnisse verfügen, könnten – theoretisch – eher einen solchen Rollenwechsel vornehmen. Allerdings sprechen auch hier wiederum zwei Aspekte dagegen: Zum einen müssen die Landesparlamentarier gegebenenfalls einen Legitimationsverlust befürchten, wenn sie z.B. europäische Themen an die Öffentlichkeit bringen, gleichzeitig aber eingestehen müssen, dass sie in diesen Fragen über keine oder nur begrenzte Handlungsmöglichkeiten verfügen. Die empirische Studie zum EU-Ausschuss des Landtags Nordrhein-Westfalen zeigt allerdings, dass dessen Öffentlichkeitsarbeit inzwischen durchaus in beträchtlichem Umfang auf Europa hin ausgerichtet ist (Gattermann 2006). Die Debatten im Zuge der Föderalismusreform haben zudem offen gelegt, dass zumal die starken Länder ein Interesse daran haben, wieder mehr Gesetzgebungskompetenzen auf die Landesebene zurückzuverlagern. Dies wiederum spricht nicht dafür, dass sie zu einem parlamentarischen Rollenwechsel – hin zum Redeparlament – bereit sind.

Auch wenn die hier skizzierten Entwicklungen im Sinne eines „Nach- und Aufholens" der Parlamente positiv bewertet werden sollten, so haben die informellen Mitwirkungen von Abgeordneten im Mehrebenensystem wie auch die formal institutionalisierten Instrumente der Parlamentskontrolle und Mitentscheidung die Transparenz der Entscheidungsverfahren nicht verbessert, sondern eher das Gegenteil bewirkt. Pragmatisch gesehen, lässt sich dies angesichts der gemeinsamen Entscheidungsverantwortung von Bund, Ländern und europäischen Institutionen und der gewachsenen Komplexität Europas kaum vermeiden, es führt aber zu einem Defizit auf der Input-Seite der Demokratie. Die Parlamentsforschung der kommenden Jahre wird angesichts der geschilderten Entwicklungen im europäischen Mehrebenensystem herausarbeiten müssen, ob die klassischen Parlamentsmodelle weiterer Differenzierungen und Modifikationen bedürfen und wie diese gegebenenfalls zu typisieren sind. Von einer postparlamentarischen Demokratie zu sprechen, ginge derzeit – bei allen Schwierigkeiten, welchen die Abgeordneten im Mehrebenensystem ausgesetzt sind – jedenfalls zu weit.

Fazit

6 Föderalismusreform: Verhandlungen über Entflechtung

6.1 Ziele und Probleme der Föderalismuskommission I

Die Finanzierungsprobleme infolge der Deutschen Einheit und die in den 1990er Jahren beschleunigte Europäisierung des bundesdeutschen Institutionensystems hatten die Funktionsweise des deutschen Föderalismus so nachhaltig verändert, dass dessen Reform schließlich nicht mehr grundsätzlich in Frage stand (vgl. Hrbek 2004: 147). Bei den politischen Kräften und in der Wissenschaft hatte sich die Einsicht verfestigt, dass die föderale Ordnung maßgeblich zur eingeschränkten Regierbarkeit des politischen Systems beiträgt. Nach der kleinen Verfassungsreform von 1994 stand somit schon ein Jahrzehnt später erneut eine Institutionenreform ins Haus, die, mehr noch als die vorangegangenen Versuche, unter den institutionellen Bedingungen einer blockierten Selbstreform zu leiden drohte. Inzwischen waren die Konfliktlagen, wie oben (Kap. 2.1) erläutert, keineswegs übersichtlicher geworden, im Gegenteil: Infolge der Deutschen Einheit lagen die Interessenlagen der west- und ostdeutschen sowie der finanzstarken und finanzschwachen westdeutschen Länder noch weiter auseinander als zuvor. Insbesondere die süd- und westdeutschen Länder sahen sich im Bundesrat immer häufiger einer strukturellen Mehrheit der wirtschaftlich schwachen Länder gegenüber. Deren Ministerpräsidenten konnten ihre wirtschaftlichen Interessen im Bundesrat somit kaum noch durchsetzen (Scharpf 2009: 71). Damit war eine Situation gegeben, in der unterschiedlich reformbereite Akteure, die verschiedene Interessen verfolgten, auf eine nach wie vor blockadeanfällige Entscheidungsstruktur trafen, innerhalb derer eben jene zu reformieren war.

Gestiegener Problemdruck und Reformbedarf

Die Föderalismuskommission von 2003 kann auf einen langen Vorlauf zurückblicken. In Sondierungsgesprächen zwischen hohen Beamten süd- und westdeutscher Staatskanzleien und den zuständigen Bundesministerien wurden seit 2001 die Möglichkeiten einer Verfassungsreform ausgelotet. Schon während dieser Gespräche mussten die Initiatoren zusichern, dass Kernelemente des solidarischen Bundesstaates, insbesondere der Finanzausgleich und der Solidarpakt II sowie die Steuerkompetenzen, nicht angetastet würden (vgl. detailliert Scharpf 2009: 73 ff.). Die Regierungschefs der Länder und des Bundes verständigten sich im Dezember 2001 auf die Gründung einer Bund-Länder-Arbeitsgruppe, der die Aufgabe zukam, eine Problembeschreibung und Bestandsaufnahme zu formulieren. Nach mehrfachen Beratungen und Beschlüssen verabschiedeten die Ministerpräsidenten am 17. März 2003 gemeinsame Leitlinien für die Verhandlungen mit dem Bund; am 16./17. Oktober 2003 wurde dann schließlich die sog. „Kommission zur Modernisierung der bundesstaatlichen Ordnung" von Bundestag und Bundesrat ins Leben gerufen. Die Struktur und die Machtverteilung des föderalen Systems abbildend, setzte sich das Gremium aus 16 nach Fraktionsstärke bestimmten Mitgliedern des Bundestages und 16 Landesvertretern, den

Föderalismuskommission – zeitlicher Ablauf

Ministerpräsidenten der Länder, zusammen. Die Bundesregierung war ohne Stimmrecht durch vier Minister vertreten. In beratender Funktion wirkten sechs Vertreter der Landtage, drei Vertreter der kommunalen Spitzenverbände sowie zwölf Sachverständige mit, darunter acht Juristen, zwei Politikwissenschaftler und zwei Ökonomen. Den Vorsitz in der Kommission übernahmen der damalige SPD-Fraktions- und Parteivorsitzende, Franz Müntefering, und der bayerische Ministerpräsident Edmund Stoiber (CSU). Die Beratungen fanden zunächst in zwei Arbeitsgruppen statt und wurden später in sieben spezialisierte Projektgruppen verlagert (vgl. Hrbek 2004: 155 ff.).

Die Arbeit des Gremiums begann am 6./7. November 2003 (vgl. den Einsetzungsbeschluss, BT-Drs. 15/1685), sie endete mit der Sitzung am 17. Dezember 2004, als die beiden Vorsitzenden der Kommission das Scheitern der Gespräche einräumen mussten. Das zuvor ausgehandelte Ergebnis hatte nach langem Ringen zwischen den unterschiedlichen Interessen keine Mehrheit unter den Ländern gefunden. In den darauf folgenden Monaten führten die beiden Vorsitzenden der Kommission, Müntefering und Stoiber, zwar mehrere Gespräche. Das Thema „Föderalismusreform" konnte jedoch erst wieder auf die Agenda gesetzt werden, nachdem in Folge der vorgezogenen Bundestagswahlen vom 17. September 2005 eine große Koalition aus SPD und CDU/CSU gebildet und das Anliegen nachdrücklich in den Koalitionsvertrag aufgenommen worden war (vgl. Scharpf 2006). Am 30. Juni 2006 haben die Abgeordneten der Reform mit überwältigender Mehrheit zugestimmt (vgl. unten). Im Juli 2006 votierte schließlich auch die Länderkammer für die Föderalismusreform mit einer Mehrheit von 62 von 69 möglichen Stimmen. Damit war der Weg frei zur – rein quantitativ – umfassendsten Veränderung des Grundgesetzes seit dessen Bestehen.

Scheitern der Föderalismuskommission 2004

Verfassungsreformen benötigen im Bundestag und im Bundesrat eine Zweidrittelmehrheit. Sie setzten somit unter den gegebenen Bedingungen des Parteiensystems zumindest eine informelle große Koalition voraus. Betrachtet man die koalitions- und parteipolitischen Rahmenbedingungen, so sieht man, dass die Sterne für ein Gelingen der Reform in den Jahren 2003 und 2004 keinesfalls günstig standen (vgl. Abb. 2a und 2b): Die oppositionsgeführten Landesregierungen verfügten über eine deutliche Mehrheit im Bundesrat; gleichzeitig hatte die SPD in den acht zuvor anberaumten Landtagswahlen teilweise dramatische Verluste hinnehmen müssen, was angesichts der engen Wechselbeziehung zwischen Bundestags- und Landtagswahlen als Vertrauensverlust der rot-grünen Regierungsmehrheit im Bund gewertet wurde. Die Polarisierung zwischen den politischen Lagern war angesichts dieser Situation somit deutlich höher als in der nach den Bundestagwahlen vom September 2005 schließlich gebildeten großen Koalition. Von daher stand die Frage im Raum, ob der so häufig diagnostizierte „Strukturbruch" und die „Politikverflechtungsfalle" nun auch die Arbeit der Föderalismuskommission lähmen würden und ob der gemeinsam formulierte Wille, eine Verfassungsreform zu erarbeiten, sich nicht wieder in den Fallstricken der operativen Details verfangen würde.

Zusammensetzung der Kommission als Hindernis

Die Kommission hatte sich hohe Ziele gesteckt: Sie wollte die „Europafähigkeit" des deutschen Föderalismus verbessern, ineffiziente Strukturen beseitigen und – dies stand jedoch nicht im Vordergrund der Debatte – Demokratiedefizite abbauen, die durch die Überverflechtung und die Intransparenz der Strukturen entstanden waren (vgl. Schulze 2005: 13). Damit waren sehr allgemeine Ziele formuliert, die jeweils mit unterschiedlichen Leitbildern verbunden werden konnten. Auf ein solches vermochten sich die an den Verhandlungen Beteiligten jedoch, sieht man von der die Kommission später leitenden Idee des Trennprinzips ab, nicht zu einigen (vgl. unten). Stattdessen stand von vornherein als handlungsleitendes Tauschgeschäft zur Debatte, dass der Bund den Ländern im Zuge einer Entflechtung der Zuständigkeiten Gesetzgebungskompetenzen überantworten und die Länder im Gegenzug auf Zustimmungsrechte im Bundesrat verzichten sollten (Benz 2005: 207 ff.). Ungünstige Rahmenbedingungen entstanden ebenfalls durch die Zusammensetzung der Kommission: Sie war auf der Expertenbank durch ein Übergewicht von Staatsrechtslehrern gekennzeichnet, so dass normativ-dogmatische Erwägungen unter den Sachverständigen überwogen. Die Probleme des deutschen Föderalismus liegen aber demgegenüber heute eher in den „...faktischen, im politisch-administrativen Alltag erkennbaren Wirkungen und in der eingeschränkten Kompetenz zu zeitgemäßer Problemlösung ..." (Hesse 2005: 111; ähnlich Scharpf 2005: 106). Die Beratungen der Kommission waren ferner durch mehrere Vorab-Festlegungen der Länderregierungschefs bereits eingeschränkt: Aus den Verhandlungen wurden die Neugliederung des Bundesgebiets, der Finanzausgleich sowie eigenständige Steuerkompetenzen der Länder ausgeklammert (vgl. Scharpf 2006: 5, vgl. oben). Die Verhandlungen gerieten angesichts der einseitigen Verengung des Themas auf eine bundesstaatliche Entflechtung letztlich zu einem Nullsummenspiel, in dem entweder die Länder oder der Bund verlieren mussten (Benz 2005: 213; Benz 2008b: 446).

Die Konfliktlinien trennten indessen nicht nur Bund und Länder, vielmehr zerfiel auch die Ländergemeinschaft in unterschiedliche Lager. Die Interessenvielfalt in der Kommission wurde treffend als „achteckiger Verhandlungstisch" interpretiert (FAZ vom 27. November 2004), an dem sich Bund und Länder, Regierung und Opposition, große und kleine sowie Ost- und Westländer einigen mussten. Die Ministerpräsidenten der Länder waren gezwungen, ausgesprochen schwierige und umstrittene Kompromisse einzugehen. Die finanzstarken und wirtschaftlich leistungsfähigen Länder konnten im Vorfeld der Verhandlungen z.B. nicht ihr Interesse an einer Veränderung des Finanzausgleichs und an eigenständigen Steuerkompetenzen durchsetzen; im Gegenzug konzedierten die finanzschwachen Länder trotz ihres Unbehagens an einer Entflechtung, dass im Zuge der Reform Gemeinschaftsaufgaben und Finanzhilfen des Bundes abgebaut werden sollten. Viele Landesminister (die allerdings nicht die Verhandlungsführung in der Kommission innehatten) begegnen klar abgegrenzten Zuständigkeiten für Bund und Länder ohnedies mit Vorbehalten, weil sie nach einer Entflechtung gegenüber dem eigenen Landesfinanzminister nicht mehr argumentieren können, dass das Land auf keinen Fall auf die Zuschüsse des Bundes verzichten dürfe. Somit stand der bislang durch Mischfinanzierungen weitgehend geschützte Aufgaben- und Ausgabenbestand vieler Landesressorts indirekt zur Disposition.

Auch das seit dem Bestehen der Bundesrepublik erprobte Tauschgeschäft, in dem die Länder ihre Zuständigkeiten in der Gesetzgebung an den Bund abgaben und dieser im Gegenzug die extensivierte (und, bei gegenläufigen Mehrheiten in der Länderkammer, in Form der Zustimmungsgesetze auch intensivierte) Mitsprache der Gliedstaaten akzeptieren musste, trug seit dem Vollzug der Deut-

„Achteckiger Verhandlungstisch"

schen Einheit immer weniger. Die wirtschafts- und finanzstarken westdeutschen Länder befanden sich – zumal im Finanzausgleich als Geberländer – mit ihren Interessen zusehends in einer Minderheitenposition. Gleichzeitig sind in den 1990er Jahren immer mehr Materien auf die europäische Ebene abgewandert, so dass die Mitwirkung im Bundesrat die erlittenen Verluste nicht mehr hinreichend kompensieren konnte. Vor diesem Hintergrund war das Bemühen der starken Länder erklärbar, wieder mehr Gesetzgebungskompetenzen und eigenständige, „entflochtene" Materien auf die gliedstaatliche Ebene zurückzuholen (Scharpf 2006: 6).

Mehr Einigkeit bestand zwischen den Ländern in Fragen der Bildungspolitik. Die Ministerpräsidenten der Länder meldeten erneut Forderungen an, der Bund möge sich komplett aus der schulischen und universitären Bildung zurückziehen. Selbiges wurde für die Besoldung und Versorgung der Landesbediensteten geltend gemacht. Bedenken wurden für dieses „Reformfeld" erst sehr spät vor allem von den Ländern geäußert, die fürchten müssen, im Wettbewerb um qualifizierte Beamte nicht mithalten zu können. Hinzu kamen umfassende – und in dieser Form für den Bund nicht akzeptable – Forderungen der starken Länder nach einer Übertragung von wirtschaftspolitischen, arbeitsmarkt- und sozialpolitischen sowie umweltpolitischen Regelungsbefugnissen (vgl. Scharpf 2005: 104; Scharpf 2006: 5). Bei diesen Themen meldeten nicht nur der Bund, sondern auch die Länder, deren Finanz- und Verwaltungskraft für eine solche Dezentralisierung nicht ausreicht, umfassende Bedenken an. Insofern war es kein Wunder, dass die Forderungen der finanzstarken Länder in den Projektgruppen inhaltlich abgeschmolzen wurden. Da somit von den ursprünglichen Anliegen nicht mehr viel übrig zu bleiben drohte, wollten es die Länder nicht akzeptieren, sich auch noch in einer ihrer wenigen verbliebenen „Kernkompetenzen", der Hochschul- und Bildungspolitik, Zugeständnisse vom Bund abhandeln zu lassen.

Am Ende der Beratungen stand somit „...ein Katalog isolierter Zuständigkeiten für eng umschriebene Spezialgesetze. Dabei reduzierte sich etwa die ursprünglich geforderte Kompetenz für die regionale Wirtschafts- und Arbeitsmarktpolitik auf die Zuständigkeiten für Ladenschluss, Gaststätten und Spielhallen; von der Umweltpolitik blieb die Zuständigkeit für die Regelung des Freizeitlärms; und die regionale Sozialpolitik schrumpfte auf das Heimrecht" (Scharpf 2006: 6). Die Föderalismusreform wäre somit, verglichen mit den anfangs gestellten Forderungen, insbesondere für die finanzstarken Länder nur noch ein Brosamen gewesen. Zwar legte der Bund noch einmal eine lange Liste vor, in der er eine Reihe von Titeln benannte, die in den Kompetenzbereich der Länder hätten übergehen können. Dennoch ließen die Länder die Arbeit der Kommission zunächst scheitern.

„Quadrilemma" – unvereinbare Ziele

In seiner kritischen Rückschau auf die Arbeit der Föderalismuskommission bezeichnete Fritz W. Scharpf (2006) die Verhandlungssituation als „Quadrilemma": Die Handlungsmöglichkeiten des Landesgesetzgebers hätten sich dann leichter erweitern lassen, wenn man nicht gleichzeitig die Neugliederung ausgeschlossen und die Herstellung gleichwertiger Lebensverhältnisse als unverrückbare Bedingung aufrecht erhalten hätte. So jedoch verfing sich die Reform in nicht vereinbaren Zielen: Die Autonomie der Landespolitik, der Verzicht auf Neugliederung, die Gleichwertigkeit der Lebensverhältnisse und die Durchsetzung des Trennprinzips ließen sich schlechterdings nicht zusammen verwirklichen.

Erst mit einer gewissen Zeitverzögerung wurde registriert, dass auch das Bundesverfassungsgericht in dieser Konstellation eine eigenständige Rolle spielte. Das Gericht hat sich bereits seit dem Bestehen der Bundesrepublik als föderaler Vetospieler profiliert. Die jüngsten Urteile im Bereich der Bildungspolitik sowie zur Klage Berlins, das (vergebens) eine Haushaltsnotlage für sich reklamierte (vgl. Kap. 2.3), deuten auf einen – zumindest temporären – Kurswechsel hin: Mehr denn je betont das Gericht in seinen Urteilsbegründungen die Eigenständigkeit und die Verantwortlichkeit der Gliedstaaten für die Landespolitik. Durch seine Rechtsprechung zur Juniorprofessur vom Juli 2004 hat das Gericht den Preis, den der Bund an die Länder im Rahmen politischer Koppelgeschäfte zahlen muss, kräftig nach oben getrieben. Damit hat es nicht nur den Problem- und Entscheidungsdruck auf das politische System erhöht, sondern auch dazu beigetragen, dass sich noch während der Verhandlungen über die Föderalismusreform die Koordinaten zwischen den Akteuren nachhaltig verschoben haben (vgl. Batt 2004; Scharpf 2005: 97 ff.).

Bundesverfassungsgericht als föderaler Akteur

Die Grundlagen für diese veränderte Rolle des Gerichts hatte bereits die Verfassungsreform von 1994 gelegt. Seither kann die sog. „Erforderlichkeitsklausel" nach Art. 72,2 GG Gegenstand einer verfassungsrechtlichen Überprüfung werden (Art. 93,2a GG). Die Erforderlichkeitsklausel (vor 1994: „Bedürfnisklausel") war bislang eines der wesentlichen Einfallstore, durch die der Bund im Bereich der konkurrierenden Gesetzgebung und in der Rahmengesetzgebung mit dem Verweis auf die Herstellung einheitlicher bzw. gleichwertiger Lebensverhältnisse auf Landeszuständigkeiten zugreifen und rechtfertigen konnte, warum eine Materie nicht mehr auf Länderebene zu regeln war. Auf der Grundlage von Art. 93,2a GG sind seit 1994 aber jede Landesregierung, der Bundesrat oder die Volksvertretung eines Landes berechtigt, derartige „Eingriffe" in das Landesrecht vom Verfassungsgericht überprüfen zu lassen. Das Gericht kann dabei einen erheblichen Interpretationsspielraum nutzen, da es unbestimmte Rechtsbegriffe ausfüllen muss und Entscheidungen darüber zu fällen hat, wann eine Materie den Ansprüchen der „Erforderlichkeit" genügt.

Das Gericht hat die ihm zur Verfügung stehenden Möglichkeiten der Auslegung in seinen Urteilen zum Hochschulrahmengesetz mit einer pro-föderalen Haltung eindeutig im Sinne der Länder genutzt. Seither – und die Verhandlungen über die Föderalismusreform waren noch nicht abgeschlossen – schwebte über der Gesetzgebung des Bundes das „Damoklesschwert der Verfassungsgerichtsbarkeit" (Batt 2004: 759; ähnlich Scharpf 2008). Eine Kernaussage des Urteils zur Juniorprofessur (BVerfGE, 2 BvF 2/02, 27. Juli 2004) lautet, dass Art. 72,2 GG nur noch dann eine bundesgesetzliche Regelung zulässt, wenn durch ein unterschiedliches Recht in den Gliedstaaten, wie es heißt, eine „Gefahrenlage" droht. Mit dieser Interpretation jedoch verschieben sich die Gewichte zwischen Bund und Ländern nachhaltig: Die Bedingungen für eine bundeseinheitliche Regelung sind nun so restriktiv formuliert, dass sich der Bund eine Zustimmung der Länder – zumal unter der Bedingung der seinerzeit noch gegebenen hohen Zustimmungshürden im Bundesrat – teuer entgelten lassen muss. Für die Bundesregierung wird es dadurch noch schwerer, die Vetomacht der Länder zu

Folgen des BVerfG-Urteils zur Juniorprofessur

durchbrechen. Jede Landesregierung, der Bundesrat oder eine Volksvertretung haben mit diesem Urteil einen Hebel an der Hand, um die Bundesgesetzgebung mit Verweis auf die sehr restriktiv auszulegende „Gefahrenabwehr" unter Vorbehalt zu stellen. Im Ergebnis hat das Bundesverfassungsgericht „die legislativen Gestaltungsspielräume des Bundes durch seine Rechtsprechung so stark beschnitten, dass eine Beibehaltung des Status quo im Machtverhältnis zwischen Bund und Ländern in der Gesetzgebung kaum noch möglich ist" (Batt 2004: 760). Der überwiegende Teil der Gesetzgebungskompetenzen des Bundes konnte nun von den Ländern, aber auch von anderen Betroffenen per Bund-Länder-Streit und zusätzlich über die Möglichkeiten, die Art. 93,2a GG bietet, in Frage gestellt werden (Scharpf 2005: 99; Scharpf 2009: 94 ff.).

Das Urteil des Verfassungsgerichts hat die Gewichte im Bundesstaat verschoben. Die Bundesressorts waren nun nicht mehr in der Lage, den Ländern Zugeständnisse zu verweigern. Um die Zustimmungsrechte der Länder beschneiden zu können, mussten die Bundesressorts für die Arbeit der Föderalismuskommission die Materien prüfen, auf die der Bund auf keinen Fall verzichten konnte. Jedoch erwies sich die anschließend durch die Ressorts erarbeitete Liste nicht als lang genug, um den vom Bund geforderten Verzicht der Länder auf exklusive Zuständigkeiten im Bildungsbereich kompensieren zu können.

BVerfG-Urteil zum Lebenspartnerschaftsgesetz – „Einheitstheorie"

Im Rückblick auf die Arbeit der Kommission machte Scharpf darauf aufmerksam, dass dem Urteil zur Juniorprofessur bereits ein anderer, für die föderale Ordnung bedeutsamer Schiedsspruch des Bundesverfassungsgerichts vorangegangen war, nämlich das Lebenspartnerschaften-Urteil des Ersten Senats vom 17. Juli 2002 (BVerfG 1 BvF 1/01; Scharpf 2005: 100), das die Einheitstheorie zum Gegenstand hatte. Der Einheitstheorie zufolge erstreckt sich die Zustimmung des Bundesrates nicht nur auf das Verwaltungsverfahren und die Organisation der Behörden, sondern auch auf den materiellen Gehalt eines Gesetzes. Das Gericht hatte auf den durchaus bekannten Sachverhalt hingewiesen, dass der Bund die Zustimmungsrechte des Bundesrates sehr wohl hätte begrenzen können. Würden die Bundesressorts die Verfahrensangelegenheiten vom materiellen Gehalt abtrennen, könne dem Bundesrat der Weg versperrt werden, eine materielle Regelung der Regierungsmehrheit zu verhindern. Mit anderen Worten: Der Bund hätte den Abbau zustimmungspflichtiger Gesetze also selbst durch Regelungsverzicht erreichen können. Die Wirkung dieses Urteils, das auf eine höhere Handlungsfähigkeit der Bundespolitik zielte, machte sich jedoch erst am Ende der Arbeit in der Kommission bemerkbar. Dass der Bund diesen Verhandlungsvorteil schließlich nicht realisierte, wird darauf zurückgeführt, dass wohl ohne eine verfassungskräftige Beschränkung niemand der Bundesregierung die Durchsetzungsfähigkeit zutraute, die „Fachbruderschaften" zwischen Fachressorts und Bundestagsausschüssen in ihrer Regelungswut zu zügeln (ebenda). Jedenfalls wurden entsprechende Vorschläge in der Kommission nicht aufgegriffen – was, wie Beobachter resümieren, sich in das Gesamtbild einer wenig strategiefähigen Verhandlungsführung des Bundes einfüge (Scharpf 2009: 80).

So bleibt zuletzt der Eindruck, dass der Bund mit der kompletten Aufgabe in der Bildungs- und Hochschulpolitik einen zu hohen Preis für den Abbau der Zustimmungsrechte nach Art. 84 GG zu zahlen bereit war. Gleichzeitig waren die Länder bei den umstrittenen Fragen der Handlungsfähigkeit der Regierung in

Föderalismusreform: Verhandlungen über Entflechtung

EU-Entscheidungsprozessen, beim nationalen Stabilitätspakt und der Mithaftung der Länder bei EU-Verstößen sowie in Fragen der inneren Sicherheit nur zu marginalen Zugeständnissen bereit (Scharpf 2005: 101).

Dass die verhandelten Paketlösungen letztlich nicht zustande kamen, wird in der Literatur auf unterschiedliche Ursachen zurückgeführt. In den bisherigen Auswertungen der Kommissionsarbeit wurde wiederholt darauf hingewiesen, dass es von Beginn an an konzeptioneller Arbeit und an klar umrissenen Leitideen gemangelt habe (vgl. Sturm 2005: 196 f.). Der „Wettbewerbs- bzw. Konkurrenzföderalismus" sei zwar im Sinne einer höheren Wettbewerbsfähigkeit der leistungsfähigen Länder in die Debatte eingebracht worden. Er wurde jedoch als unsolidarisch abgelehnt, da hierfür, so das Argument, gleiche Startbedingungen und Solidarität zwischen den Ländern als Voraussetzungen gewährleistet sein müssten. Der „Beteiligungsföderalismus" wiederum, d.h. die wechselseitige Beteiligung der einen Ebene an den Entscheidungen der anderen, wurde nahezu einmütig abgelehnt. Die Kommission, so lautet das nüchterne Fazit, habe sich letztlich nicht mit den verschiedenen Konzepten und den mit ihnen einhergehenden Verfassungsentwürfen beschäftigt. Sie habe es verpasst, regulative Ideen zu entwickeln, an denen sich eine Diskussion hätte orientieren können. Stattdessen wurden komplexe Konzepte lediglich plakativ als Schlagwörter in die Diskussion eingebracht (Benz 2005: 208 f.). Die Beratungen konzentrierten sich deshalb schon bald auf die Idee der Entflechtung und auf die Vorstellung, man könne und solle in Deutschland dem „Trennprinzip" mehr Geltung verschaffen.

Verhandlungsdefizite

Betrachtet man die „Überverflechtung" des deutschen Föderalismus als die zentrale Ursache der so oft konstatierten Effizienzschwächen und Demokratieprobleme, so liegt es in der Tat zunächst nahe, die radikale Entflechtung als das geeignete Heilmittel einzusetzen (Scharpf 2005: 105). Die Kommission konzentrierte sich deshalb darauf, in einem ersten Schritt die Kompetenzen eindeutig aufzuteilen und erst dann, wenn sich dies als unmöglich erweisen sollte, andere Formen der Kompetenzregelung zu erörtern. Um jedoch ein echtes Trennprinzip verwirklichen zu können, hätten Gesetzgebungs- und Vollzugskompetenz zusammengeführt werden müssen, was angesichts der in der Bundesrepublik im Grundgesetz angelegten und historisch gewachsenen Funktionstrennung unmöglich war. Da gleichzeitig der Finanzausgleich aus den Verhandlungen ausgenommen war, konnte das Vorhaben einer echten Entscheidungsdezentralisierung ohnedies nicht in Angriff genommen werden. Politisch jedoch läuft dieses verfassungssystematisch durchaus nachvollziehbare Vorgehen auf ein Nullsummenspiel hinaus, in dem entweder der Bund oder die Gliedstaaten Verluste hinnehmen müssen. Damit wurden am Konsens orientierte Verhandlungen beinahe unmöglich, da für alle Beteiligten viel auf dem Spiel stand. Indem man sich frühzeitig auf das Paradigma der Entflechtung festlegte, waren die Grundzüge der Verhandlungen – Tausch der Zustimmungsrechte der Länder gegen mehr autonome Landeskompetenzen – bereits festgelegt (Benz 2005: 209; ähnlich Schulze 2005: 15) – und dies, obwohl, wie oben dargestellt, ein freiwilliger Verzicht des Bundes auf Verfahrensregelungen nach Art. 84 GG denkbar gewesen wäre.

Entflechtung als Nullsummenspiel

Die unterschiedlichen Herangehensweisen der Akteure an die Föderalismusreform wurden mit den Etiketten „Flexibilisierer" und „Wettbewerbsföderalisten" umrissen (vgl. Jun 2004). Während die Flexibilisierer darauf setzen, die

„Flexibilisierer" und „Wettbewerbsföderalisten"

Einheit in der Vielfalt zu erhalten, plädieren die Wettbewerbsföderalisten eher für die „Vielfalt in der Einheit". Der Begriff „Wettbewerbsföderalismus" richtete sich – als „Kampfbegriff" – ursprünglich gegen die Praxis des kooperativen Föderalismus. Mit ihm wird eine innerstaatliche Standortkonkurrenz in Verbindung gebracht, die durch Deregulierung und Steuerwettbewerb geprägt ist. Demgegenüber vertraten die Ministerpräsidenten der finanzstarken Länder aber eher die pragmatischeren Ziele der Dezentralisierung von Gesetzgebungskompetenzen sowie den Abbau von Politikverflechtung (Scharpf 2009: 72). Auch viele politikwissenschaftliche Untersuchungen unterstützen die Strategie einer pragmatischen „Flexibilisierung", da sie, etwa auf der Grundlage des Vetospieler-Ansatzes (Tsebelis 2002) oder des Historischen Institutionalismus, von einer Zählebigkeit etablierter Institutionen ausgehen (vgl. Sturm 2005: 200). Sie nehmen an, dass umfassende Reformen – also der große Wurf – ohnedies kaum realisierbar sind, wohl aber Lösungen mittlerer Reichweite. Im Leitbildkonflikt der Kommission hat sich die aus den unterschiedlichen Paradigmen resultierende Orientierungslosigkeit letztlich so niedergeschlagen, dass man sich in der Tat auf die pragmatische Entflechtung und Trennung von Zuständigkeiten zurückgezogen hat (vgl. Sturm 2005: 199).

Entflechtung und Trennprinzip als ungeeignetes Leitprinzip?

Das Trennprinzip kann immer dann als „der falsche Ansatz" (Scharpf 2006: 8) gelten, wenn sich Politikbereiche über mehrere Ebenen erstrecken. Gerade der Bildungspolitik oder der Umweltpolitik ist ein Mehrebenencharakter eigen; sie bedürfen fortlaufender Koordination, weshalb für die vollständige Übertragung von Zuständigkeiten in die ausschließliche Gesetzgebungskompetenz der Länder letztlich nur eng definierte Sachverhalte in Frage kommen. Gleichwohl wurden in der Föderalismuskommission, nachdem sie sich auf das Ziel einer Entflechtung festgelegt hatte, flexible Formen der Politikverflechtung abgelehnt: Aus diesem Grunde wurde ein Zugriffsrecht der Länder auf etliche Materien der konkurrierenden Gesetzgebung zurückgewiesen, das den Ländern ein Abweichungsrecht und regionale Anpassungen hätte ermöglichen können. Manche Beobachter, ebenso die Verfassungsjuristen der Kommission, sahen zudem die Rechtseinheit des Staates in Gefahr – ein Argument, das wiederum Wasser auf die Mühlen der Bundesressorts und des Kanzleramts bedeutete (Scharpf 2005: 106). Die Idee einer Grundsatzgesetzgebung, die es dem Bund erlaubt hätte, allgemeine Richtlinien für den Wettbewerb der Länder zu setzen, wurde ebenfalls nicht weiter aufgegriffen, da sie als der als nachteilig angesehenen Rahmengesetzgebung zu ähnlich empfunden wurde. Für die Länder wiederum waren bloße Öffnungsklauseln in einzelnen Bundesgesetzen ein zu geringes Zugeständnis.

Indem man aber auf eine klare Trennung der Zuständigkeiten setzte, wurden sachlich zusammenhängende Materien aufgesplittert. Dies führte letztlich dazu, dass die Länder in der Tat erst einmal begrenzte Angebote – den häufig zitierten „Kleinkram" – unterbreitet bekamen, weil der Bund im Gegenzug einen Flickenteppich von Zuständigkeiten verhindern wollte (vgl. Scharpf 2005: 106; Benz 2005: 211 f.). Dem entsprechend wurden die Verhandlungen in einzelne Projektgruppen verlagert, in denen der Gesamtzusammenhang der Reformen wiederum sektoralisiert und regelrecht zerfasert wurde (Sturm 2005: 196). Dass sich die Länder auf die Trennung als Leitbild einließen, spielte letztlich eher dem Bund in die Tasche. Die Länder konnten den erheblichen Bedenken gegen eine übermäßige Dezentralisierung, die zu externen Effekten, einer Standortkonkurrenz und einer unsolidarischen Umverteilung führen könnte, nicht überzeugend begegnen. Mit ihrem Beharren auf absoluten Abweichungsrechten hätten zudem ganze Rechtsbereiche in die ausschließliche Gesetzgebung der Länder abwandern können (Scharpf 2009: 125, 131). Das „Gelegenheitsfenster", das politische Akteure nutzen können, um historisch seltene Reformoptionen zu realisieren, wurde somit nicht zuletzt wegen der Mängel in der Kommissionsarbeit und der frühzeitigen Fixierung auf das Trennprinzip erst gar nicht richtig aufgestoßen. Politiker realisieren zudem, dass auch die Bedürfnisse in der Bevölkerung und der Verbände nicht in die Richtung einer weit reichenden Föderalisierung Deutschlands gehen, sondern nach wie vor eher dem Paradigma der „gleichwertigen Lebensverhältnisse" verhaftet sind (in diesem Sinne und unter Rekurs auf den „Multiple-streams-Ansatz" vgl. Sturm 2005: 201 f.; Zahariadis 1999; Petersen et al. 2008).

Ein weiteres Problem bestand nach Ansicht von Beobachtern darin, dass die Kommission „falsch organisiert" war (Sturm 2005: 197). Zwar war die Zahl der Entscheider keineswegs zu groß. Die Beteiligten bildeten aber die für das bundesdeutsche Entscheidungssystem prägenden Konfliktstrukturen ab. Die Ländervertreter und Bundestagsabgeordneten handelten weitgehend als Anwälte ihrer Interessen, so dass sich nur in der ersten Phase der Beratungen ein an Argumenten orientierter Diskurs entwickeln konnte. Dass das anfängliche „Arguing" später in den Interaktionsmodus des „Bargaining" überging, kann aber nicht nur auf die Zusammensetzung der Kommission zurückgeführt werden, sondern auch auf ihre Arbeitsorganisation und Verfahrensgestaltung sowie auf eine politische Leitung, die offenbar nur bedingt handlungsfähig war. Als es um die Zuordnung von Gesetzgebungskompetenzen ging, waren die Länder zudem durch die Staatskanzleien in den Projektgruppen vertreten. Als Generalisten sollten sie die Eigenstaatlichkeit und erweiterte Handlungsspielräume vertreten. Sie trafen dort jedoch auf die Spezialisten der Bundesressorts und teilweise der Verbände, denen an bundeseinheitlichen Regelungen gelegen war und die potentielle, durch Dezentralisierung von Kompetenzen hervorgerufene Unterschiede als Probleme charakterisierten. Der Zuschnitt der Projektgruppen erlaubte somit keine bereichsübergreifenden Verhandlungen, und die Verständigungsmöglichkeiten zwischen Generalisten und Spezialisten blieben gering (Scharpf 2009: 91 ff.).

Organisationsdefizite der Kommission

Als die Vorschläge der Sachverständigen schließlich konkretisiert werden mussten, wurden die Gespräche mehr und mehr in informelle Gremien verlagert, in denen die Vertreter von Bundestag und Bundesrat die Verhandlungsmacht besaßen (Benz 2005: 211) – mithin diejenigen Akteure, die aufgrund ihrer Interessenbindung und von Legitimationszwängen strategisch agieren müssen und damit nicht nur Leitbildern verpflichtet sind.

Erschwerend kam hinzu, dass die Vorsitzenden der Kommission Subjekt und Objekt der Reformverhandlungen gleichzeitig waren. Damit blieben sie gezwungen, sich als Sitzungsleiter weitgehend neutral zu verhalten, und verzichteten entsprechend auf eine aktive Tagungsleitung. Als sie dann die Ergebnisse aus den Arbeitsgruppen und damit eine überaus komplexe Materie unter hohem Zeitdruck bündeln mussten, war diese Aufgabe kaum mehr zu bewältigen (Benz

2005: 213). Die Frage, ob eine Präsidiallösung oder andere Formen erweiterter Führung nicht dem Vorsitzendenprinzip vorzuziehen gewesen wären, blieb angesichts dieser schwierigen organisatorischen Konstruktion umstritten (vgl. Hesse 2005: 111). Ein gänzlich politikfreies Modell, das dem sachrationalen Diskurs und dem Modus des „Arguing" verschrieben bleibt, ist angesichts der bestehenden Konfliktlinien sowie der (in Demokratien unstrittigen) Notwendigkeit, dass der Gesetzgeber in den Entscheidungsprozess eingeschaltet bleibt, jedoch eher eine „romantische Vorstellung" (Hesse 2005: 118).

Vorläufiges Scheitern der Kommission

Als zwei SPD-Abgeordnete schließlich vor der Sommerpause 2004 überraschend einen Plan zur „Weiterentwicklung des Bildungswesens" vorlegten und die Bundesregierung ihre Kompetenzen in der Hochschulpolitik weiterhin extensiv definierte, ließen die Länder, die ihren Anspruch auf ein Monopol in der Bildungspolitik weiterhin vehement vertraten, die Föderalismusreform am 17. Dezember 2004 scheitern. Damit blieb es vorläufig beim Status quo. Diese „Nicht-Lösung" war insbesondere für die finanzstarken westdeutschen Länder von Vorteil, da sie auf diese Weise keine für sie „halbgaren" Ergebnisse akzeptieren mussten und gleichzeitig den Reformdruck für spätere Reformversuche aufrechterhalten bzw. sogar noch steigern konnten. Die öffentlichen Reaktionen zeugten von Unverständnis und von der Überzeugung, die Parteien seien letztlich nicht in der Lage, die drängenden Probleme zu lösen. Das Bundesverfassungsgericht hatte zudem, wie erwähnt, den Druck durch seinen Schiedsspruch zur Juniorprofessur gleichzeitig kräftig erhöht und damit für die Länder insgesamt günstige Bedingungen geschaffen.

Föderalismusreform in der Politikverflechtungsfalle?

Damit war die angestrebte Entflechtung des föderalen Systems zwar erst einmal wieder auf das politische Abstellgleis geschoben worden. Das Scheitern der „Mutter aller Reformen" legt die Annahme nahe, dass sich die Akteure wieder einmal in den so oft für die föderalen Strukturen beschriebenen Rationalitätsfallen verheddert haben. Diese Einschätzung wird von den beteiligten Experten jedoch im Großen und Ganzen zurückgewiesen. Die Verfassungsreform, so das Fazit, wäre angesichts der grundsätzlichen Übereinstimmung wohl möglich gewesen, hätten sich die Beteiligten rechtzeitig auf einen gemeinsamen inhaltlichen Referenzrahmen und auf ein geeignetes Verfahren geeinigt. Die Annahme, dass ein Scheitern aufgrund der engen institutionellen Zwangsjacke zu einem unausweichlichen Scheitern hat führen müssen, wird daher nicht bestätigt (in diesem Sinne vgl. Benz 2005; Scharpf 2005).

6.2 Neuauflage der Verfassungsreform 2006: Inhalte und Bewertung

Große Koalition als neue Chance

Nach dem Scheitern der Kommission führten die beiden Vorsitzenden Müntefering und Stoiber weitere Gespräche, die wegen der vorgezogenen Neuwahlen zum Deutschen Bundestag im September 2005 jedoch keinen Niederschlag mehr in der laufenden 15. Wahlperiode finden konnten. In den Koalitionsverhandlungen zwischen CDU/CSU und SPD, die von den Kommissionsvorsitzenden mit geleitet wurden, wurde das Anliegen einer Verfassungsreform aber erneut aufgegriffen. Die Ergebnisse der Gespräche zwischen Müntefering und Stoiber flossen dabei in die Verhandlungen ein. Die zweite große Koalition bot die Chance, wenn schon nicht den Bund-Länder-Konflikt, so doch zumindest die parteipolitische Polarisierung zwischen den Parteien ein Stück weit aufzuheben und das sich nun öffnende Gelegenheitsfenster zu nutzen. Der Koalitionsvertrag zwischen den beiden Parteien vom 18. November 2005 definiert die Neuauflage des Vorhabens denn auch als eines der wichtigsten Projekte des Regierungsbündnisses. Das Abkommen enthält einen fast 60 Seiten umfassenden Anhang 2, in dem die wichtigsten Teile der Reform, die in einer „Koalitionsarbeitsgruppe zur Föderalismusreform" erarbeitet wurden, nicht nur konkret benannt, sondern bereits als Grundgesetzänderungen formuliert sind (Koalitionsvertrag 2005). Am 6. März 2006 kam es zum Kabinettsbeschluss, und am selben Tag wurden die Gesetzesentwürfe in die parlamentarische Beratung eingebracht. Der Deutsche Bundestag beschloss am 30. Juni 2006 schließlich das Gesetz zur Änderung des Grundgesetzes (BT-Drs. 16/813) mit 428 von 592 Stimmen. Für die Verabschiedung waren mindestens 410 Ja-Stimmen erforderlich; 161 Abgeordnete votierten mit Nein, drei enthielten sich (BT-Plenarprotokoll 16/44: 4296 ff.). Die Koalition lag insgesamt 20 Stimmen unter der Gesamtzahl ihrer Abgeordneten. Auch der Bundesrat stimmte der Grundgesetzänderung am 7. Juli 2006 zu; dabei enthielt sich das Land Schleswig-Holstein, Mecklenburg-Vorpommern blieb bei seinem Nein gegen die Staatsreform, nicht zuletzt wegen der Verlagerung des Beamtenrechts auf die Landesebene.

Die letztendlich verabschiedete Verfassungsreform war bereits in der Beratungsphase äußerst umstritten. Die Süddeutsche Zeitung titelte am 30. Juni 2006 ironisch, Deutschland verkomme zur „Sandwich-Republik", in der ein Flickenteppich von Recht und Gesetz entstehe. Gewinner seien die Landesfürsten, während die deutsche Schwäche in Europa bestehen bleibe (SZ vom 30. Dezember 2006). Die Grundgesetzänderung stand unter dem gleichen Vorzeichen wie die Vorhaben der gescheiterten Verfassungsreform – was insofern kein Wunder war, als die beteiligten Personen im Großen und Ganzen die gleichen waren und die ehemaligen Vorsitzenden der Kommission nach dem Scheitern des ersten Anlaufs die Gespräche auf der Grundlage des Leitbilds der Entflechtung weiter geführt hatten. Dieses Leitbild wurde denn auch im Gesetzentwurf der Fraktionen von CDU/CSU und SPD vom 7. März 2006 erneut unterstrichen (vgl. BT-Drs. 16/813).

Inhalte der Reform

Wie sehen die einzelnen Teile der Reform aus? Die Staatsreform umfasst – neben der Zuweisung von einigen Zuständigkeiten entweder an die Länder oder an den Bund (vgl. unten) – im Wesentlichen fünf Punkte, die das Verhältnis zwischen Bund und Ländern neu ordnen (vgl. BR-Drs. 651/06; BT-Drs. 16/813 und 16/2052):

- Die Reform der Gesetzgebungskompetenzen erfolgt durch Abschaffung der *Rahmengesetzgebung* und Neuordnung des Katalogs der *konkurrierenden Gesetzgebung*, die mit einer reduzierten Anwendung der Erforderlichkeitsklausel nach Art. 72, 2 GG einhergeht. Art. 72 GG greift nun zehn Materien aus Art. 74 GG heraus, in denen der Bund das Gesetzgebungsrecht nach der Erfordernisklausel besitzt. Bei den anderen Materien haben die Länder das Recht zur Gesetzgebung, solange der Bund von seiner Zuständigkeit keinen

Gebrauch macht. Hinzu kommt die Einführung der Abweichungsgesetzgebung in bestimmten Gesetzgebungsbereichen (Art. 72, 3 GG neu), wobei die Materien der Rahmengesetzgebung nun unter das Abweichungsrecht der Länder fallen. Dabei gilt, dass das jeweils spätere Gesetz im Verhältnis von Bundes- und Landesrecht vorgeht *(„Pingpong-Gesetzgebung")*.

- Die *Mitwirkungsrechte des Bundesrates*, die auf Art. 84, 1 GG zurückgehen, wurden abgebaut. Führen die Länder Bundesgesetze nun als eigene Angelegenheit aus, regeln sie die Einrichtung der Behörden und das Verwaltungsverfahren. Bestimmen Bundesgesetze etwas anderes, können die Länder davon abweichende Regelungen treffen. Das Abweichungsrecht der Länder wird damit zum Normalfall; der Bund kann in Ausnahmefällen das Verwaltungsverfahren ohne Abweichungsmöglichkeit für die Länder, dann aber mit Zustimmung des Bundesrates, regeln. Im Gegenzug wurden aber neue Zustimmungsfälle (Art. 104a, 4 GG neu) eingeführt, denen zufolge Bundesgesetze der Zustimmung des Bundesrates bedürfen, wenn daraus entstehende Ausgaben von den Ländern zu tragen sind.
- Der Bund darf keine Aufgaben mehr an die *Kommunen* zuweisen (Art. 84, 1 GG neu).
- Die *Vertretung Deutschlands in der EU* wurde durch Art. 23,6 GG (neu) geändert. Ein Ländervertreter wird (nicht „soll") nach Benennung des Bundesrates nun die Rechte Deutschlands auf den Gebieten der schulischen Bildung, der Kultur oder des Rundfunks wahrnehmen.
- Art. 91 b GG, der die *Gemeinschaftsaufgabe der Bildungsplanung* und Forschungsförderung regelt, wurde neu gefasst. Hier ging es um das lange umstrittene Kooperationsverbot. Da nun die Bildungsplanung aus der Kooperation von Bund und Ländern herausfällt, ist die Tätigkeit des Bundes auf diesem Gebiet zwar nicht untersagt, wohl aber stark eingeschränkt; sie bedarf bei Vorhaben der Wissenschaft und Forschung der Zustimmung *aller* Länder. Damit wurden die Zustimmungshürden außerordentlich hoch angesetzt.

Abschaffung der Rahmengesetzgebung

Die beschlossenen Änderungen ergeben auf den ersten Blick nicht unbeträchtliche Veränderungen. Im Zuge der Staatsreform wurden die Gesetzgebungskompetenzen zwischen Bund und Ländern neu geordnet. Insbesondere die Rahmengesetzgebung (bisher Art. 75 GG) war schon lange als untaugliches und unhandliches Instrument kritisiert worden, weil zwei Gesetzgebungsverfahren nacheinander geschaltet werden mussten. Da zuerst der Bund einen gesetzgeberischen Rahmen setzte, den die Länder anschließend wieder per eigener Landesgesetzgebung auszufüllen hatten, erwies sich diese Gesetzgebungsart als zeitraubende Prozedur – vor allem dann, wenn es galt, EU-Recht (z.B. im Bereich der umweltrechtlichen Rahmenkompetenzen) innerhalb knapper Fristen umzusetzen (Zypries 2003: 267). Auch war es – z.B. im Bereich des Hochschulrechts – immer wieder zu Meinungsunterschieden und Verfassungsstreitigkeiten zwischen Bund und Ländern darüber gekommen, wie eng bzw. wie weit der Bund den Rahmen stecken darf, damit er die Länder nicht unmittelbar an Recht bindet. Infolge dieser Kritik ist die Rahmengesetzgebung nun abgeschafft. Einige Materien, etwa die Raumordnung, der Naturschutz oder das Jagdwesen, sind in die konkurrierende Gesetzgebung übergegangen; das bisher gegebene Rahmenrecht des Bundes besteht dabei als Bundesrecht fort. Die Befugnisse der Länder zur Gesetzgebung bleiben dabei so lange und soweit bestehen, wie der Bundesgesetzgeber von seiner neuen Gesetzgebungstätigkeit keinen Gebrauch macht. Das Melde- und Ausweiswesen und der Schutz des deutschen Kulturgutes gegen Abwanderung ins Ausland wiederum gehen z.B. in die ausschließliche Gesetzgebung des Bundes über.

Mit der Regelung präventiver Befugnisse des Bundeskriminalamtes bei der Abwehr von Gefahren des internationalen Terrorismus wurde eine neue Materie für die ausschließliche Gesetzgebung des Bundes in Art. 73,1 GG (neu) geschaffen, die der Zustimmungspflicht des Bundesrates unterliegt. Weiterhin wurde eine Reihe von Kompetenzmaterien aus dem Katalog der konkurrierenden Gesetzgebung in die Zuständigkeit des Bundes überführt, darunter das Waffen- und Sprengstoffrecht und die Erzeugung und Nutzung der Kernenergie zu friedlichen Zwecken. Bei diesen Materien dürfen die Länder künftig nicht mehr gesetzgeberisch tätig werden, es sei denn, sie werden hierzu in einem Bundesgesetz eigens ermächtigt. Sofern landesrechtliche Regelungen vorhanden sind, bleiben sie bestehen, bis sie durch Bundesrecht ersetzt werden. Die Erforderlichkeitsklausel entfällt für diese nun ausschließlichen Zuständigkeiten des Bundes.

Verlagerung von Gesetzgebungskompetenzen auf den Bund

Der Anwendungsbereich der Erforderlichkeitsklausel, die in der Vergangenheit wesentlich dazu beigetragen hatte, dass die Länder Zuständigkeiten verloren, wurde mit der Grundgesetzänderung erheblich begrenzt. Die nun insgesamt zehn Materien, bei denen der Bund ein solches „Erfordernis" geltend machen kann, sind jetzt eigens in einem Katalog in Art. 72, 2 GG (neu) aufgelistet. Damit verringern sich die Möglichkeiten des Bundes, unter Hinweis auf die notwendigen „gleichwertigen Lebensverhältnisse" Landeszuständigkeiten an sich zu ziehen. Sofern die Länder nicht eigene Kompetenzen oder Abweichungsrechte erhalten haben, bleibt es bei der konkurrierenden Gesetzgebung einschließlich der restriktiven Auslegung der Erfordernisklausel, wie sie das Bundesverfassungsgericht in seinem Urteil zur Juniorprofessur formuliert hatte.

Eingeschränkte Geltung der Erforderlichkeitsklausel

Als Ergebnis der angestrebten Entflechtung ging ebenfalls eine Reihe von Zuständigkeiten in die ausschließliche Gesetzgebungskompetenz der Länder über. Aus dem Bereich der Rahmengesetzgebung sind hierbei vor allem die Besoldung und Versorgung sowie das Laufbahnrecht der Landesbeamten und Landesrichter zu nennen, daneben ein Großteil des Hochschulrechts mit Ausnahme der Hochschulzulassung und der Hochschulabschlüsse. Immerhin konnte in der Anhörung zum verfassungsändernden Gesetz noch verhindert werden, dass das von den Ländern zuerst beabsichtigte Kooperationsverbot zwischen Bund und Ländern im Bereich der Bildungspolitik durchgängig Realität wurde. Allerdings müssen die Länder gemeinsame Maßnahmen in Zukunft einstimmig (!) befürworten, was jedem Land ein erhebliches Erpressungspotential an die Hand gibt. Diese beiden Materien – Hochschulpolitik und Beamtenrecht – waren äußerst umstritten, da zum einen die finanzschwachen Länder einen „Bezahlwettbewerb" um die besten Landesbeamten fürchten, zum anderen der Hochschulbereich als einer der Bereiche gilt, die sich angesichts der internationalen Ausrichtung für eine Regionalisierung weniger eignen. Auch die Übertragung der Verantwortlichkeiten im Strafvollzug aus dem Katalog der konkurrierenden Gesetzgebung

Verlagerung von Gesetzgebungskompetenzen auf die Länder

an die Gliedstaaten wurde in den Medien und von den Fachverbänden heftig kritisiert. Die oftmals geäußerte Befürchtung, dass die Länder angesichts der angespannten Haushaltslage in einen Wettbewerb um den „härtesten Knast" eintreten könnten, erscheint keineswegs abwegig.

Abweichungsrechte der Länder

Während der Arbeit der Föderalismuskommission wurden die sog. „Opting-out"-Regeln diskutiert, wie sie etwa der kanadische Bundesstaat kennt. Auf diese Weise hätten die Länder, sofern sie keinen Regelungsbedarf sehen, bei der Bundesgesetzgebung bleiben können, im Falle einer Notwendigkeit regionaler Abweichung eigenes Recht setzen können. Die im Juli 2006 beschlossene Grundgesetzänderung sieht nun vor, dass die Gliedstaaten nach Art. 72,3 GG (neu) u.a. im Bereich der Hochschulzulassung und der Hochschulabschlüsse, der Raumordnung, des Naturschutzes und der Bodenverteilung sowie im Jagdwesen, aber auch nach Art. 84,1 GG (vgl. unten) abweichende landesgesetzliche Regelungen beschließen dürfen. Dieser Teil der Reform wurde bereits als inkonsistent kritisiert, denn einerseits besitzt der Bund die Befugnis zur Vollregelung, u.a. damit die einheitliche Umsetzung von EU-Recht möglich ist. Gleichzeitig jedoch können nun die Länder eigenverantwortlich wieder von diesen Vorgaben abweichen.

Problematik der „Vorranggesetzgebung"

Problematisch erscheint dabei die Rechtsfigur der „Vorranggesetzgebung": Ein vom Bundesgesetz abweichendes Landesgesetz setzt das Bundesgesetz nicht außer Kraft, sondern es hat lediglich Anwendungsvorrang. Konkret bedeutet dies, dass z.B. dann, wenn ein abweichendes Landesrecht aufgehoben wird, automatisch wieder das Bundesrecht gilt. Novelliert jedoch wiederum der Bund sein Recht, dann geht das neue Bundesrecht, da es zuletzt erlassen wurde, dem zwischenzeitlich ergangenen abweichenden Landesrecht vor. Die Länder wiederum können dann erneut vom novellierten Bundesrecht abweichen (BR-Drs. 651/06: 8). Erst die Zukunft wird zeigen, ob damit ein grundgesetzlich legitimiertes Hin und Her der Gesetzgebung („Pingpong-Regelung") eröffnet wird, das den Rechtsfrieden ernsthaft bedroht, oder ob die Beteiligten den Grundsatz der „Bundestreue" als handlungsleitendes Prinzip weiterhin verfolgen. Grundsätzlich könnte diese neue Regelung Handlungsanreize für ein konfliktorientiertes Verhalten setzen – auch wenn bislang nichts in diese Richtung weist. Auch für die Rechtsanwender ist diese Regelung unübersichtlich, selbst wenn der Verfassungsgesetzgeber das Problem durch ein fortlaufendes Dokumentationssystem zu entschärfen sucht (BR-Drs. 651/06).

Neuordnung der Zustimmungs- bedürftigkeit

Ein Großteil der Zustimmungspflichten des Bundesrates war in der Vergangenheit dadurch entstanden, dass der Bund in seinen Gesetzen die Länderzuständigkeiten berührte und auch das Verwaltungsverfahren (Art. 84,1 GG) geregelt hatte. Da dem Bund wesentlich daran gelegen war, die Anzahl der zustimmungspflichtigen Gesetze von rund 60% auf etwa die Hälfte zu reduzieren und die eigene Regierungsfähigkeit zu erweitern, lag es nahe, die bundesgesetzlichen Regelungen des Verwaltungsverfahrens neu zu gestalten. Der Bund kann nun ohne die Zustimmung des Bundesrates das Verwaltungsverfahren und die Behördeneinrichtung der Länder als eigene Angelegenheit regeln, die Länder können aber davon abweichen. Diese Abweichungsmöglichkeiten der Länder können nach Art. 84,1 GG (neu) nur noch in Ausnahmefällen wegen eines besonderen Bedürfnisses nach Bundeseinheitlichkeit und mit Zustimmung des Bundesrates ausgeschlossen werden. Diese Ausnahmefälle sollen zudem in Zukunft eng –

d.h. zugunsten der Länder – ausgelegt werden. Sofern jedoch EU-Recht umgesetzt werden muss, kann der Bundesgesetzgeber ohne Zustimmung des Bundesrates Verfahrensregeln treffen. Das Abweichungsrecht der Länder muss dabei wiederum nicht mehr eigens ausgeschlossen werden. Für die Regelungen des Verwaltungsverfahrens galt eine Übergangsfrist bis Ende des Jahres 2008, damit der Bund den bestehenden Normenbestand überprüfen kann.

Die Verfassungssystematik ist angesichts der Abweichungsregeln und der Vorranggesetzgebung unübersichtlicher geworden. Die Kritik ist durchaus verständlich: Die Grundgesetzänderungen führten dazu, bemängelte die ehemalige Bundesjustizministerin Sabine Leutheusser-Schnarrenberger (FDP), dass es „… konkurrierende Gesetzgebung mit Erforderlichkeitsprüfung und ohne Erforderlichkeitsprüfung, konkurrierende Gesetzgebung mit Abweichungsrechten und ohne Abweichungsrechte, konkurrierende Gesetzgebung mit Abweichungsrechten, aber abweichungsfesten Kernen und nicht abweichungsfesten Kernen gibt" (BT-Plenarprotokoll 16/44: 4268). Damit, so auch andere Redner in der Plenardebatte über die Reform, bleibe es angesichts auslegungsbedürftiger Formulierungen wie den „Allgemeinen Grundsätzen des Naturschutzes" wohl in Zukunft eine Aufgabe der Gerichte, mehr Klarheit in die unübersichtliche Rechtslage zu bringen.

Im Zuge der Entflechtung wurden die Hilfen des Bundes für den Gemeindeverkehr und für den sozialen Wohnungsbau abgeschafft. Dagegen sind Zuschüsse von Bundesseite etwa für die Verbesserung der Agrarstruktur weiterhin erlaubt. Ganz an die Länder übertragen wurden von den Mischfinanzierungen bei den Gemeinschaftsaufgaben nach Art. 91a GG die Zuständigkeiten für den Hochschulbau. Bei der Forschungsförderung nach Art. 91b GG können Bund und Länder nur noch in Fällen überregionaler Bedeutung zusammenwirken, sofern es um Einrichtungen und Vorhaben außerhalb von Hochschulen oder von Vorhaben, Bauten oder Großgeräten an Hochschulen geht (Schneider 2006: 7). Daneben können Bund und Länder aber „auf Grund von Vereinbarungen zur Feststellung der Leistungsfähigkeit des Bildungswesens im internationalen Vergleich und bei diesbezüglichen Berichten und Empfehlungen zusammenwirken" (etwa im Rahmen des Hochschulpaktes). Für bedeutsame Investitionen der Länder kann der Bund nach Art. 104a GG weiterhin Finanzhilfen gewähren, sofern es darum geht, eine Störung des gesamtwirtschaftlichen Gleichgewichts abzuwehren. Dabei bezieht sich der Investitionsbegriff allerdings im traditionellen Sinne ausschließlich auf Sach- und Gebäudeinvestitionen. Zunächst wurde befürchtet, dass dies etwa im Bildungsbereich die Förderung von dringend benötigtem Personal ausschließe (Stellungnahme des DAAD zur Föderalismus-Reform vom 30. Juni 2006). Jedoch kann der Bund den Gliedstaaten über die Möglichkeit, die Art. 91b,2 GG bietet, auch hier die Länder weiterhin unterstützen (vgl. oben).

Finanzhilfen des Bundes und Mischfinanzierungen

In Art. 84,1 und 85,1 GG (neu) wird das Verhältnis zwischen Bund und Kommunen auf eine veränderte Grundlage gestellt – und zwar dergestalt, dass der Bund Kompetenzen verliert. Verfassungssystematisch sind Städte und Gemeinden Teile der Länder. Die Befugnisse des Bundes werden mit der Grundgesetzreform nun dahingehend verändert, dass der Bund nicht länger die Möglichkeit hat, Aufgaben selbst an die Kommunen zu übertragen. Ihm bleibt entweder

Keine Aufgabenzuweisungen an die Kommunen durch den Bund

die Möglichkeit, eine Aufgabe entweder ganz dem Landesrecht zu übergeben, oder aber er überträgt Aufgaben anstelle der Kommunen anderen Behörden.

Vertretung Deutschlands in den Gremien der EU

Die Vorschriften des alten Art. 23 GG, der die Beteiligung der Länder an Angelegenheiten der EU regelt, galten als ineffizient und parochial zugleich, da sie lediglich die Belange der Länder reflektierten, nicht aber die Anforderungen an diplomatische Verhandlungen auf EU-Ebene. Selbst wenn die politische Praxis in der Regel aufgrund des allseits praktizierten Pragmatismus weitgehend reibungslos verlief, war insbesondere dem Bund an einer Neufassung gelegen. Die Länder wiederum plädierten, allerdings eher aus strategischen Gründen, für das belgische Modell, dem zufolge die Länder für ihre innerstaatlichen Zuständigkeiten auf EU-Ebene allein zuständig wären. Allerdings fürchteten die finanzschwachen Länder die damit verbundenen finanziellen Belastungen (Moore/Eppler 2008: 498, 501 f.). Im neu gefassten Art. 23,6 GG besteht nun nicht mehr eine Soll-Vorschrift, sondern die Verpflichtung, dass der Bund die Verhandlungsbefugnis Deutschlands in den Beratungsgremien der Kommission und des Rates und bei Ratstagungen auf einen Vertreter der Länder überträgt, wenn im Schwerpunkt die ausschließlichen Gesetzgebungsbefugnisse der Länder in den Bereichen der schulischen Bildung, der Kultur oder des Rundfunks betroffen sind. Die bestehende Soll-Vorschrift wurde damit schärfer und enger zugleich gefasst. Die Ausübung der Rechte durch einen Vertreter der Länder soll allerdings unter Teilnahme und in Abstimmung mit dem Vertreter der Bundesregierung erfolgen. Dabei gelten die Kriterien und Regeln der internen Willensbildung, wie sie die föderale Abstimmungspraxis vorsieht. Der Bundesrat kann zudem für Ratstagungen selbst dann, wenn nicht ausschließliche Gesetzgebungsbefugnisse der Länder betroffen sind, Mitglieder von Landesregierungen im Ministerrang bestimmen, die berechtigt sind, in Abstimmung mit dem Vertreter der Bundesregierung Erklärungen abzugeben (vgl. Entwurf des Föderalismusreform-Begleitgesetzes BT-Drs. 16/814: 4; vgl. hierzu auch Kap. 4.2).

Art. 23 GG (neu): keine Entflechtung

Die Neufassung des umstrittenen Art. 23,6 GG, der den „Beteiligungsföderalismus" auf die europäische Ebene ausgedehnt hat, stellt das Gegenteil einer Entflechtung dar. Die Länder haben zwar durchgesetzt, dass sie nun in den genannten Bereichen Bildung und Kultur, für die sie im innerstaatlichen Rahmen weitgehend ausschließliche Kompetenzen erstritten haben, auch auf europäischer Ebene zuständig sind. Allerdings wurde die früher wesentlich offenere Formulierung des Grundgesetzes nun auf einige wenige Bereiche verengt, weshalb die Möglichkeiten, die Verhandlungsführung im EU-Ministerrat zu übernehmen, für die Länder eher eingeschränkt worden sind (Moore/Eppler 2008). Die Probleme Deutschlands, in Europa mit einer Stimme zu sprechen, werden dadurch nicht beseitigt. Dass Deutschland in Europa nicht von der Bundesregierung, sondern von einem Land vertreten wird, dürfte angesichts der überwiegenden Mehrheit unitarischer Staaten in der EU die deutsche Position in Brüssel auch weiterhin nicht gerade stärken, trotz der oft erstaunlich geschmeidigen und anpassungsfähigen Routinen der föderalen Koordination. Die Notwendigkeiten, sich im Rahmen der – durch die Verfassungsreform ausgeweiteten – ausschließlichen Gesetzgebung der Länder abzustimmen, wurden in diesen Bereichen eher noch intensiviert. Die europapolitische Abstimmung ist somit keineswegs einfacher geworden, sie leidet nun vielmehr erst recht an einer konstitutionellen Überregulierung.

Als Fortschritt kann hingegen gelten, dass sich Bund und Länder auf eine Haftungsregelung für die Einhaltung der 3%-Verschuldungsgrenze geeinigt haben. Die Länder haben sich bereit erklärt, eventuelle Strafzahlungen mit dem Bund gemeinsam zu tragen. Bei Verstößen gegen den Europäischen Stabilitätspakt übernehmen der Bund und Länder die Lasten nun nach einem festen Schlüssel (65% zu 35%). Dabei werden die Länder, die die Sanktionen der EU hervorgerufen haben, in Höhe von 50% anteilig entsprechend der erhaltenen Mittel beteiligt (vgl. Art. 104a, 6 GG). Kritik erfährt dabei insbesondere die Aufteilung der Schulden zwischen den Ländern, die auch die Länder mit in Haftung nimmt, die ihre Schuldengrenze eingehalten haben (Blankart 2008: 130).

Gemeinsame Haftung von Bund und Ländern bei Verstoß gegen den Europäischen Stabilitätspakt

Die Kritik an der Verfassungsreform ist vielfältiger Natur. Die Oppositionsparteien FDP, B´90/Grüne und die Linken, die der Zweidrittelmehrheit der Regierungsparteien im Bundestag ohne großes Sanktionspotential gegenüber standen, waren nicht mit dem Verfahren einverstanden. Die gemeinsame Anhörung von Bundestag und Bundesrat dauerte nur eine Woche, weshalb die Abgeordneten der Opposition bemängelten, dass sich das Parlament nach einem insgesamt 30-monatigen Vorlauf nur wenige Tage Zeit für die Beratung nehmen konnte. Es wurde zudem als problematisch empfunden, dass die Reform der Finanzverfassung nicht zusammen mit der Neugestaltung der Gesetzgebung verhandelt wurde. Die an die Grundgesetzänderung anschließende Debatte zeigt, dass insbesondere einige der finanzschwachen Länder – zuvörderst Mecklenburg-Vorpommern – die Diskussion über eine Entflechtung der Finanzbeziehungen im Rahmen einer Föderalismusreform II zu verschieben versuchten, da sie befürchten müssen, in dem dann verschärften Wettbewerb der Länder nicht bestehen zu können – zumal dann, wenn 2019 der Solidarpakt ausläuft. Außerdem war im Januar 2005 erst ein neues Finanzausgleichsgesetz (vgl. Kap. 2.2) in Kraft getreten. Kritiker weisen in diesem Zusammenhang darauf hin, dass man nicht in derart kurzen Abständen die hohen Entscheidungskosten für Reformen aufbringen könne, da ansonsten andere Aufgaben auf die lange Bank geschoben werden müssten. Allerdings bot die große Koalition, die sich inzwischen zudem auf eine Zweidrittelmehrheit im Bundesrat stützen kann, ein günstiges Gelegenheitsfenster, das sich nach den nächsten Bundestagswahlen schnell wieder schließen kann. Insofern lag es nahe, beide Teile der Föderalismusreform innerhalb der 16. Legislaturperiode abzuschließen.

Würdigung und Kritik an der Reform

Welche Wirkungen die Veränderungen in der Praxis entfalten werden, ist nicht sicher prognostizierbar und entsprechend umstritten. Erste Ergebnisse liegen inzwischen aber bereits vor. Die Länder haben zwar insgesamt Gesetzgebungskompetenzen hinzugewonnen. Ihre zusätzlichen Zuständigkeiten sind aber zu eng begrenzt und verstreut, als dass sich daraus politisch und ökonomisch bedeutsame Gestaltungsoptionen im europäischen und globalisierten Standortwettbewerb ableiten ließen (Scharpf 2006: 12). Die Materien wiederum, die der Bundesebene zugeordnet wurden, wiegen die Verluste des Bundes nach allgemeiner Einschätzung nicht auf. Insbesondere der Bundestag ist ein Verlierer der Reform, da er in den vergangenen Jahren bereits zahlreiche Kompetenzen auf die europäische Ebene abgegeben hat und nun auch noch nach unten hin, auf die

Keine umfassende Nutzung von Gesetzgebungskompetenzen durch die Länder?

Landesebene, Zuständigkeiten abtreten muss. Ob die verminderten Zustimmungsrechte des Bundesrates diesen Verlust „heilend" aufwiegen, ist umstritten (vgl. unten).

Es kann ferner bezweifelt werden, dass alle Länder mit ihren neuen Gestaltungsmöglichkeiten glücklich werden. Gerade die schwachen Länder fürchten nicht selten ein Mehr an Verantwortung, weil sie weder für die damit verbundenen finanziellen Lasten aufkommen wollen (und können) noch über die Verwaltungskraft verfügen, um eine innovative eigenständige Politik zu betreiben (Schneider 2006: 7). Aus diesem Grunde werden vor allem die finanzstarken Länder als die eigentlichen Nutznießer der Reform betrachtet. Aber selbst bei ihnen kann in Frage gestellt werden, ob sie überhaupt von der Abweichungsgesetzgebung Gebrauch machen werden. Bisherige Erfahrungen weisen in die Richtung, dass die Länder Kompetenzstreitigkeiten vermeiden und eher dazu tendieren, bundesgesetzliche Vorgaben zu übernehmen (Benz 2008b: 443 f.). Die finanzstarken Flächenländer haben zudem weniger gewonnen, als vermutet werden könnte. Zur Gestaltung ganzer „Lebenssachverhalte" reichen die übertragenen Kompetenzen jedenfalls nicht. Der Bund hat den Ländern nur Zuständigkeiten übertragen, bei denen ein objektives Bedürfnis nach bundeseinheitlichen Regelungen nicht gegeben sein dürfte (Scharpf 2009: 108). Insgesamt dürfte die Reform dazu führen, dass politische Prozesse noch inflexibler ausfallen als bisher: Da die Kompetenzverteilung nun noch detaillierter im Grundgesetz festgeschrieben ist, kann der Bund seine Vollmachten nicht autonom ausdehnen, wenn die Koordinierung dezentraler Politik erwünscht ist.

Neuauflage des kooperativen Föderalismus trotz Entflechtung?

Gleichzeitig zeichnen sich, etwa im Bildungsbereich, trotz vorgenommener Entflechtungen bereits wieder Entwicklungen ab, die in Richtung des kooperativen Bundesstaates weisen. Angesichts der in Deutschland dominierenden unitarischen Kultur, die neben den Bürgern auch von Medien und Verbänden mitgetragen wird, fürchten Politiker eher die Durchsetzung landesspezifischer Lösungen. Eine Konsequenz ist z.B. im Bildungsbereich, dass die vertikale Politikverflechtung von der horizontalen Kooperation abgelöst wird oder neue Verflechtungen entstehen. Wie wenig die Länder im politischen Alltag willens und in der Lage sind, eigene autonome Kompetenzen zu nutzen, lässt sich am Beispiel des Hochschulpakts 2020 oder bei der Frage der Kinderbetreuung ablesen. Die süddeutschen Länder, die am heftigsten gegen die Mischfinanzierung argumentiert hatten, bei den Kindertagesstätten aber den gravierendsten Rückstand zu verzeichnen haben, kämpften vehement für eine finanzielle Beteiligung des Bundes (vgl. Scharpf 2009: 109, 113).

Rückgang zustimmungspflichtiger Gesetze?

Ein zentrales Anliegen insbesondere der Bundesregierung bestand darin, die Zahl der zustimmungspflichtigen Gesetze zu reduzieren und den Einfluss der Länder im Bundesrat zurückzudrängen. Erste Auswertungen der Reform stimmen darin überein, dass die Erwartungen zu hoch gegriffen waren. Eine erste Auswertung der Gesetze ergab, dass zwischen September 2006 und September 2007 noch in rund 43% eine Zustimmungspflicht bestand. Dabei sei die Zustimmungsbedürftigkeit nach der Reform im Wesentlichen durch die unveränderte Finanzverfassung, nicht zuletzt durch Art. 105,3 GG, bedingt (Risse 2007). Auf Art. 84,1 GG, der im Fadenkreuz der Reformdebatte gestanden hatte, gingen hingegen nur noch ein Viertel aller Zustimmungstatbestände zurück. Zu ähnlichen Ergebnissen kam die Bundesregierung in ihrer Antwort auf eine Große Anfrage der FDP-Fraktion im Deutschen Bundestag. Demzufolge sei der Anteil der zustimmungspflichtigen Gesetze auf rund 44% zurückgegangen; er hätte nach altem Recht bei etwa 59,2% gelegen, was somit einem Rückgang um 15% entspreche (BT-Drs. 16/8688: 42). Diese Zahlen werden jedoch von anderen Studien angezweifelt. Kontrafaktische Analysen kommen zu einem wesentlich höheren Anteil zustimmungspflichtiger Gesetze. Für die Zukunft sei insbesondere davon auszugehen, dass der neue Art. 104,4 GG neue zustimmungspflichtige Tatbestände hervorrufen werde, die zwischen Regierung und Opposition umstritten sein dürften. Hier verfügt der Bundesrat nun über ein „weiteres Zustimmungsrecht mit noch ganz ungeklärter Reichweite", das sich „ausgezeichnet zur Blockade bundespolitischer Initiativen in der Sozial- und Innenpolitik eignet" (Scharpf 2009: 85; ähnlich bereits Schneider 2006: 8). Andere Normen, insbesondere die Finanzverfassung betreffend, sind bis heute nicht reformiert worden. Auch gebe es keine Indizien dafür, dass Gesetzgebungsprozesse nun beschleunigt werden könnten (vgl. Höreth 2008; Burkhart et al. 2008). Insofern muss die Bilanz hinsichtlich der Zustimmungspflicht von Gesetzen als durchwachsen betrachtet werden.

Als problematisch erweist sich auch, dass der Bund keine Aufgaben mehr an die Kommunen direkt übertragen kann, selbst wenn er finanzielle Kompensationen in Frage stellt. Damit kann er z.B. auch keine technischen Standards für den Vollzug von Bundesgesetzen mehr festlegen (Benz 2008: 444). *Fehlende Übertragung von Aufgaben an Kommunen problematisch*

Unter demokratietheoretischen Gesichtspunkten sind ebenfalls Zweifel angebracht. Die ausgehandelten Regeln sind so kompliziert, dass sie für die Rechtsanwender schwer überschaubar sein werden – der oben zitierte Hinweis auf die Notwendigkeit, ständig aktualisierbare Datenbanken anzulegen, um wenigstens etwas mehr Transparenz in die Gesetzgebung und ihre richterliche Überprüfung zu bringen, spricht eine beredte Sprache. Die Bürger werden trotz der partiellen Entflechtung Schwierigkeiten haben, die Zuständigkeiten an der richtigen Adresse zu verorten. Die Anzahl der Gesetzgebungsarten ist nach der Reform zudem größer als zuvor. Während einige Rechtsbereiche (etwa das Umweltrecht) bisher auf zwei Kompetenzarten aufgeteilt waren, sind es nun fünf. In einigen Bereichen, etwa dem Umweltrecht, wird zudem ein Regulierungswettbewerb nach unten befürchtet (vgl. BT-Plenarprotokoll 16/44: 4259; Eppler 2006). Insgesamt beklagen nicht wenige Beobachter somit eine Rechtszersplitterung und einen Kompetenzwirrwarr. Damit gibt es eher weniger Transparenz, die die Entflechtung eigentlich hätte bringen sollen. *Mangelnde Transparenz*

Ist die Politikverflechtungsfalle diesmal zugeschnappt? Die Meinungen zu dieser Frage gehen deutlich auseinander, je nachdem, auf welche Materie und welchen Aspekt sich das Erkenntnisinteresse richtet. Studien, die nur die Veränderungen im Bereich des Art. 23 GG bewerten, sehen darin eine Bestätigung der Politikverflechtungstheorie. Auch dienen ihnen die materiell in der Tat nur geringfügigen Veränderungen als Beleg dafür, dass der historische Institutionalismus das passende Theorieangebot sei, das den Ausgang der Reform erklären könne (Moore/Eppler 2008: 504 f.). Dass eine Verfassungsreform zustande kam, so eine andere Meinung, sei noch kein hinreichendes Argument zu glauben, dass die Akteure der Politikverflechtungsfalle entkommen seien. Vielmehr hätten die *Föderalismusreform in der Politikverflechtungsfalle?*

Akteure von vornherein wesentliche Fragen, wie die Finanzbeziehungen und die Neugliederung, ausgeklammert und so den Verflechtungsmechanismus nur geringfügig angepasst (Auel 2008). Zwar fielen die letztlich erzielten Veränderungen nicht umfassend aus, aber dies, so ein weiterer Befund, könne in einem komplexen politischen System auch nicht erwartet werden. Insofern könne man diesmal nicht von einer „Falle" sprechen. Als problematisch müsse jedoch gelten, dass die Reform eine Fusion zwischen Verfassungspolitik und „normaler" Politik darstellt. Im Ergebnis sei das Grundgesetz zum Gegenstand redistributiver Konflikte zwischen den Akteuren geworden, die es versäumt haben, diese Konflikte unter den Bedingungen intergouvernementaler Verhandlungen und einfachen Rechts zu lösen (Benz 2006: 451 f.). Andere Meinungen wiederum hoben hervor, dass die vergleichsweise geringfügigen Veränderungen nicht zuletzt der Tatsache geschuldet waren, dass sich die Kommission zu einem frühen Zeitpunkt dem Leitbild des Trennprinzips verpflichtet hatte und innovativere Ansätze, etwa bedingte Abweichungsrechte für die Länder, nicht weiter verfolgte. Da die ausschließliche Gesetzgebung der Länder angesichts von Problemzusammenhängen, die Landesgrenzen überschreiten, nur einen schmalen Katalog umfassen kann, sei es nicht verwunderlich, dass nur eine vergleichsweise kleine Lösung zustande kam (Scharpf 2009). Demzufolge wäre es weniger die Politikverflechtungsfalle, sondern die inhaltliche Festlegung der Reformakteure auf bestimmte handlungsleitende Ideen (vgl. hierzu auch Schmidt 2008), die den Radius möglicher Lösungen von vornherein begrenzt hat.

Gemischte Bilanz: kein Pfadwechsel

Somit ergibt sich insgesamt ein sehr gemischtes Bild. Es wurde bereits als Erfolg gewertet, dass die Reform überhaupt zustande gekommen war (Sturm 2008: 34). Der Bund hat nicht zuletzt wegen seiner manchen Betrachter irritierenden Strategieunfähigkeit (Scharpf 2009: 87) insgesamt nur wenig hinzugewonnen, während die Länder, hier insbesondere Baden-Württemberg, Bayern, Hessen, einschließlich Bremens und Berlins, eine starke Front aufzubauen wussten. Die letztlich beschlossenen Lösungen zeigen, dass sich – was angesichts der sich mehrfach überkreuzenden Konfliktlinien nicht verwunderlich ist – weniger eine an aus verfassungsrechtlichen Konzepten abgeleitete sachgerechte Neuverteilung der Kompetenzen durchgesetzt hat. Vielmehr beruhen die Neuregelungen auf einem Tauschgeschäft, in dem die Länder gegenüber dem Bund die insgesamt bessere Ausgangsposition besaßen. Der bereits in den Stellungnahmen vieler Bundestagsabgeordneten beklagte Paradigmen- bzw. Pfadwechsel von einem solidarischen Bundesstaat zum Wettbewerbsföderalismus hat sich nicht durchgesetzt. So begreifen einige Abgeordnete der FDP die Reform als verspielte Chance, da sie einen echten Wettbewerb noch immer nicht zulasse, sondern allenfalls zu mehr Bürokratie führen werde. Etliche Abgeordnete der SPD und auch der Linkspartei hingegen sahen bereits einen bedenklichen Wettbewerb am Horizont aufziehen, der bei den armen Ländern eine spiralförmige Bewegung nach unten freisetze. Die bisherigen empirischen Befunde sprechen jedenfalls, wie gezeigt, gegen einen echten Paradigmenwechsel im föderalen System, sondern eher für graduelle Verschiebungen (vgl. Sturm 2008).

6.3 Die Föderalismusreform II – am Ziel vorbei reformiert?

Zwar berührte bereits die am 1. September 2006 in Kraft getretene Föderalismusreform Finanzthemen: So wurden beispielsweise die Sanktionsverteilung bei Maßnahmen der Europäischen Gemeinschaft, Investitionshilfen oder Mischfinanzierungstatbestände im Grundgesetz geändert. Die Neuordnung der Finanzverfassung – ein gegenüber der bisherigen Reform mindestens ebenso konfliktträchtiges Thema – sollte indessen eigens in einer zweiten Stufe der Föderalismusreform behandelt werden. Am 15. Dezember 2006 setzten Bundestag und Bundesrat eine „Gemeinsame Kommission zur Modernisierung der Bund-Länder-Finanzbeziehungen" ein (BT-Drs. 16/3885; BR-Drs. 913/06), deren Zusammensetzung erneut den Gepflogenheiten und Regeln des deutschen Bundesstaates folgte. Die Kommission bildete die Strukturen der Politikverflechtung im Bereich der Finanzbeziehungen ab: Von den vom Bundestag zu entsendenden 16 Mitgliedern der Kommission gehörten vier der Bundesregierung an; diese wurden von der Bundesregierung bestimmt. Jede Landesregierung war mit einem Mitglied vertreten. Die Landtage mit vier Vertreterinnen und Vertretern besaßen Rede- und Antragsrecht in allen Sitzungen der Kommission; die Gemeinden waren mit drei Personen vertreten. Sachverständige wurden diesmal nur ad hoc zugezogen. Den Vorsitz übernahmen der Fraktionsvorsitzende der SPD im Deutschen Bundestag, Peter Struck, sowie der baden-württembergische Ministerpräsident Günther H. Oettinger (CDU). Die Kommission traf sich zu insgesamt 19 Sitzungen und brachte ihre Arbeit schließlich im März 2009 zum Abschluss. Entscheidungen in Sachfragen waren mit einer Zweidrittelmehrheit der Kommissionsmitglieder herbeizuführen, so dass die Anforderungen an Grundgesetzänderungen vorweggenommen wurden. Das verfassungsändernde Gesetz ist schließlich am 29. Mai 2009 vom Bundestag und am 12. Juni 2009 vom Bundesrat verabschiedet worden.

Ziele und Zusammensetzung der Kommission

Als wesentliche Ziele der Kommission standen ursprünglich die „Stärkung der Eigenverantwortung der Gebietskörperschaften" sowie die Gewährleistung einer „aufgabenadäquaten Finanzausstattung" im Vordergrund. Dieses an sich breite Themenspektrum wurde jedoch schon bald auf das Ziel verengt, das Staatsschuldenrecht zu ändern (Korioth 2009: 729). Bedarf und Bereitschaft, die Finanzbeziehungen zu reformieren, waren eigentlich erschöpft, da nur fünf Jahre zuvor das Finanzausgleichsgesetz bereits verändert worden war. Gleichzeitig jedoch war die öffentliche Erwartungshaltung, die die Länder selbst mit aufgebaut hatten, beträchtlich (Scheller 2008b: 48). Die heterogenen Interessen von finanzstarken und finanzschwachen Ländern sowie parteipolitisch unterschiedliche Vorstellungen über Sinn und Wirkung eines Neuverschuldungsgebots erweckten schon bald den Eindruck, die Kommission werde ihre Arbeit ohne nachweisbaren Erfolg beschließen müssen. Da in der ersten Stufe der Föderalismusreform bereits ein beträchtlicher Teil der Materie geregelt worden war, standen den Kommissionsmitgliedern auch nur noch wenige Themen für Paketlösungen zur Verfügung (Scheller 2008b: 50). Die Chancen auf eine echte Reform wurden daher überwiegend skeptisch beurteilt. Erst nachdem Bundesfinanzminister Steinbrück (SPD) im Februar 2008 einen Vorschlag eingebracht hatte, der an die Grundsätze des Europäischen Stabilitäts- und Wachstumspaktes anknüpfte und zudem einen Neuverschuldungsspielraum vorsah, der sowohl eine strukturelle als auch eine konjunkturelle Komponente beinhaltete, kam wieder Schwung in die Beratungen. Angesichts der weltweiten Finanzkrise, in deren Folge kostenträchtige Konjunkturprogramme beschlossen und die Staatsverschuldung beträchtlich nach oben getrieben wurde, schien eine Einigung über ein neues Staatsschuldenrecht im Laufe des Jahres 2008 allerdings wieder unrealistisch geworden zu sein. Insofern war es fast verwunderlich, dass zu Beginn des Jahres 2009 dennoch ein Kompromiss erzielt wurde. Dessen Kern ist die neue Schuldenregel; zudem konnte noch über einige Verwaltungsthemen eine Verständigung erzielt werden.

Politikverflechtungsfalle?

Angesichts der ehedem großen Erwartungen fiel die Reform vergleichsweise bescheiden aus. So resümierte einer der beiden Kommissionsvorsitzenden, Ministerpräsident Oettinger, im Bundesrat: „Einige wichtige Themen haben wir nicht aufgegriffen und schon gar nicht gelöst. Wir haben von vornherein entschieden, dass der Solidarpakt II nicht angetastet werden soll. Wir haben entschieden, dass der Länderfinanzausgleich so gilt, wie er beschlossen worden ist. Außerdem haben wir entschieden, dass Neuordnungen, Neugliederungen der Länder nicht nähergetreten wird" (BR-Plpr. 859: 241). Sind Arbeit und Resultat der zweiten Bundesstaatskommission somit eher ein Beleg dafür, dass die Politikverflechtungsfalle erneut zugeschnappt ist, wie dies bei der Neuregelung der Finanzbeziehungen schon so häufig zu beobachten war? Zogen die Akteure es vor, beim Status quo zu bleiben, weil Bund und Länder nach den Erfahrungen mit der ersten Föderalismuskommission gewärtig waren, dass weit reichende Reformen ohnedies im Korsett des bundesstaatlichen Zwangsverhandlungssystems steckenbleiben würden? Oder kann die „Schuldenbremse" als Beispiel dafür gelten, dass die beteiligten Akteure es doch geschafft haben, mithilfe rechtlicher Regelungen einen Ausweg aus der „Rationalitätsfalle" zu weisen?

„Schuldenbremse"

Kern der jüngst beschlossenen Grundgesetzänderungen ist das neue, dem Schweizer Modell in einigen Details nicht unähnliche Staatsschuldenrecht (vgl. Deubel 2009; Jochimsen 2008; Feld 2008; Lenk/Kuntze 2008). Unterschiede zur Praxis anderer Föderalstaaten ergeben sich aber dadurch, dass ein „Bailout", also ein Herauskaufen der Schulden und Einstehen des Bundes für die Verschuldungspolitik eines Gliedstaates in Deutschland, anders als in den USA, weiterhin möglich ist. Dem hat das Bundesverfassungsgericht in seinem Berlin-Urteil von 2006 zur Haushaltsnotlage des Landes nun allerdings engere Grenzen gesetzt (vgl. Kap. 2.3); gleichzeitig jedoch haften Bund und Länder gemeinsam, wenn auch mit Abstufungen, für die Strafzahlungen, die sich aus der Maastricht-Schranke ergeben (vgl. Blankart 2008: 130, vgl. Kap. 6.2). Zwar ist bereits in Art. 115,1 GG festgeschrieben, dass der Bund die Aufnahme von Krediten auf die Höhe der im Haushalt veranschlagten Investitionsausgaben zu begrenzen habe. Abweichungen sind erlaubt, wenn eine Störung des „gesamtwirtschaftlichen Gleichgewichts" vorliegt oder bevorsteht. Diese Schuldenregel hat den Gesetzgeber in den vergangenen Jahrzehnten aber nicht davon abhalten können, neue Schulden aufzunehmen.

Anders als die alte besteht die neue Regelung nun aus drei Teilen: Sie versucht erstens eine Höchstgrenze für die strukturelle Kreditaufnahme festzulegen, die damit dem Willen der politischen Akteure entzogen werden soll. Der Bund darf ab 2016 eine Neuverschuldung in Höhe von 0,35% in Relation zum nominalen BIP aufnehmen. Für die Länder gilt hingegen ab 2020 das vollständige Verbot einer strukturellen Neuverschuldung. Das noch vorhandene strukturelle Defizit soll bis zu diesem Zeitpunkt in gleichmäßigen Schritten zurückgeführt werden. Im Kern bedeutet die strukturelle Kreditaufnahme, dass die Länder zusätzliche Ausgaben in Zukunft weitgehend nur über eine Erhöhung der Einnahmen (Steuern) finanzieren können. Zweitens soll eine „Konjunkturkomponente" im Sinne einer keynesianischen antizyklischen Politik gewährleisten, dass zu Zeiten wirtschaftlichen Abschwungs zwar Defizite zugelassen werden; diese sollen jedoch im Aufschwung wieder durch Überschüsse ausgeglichen werden. In Notsituationen, die sich der Kontrolle des Staates entziehen und die die staatliche Finanzlage beeinträchtigen, etwa einer gravierenden Wirtschafts- und Finanzkrise, ist es, drittens, erlaubt, *zusätzliche* Kredite aufzunehmen. Eine Kontrollklausel soll garantieren, dass die Schuldengrenze nicht durch Abweichungen im Haushaltsvollzug überschritten wird. Die Kontrolle obliegt dem sog. „Stabilitätsrat" (vgl. Kap. 2.3.2), der allerdings keine Sanktionen gegen den Bund oder ein Land aussprechen kann. Vorschläge, man solle eine Gebietskörperschaft, die gegen die Schuldenregel verstößt, dazu zwingen können, die Einkommensteuer zu erhöhen (ähnlich wie in der Schweiz, vgl. u.a. Jochimsen 2008: 550; Feld 2008: 106 ff.), liefen ins Leere. Dem entspricht auch die Tatsache, dass die Bundesbürger selbst mit überwältigender Mehrheit (85%) ein einheitliches Steuersystem in allen Bundesländern wünschen (Petersen et al. 2008: 576) – dies gilt mit 79% selbst für die Anhänger der FDP. Kritiker vermuten somit, dass das „Konzept des Stabilitätsrates letztlich leerlaufen" werde (Korioth 2009: 735). Das neu geschaffene Gremium verstärkt zudem eher noch – schon aufgrund der qualifizierten Mehrheitsregel und der Beteiligung von Bund und Ländern – Tendenzen der Politikverflechtung.

Die Bedarfe der finanzschwachen Länder wurden berücksichtigt, indem fünf Länder von 2011 bis 2019 Konsolidierungshilfen erhalten, nämlich Berlin, Sachsen-Anhalt und Schleswig-Holstein jährlich jeweils 80 Mio. Euro, Bremen 300 Mio. Euro und Berlin 260 Mio. Euro. Die Länder tragen dabei die Hälfte der Finanzierungslast aus ihrem vertikalen Umsatzsteueranteil. Im Gegenzug sind Bremen und das Saarland bereit, ihre seit 2006 und 2005 beim Bundesverfassungsgericht eingereichten Normenkontrollanträge auf Anerkennung einer extremen Haushaltsnotlage zurückzuziehen. Da ein Kriterium für den Bezug dieser Konsolidierungshilfen die Höhe der Zinslast ist, werden Länder, die in der jüngeren Vergangenheit versucht haben, ihren Haushalt zu konsolidieren, bestraft.

Konsolidierungshilfen

Warum waren Bund und Länder bereit, eine Regelung zu vereinbaren, die zwar dazu gedacht ist, die Lasten künftiger Generationen zu verringern bzw. wenigstens nicht übermäßig ansteigen zu lassen, die den Handlungsspielraum der Regierungen dabei aber – sofern die Vorgaben eingehalten werden – für einen unabsehbaren Zeitraum beschränkt? Ökonomische Theorien nehmen an, dass Regierungen als *office-seeker* insbesondere ihre Wiederwahlinteressen realisieren wollen. Deshalb werden Politiker generell, aber insbesondere zu Zeiten des Wahlkampfs dazu tendieren, Wahlgeschenke zu verteilen – und zwar bei angespannter Haushaltslage auch zu Lasten einer steigenden Neuverschuldung (vgl. für viele: Franzese 2002; Jochimsen 2008). Die Politikverflechtungsfalle

Motive für die Selbstbindung von Bund und Ländern

schnappt im deutschen Bundesstaat zu, weil Regierungen unter den Bedingungen des stark nivellierenden Finanzausgleichs zwar kurzfristig ihren eigenen Nutzen zu mehren wissen, jedoch langfristig nicht nur gesamtstaatliche Interessen verletzen, sondern auch gegen die Interessen der eigenen Gebietskörperschaft verstoßen, wenn deren Handlungsspielraum durch umfassende Zinstilgung eingeschnürt ist (zu den Fehlanreizen durch Konsolidierungshilfen vgl. oben).

Bedingte Betroffenheit amtierender Politiker

Dass die Föderalismuskommission zu einer solchen Selbstbindung willens war, lässt sich dennoch erklären. Zum einen zeugt die Schuldenbremse von einem gewissen Misstrauen, das sich die Verantwortlichen angesichts kurzer Wahlzyklen selbst entgegenbringen. Sie mag auch dazu dienen, Forderungen von Lobbygruppen nach Subventionen besser abwehren zu können. Daneben sollen ebenfalls die Forderungen sektoraler Fachbruderschaften und der Landtage eingedämmt werden können. Zum anderen greift das neue Staatsschuldenrecht tatsächlich erst 2016 bzw. 2020 in voller Härte. Bis dahin dürften die meisten Regierungschefs nicht mehr im Amt sein; sie sind also angesichts der langen Übergangsfristen, selbst wenn bestehende Defizite allmählich zurückgeführt werden müssen, nicht so umfassend in ihrer Amtsausübung eingeschränkt wie ihre Nachfolger.

Ausnahmeregelungen

Weiterhin sehen auch die neuen Regelungen großzügige Ausnahmen vor. Zudem wird zur Bestimmung der strukturellen Kreditaufnahme die tatsächliche Kreditaufnahme um finanzielle Transaktionen bereinigt, d.h. gibt eine Gebietskörperschaft Geld zum Erwerb von Beteiligungen aus, erhöht dies ihren Kreditspielraum. Hingegen werden Privatisierungserlöse konsequenterweise nicht mehr verrechnet, da sie nicht nachhaltig wirken (Deubel 2009).

Lerneffekte, neue Ideen?

Auch Politik „lernt". Es wäre daher dem politischen Prozess nicht angemessen, würde man Lerneffekte in der Finanzpolitik von vornherein als unmöglich ausschließen (vgl. zusammenfassend Bandelow 2003). Theorien, die Politikern stets und ausschließlich individuelle Nutzenmaximierung und ein alleiniges Interesse an ihrer Wiederwahl unterstellen, lassen andere Motivlagen, wie die Sorge um die Belastungen künftiger Generationen, unberücksichtigt. Kommt es zu einer Veränderung von „belief systems" und damit zu einer neuen Ausrichtung von grundlegenden Überzeugungen und politikfeldbezogenen Positionen, ändert sich bei Politikern auch ihr strategisches Verhalten (vgl. z.B. Sabatier/Jenkins-Smith 1993). So hat z.B. eine „nachhaltige" Entwicklung als grundlegende Überzeugung in den vergangenen Jahren Eingang in viele Politikfelder gefunden. Sie ist stärker handlungsleitend als noch Jahre zuvor, auch wenn dieses Ziel im Spannungsfeld unterschiedlicher Interessen, Wahlversprechen und Vetopositionen häufig wieder kleingearbeitet wird. Studien belegen in diesem Sinne, dass die Aufwendungen für Zukunftsaufgaben, wie Bildung, in den öffentlichen Haushalten zwischen 1980 und 2003 in Deutschland dramatisch (um ca. 25%) zurückgefahren wurden, während im Gegenzug die Ausgaben für Sozialleistungen und den Schuldendienst entsprechend (und mehr) zugenommen haben (Renzsch 2008: 92). Dass ernsthaft über eine Schuldenbremse diskutiert wurde, kann dennoch als gewisser Lerneffekt betrachtet werden, auch wenn die Wirkungen dieser Maßnahme umstritten sein mögen.

Sind Wähler haushaltspolitische konservativ?

Daneben gibt es grundsätzliche Kritik an dem Glauben, vor Wahlen komme es zu einer gleichsam natürlichen, opportunistisch motivierten Defizitfinanzierung. Eine neuere Studie zu den Haushaltsdefiziten in den westdeutschen Bundesländern zwischen 1970 bis 2003 fand heraus, dass die Haushaltsverschuldung unmittelbar vor den Wahlen sogar sinkt, während sie in der restlichen Legislaturperiode ansteigt. Wähler denken haushaltspolitisch eher konservativ, sie strafen Landesregierungen ab, wenn diese ihre Defizite durch Wahlgeschenke erhöhen (Schneider 2007: 238 f.; vgl. auch Feld 2008: 109). Allerdings belohnen Wähler eben auch Ausgaben im Bereich der Daseinsvorsorge, aus denen sie unmittelbaren Nutzen ziehen (Wieland 2008: 218). Insofern liegt es nahe, weiterhin nach Vorkehrungen zu suchen, die *während* der Legislaturperiode den Aufwuchs von Schulden zu begrenzen vermögen. Ob sich die Staatsverschuldung allerdings „mit den Mitteln rechtswissenschaftlich geleiteter Subsumption unter eine Verfassungsregel" lösen lässt, darf bezweifelt werden. Welche Höhe der Verschuldung angemessen ist, muss vielmehr politisch bestimmt werden (Wieland 2008: 219). Somit sind Ausnahmeregelungen und unbestimmte, angesichts realer Konjunkturentwicklungen notwendig politisch zu interpretierende Rechtsbegriffe wohl kaum zu vermeiden.

Die Neuregelung des Finanzausgleichs wurde erneut in die Zukunft verschoben. Das Thema wird wohl spätestens bis 2019 wieder auf der Agenda stehen, wenn der Solidarpakt II ausgelaufen ist. Bis dahin wird die beschlossene Novellierung den Druck, weitere Reformen einzuleiten, wahrscheinlich erhöhen, da die finanziellen Zwänge für die finanzschwachen Länder infolge der Föderalismusreform stärker werden dürften. Dass beide Föderalismuskommissionen die Finanzbeziehungen letztlich ausgeklammert haben, verweist auf die Wirkungsmacht bestehender politikverflochtener Strukturen: Allen Beteiligten war einsichtig, dass Vetopositionen in diesem Politikbereich besonders nachhaltig vertreten werden, geht es doch nicht nur um die egoistische Wahrung von Besitzständen, sondern auch um die Handlungsfähigkeit der je eigenen Gebietskörperschaft. Die Einigungsfähigkeit der Akteure ist angesichts der bestehenden wirtschaftlichen Asymmetrien in diesem Politikfeld somit eingeschränkt. Wollte man also einen – wenn auch begrenzten – Erfolg der Kommission, lag es nahe, die Neustrukturierung des Finanzausgleichs erst gar nicht auf die Agenda zu setzen: Bund und Länder haben somit ihr Verhalten und die Reichweite ihrer Vorschläge bereits an den Restriktionen bestehender institutioneller Strukturen ausgerichtet.

<small>Ausklammern als Anpassung an die Zwänge der Politikverflechtung</small>

Die Schuldenbremse ist ein Versuch, opportunistischem Verhalten und kurzfristig ausgerichteten Kalkülen der Politiker und insbesondere von „Fachbruderschaften" Zügel anzulegen. Mithilfe des neuen Staatsschuldenrechts soll sich das Verhalten föderaler Akteure am langfristigen Ziel einer nachhaltigen Finanzpolitik orientieren. Gleichzeitig soll verhindert werden, dass eine übermäßige Verschuldung einer Gebietskörperschaft durch die „…Inanspruchnahme der anderen bundesstaatlichen Gebietskörperschaften sozialisiert werden kann…" (Korioth 2009: 735). Ein solches Trittbrettfahrerverhalten (vgl. Bednar 2005) bestraft Bemühungen um Haushaltskonsolidierung in einzelnen Gebietskörperschaften, wenn andere Länder, die sich dem nicht unterziehen, durch gemeinsam finanzierte Stützungsaktionen belohnt werden. Es überwiegt eine kritische Einschätzung, ob die gefundene Lösung tatsächlich effektive Verhaltensänderungen hervorzurufen vermag: Die Ausnahmen seien, obschon politisch zweifelsohne erforderlich, doch derart weit gefasst, dass „…es nicht einmal besonderer haushälterischer Phantasie und Kreativität bedarf, um sie in Anspruch zu nehmen und das Ziel des ausgeglichenen Haushalts zur Seite zu schieben" (Korioth 2009: 736). Letztlich wird die Einhaltung solcher Normen nicht unwesentlich davon abhängen, inwieweit die Akteure sie als handlungsleitende Idee und Richtschnur für strategisches Verhalten und die eigene Präferenzbildung verinnerlicht haben (zur Rolle von Ideen vgl. u.a. Schmidt 2008).

Eingeschränkte Haushaltsautonomie der Länder

Für die Länder bedeutet die Reform – so sie sich denn in der Praxis bewährt – eine Einschränkung ihrer Haushaltsautonomie. Sie garantiert gerade nicht, wie ursprünglich im Zielkatalog der Kommission vorgesehen, eine größere Selbständigkeit der Gliedstaaten und des Bundes. Die strukturelle Verschuldungsgrenze nimmt ihnen einen Teil der Selbstbestimmung über ihre Einnahmen. Schon jetzt verfügen sie nur in geringem Umfang über Einnahmenautonomie, weil der Bund – wenn auch unter Beteiligung des Bundesrates – durch seine Steuergesetzgebung die Einnahmen der Gliedstaaten bestimmt. Die Länder führen Angelegenheiten des Bundes, und damit in erheblichem Umfang sozialpolitische Materien, in eigener Zuständigkeit aus und finanzieren den Vollzug (vgl. Kap. 2.3). Nicht zuletzt diese Konstruktion hat in der Vergangenheit die Verschuldung der Länder mit verursacht. Wollen sie noch einen eigenen Gestaltungsspielraum geltend machen, bedürften die Gliedstaaten angesichts des neuen Schuldenrechts eigentlich zusätzlicher eigener Einnahmequellen – oder aber sie werden versuchen, in die konjunkturelle Verschuldung auszuweichen (Korioth 2009: 732). Auch das Haushaltsrecht der Landtage, die Entscheidungen im europäisierten kooperativen Föderalismus ohnedies nur begrenzt mitgestalten können, wird durch die neue Schuldenregel ein weiteres Mal beschränkt. Als problematisch dürfte sich die neue Regelung vor allem für die neuen Länder erweisen. Die Steuerkraft der ostdeutschen Länder liegt nur bei etwa 40% des Bundesdurchschnitts. Probleme werden derzeit noch durch den 2019 auslaufenden Solidarpakt II aufgefangen (vgl. Kap. 2.3). In Zukunft kann aber das „örtliche Aufkommen" angesichts der regionalen Spreizung der Steuerkraft kein sachgerechter Maßstab für die Steuerverteilung mehr sein. Aufgaben sozialstaatlicher Natur lassen sich aus einem Steueraufkommen von 40% des Bundesdurchschnitts nicht in annähernd ähnlicher Qualität wie in den westdeutschen Flächenländern finanzieren (Wieland 2008: 222). Es liegt also nahe, dass die Reform den Druck auf eine Neugestaltung des Finanzausgleichs verstärken wird.

Meinung der Bürger zur Schuldenbremse

Was denken die Bürger über ein verfassungsrechtliches Verbot der Schuldenaufnahme? Eine Mehrheit in den westdeutschen Ländern lehnte 2007 eine solche Schuldenregel ab. In den fünf ostdeutschen Ländern sowie in Baden-Württemberg, im Saarland und in Bremen, gibt es hingegen Mehrheiten für eine solche Lösung. Die Bürger scheinen sich jedoch über die Implikationen einer solchen Regel nicht unbedingt im Klaren zu sein, denn eine Rückführung der Sozialausgaben oder unterschiedlich hohe Steuersätze, die ggf. erforderlich wären, um die Einnahmen zu erhöhen, werden gerade in den neuen Bundesländern weitgehend abgelehnt (vgl. Petersen et al. 2008: 579, 580).

Fazit: eine Nicht-Reform?

Damit zeichnet sich im Ergebnis der zweiten Stufe der Föderalismusreform ein vertrautes Muster der Politikgestaltung im politikverflochtenen Bundesstaat ab: Angesichts der bestehenden, institutionell abgestützten und verfestigten Machtverteilung und bestehender Interessendivergenzen sind inkrementelle Entwicklungen der bundesstaatlichen Konstruktion auch weiterhin wahrscheinlicher als der große, umfassende Wurf. Kritiker sprachen angesichts der bescheidenen Fortschritte bei der Föderalismusreform I bereits von einer 'Non-Reform' als der Konstante deutscher Verfassungspolitik; weiterreichende Veränderungen seien der Politikverflechtungsfalle zum Opfer gefallen (Jeffery 2008: 588; siehe kritisch hierzu Kap. 6.2). Bezieht man dieses Urteil auf die erneut aufgeschobene Reform der Finanzbeziehungen, kann man Letzterem unschwer zustimmen, nicht aber auf die Einführung der Schuldenbremse, die den Begriff einer „Nicht-Reform" nicht gerechtfertigt erscheinen lässt. Wird sie tatsächlich angewandt und durchgesetzt, könnte sie den Druck auf eine Reform der Finanzbeziehungen nach 2020 entscheidend erhöhen helfen. Die eingebauten „Schlupflöcher" lassen jedoch auch gegenteilige Szenarien nicht unwahrscheinlich erscheinen.

7 Ausblick: Kooperativer Föderalismus und Politikverflechtung im Spiegel des Theorieangebots

Der empirische Teil der vorliegenden Analyse konzentrierte sich im Wesentlichen auf die Entwicklung des kooperativen, politikverflochtenen Bundesstaates nach der Deutschen Einheit. Sowohl die Europäisierung des deutschen Regierungssystems als auch die infolge der Wiedervereinigung entstandenen innerstaatlichen Problemlagen sowie die gewachsene wirtschaftliche Asymmetrie des Bundesstaates setzten den deutschen Föderalismus seither verstärkt unter Druck. Die vergangenen beiden Jahrzehnte eignen sich somit besonders, um die seit den 1970er Jahren für Deutschland angewandten Theorien zum föderalen System, die überwiegend auf die Persistenz bestehender Strukturen abheben, zu überprüfen. Konkrete Erscheinungsformen von kooperativem Föderalismus – als den grundsätzlich „freiwilligen" Formen der bundesstaatlichen Zusammenarbeit – und Politikverflechtung – als den institutionalisierten Zwangsverhandlungssystemen – wurden somit in den vorangestellten Kapiteln auf der Grundlage unterschiedlicher Theorieangebote untersucht. Das nachfolgende Kapitel fasst abschließend kurz zusammen, welches Erkenntnisinteresse diesen Theorien zugrunde liegt, und fragt, als wie leistungsfähig sie sich bei der Aufarbeitung des Themas erwiesen haben.

Unterschiedliche Theorieangebote

Im Mittelpunkt vieler Analysen stehen zwei speziell auf den deutschen Föderalismus bezogene Theorien begrenzter Reichweite: die Politikverflechtungstheorie sowie die Strukturbruchthese. Zur Erforschung des deutschen Bundesstaates hat insbesondere die Theorie der Politikverflechtung beigetragen, die in den 1970er Jahren auf der Grundlage von Theorien der Politischen Ökonomie und Entscheidungsprozessanalysen entwickelt wurde. Diese ist zwar speziell auf das deutsche System bezogen, enthält aber auf andere Systeme übertragbare analytische Bausteine und Hypothesen. Insofern stellt sie durchaus einen eigenständigen, erweiterbaren analytischen Zugang zu Governance-Problemen in Mehrebenensystemen dar (Benz 2009b: 58). Bis heute dient die Theorie der Politikverflechtung, und hierbei insbesondere die „Politikverflechtungsfalle", als geeignete Folie, um Entscheidungen sowie „Non-decisions", also den Verzicht auf Entscheidungen und Reformen – sowohl über einzelne Sachpolitiken als auch über die Reform der institutionellen Strukturen selbst –, erklären zu können. Dass diese Falle keineswegs automatisch zuschnappt, konnte in der vorliegenden Darstellung anhand verschiedener Fälle belegt werden. Die häufig einseitige Rezeption der Theorie trug zu einer verengten Interpretation der Politikverflechtung und zur Konzentration auf die durch sie entstehenden Blockaden bei. Eine jüngere Studie weist in diesem Sinne ebenfalls darauf hin, dass wir unterschiedliche, politikfeldspezifische Formen der Politikverflechtung mit verschiedenen Graden an Problemlösungen finden (Scheller/Schmid 2008). Die Falle wird vor allem dann Realität, wenn redistributive Politiken zur Bearbeitung an-

Politikverflechtung und Strukturbruchthese als auf den deutschen Bundesstaat bezogene Theorien begrenzter Reichweite

stehen. Dies ist insbesondere im Bereich der Finanzbeziehungen der Fall, aber auch ideologisch stark polarisierte Materien verfangen sich leicht in diesem Korsett. In anderen Politikfeldern haben die politischen Akteure mehr Möglichkeiten an der Hand, um mit den Zwängen des institutionalisierten und sich auf die europäische Ebene erstreckenden Verhandlungssystems umzugehen (vgl. z.B. Kilper 2008 für die Regionalpolitik). Darauf haben sowohl die theorieimmanente Weiterentwicklung von Verhandlungstheorien (vgl. z.B. Scharpf 1992a) als auch die empirische Überprüfung der angenommenen Rationalitätsfallen (vgl. z.B. Wachendorfer-Schmidt 2003) hingewiesen. Ferner existieren in etlichen Politikfeldern nicht nur föderale Zwangsverhandlungssysteme, sondern daneben auch freiwillige Kooperationsformen, in denen die Rigiditäten der Zustimmungserfordernisse schwächer ausgebildet sind.

Im gleichen Jahr, in dem Fritz W. Scharpf und sein Team die Theorie der Politikverflechtung veröffentlicht haben, erschien eine weitere, hinsichtlich der Reformfähigkeit des Föderalismus ebenfalls pessimistische Analyse. Lehmbruch (Lehmbruch 1976, 2000) bescheinigte dem deutschen Regierungssystem einen „Strukturbruch". Unter Anwendung zentraler Ideen des Historischen Institutionalismus konnte Lehmbruch nachweisen, dass zentrale Merkmale des deutschen Bundesstaates, die diesen Strukturbruch mit herbeiführen, in der deutschen Geschichte angelegt sind. Anders als Scharpf, der Parteien noch nicht als zentrale Akteure im Föderalismus konzeptualisierte, wies Lehmbruch darauf hin, dass die Struktur des Parteienwettbewerbs das föderale System maßgeblich formt. Der Strukturbruch entsteht, weil Parteienwettbewerb und bundesstaatliches Verhandlungssystem eng gekoppelt sind. Diese enge Kopplung ruft, wie im vorliegenden Text gezeigt wurde, immer wieder Störungen hervor, weil sich die Ländervertreter im Bundesrat bei gegenläufigen Mehrheiten von parteipolitischen Motiven leiten lassen, beide eng verbundenen Teilsysteme somit nach verschiedenen und schwer kompatiblen Logiken funktionieren.

Wie Scharpf, wenn auch mithilfe eines anderen analytischen Zugangs zum Thema, kam auch Lehmbruch zu dem Ergebnis, dass die institutionelle Ausgestaltung des deutschen Bundesstaates sowie die Kombination kooperativföderaler mit wettbewerbspolitischen Strukturkomponenten zu Entscheidungen führen, die typischerweise inkrementeller Natur sind. Beide analytischen Zugänge – die Politikverflechtungstheorie wie die Strukturbruchthese – heben somit die *Zählebigkeit* bestehender institutioneller Arrangements hervor. Untersuchungen zur Strukturbruchthese und zur Politikverflechtung belegen aber auch, dass Blockaden nicht durchgängig und automatisch entstehen. Landespolitiker z.B. folgen nicht nur der Logik des auf der Bundesebene dominierenden Parteienwettbewerbs, und Handlungs- und Interaktionssituationen variieren über die Zeit und je nach Politikfeld. Akteure im deutschen Bundesstaat sind Rollenkonflikten ausgesetzt, die sie je nach Handlungspriorität unterschiedlich auflösen. Das Schnüren von Verhandlungspaketen erlaubt es zudem, dass drohende Blockaden umgangen oder behoben werden (vgl. hierzu auch: Lehmbruch 2000; Tsebelis 1990). Aus all dem ergeben sich Dynamiken und Flexibilitäten (vgl. schon Benz 1985). Als schwierig erweist es sich jedoch unter den gegebenen Bedingungen, die föderalen Institutionen selbst zu reformieren, da diese Machtverteilungen festlegen und finanzielle Ressourcen verteilen. Bundesstaatliche bzw. Verfassungsreformen finden eben nicht unter einem „Schleier der Ungewissheit" (J. Rawls) statt, der die beteiligten Akteure dazu bringt, ein faires, für alle Beteiligten akzeptables Regelwerk zu akzeptieren. Die eventuell negativen Folgen von Reformen sind für einzelne Gebietskörperschaften in der Regel vielmehr deutlich erkennbar. Verhandlungen über solche Reformen verlaufen daher eher im Bargaining- als im Arguing-Modus.

Die ökonomische Theorie des Föderalismus (vgl. z.B. Thoeni 1986) eignet sich als präskriptive Theorie und normatives Modell vor allem dazu, Funktionsdefizite bestehender Systeme aufzudecken und effizienzorientierte Leitlinien für eine Reform von Föderalstaaten zu entwickeln. Sie behauptet, dass über den Wettbewerb interdependente Aufgaben effektiv koordiniert und gleichzeitig die Macht der Regierenden begrenzt werden könnten (Oates 1999). Ein föderaler Wettbewerb kann dabei sowohl um Ressourcen als auch um Ideen und „beste Lösungen" stattfinden. Aus Sicht der ökonomischen Theorie des Föderalismus ist Politikverflechtung zu vermeiden, da sie eindeutige Zurechenbarkeiten und Verantwortlichkeiten verwischt, das Prinzip der fiskalischen Äquivalenz verletzt und zu beinahe unlösbaren Trittbrettfahrerproblemen führt. Die von ihr hergeleiteten Vorschläge, wie ein föderales System idealerweise zu organisieren sei, stoßen jedoch, wie gezeigt, in vielerlei Hinsicht an die Grenzen der Machbarkeit. So ist z.B. die Exit-Option für Bürger, die einen föderalen Steuerwettbewerb für sich nutzen wollen, oft kaum realisierbar. Auch wird der Maßstab der ökonomischen Effizienz und Effektivität von Institutionen, sofern er zur alleinigen Richtschnur erhoben wird, der Lebenswirklichkeit föderaler Systeme und ihrer sehr unterschiedlichen gesellschaftlichen Einbettung und historischen Bedingungen nur bedingt gerecht. Wie gezeigt, stoßen Ideen, z.B. der Steuerwettbewerb oder eine ungleiche Entwicklung sozialstaatlicher Angebote, in Deutschland auf eine ausgeprägte unitarische Kultur.

Ökonomische Theorie des Föderalismus

Demgegenüber bietet der Historische Institutionalismus (vgl. Immergut 1997; Pierson 2004; Thelen 1999; als Anwendung auf den deutschen Föderalismus Lehmbruch 2000) ein empirisch passfähigeres Konzept, das die Zählebigkeit von Institutionen auf der Grundlage zeitlicher Längsschnittanalysen erklärt. Verlauf und Ergebnisse der beiden jüngsten Föderalismusreformen bestätigen im Großen und Ganzen die von dieser Theorie prognostizierten „Lock-in"-Effekte, denen zufolge Akteure ihr Handeln an bestehenden institutionellen Anreizen ausrichten und so eingefahrene „Pfade" verstetigen. Dem Konzept kommt, wie oben anhand verschiedener Fälle gezeigt werden konnte, eine hohe Plausibilität zu, seine Kategorien und Begriffe sind anschaulich und eingängig. Kritiker bemängeln allerdings, dass es ihm an eindeutigen Kausalbeziehungen mangele. Problematisch werden Anwendungen dieser Theorie in der Tat vor allem dann, wenn Interpreten dazu neigen, Strukturen aus sich selbst heraus zu erklären. Dies ist in der Theorie allerdings nicht notwendig angelegt, da sie hinreichend Akteurbezüge enthält. Allerdings ist sie eher geeignet, die Stabilität als den Wandel von institutionellen Arrangements zu konzeptualisieren, der auch in Systemen mit hohen Vetohürden stattfinden kann.

Historischer Institutionalismus

Durchwegs ineffizient waren und sind politikverflochtene Strukturen, wie man angesichts der Diskussionen der vergangenen Jahre meinen möchte, dabei nicht, bei allem unbestrittenen Korrekturbedarf (vgl. Scharpf 2009; Scheller/

Rückkopplungseffekte

Schmid 2008). Es bleibt abzuwarten, welche Vorteile und Nachteile sich aus der nun vorgenommenen vorsichtigen Entflechtung bundesstaatlicher Zuständigkeiten, die allerdings von neuen Verflechtungstatbeständen begleitet ist, ergeben. Eines aber scheint sich bereits jetzt abzuzeichnen: Selbst wenn Zuständigkeiten einer bundesstaatlichen Ebene – im Zuge einer Entflechtung – eindeutig zur Bearbeitung zugewiesen werden, so müssen Koordinierungen im europäisierten Bundesstaat auch weiterhin dann vorgenommen werden, wenn sachlich zusammengehörende, sich über eine Ebene hinaus erstreckende Zusammenhänge durch die Entflechtung zerschnitten werden. Der Bildungsbereich stellt ein solches Politikfeld dar. Hier kommt es nun, wie gezeigt, zu einer erneuten, wenn auch institutionell erschwerten Kooperation zwischen den Ebenen. Ähnliche Effekte waren bei der Rückkopplung wettbewerbsorientierter Strategien der Länder in der EU an die Mechanismen des kooperativen Bundesstaates zu beobachten. Dies belegt die vom Historischen Institutionalismus beschriebenen Lock-in-Effekte, denen zufolge Akteure auch neue Verfahren an bestehende Routinen rückkoppeln.

Kontingenztheorien

Politische Kontingenztheorien wiederum (vgl. Kingdon 1995; Zahariadis 1999), die im Text einige Male anhand konkreter Fälle zur ergänzenden Erklärung eines (mangelnden) Reformfortschritts im föderalen System herangezogen wurden, weisen darauf hin, dass es „politische Unternehmer" geben muss, die offen stehende Gelegenheitsfenster zu nutzen wissen. Insbesondere unter diesen Bedingungen sei Reformbemühungen eine Chance beschieden. Sie heben hervor, dass Akteure günstige Kontextbedingungen miteinander verkoppeln müssen, damit zielgerechtes Handeln möglich ist. In der „Multiple-streams-Theorie" (Zahariadis 1999) werden diese Ideen z.B. plastisch als das zufällige Zusammentreffen unterschiedlicher, durch das politische System fließender „Ströme" dargestellt: Reformen sind also nicht zu jeder Zeit machbar. Anhand der vorangestellten Kapitel lässt sich zeigen, dass sich auch diese Annahmen als heuristische Richtschnur analytisch einsetzen ließen, z.B. wenn es galt zu erklären, warum die Föderalismusreform 2006 nach ihrem ersten Scheitern doch noch zustande kam. Selbst unter den Bedingungen hoher Vetohürden ließen sich – wenn auch begrenzte – Veränderungen gegenüber dem Status quo erzielen.

Unterschiedliche Handlungsorientierungen von Akteuren analytisch bedeutsam

Die meisten der hier eingeführten Theorien, die auf den Föderalismus anwendbar sind, eint der Akteurbezug, der allerdings unterschiedlich konzeptualisiert wird. Auf den kleinsten gemeinsamen Nenner gebracht, weisen die meisten Konzepte – dies wiederum mehr oder weniger explizit – darauf hin, dass die institutionelle Struktur des föderalen Systems die Akteure nicht in ihrem Verhalten determiniert, sondern nur Anreizstrukturen bietet, von denen die Handelnden in unterschiedlicher Form Gebrauch machen können. Viele Analysen folgen mittlerweile dieser Grundidee des „akteurzentrierten Institutionalismus" (vgl. Scharpf 1997). Diese an sich recht allgemeine Annahme führt aber zu durchaus komplexen Analysen des kooperativen und politikverflochtenen Föderalismus. Empirische Untersuchungen zeigen: Akteure können solche Spielräume auf unterschiedliche Weise ausschöpfen. Vor diesem Hintergrund sind auch die kaum mehr überschaubaren Anwendungen des Vetospieler-Ansatzes (vgl. Tsebelis 2002) kritisch zu durchleuchten, sofern sie davon ausgehen, dass die politischen Akteure das ihnen zur Verfügung stehende Vetopotential tatsächlich nutzen (vgl. Merkel 2003; differenzierte Anwendungen vgl. z.B. Abromeit/Stoiber 2008).

Handeln erfolgt vielmehr auf der Zeitachse, und somit sind Kooperationserfahrungen und Vertrauen auch wesentliche Stellgrößen föderaler Interaktion. Verinnerlichte Kooperationsnormen sowie die Muster der föderalen Zusammenarbeit und individuelle Karrierewege, die in Deutschland auf Landesebene die Drehtür zum Bund öffnen, aber auch langfristige Erwägungen und Tauschgeschäfte (oder Ausgleichszahlungen) mindern die Gefahr einer ständigen Ausschöpfung von Vetopositionen. All dies führt jedoch andererseits nicht dazu, dass kooperative Orientierungen dominieren. Diese werden überlagert z.B. durch landesegoistische Motive sowie durch den Parteienwettbewerb, der in Deutschland selbst föderal versäult ist und, wie gezeigt, kompetitive Interaktionsorientierungen auf das bundesstaatliche Teilsystem überträgt. Wettbewerbsorientierungen erweisen sich insbesondere dann als problematisch, wenn die Akteure, wie dies in Deutschland häufig der Fall ist, in ein Zwangsverhandlungssystem eingebettet sind und im Falle der Nicht-Einigung keine eigenen Wege beschreiten können.

Arenenvernetzung und Verhandlungssysteme

So sind Entscheidungssituationen im deutschen Bundesstaat in der Regel von Mischungen unterschiedlicher Handlungsorientierungen – zumeist kooperativen, kompetitiven und egoistischen (seltener altruistischen oder feindlichen) – geprägt. Akteure, z.B. die Ministerpräsidenten, bleiben nicht in einem Interaktionsmodus, sondern wechseln ihn, je nach Entscheidungsmaterie und Entscheidungssituation. Da in Deutschland eine beträchtliche Zahl von Entscheidungsarenen miteinander verknüpft ist, die jeweils verschiedene Handlungslogiken und voneinander abweichende, für die jeweilige Arena typische Interaktionsorientierungen in sich bergen (vgl. allgemein Tsebelis 1990), sind miteinander konkurrierende institutionelle „Logiken" am Werk, die von Akteuren in konkreten Entscheidungssituationen wechselseitig abgewogen werden müssen. Dies hat zur Folge, dass es im kooperativen Föderalismus kontext- und situationsabhängig zu unterschiedlichen und nur mit Abstrichen generalisierbaren Entscheidungskonstellationen und politischen Lösungen kommt.

Angesichts der insgesamt eher inkrementellen Veränderungen des deutschen Bundesstaates ist es verständlich, dass sich Analysen des föderalen Systems insbesondere solcher Theorien bedient haben, welche die Zählebigkeit bestehender Arrangements und die Bedeutung institutioneller Gleichgewichte in den Vordergrund heben. Die drei „klassischen" Zweige der Institutionentheorien, der Soziologische, der Ökonomische und der Historische Institutionalismus, eignen sich in der Tat eher, um die Stabilität von Institutionen und die Status-quo-Orientierung politischer Entscheidungen zu erklären (vgl. Schmidt 2008). Diese sind allerdings mit anderen Zugängen – etwa mit Grundideen des sog. „Diskursiven" Institutionalismus – kombinierbar, die eher an der Erklärung des Wandels interessiert sind. Auch der deutsche Föderalismus war Reformversuchen unterworfen, die angesichts der tatsächlich erzielten Reichweite zwar nicht zufriedenstellend ausgefallen sein mögen, aber eben doch Veränderungen erbracht haben. Deshalb lohnt sich ein Blick auf solche analytischen Zugänge, die eigentlich nicht im Mittelpunkt der Untersuchung von Politikverflechtung und kooperativem Föderalismus stehen. Denn im Großen und Ganzen habe die Konzentration auf den in diesem Forschungsfeld dominierenden Theorienbestand, so eine grundsätzliche Kritik, den Eindruck verfestigt, dass die föderale Ordnung insgesamt statisch und unbeweglich sei. Dieser Eindruck decke sich jedoch nicht

Erklärung von Zählebigkeit institutioneller Strukturen und von Wandlungsprozessen

mit der Realität; der Vergleich von Politikfeldern belege vielmehr große Unterschiede in der föderalen Dynamik (Schmid 2008: 348).

Theorieangebote, die zur Erklärung solcher Reform- und Wandlungsprozesse geeignet sind, sind z.B. Konzepte der Diffusion von Ideen (Holzinger et al. 2007), der oben genannte „Diskursive Institutionalismus" (z.B. Schmidt 2008), der wie die wesentlich ältere Theorie der „belief systems" (z.B. Sabatier/Jenkins-Smith 1993) darauf hinweist, dass Veränderungen durch die Vermittlung neuer normativer Grundlagen und Ideen ausgelöst werden können, sofern diese von „advokatorischen" Koalitionen oder epistemischen Gemeinschaften (Haas 1992) in „Diskursen" durchgesetzt werden können. Theorien des Isomorphismus (z.B. Meyer/Rowan 1991) wiederum heben hervor, dass organisatorische Lösungen und Regelwerke oft schlicht von Vorbildern kopiert werden, weil sich Akteure davon Legitimation erhoffen – und zwar gleich, ob sie dem bestehenden Problemhaushalt angemessen sind oder nicht. Auch Fehler können kopiert werden, und einzelne isolierte Bausteine werden mitunter sogar „systemwidrig" in eine institutionelle Umgebung eingepasst. Schmid (2008) hat ferner darauf hingewiesen, dass eine eher an Netzwerken bzw. dem Governance-Ansatz orientierte Perspektive lohnend sei. Die in die Politikverflechtung eingebundenen Exekutiven verhandelten in Netzwerken mit privaten und öffentlichen Akteuren in mehr oder weniger politikverflochtenen Politikfeldern, was zu unterschiedlichen Graden der Problemlösungsfähigkeit führt.

Bedeutung von Ideen und Überzeugungen für die Erklärung von Wandel und Stabilität

Viele dieser Theorien beziehen sich somit – wenn auch auf unterschiedliche Weise – auf die Wirkungsmacht von sich verändernden Ideen und Überzeugungen, um institutionellen Wandel erklären zu können. Analysen föderaler Reformprozesse in Deutschland zeigen denn auch, dass die normativen Grundlagen des kooperativen Bundesstaates im Vorfeld der Verhandlungen intensiv diskutiert worden sind. Dabei gewannen die Vertreter wettbewerbsföderaler Ideen, die eine Art Reformkoalition bildeten, deutlich an Gewicht. Gleichwohl konnte sich diese Koalition keineswegs in allen Punkten gegen anders gelagerte Interessen durchsetzen, so dass trotz einiger (begrenzter) Erfolge der kooperative Charakter des deutschen Bundesstaates erhalten geblieben ist (vgl. hierzu auch die Diskussion um die Schuldenbremse).

Keine Großtheorie zur Analyse föderaler Systeme

Alle diese Theorien, die herangezogen werden, um die (mangelnde) Wandlungsfähigkeit sowie Mängel hinsichtlich der Effizienz und Problemlösungsfähigkeit des Föderalismus zu erklären, treffen auf die gegebenen empirischen Ausprägungen des deutschen Bundesstaates somit einmal mehr und einmal weniger zu. Es gibt zwar eine Palette an – teilweise durchaus kombinierbaren – Teiltheorien, die für Untersuchungen herangezogen werden kann, nicht aber eine generelle Großtheorie, die alle Aspekte dieses komplexen Themas zu umfassen vermag. Hierfür ist die Zahl der abhängigen und unabhängigen Variablen, die Studien über föderale Systeme zu berücksichtigen haben, zu groß (vgl. ähnlich: Scharpf 2008: 510).

Demokratie, Politikverflechtung und kooperativer Föderalismus

Die Diskussion um eine Entflechtung der bundesstaatlichen Zuständigkeiten wurde überwiegend auf der Grundlage des Effizienzkriteriums geführt; demokratietheoretische Erwägungen spielten demgegenüber eine untergeordnete Rolle. Dabei werden Demokratie und Föderalismus nicht nur in den älteren normativen Föderalismustheorien, sondern auch von einem Teil der ökonomischen Theorien des Föderalismus in einen engen Zusammenhang gebracht. Die Demokratiebilanz von Föderalstaaten ist jedoch umstritten (Benz 2009a), zumal unterschiedliche Ausprägungen des bundesstaatlichen Strukturprinzips mit verschiedenen Formen der Demokratie kombiniert werden können und somit eine Vielfalt möglicher institutioneller Konfigurationen ergeben. Eindeutige Aussagen sind kaum möglich. Der Demokratiegehalt politikverflochtener Strukturen erweist sich dennoch als ambivalent: Zwar werden viele Interessen in die Politikformulierung eingebunden. Häufig liegt die Vorbereitung von Entscheidungen jedoch in den Händen der Verwaltung und von Experten, was zwar die Sachorientierung von Verhandlungen fördern mag, aber gleichzeitig auch zu einem elitären Politikmodell beiträgt. Transparenz und klare Verantwortlichkeiten sind in verflochtenen Systemen als konstituierende Elemente von Demokratie zumeist schwach ausgeprägt, und die Parlamente werden als Träger der repräsentativen Demokratie in wesentlichen Funktionen abgewertet (vgl. Kap. 1, 5). Auch muss man angesichts der variierenden empirischen Befunde abwägen, in welchem Umfang politikverflochtene Strukturen effektive politische Lösungen hervorbringen und dergestalt zu einer erhöhten „Output-Legitimation" des politischen Systems beitragen.

Demgegenüber ermöglichen es freiwillige Verhandlungen und Kooperationen den Beteiligten, allein eine Lösung herbeizuführen, wenn keine Einigung erzielt werden kann. Regierungen bleiben, anders als in verflochtenen Systemen, daher auch für ihre Entscheidungen verantwortlich. Auch innerhalb solcher Strukturen, die durch Freiwilligkeit gekennzeichnet sind, haben es Parlamente zwar schwer, ausgehandelte Entscheidungen wieder rückgängig zu machen, aber anders als im Rahmen der Politikverflechtung entstehen bei einer intragouvernementalen Nicht-Einigung grundsätzlich noch keine Politikblockaden. Einschränkend sei jedoch hinzugefügt, dass auch freiwillige Kooperationen durch politische Zwänge geprägt sein können, die denen von institutionalisierten Zwangsverhandlungssystemen nahe kommen. Das in diesem Text besprochene Beispiel der KMK weist beispielsweise in diese Richtung.

Solche Muster der losen Kopplung weisen allerdings Nachteile auf. So können sich Akteure in populistischer Manier als Verteidiger der Interessen der eigenen Gebietskörperschaft gerieren und hohe Forderungen an den Verhandlungsprozess stellen. Vergleicht man aber Politikverflechtung und kooperativen Föderalismus als zwei verschiedene Formen bundesstaatlicher Interaktion hinsichtlich ihrer „Demokratiefähigkeit", so scheinen freiwillige Verhandlungen doch weniger anfällig zu sein für Dilemmata demokratischen Regierens als multilaterale Zwangsverhandlungen (vgl. hierzu auch Benz 2009: 218, 220 f.). Letztlich sollte es also in zukünftigen Reformen des Bundesstaates, die bis 2020 anstehen dürften, darum gehen, einige Rigiditäten der Politikverflechtung so aufzulösen, dass trotzdem Ebenen übergreifende Lösungen möglich bleiben (vgl. hierzu auch Kap. 6).

Literaturverzeichnis

ABROMEIT, Heidrun (1992): Der verkappte Einheitsstaat. Opladen.
AROMEIT, Heidrun / STOIBER, Michael (2006): Demokratien im Vergleich. Einführung in die vergleichende Analyse politischer Systeme. Wiesbaden.
Aktionsplan AdR-CALRE, 2005, http://cor.europa.eu/document/de/APCALREDE.pdf, Download am 15.8.2006.
ALEMANN, Ulrich von / KÖHN, Klaudia (2005): Nordrhein-Westfalens Einflusskanäle auf der europäischen Ebene. In: DERS./ MÜNCH, Claudia (Hrsg.): Landespolitik im europäischen Haus. NRW und das dynamische Mehrebenensystem. Wiesbaden, S. 105-120.
ALGIERI, Franco / SCHMUCK, Otto / WESSELS, Wolfgang (1992): Die Landtage im europäischen Integrationsprozeß nach Maastricht. Vorschläge für eine Stärkung der europapolitischen Rolle. Gutachten für den Landtag Nordrhein-Westfalen vom Institut für Europäische Politik. Düsseldorf.
AMELN, Rolf von (1992): Auswirkungen des europäischen Binnenmarktes auf Kommunalpolitik und Kommunalrecht der EG-Mitgliedstaaten. In: Deutsches Verwaltungsblatt, S. 477-484.
ANDERSEN, Svein S. / BURNS, Tom R. (1996): The European Union and the Erosion of Parliamentary Democracy: A Study of Post-parliamentary Governance. In: ANDERSEN, Svein S. / ELIASSEN, Kjell A. (Hrsg.): The European Union: How Democratic Is It? London u.a., S. 227-251.
AUEL, Katrin (2006): The Europeanisation of the German Bundestag: Institutional Change and Informal Adaptation. In: German Politics, 15, S. 249-268.
AUEL, Katrin (2008): Still No Exit from the Joint Decision Trap: The German Federal Reform(s). In: German Politics, 18, S. 424-439.
AUEL, Katrin / BENZ, Arthur (2004): National Parliaments in EU Multilevel Governance – Dilemmas and Strategies of Adaptation. Polis Nr. 60, Hagen.
AUEL, Katrin / BENZ, Arthur (Hrsg.) (2005): The Europeanisation of Parliamentary Democracy. Legislative Studies, 11 (3/4), Special Issue.
AXELROD, Robert (1984): The Evolution of Cooperation. New York.
BANDELOW, Nils C. (2003): Policy Lernen und politische Veränderungen. In: SCHUBERT, Klaus / BANDELOW, Nils C. (Hrsg.): Lehrbuch der Politikfeldanalyse. München/Wien, S. 289-331.
BATT, Helge (2004): Bundesverfassungsgericht und Föderalismusreform: Stärkung der Länder in der Gesetzgebung. Zum Urteil vom 27. Juli 2004 – 2 BvF 2/02. In: Zeitschrift für Parlamentsfragen, 35, S. 753-760.
BAUER, Michael W. (2004): Der europäische Verfassungsprozess und der Konventsentwurf aus Sicht der deutschen Länder. In: Europäisches Zentrum für Föderalismus-Forschung Tübingen (Hrsg.): Jahrbuch des Föderalismus 2004. Baden-Baden, S. 453-475.
BAUS, Ralf Thomas / FISCHER, Thomas / HRBEK, Rudolf (Hrsg.) (2007): Föderalismusreform II: Weichenstellungen für eine Neuordnung der Finanzbeziehungen im deutschen Bundesstaat. Baden-Baden.
Bayerisches Staatsministerium der Finanzen (2005): Der bundesstaatliche Finanzausgleich. Überblick, Zielsetzung, Instrumente, Februar 2005, http://stmf.bayern.de/finanzpolitik/laenderfinanzausgleich/info_finanzausgleich.pdf, Download am 17.1.2006.

Bayerisches Staatsministerium des Inneren (2006), Innenministerkonferenz 2006, http://www.stmi.bayern.de/ministerium/imk/, Download am 25.7.2006.
BEDNAR, Jenna (2005): Federalism as a Public Good. In: Constitutional Political Economy, 16/2, S. 189–205.
BEHNKE, Nathalie (2008): Towards a New Organization of Federal States? Lessons from the Processes of Constitutional Reform in Germany, Austria, and Switzerland. Polis Nr. 66. Hagen.
BENDA, Ernst (1994): Der soziale Rechtsstaat. In: BENDA, Ernst / MAIHOFER, Werner / VOGEL, Hans-Jochen (Hrsg.): Handbuch des Verfassungsrechts. 2. Auflage, Berlin/New York, S. 477-553.
BENZ, Arthur (1985): Föderalismus als dynamisches System. Opladen
BENZ, Arthur (1992a): Mehrebenen-Verflechtung: Verhandlungsprozesse in verbundenen Entscheidungsarenen. In: BENZ, Arthur / SCHARPF, Fritz W. / ZINTL, Reinhard: Horizontale Politikverflechtung. Zur Theorie von Verhandlungssystemen. Frankfurt a.M./ New York, S. 147-197.
BENZ, Arthur (1992b): Zusammenarbeit zwischen den norddeutschen Bundesländern: Probleme, Lösungsversuche und Lösungsvorschläge. In: BENZ, Arthur / SCHARPF, Fritz W. / ZINTL, Reinhard: Horizontale Politikverflechtung. Zur Theorie von Verhandlungssystemen, Frankfurt a.M./New York, S. 29-49.
BENZ, Arthur (1995): Verhandlungssysteme und Mehrebenen-Verflechtung im kooperativen Staat. In: SEIBEL, Wolfgang / BENZ, Arthur (Hrsg.): Regierungssystem und Verwaltungspolitik. Beiträge zu Ehren von Thomas Ellwein. Opladen, S. 83-102.
BENZ, Arthur (1998): Postparlamentarische Demokratie? Demokratische Legitimation im kooperativen Staat. In: GREVEN, Michael Th. (Hrsg.): Demokratie – eine Kultur des Westens? 20. wissenschaftlicher Kongreß der Deutschen Vereinigung für Politische Wissenschaft. Opladen, S. 201-222.
BENZ, Arthur (1999): Der deutsche Föderalismus. In: ELLWEIN, Thomas / HOLTMANN, Everhard (Hrsg.): 50 Jahre Bundesrepublik Deutschland. Wiesbaden, S. 135-153.
BENZ, Arthur (2000): Entflechtung als Folge von Verflechtung. Theoretische Überlegungen zur Entwicklung des europäischen Mehrebenensystems. In: GRANDE, Edgar / JACHTENFUCHS, Markus (Hrsg.): Wie problemlösungsfähig ist die EU? Regieren im europäischen Mehrebenensystem. Baden-Baden, S. 141-163.
BENZ, Arthur (2001): Vom Stadt-Umland-Verband zu „regional governance" in Stadtregionen. In: Deutsche Zeitschrift für Kommunalwissenschaften, 40, S. 55-71.
BENZ, ARTHUR (2002): Themen, Probleme und Perspektiven der vergleichenden Föderalismusforschung. In: BENZ, Arthur / LEHMBRUCH, Gerhard (Hrsg.), Föderalismus. Analysen in entwicklungsgeschichtlicher und vergleichender Perspektive. PVS-Sonderheft 32/2001. Wiesbaden, S. 9-50.
BENZ, Arthur (2003a): Föderalismus und Demokratie. Eine Untersuchung zum Zusammenwirken zweier Verfassungsprinzipien. Polis Nr. 57. Hagen.
BENZ, Arthur (2003b): Reformpromotoren oder Reformblockierer? Die Rolle der Parteien im Bundesstaat. In: Aus Politik und Zeitgeschichte, B 29-30, S. 32-38.
BENZ, Arthur (2004a): Path-Dependent Institutions and Strategic Veto-Players: National Parliaments in the European Union. In: West European Politics, 27, S. 875-900.
BENZ, Arthur (2004b): Multilevel Governance – Governance in Mehrebenensystemen, in: DERS. (Hrsg.): Governance – Regieren in komplexen Regelsystemen. Wiesbaden, S. 125-146.
BENZ, Arthur (2005): Kein Ausweg aus der Politikverflechtungsfalle? Warum die Bundesstaatskommission scheiterte, aber nicht scheitern musste. In: Politische Vierteljahresschrift, 46, S. 204-214.
BENZ, Arthur (2008a): German Dogmatism and Canadian Pragmatism? Stability and Constitutional Change in Federal Systems. Polis Nr. 65. Hagen.

BENZ, Arthur (2008b): From Joint Decision Traps to Over-regulated Federalism: Adverse Effects of a Successful Constitutional Reform. In: German Politics, 18, S. 440-455.
BENZ, Arthur (2009a): Ein gordischer Knoten der Politikwissenschaft? Zur Vereinbarkeit von Föderalismus und Demokratie. In: Politische Vierteljahresschrift, 50, S. 3-22.
BENZ, Arthur (2009b): Politik in Mehrebenensystemen. Wiesbaden.
BENZ, Arthur / LEHMBRUCH, Gerhard (Hrsg. 2002): Föderalismus. Analysen in entwicklungsgeschichtlicher und vergleichender Perspektive. PVS-Sonderheft 32/2001. Wiesbaden.
BENZ, Arthur / SCHARPF, Fritz W. / ZINTL, Reinhard (1992): Horizontale Politikverflechtung. Zur Theorie von Verhandlungssystemen. Frankfurt a.M./New York.
BERTELSMANN-KOMMISSION (2000): Verfassungspolitik und Regierungsfähigkeit, Entflechtung 2005. Gütersloh.
BERTHOLD, Norbert / FRICKE, Holger (2007): Vom Kopf auf die Füße: Warum kleine Länder von Dezentralisierungsmaßnahmen besonders profitieren. In: BAUS, Ralf Thomas / FISCHER, Thomas / HRBEK, Rudolf (Hrsg.): Föderalismusreform II: Weichenstellungen für eine Neuordnung der Finanzbeziehungen im deutschen Bundesstaat. Baden-Baden, S. 131-142.
BEST, Heinrich / JAHR, Stefan (2006): Politik als prekäres Beschäftigungsverhältnis: Mythos und Realität der Sozialfigur des Berufspolitikers im wiedervereinten Deutschland. In: Zeitschrift für Parlamentsfragen, 37, S. 63-79.
BLANKART, Charles B. (2007): Konstruktive Insolvenz. Ein Vorschlag dargestellt am Beispiel Berlins. In: BAUS, Ralf Thomas / FISCHER, Thomas / HRBEK, Rudolf (Hrsg.): Föderalismusreform II: Weichenstellungen für eine Neuordnung der Finanzbeziehungen im deutschen Bundesstaat. Baden-Baden, S. 127-130.
BLANKART, Charles B. / FASTEN, Erik R. (2008): Ein Optionsmodell für Schuldengrenzen im Föderalismus. In: BAUS, Ralf Thomas / EPPLER, Annegret / WINTERMANN, Ole (Hrsg.): Zur Reform der föderalen Finanzverfassung in Deutschland. Perspektiven für die Föderalismusreform II im Spiegel internationaler Erfahrungen. Baden-Baden, S. 147-156.
BLASCHKE, Karlheinz (1990): Alte Länder – neue Länder. Zur territorialen Neugliederung der DDR. In: Aus Politik und Zeitgeschichte, B 27, S. 39-54.
BOGUMIL, Jörg / HOLTKAMP, Lars (2006): Kommunalpolitik und Kommunalverwaltung. Eine policyorientierte Einführung. Wiesbaden.
BOGUMIL, Jörg / JANN, Werner (2005): Verwaltung und Verwaltungswissenschaft in Deutschland. Einführung in die Verwaltungswissenschaft. Wiesbaden.
BORCHERT, Christiane (2006): Die Rolle ostdeutscher Verbindungsbüros im Entscheidungsprozess der Europäischen Union. Analyse am Beispiel der Europäischen Strukturfondsverordnung 2000-2006. Magisterarbeit an der Universität Halle-Wittenberg.
BORCK, Rainald (2003): Führt fiskalische Äquivalenz zu einer effizienten Allokation? Die Rolle von Mehrheitsabstimmungen. In: Vierteljahreshefte zur Wirtschaftsforschung, 72, S. 444-457.
BÖRZEL, Tanja A. (2000): Europäisierung und innerstaatlicher Wandel. Zentralisierung und Entparlamentarisierung. In: Politische Vierteljahresschrift, 41, S. 225-250.
BÖRZEL, Tanja A. (2001): States and Regions in the European Union. Institutional Adaptation to Europeanisation in Germany and Spain. Cambridge.
BRAUN, Dietmar (2004): Föderalismus. In: HELMS, Ludger / JUN, Uwe (Hrsg.): Politische Theorie und Regierungslehre. Eine Einführung in die politikwissenschaftliche Institutionenforschung. Frankfurt a.M., S. 130-162.
BRETON, Albert (1996): Competitive Governments. An Economic Theory of Politics and Finance. Cambridge.

BRUMMER, Klaus (2002): Zuschauer oder Mitspieler? Partizipations- und Einflussmöglichkeiten der deutschen Länder im europäischen Integrationsprozess. Berlin.

BUCHHEIM, Ute (2002): Regionale Interessenvertretung in Europa. Nordrhein-Westfalen und Thüringen im Strukturvergleich. Opladen.

BULMER, Simon / JEFFREY, Charlie / PATTERSON, William E. (1998): Deutschlands europäische Diplomatie. Die Entwicklung des regionalen Milieus. In: WEIDENFELD, Werner (Hrsg.): Deutsche Europapolitik. Optionen wirksamer Interessenvertretung. Bonn.

BULMER, Simon / MAURER, Andreas / PATERSON, William (2001): Das Entscheidungs- und Koordinationssystem deutscher Europapolitik: Hindernis für eine neue Politik? In: SCHNEIDER, Heinrich / JOPP, Mathias / SCHMALZ, Mathias (Hrsg.): Eine neue deutsche Europapolitik? Rahmenbedingungen – Problemfelder – Optionen. Bonn, S. 231-265.

BULMER, Simon / RADAELLI, Claudio (2005): The Europeanization of National Policy? In: BULMER, Simon / LEQUESNE, Christian (Hrsg.): Member States and the European Union. Oxford, S. 338- 353.

BUNDESAMT FÜR BAUWESEN UND RAUMORDNUNG (2000): Bericht Bd. 7. Bonn.

BUNDESAMT FÜR BAUWESEN UND RAUMORDNUNG (2006): Informationen aus der Forschung des BBR, Nr. 3. Bonn.

BUNDESMINISTERIUM DER FINANZEN (2002): Monatsbericht Februar. Berlin.

BURGESS, Michael (2006): Comparative Federalism. Theory and Practice. London/New York.

BURGSMÜLLER, Christian (2003): Die deutschen Länderbüros in Brüssel – verfassungswidrige Nebenaußenpolitik oder zeitgemäße Ausprägung des Föderalismus. Aachen.

BURKHART, Simone (2005): Parteipolitikverflechtung. Über den Einfluss der Bundespolitik auf Landtagswahlentscheidungen von 1976 bis 2000. In: Politische Vierteljahresschrift, 46, S. 14-38.

BURKHART, Simone / MANOW, Philip / ZIBLATT, Daniel (2008): A More Efficient and Accountable Federalism? An Analysis of the Consequences of Germany´s 2006 Constitutional Reform. In: German Politics, 18, S. 522-540.

CASTLES, Francis G. / OBINGER, Herbert / LEIBFRIED, Stephan (2005): Bremst der Föderalismus den Leviathan? Bundesstaat und Sozialstaat im internationalen Vergleich 1880-2005. In: Politische Vierteljahresschrift, 46, S. 238-262.

COMMISSION OF THE EUROPEAN COMMUNITIES (2001): European Governance. A White Paper, Brüssel, http://europa.eu.int/comm/governance/white_paper/ en.pdf, Download am 23.7.2006.

COMMISSION OF THE EUROPEAN COMMUNITIES (2003): Green Paper on Services of General Interest. Brüssel.

COMMISSION OF THE EUROPEAN COMMUNITIES (2004): White Paper on Services of General Interest. Brüssel.

CONZELMANN, Thomas (2002): Große Räume, kleine Räume. Die Europäisierung der Regionalpolitik in Deutschland und Großbritannien. Baden-Baden.

CZADA, Roland (1995): Der Kampf um die Finanzierung der deutschen Einheit. In: LEHMBRUCH, Gerhard (Hrsg.): Einigung und Zerfall: Deutschland und Europa nach dem Ende des Ost-West-Konflikts. Opladen, S. 73-103.

CZADA, Roland (2000): Konkordanz, Korporatismus und Politikverflechtung: Dimensionen der Verhandlungsdemokratie. In: HOLTMANN, Everhard / VOELZKOW, Helmut (Hrsg.): Zwischen Verhandlungs- und Entscheidungsdemokratie. Analysen zum Regierungssystem der Bundesrepublik Deutschland. Wiesbaden, S. 23-49.

DECKER, Frank (2006): Höhere Volatilität bei Landtagswahlen? Die Bedeutung bundespolitischer „Zwischenwahlen". In: JESSE, Eckhard / STURM, Roland (Hrsg.), Bilanz der Bundestagswahl 2005. Voraussetzungen, Ergebnisse, Folgen. München, S. 259-279.

DECKER, Frank / BLUMENTHAL, Julia von (2002): Die bundespolitische Durchdringung der Landtagswahlen. Eine empirische Analyse von 1970 bis 2001. In: Zeitschrift für Parlamentsfragen, 33, S. 144-165.

DEGEN, Manfred (1998): Der Ausschuss der Regionen – Bilanz und Perspektiven. In: BORKENHAGEN, Franz H. U. (Hrsg.): Europapolitik der deutschen Länder. Opladen, S. 103-125.

DERLIEN, Hans-Ulrich (2000): Germany. Failing Successfully? In: HUSSEIN, Kassim / PETERS, B. Guy / WRIGHT, Vincent (Hrsg.): The National Co-ordination of EU Policy. The Domestic Level. Oxford, S. 54-78.

DERLIEN, Hans-Ulrich (2008): Die politische und administrative Elite der Bundesrepublik. In: JANN, Werner / KÖNIG, Klaus (Hrsg.): Regieren zu Beginn des 21. Jahrhunderts. Tübingen, S. 291-328.

DETTERBECK, Klaus (2006): Zusammenlegung von Bundes- und Landtagswahlen? Die Terminierung von Wahlen und ihre Konsequenzen im europäischen Vergleich. Bertelsmann Stiftung, Zukunft Regieren: Beiträge für eine gestaltungsfähige Politik, Gütersloh.

DETTERBECK, Klaus / RENZSCH, Wolfgang (2002): Politischer Wettbewerb im Föderalismus. In: Jahrbuch des Föderalismus 2002, hrsg. vom Europäischen Zentrum für Föderalismus-Forschung Tübingen. Baden-Baden, S. 69-81.

DETTERBECK, Klaus / RENZSCH, Wolfgang (2004): Regionalisierung der politischen Willensbildung: Parteien und Parteiensysteme in föderalen oder regionalisierten Staaten. In: Jahrbuch des Föderalismus 2004, hrsg. vom Europäischen Zentrum für Föderalismus-Forschung Tübingen. Baden-Baden, S. 88-106.

DEUBEL, Ingolf (2009): Die Föderalismusreform II: eine sinnvolle Weiterentwicklung der Verschuldungsgrenzen. In: Zeitschrift für Staats- und Europawissenschaften, 7, S. 231-249.

DEUTSCHER BUNDESTAG / BUNDESRAT – Öffentlichkeitsarbeit (Hrsg. 2005): Dokumentation der Kommission von Bundestag und Bundesrat zur Modernisierung der bundesstaatlichen Ordnung. Berlin.

DEWITZ, Lars von (1998): Der Bundesrat – Bilanz der Arbeit im EU-Ausschuss seit 1992. In: BORKENHAGEN, Franz H.U. (Hrsg.): Europapolitik der deutschen Ländern. Opladen, S. 69-83.

DIERINGER, Jürgen / KROPP, Sabine (2009): Capacity Building of Parliamentary Party Groups in the German and the Hungarian Parliament: Institutions and Cognitions in the Europeanized Policy-making Process. Paper presented at the 21st IPSA World Congress 'Global Discontent? Dilemmas of Change'. Santiago/Chile.

DIMAGGIO, Paul J. / POWELL, Walter W. (1983): The Iron Cage Revisited: Institutional Isomorphism and Collective Rationality in Organizational Fields. In: American Sociological Review, 48, S. 147-160.

DOWNS, William M. (1998): Coalition Government, Subnational Style. Multiparty Politics in Europe's Regional Parliaments. Columbus.

EHLERT, Niels / HENNL, Annika / KAISER, André (2007): Föderalismus, Dezentralisierung und Performanz. Eine makroquantitative Analyse der Leistungsfähigkeit territorialer Politikorganisation in entwickelten Demokratien. In: Politische Vierteljahresschrift, 48, S. 243-268.

ELAZAR, D.J. (1987): Exploring Federalism. Tuscaloosa.

EPPLER, Annegret (2004): Der Ausschuss der Regionen im Jahr 2003 – zwischen politischer Stabilisierung und internen Unregelmäßigkeiten. In: Europäisches Zentrum für Föderalismus-Forschung Tübingen (Hrsg.): Jahrbuch des Föderalismus 2004. Baden-Baden, S. 421-436.

EPPLER, Annegret (2006): Föderalismusreform in Deutschland nun doch geglückt? In: Föderalismus Info, hrsg. Vom Institut für Föderalismus, Innsbruck, unter:

http://www.foederalismus.at/foed_info_more.php?news_id=206 &nl_id=17, Download am 1. November 2006.
FALTER, Jürgen W. (1989): Alte und neue Parteiorientierungen – Die Bundestagswahl 1949 zwischen Kontinuität und Neubeginn, in: HOLTMANN, Everhard (Hrsg.): Wie neu war der Neubeginn? Zum deutschen Kontinuitätsproblem nach 1945. Erlangen, S. 50-69.
FÄRBER, Gisela (2005): Die regionale Inzidenz des deutschen Steuersystems. In: DIES. (Hrsg.): Das föderative System in Deutschland. Bestandsaufnahme, Reformbedarf und Handlungsempfehlungen aus raumwissenschaftlicher Sicht. Hannover, S.146-173.
FÄRBER, Gisela / OTTER, Nils (2005): Reform der Finanzverfassung – eine vertane Chance? In: Aus Politik und Zeitgeschichte, 13-14, S. 33-38.
FÄRBER, Gisela / SAUCKEL, Marika (2000): Die Krise der föderalen Finanzverfassung. In: CZADA, Roland / WOLLMANN, Hellmut (Hrsg.): Von der Bonner zur Berliner Republik. 10 Jahre deutsche Einheit. Wiesbaden, S. 671-693.
FEHR, Hans / TRÖGER, Michael (2003): Die Anreizwirkungen des Länderfinanzausgleichs: Reformanspruch und Wirklichkeit. In: Vierteljahreshefte zur Wirtschaftsforschung, 72, S. 391-406.
FELD, Lars P. (2008): Schuldenverbote aus finanzwissenschaftlicher Sicht. In: BAUS, Ralf Thomas / EPPLER, Annegret / WINTERMANN, Ole (Hrsg.): Zur Reform der föderalen Finanzverfassung in Deutschland. Perspektiven für die Föderalismusreform II im Spiegel internationaler Erfahrungen. Baden-Baden, S. 98-116.
FELD, Lars P. / ZIMMERMANN, Horst / DÖRING, Thomas (2003): Föderalismus, Dezentralität und Wirtschaftswachstum. In: Vierteljahreshefte zur Wirtschaftsforschung, 72, S. 361-377.
FINANZMINISTERIUM NIEDERSACHSEN (2005): Finanzausgleich: Funktionen und Funktionsweise, http://cdl.niedersachsen.de/blob/images/C2320000_l20.pdf, Download am 15.8.2006.
FISCHER, Thomas (2003): Deutscher Föderalismus vor der Herausforderung einer europäischen Verfassung. In: Aus Politik und Zeitgeschichte, 53, S. 28-32.
FISCHER, Thomas / GROßE HÜTTMANN, Martin (2001): Aktuelle Diskussionsbeiträge zur Reform des deutschen Föderalismus – Modelle, Leitbilder und die Chancen ihrer Übertragbarkeit. In: Jahrbuch des Föderalismus 2001. Föderalismus, Subsidiarität und Regionen in Europa, hrsg. vom Europäischen Zentrum für Föderalismus-Forschung Tübingen. Baden-Baden, S. 128-142.
FISCHER, Thomas / SCHLEY, Nicole (1999): Europa föderal organisieren. Ein neues Kompetenzgefüge für die Europäische Union. Bonn.
FÖDERALISMUSKONVENT DER DEUTSCHEN LANDESPARLAMENTE (2003): Dokumentation. http://www.sh-landtag.de/aktuell/daten_aktuell/luebecker-konvent/doku_foederalismus-konvent.pdf), Download am 14.8.2006.
FRAENKEL, Ernst (1991): Deutschland und westlichen Demokratien. Mit einem Nachwort über Leben und Werk Ernst Fraenkels. Hrsg. von Alexander Brünneck. Frankfurt a.M.
FRANZESE, Robert J. (2002): Electoral and Partisan Cycles in Economic Policies and Outcomes. In: Annual Review of Political Science, 5, S. 369-421.
FREY, Bruno S. (1997): Ein neuer Föderalismus für Europa: Die Idee des FOCJ. Tübingen.
FREY, Bruno S. / EICHENBERGER, Reiner (1996): FOCJ: Competitive Governments für Europe. In: International Review of Law and Economics, 16, S. 315-327.
FRIEDRICH, Manfred (1989): Entwicklung und gegenwärtige Lage des parlamentarischen Systems in den Ländern. In: SCHNEIDER, Hans-Peter / ZEH, Wolfgang (Hrsg.): Par-

lamentsrecht und Parlamentspraxis in der Bundesrepublik. Berlin/New York, S. 1707-1718.
FROTSCHER, Werner / PIEROTH, Bodo (2008): Verfassungsgeschichte, 7. Aufl. München.
FUCHS, Dieter (2000): Demos und Nation in der Europäischen Union. In: KLINGEMANN, Hans-Dieter / NEIDHARDT, Friedhelm (Hrsg.): Zur Zukunft der Demokratie. Herausforderungen im Zeitalter der Globalisierung. Berlin, S. 215-236.
GABRIEL, Oscar W. / HOLTMANN, Everhard (2007): Ober sticht Unter? Zum Einfluss der Bundespolitik auf Landtagswahlen: Kontext, theoretischer Rahmen und Analysemodelle. In: Zeitschrift für Parlamentsfragen, 38, S. 445-462.
GATTERMANN, Katjana (2006): Landtagsabgeordnete in Europa. Einflussmöglichkeiten und Strategien von Landesparlamentariern in europapolitischen Angelegenheiten in Nordrhein-Westfalen. Unveröff. Bachelorarbeit an der Universität Düsseldorf.
GEBAUER, Klaus-Eckart (1994): Zur Optimierung von Koordination und Planung in einer Regierungszentrale: Reduktion, Aushalten und Öffnen von Komplexität. In: Verwaltungsarchiv, 85, S. 485-452.
GEL'MAN, Vladimir (2004): The Unrule of Law in the Making: the Politics of Informal Institution Building in Russia, in: Europe-Asia Studies, 56/7, S. 1021–1040.
GOETZ, Klaus H. (1995): Kooperation und Verflechtung im Bundesstaat: Zur Leistungsfähigkeit verhandlungsbasierter Politik. In: VOIGT, Rüdiger (Hrsg.): Der kooperative Staat. Krisenbewältigung durch Verhandlung? Baden-Baden, S. 145-166.
GOETZ, Klaus H. (2001): European Integration and National Executives: A Cause in Search of an Effect. In: GOETZ, Klaus H. / HIX, Simon (Hrsg.): Europeanised Politics? European Integration and National Political Systems. London/Portland, Or., S. 211-231.
GRANDE, Edgar (2002): Parteiensystem und Föderalismus – Institutionelle Strukturmuster und politische Dynamiken im internationalen Vergleich. In: BENZ, Arthur / LEHMBRUCH, Gerhard (Hrsg.): Föderalismus. Analysen in entwicklungsgeschichtlicher und vergleichender Analyse. PVS-Sonderheft 32/2001, Wiesbaden, S. 179-212.
GREß, Franz / HUTH, R. (1998): Die Landesparlamente. Gesetzgebungsorgane in den deutschen Ländern. Heidelberg.
GROßE HÜTTMANN, Martin (2004): Die Offene Methode der Koordinierung in der Europäischen Union: Chancen und Risiken eines neuen Steuerungsinstruments aus Sicht der deutschen Länder. In: Europäisches Zentrum für Föderalismus-Forschung Tübingen (Hrsg.): Jahrbuch des Föderalismus 2004. Baden-Baden, S. 476-488.
GROßE HÜTTMANN, Martin (2005): Wie europafähig ist der deutsche Föderalismus. In: Aus Politik und Zeitgeschichte, 13-14, S. 27-32.
GROßE HÜTTMANN, Martin (2006): Europapolitik: Spricht Deutschland mit einer Stimme? In: STURM, Roland / PEHLE, Heinrich (Hrsg.): Wege aus der Krise? Die Agenda der zweiten Großen Koalition. Gesellschaft – Wirtschaft – Politik (GWP) Sonderheft 2006. Opladen/Farmington Hills, S. 203-220.
GROßE HÜTTMANN, Martin (2008): „Föderalismus taugt nicht für Europa": Politikverflechtung und Europapolitik in Deutschland. In: SCHELLER, Henrik / SCHMID, Josef (Hrsg.): Föderale Politikgestaltung im deutschen Bundesstaat. Variable Verflechtungsmuster in Politikfeldern. Baden-Baden, S. 127-147.
GROßE HÜTTMANN, Martin / KNODT, Michèle (2003): „Gelegentlich die Notbremse ziehen...": Die deutschen Länder als politische Teilhaber und Ideengeber im europäischen Mehrebenensystem. In: Österreichische Zeitschrift für Politikwissenschaft, 32, S. 285-302.
HAAS, Peter M. (1992): Introduction: Epistemic Communities and International Coordination. In: International Organization, 46, S. 1-35.

Hahn, Karl-Eckhard (2002): Die Zukunft der Länder in Deutschland und in Europa sichern. Die Eisenacher Beschlüsse der Landtagspräsidentenkonferenz 2002. In: Zeitschrift für Gesetzgebung, 17, S. 374-380.

Hall, Peter A. / C.R. Taylor, Rosemary (1996): Political Science and the Three New Institutionalisms. In: Political Studies, XLIV, S. 936-957.

Hamilton, Alexander / Madison, James / Jay, John (1993)[1787/88]: Federalist Papers. In: Zehnpfennig, Barbara (Hrsg.): Die Federalist Papers. Darmstadt.

Hay, Collin / Wincott, Daniel (1998): Structure, Agency and Historical Institutionalism. In: Political Studies, XLVI, S. 951-957.

Heine, Klaus (2003): Kompetitiver Föderalismus auch für das öffentliche Gut „Recht"? In: Vierteljahreshefte zur Wirtschaftsforschung, 72, S. 472-484.

Heinemann-Grüder, Andreas (2000): Der heterogene Staat. Föderalismus und regionale Vielfalt in Russland. Berlin.

Henneke, Hans-Günter (Hrsg.) (2002): Kommunale Perspektiven im zusammenwachsenden Europa. Stuttgart.

Hesse, Jens Joachim (2005): Über die Kommission hinaus: zum Stand und Zustand des deutschen Föderalismus. In: Zeitschrift für Staats- und Europawissenschaften, 3, S. 109-123.

Hesse, Jens Joachim / Renzsch, Wolfgang (Hrsg.) (1991): Föderalstaatliche Entwicklung in Europa. Baden-Baden.

Höreth, Marcus (2008): A Successful Failure? The Contested Implications of Germany's Federal Reforms. In: German Politics, 18, S. 408-423.

Holtmann, Everhard (1995): Die Krise des Föderalismus und der kommunalen Selbstverwaltung. In: Die Weimarer Republik. Das Ende der Demokratie, Bd. 3 1929-1933, hrsg. von der Bayerischen Landeszentrale für Politische Bildungsarbeit. München, S. 171-218.

Holtmann, Everhard (2000): Gesetzgebung in der Wohnungspolitik. Zur Rolle des parteipolitischen Faktors bei der Programmentscheidung auf Bundesebene. In: Hilpert, Ulrich / Holtmann, Everhard / Voelzkow, Helmut (Hrsg.): Zwischen Wettbewerbs- und Verhandlungsdemokratie. Empirische Analysen zu einem theoretischen Konzept. Opladen, S. 105-128.

Holtmann, Everhard (2002): Die angepassten Provokateure. Aufstieg und Niedergang der rechtsextremen DVU als Protestpartei im polarisierten Parteiensystem Sachsen-Anhalts. Opladen.

Holtmann, Everhard (2005): Die öffentliche Verwaltung. In: Gabriel, Oscar W. / Holtmann, Everhard (Hrsg.): Handbuch des politischen Systems Deutschlands. 3. erweiterte und vollst. überarbeitete Auflage. München /Wien, S. 333-371.

Holzinger, Katharina / Jörgens, Helge / Knill, Christoph (Hrsg.) (2007): Transfer, Diffusion und Konvergenz von Politiken. PVS-Sonderheft 38. Wiesbaden.

Hoyer, Werner (1998): Nationale Entscheidungsstrukturen deutscher Europapolitik. In: Eberwein, Wolf-Dieter / Kaiser, Karl (Hrsg.): Deutschlands neue Außenpolitik, Band 4: Institutionen und Ressourcen. München, S. 75-86.

Hrbek, Rudolf (1986): Doppelte Politikverflechtung: Deutsche und Europäische Integration. In: Hrbek, Rudolf / Thaysen, Uwe (Hrsg.): Die deutschen Länder und die europäischen Gemeinschaften. Baden-Baden, S. 17-33.

Hrbek, Rudolf (2004): Auf dem Weg zur Föderalismus-Reform: die Kommission zur Modernisierung der bundesstaatlichen Ordnung. In: Jahrbuch des Föderalismus 2004, hrsg. vom Europäischen Zentrum für Föderalismus-Forschung Tübingen. Baden-Baden, S. 147-162.

Huber, Bernd (2000): Föderaler Wettbewerb: Möglichkeiten und Grenzen. In: Büttner, Thiess (Hrsg.): Finanzverfassung und Föderalismus in Deutschland und Europa. Baden-Baden, S. 123-134.

HUBER, Ernst Rudolf (1978): Deutsche Verfassungsgeschichte seit 1789. Band III: Bismarck und das Reich. 2. Auflage, Stuttgart.
IMMERGUT, Ellen (1997): The Normative Roots of the New Institutionalism: Historical-Institutionalism and Comparative Policy Studies. In: BENZ, Arthur / SEIBEL, Wolfgang (Hrsg.): Theorieentwicklung in der Politikwissenschaft – eine Zwischenbilanz. Baden-Baden, S. 325-355.
INFRATEST DIMAP (2006): Sachsen-Anhalt TREND vom März II, Berlin.
JANNING, Josef / MEYER, Patrick (1998): Deutsche Europapolitik – Vorschläge zur Effektivierung. Gütersloh.
JEFFERY, Charlie (2003): The German Länder and Europe: From Milieu-shaping to Territorial Politics, in DYSON, Kenneth / GOETZ, Klaus H. (Hrsg.): Germany and Europe: A Europeanized Germany? Oxford, S. 97-108.
JEFFERY, Charlie (2007): Towards a New Understanding of Multi-Level Governance in Germany? The Federalism Reform Debate and European Integration. In: Politische Vierteljahresschrift, 48, S. 17-27.
JEFFERY, Charlie (2008): Groundhog Day: The Non-Reform of German Federalism, Again. In: German Politics, 18, S. 587-592.
JEFFERY, Charlie / HOUGH, Daniel (2003): Landtagswahlen: Bundestestwahlen oder Regionalwahlen? In: Zeitschrift für Parlamentsfragen, 34, S. 79-94.
JOCHIMSEN, Beate (2008): Fiscal Federalism in Germany: Problems, Proposals and Chances for Fundamental Reforms. In: German Politics, 18, S. 541-558.
JOHNE, Roland (2000): Die deutschen Länder im Entscheidungsprozess der Europäischen Union. Parlamentarische Mitwirkung im Mehrebenensystem. Baden-Baden.
JUN, Uwe (2004): Reformoptionen der politischen Akteure im deutschen Föderalismus: Mehr Länderautonomie und mehr Wettbewerb als Ausweg aus der Politikverflechtungsfalle? In: Zeitschrift für Parlamentsfragen, 35, S. 559-580.
KAISER, André (1998): Vetopunkte der Demokratie. Eine Kritik neuerer Ansätze der Demokratietypologie und ein Alternativvorschlag. In: Zeitschrift für Parlamentsfragen, 29, S. 525-541.
KALBFLEISCH-KOTTSIEPER, Ulla (2000): „Leistungsgrenzen" der deutschen Länder in europäischen Angelegenheiten. In: KÖNIG, Klaus / SCHNAPPAUF, Klaus-Dieter (Hrsg.): Die deutsche Verwaltung unter 50 Jahren Grundgesetz. Baden-Baden, S. 110-130.
KATZ, Richard S. (1999): Representation, the Locus of Democratic Legitimation and the Role of the National Parliaments in the European Union. In: KATZ, Richard S. / WESSELS, Bernhard (Hrsg.): The European Parliament, the National Parliaments, and European Integration. Oxford, S. 21-44.
KATZENSTEIN, Peter J. (1987): Policy and Politics in West Germany: The Growth of a Semisovereign State. Philadelphia.
KEATING, Michael / LOUGHLIN, John / DESCHOWER, Kris (Hrsg.) (2003): Culture, Institutions and Economic Development. A study of eight European Regions. Cheltenham/Northhampton.
KESPER, Irene (1998): Bundesstaatliche Finanzordnung. Baden-Baden.
KIEFER, Andreas (2004): Informelle effektive interregionale Regierungszusammenarbeit: REG LEG – die Konferenz der Präsidenten von Regionen mit Gesetzgebungsbefugnissen und ihre Beiträge zur europäischen Verfassungsdiskussion 2000 bis 2003. In: Europäisches Zentrum für Föderalismus-Forschung Tübingen (Hrsg.): Jahrbuch des Föderalismus 2004. Baden-Baden, S. 398-412.
GRAF KIELMANSEGG, Peter (1996): Integration und Demokratie. In: JACHTENFUCHS, Markus / KOHLER-KOCH, Beate (Hrsg.): Europäische Integration. Opladen, S. 47-72.
KILPER, Heiderose (2008): Variable Verflechtungsformen und Governance-Muster. Über institutionelle Vielfalt und pragmatische Anpassungsleistungen in der Regionalpoli-

tik. In: SCHELLER, Henrik / SCHMID, Josef (Hrsg.): Föderale Politikgestaltung im deutschen Bundesstaat. Variable Verflechtungsmuster in Politikfeldern. Baden-Baden, S. 264-283.

KINGDON, John W. (1995): Agendas, Alternatives and Public Policies. 2. Aufl., New York.

KIRCHHOF, Ferdinand (2003): Die Erfüllung finanzverfassungsrechtlicher Vorgaben durch das Maßstäbegesetz vom September 2001. In: Europäisches Zentrum für Föderalismus-Forschung Tübingen (Hrsg.): Jahrbuch des Föderalismus 2003. Baden-Baden, S. 224-231.

KLATT, Hartmut (1989): Bundestag und Länderparlamente, in: SCHNEIDER, Hans-Peter / ZEH, Wolfgang (Hrsg.): Parlamentsrecht und Parlamentspraxis in der Bundesrepublik. Berlin/New York, S. 1777-1820.

KLEGER, Heinz (1997): Regionale Handlungsfähigkeit nach der gescheiterten Fusion? In: Berliner Debatte, Heft 1/2, S. 122-133.

KLEGER, Heinz (2001): Gemeinsam einsam: Die Region Berlin-Brandenburg. Frankfurt/New York.

KLEIN, Markus / OHR, Dieter (2008): Bundestagswahlen oder Regionalwahlen? Eine empirische Analyse der nordrhein-westfälischen Landtagswahlen. In: VÖLKL, Kerstin / SCHNAPP, Kai-Uwe / HOLTMANN, Everhard / GABRIEL, Oscar W. (Hrsg.): Wähler und Landtagswahlen in der Bundesrepublik Deutschland. Baden-Baden, S. 219-238.

KNILL, Christoph (2003): Europäische Umweltpolitik. Steuerungsprobleme und Regulierungsmuster im Mehrebenensystem. Opladen.

KNODT, Michèle (2000): Europäisierung à la Sinatra: Deutsche Länder im europäischen Mehrebenensystem. In: DIES. / KOHLER-KOCH, Beate (Hrsg.): Deutschland zwischen Europäisierung und Selbstbehauptung. Frankfurt a. Main/New York, S. 237-264.

KNORR, Heribert (1975): Der parlamentarische Entscheidungsprozeß während der Großen Koalition 1966 bis 1969. Struktur der Koalitionsfraktionen und ihr Verhältnis zur Regierung der Großen Koalition. Meisenheim am Glan.

KNÜTTGEN, Anno (2003): Stadt-/Kleinstaaten und die Zukunft des föderalen Systems der Bundesrepublik Deutschland. Chancen und Problemaspekte einer Länderneugliederung. Unveröff. Magisterarbeit, Potsdam.

KOALITIONSVEREINBARUNG von SPD und B'90/Grüne von 1995. Düsseldorf.

KOALITIONSVERTRAG von CDU, CSU und SPD (2005): Gemeinsam für Deutschland. Mit Mut und Menschlichkeit. Berlin.

KOHLER-KOCH, Beate (2000): Europäisierung: Plädoyer für eine Horizonterweiterung. In: KNODT, Michèle / DIES. (Hrsg.): Deutschland zwischen Europäisierung und Selbstbehauptung. Frankfurt a.M., S. 11-31.

KÖNIG, Klaus / HÄUßER, Otto (1996): Zur Funktionsfähigkeit der Regierungszentralen: Profile der Staatskanzleien. In: MURSWIECK, Axel (Hrsg.): Regieren in den neuen Bundesländern – Institutionen und Politik. Opladen, S. 21-56.

KÖNIG, Thomas (2005): Unitarisierung durch Europäisierung? In: Aus Politik und Zeitgeschichte, 36, S. 28-32.

KÖNIG, Thomas / BRÄUNINGER, Thomas (1997): Wie wichtig sind die Länder in der Einspruchs- und Zustimmungsgesetzgebung. In: Zeitschrift für Parlamentsfragen, 28, S. 605-628.

KÖNIG, Thomas / MÄDER, Lars (2008): Das Regieren jenseits des Nationalstaates und der Mythos der 80-Prozent-Europäisierung in Deutschland. In: Politische Vierteljahresschrift, 49, S. 438-463.

KORIOTH, Stefan (2009): Das neue Staatsschuldenrecht – zur zweiten Stufe der Föderalismusreform. In: Juristenzeitung, 14, S. 729-737.

KREGEL, Bernd (2006): Kommunen zwischen Eigenverantwortung und Staatsauftrag. In: HOLTMANN, Everhard (Hrsg.): Landespolitik in Sachsen-Anhalt. Ein Handbuch. Magdeburg, S. 126-146.

KROPP, Sabine (1999): Die Länder in der bundesstaatlichen Ordnung. In: GABRIEL, Oscar W. / HOLTMANN, Everhard (Hrsg.): Handbuch des politischen Systems Deutschlands. 2. Auflage, München/Wien, S. 245-288.

KROPP, Sabine (2001): Regieren in Koalitionen. Handlungsmuster und Entscheidungsbildung in deutschen Länderregierungen. Wiesbaden.

KROPP, Sabine (2002): Exekutive Steuerung und informale Parlamentsbeteiligung in der Wohnungspolitik. In: Zeitschrift für Parlamentsfragen, 33, S. 436-452.

KROPP, Sabine (2003): „Deparlamentarisierung" als Regierungsstil? In: GOHR, Antonia/ SEELEIB-KAISER, Martin (Hrsg.): Sozial- und Wirtschaftspolitik unter Rot-Grün. Wiesbaden, S. 329-344.

KROPP, Sabine (2005): Föderale Ordnung. In: GABRIEL, Oscar W. / HOLTMANN, Everhard (Hrsg.): Handbuch des politischen Systems Deutschlands. 3. erweiterte und vollst. überarbeitete Auflage, München/Wien, S. 375-410.

KROPP, Sabine (2006a): Rot-Grün im Reformkorsett? Parteien, Wahlen und Föderalismus. In: JESSE, Eckhard / STURM, Roland (Hrsg.): Bilanz der Bundestagswahl 2005. Voraussetzungen, Ergebnisse, Folgen. München, S. 235-258.

KROPP, Sabine (2006b): Ausbruch aus „exekutiver Führerschaft"? Ressourcen- und Machtverschiebungen im Dreieck von Regierung, Verwaltung und Parlament. In: BOGUMIL, Jörg / JANN, Werner / NULLMEIER, Frank (Hrsg.): Politik und Verwaltung. PVS-Sonderheft 37. Wiesbaden, S. 275-298.

KROPP, Sabine / STURM, Roland (1998): Koalitionen und Koalitionsvereinbarungen. Theorie, Analyse und Dokumentation. Opladen.

LANDESREGIERUNG NORDRHEIN-WESTFALEN (2006): Ministerpräsidentenkonferenz 2005/2006, http://www.mpk.nrw.de/de/home/index.html, Download am 25.7.2006.

LANDFRIED, Christine (1995): Architektur der Unterkomplexität: Politische Willensbildung und Entscheidungsstrukturen im Prozess der deutschen Einigung. In: LEHMBRUCH, Gerhard (Hrsg.): Einigung und Zerfall: Deutschland und Europa nach dem Ende des Ost-West-Konflikts. Opladen, S. 31-54.

LANDTAG NORDRHEIN-WESTFAHLEN (Hrsg. 1990): Erhaltung und Fortentwicklung der bundesstaatlichen Ordnung innerhalb der Bundesrepublik – auch in einem vereinten Europa. Teil 1, Düsseldorf.

LANE, Jan-Erik / ERSSON, Svante (2005): The Riddle of Federalism: Does Federalism Impact on Democracy? In: Democratization, 12, S. 163-182.

LAU, R. (2003): Models of Decision-Making. In SEARS, D.O./ HUDDY L./ JERVIS R. (Hrsg.): Oxford Handbook of Political Psychology. Oxford, S. 19-59.

LAUFER, Heinz / MÜNCH, Ursula (1998): Das föderative System der Bundesrepublik Deutschland. Opladen.

LEHMBRUCH, Gerhard (1976): Parteienwettbewerb im Bundesstaat. Stuttgart.

LEHMBRUCH, Gerhard (2000): Parteienwettbewerb im Bundesstaat. Regelsysteme und Spannungslagen im politischen System der Bundesrepublik Deutschland. 3. Auflage, Wiesbaden.

LENK, Thomas / KUNTZE, Martina (2008): Schuldenverbote aus finanzwissenschaftlicher Sicht. In: BAUS, Ralf Thomas / EPPLER, Annegret / WINTERMANN, Ole (Hrsg.): Zur Reform der föderalen Finanzverfassung in Deutschland. Perspektiven für die Föderalismusreform II im Spiegel internationaler Erfahrungen. Baden-Baden, S. 117-146.

LHOTTA, Roland (1993): Der „verkorkste Bundesstaat": Anmerkungen zur bundesstaatlichen Reformdiskussion. In: Zeitschrift für Parlamentsfragen 24, S. 117-132.

LHOTTA, Roland (2000): Konsens und Konkurrenz in der konstitutionellen Ökonomie bikameraler Verhandlungsdemokratie: Der Vermittlungsausschuß als effiziente Institution politischer Deliberation. In: HILPERT, Ulrich / HOLTMANN, Everhard / VOELZKOW, Helmut (Hrsg.): Zwischen Wettbewerbs- und Verhandlungsdemokratie. Empirische Analysen zu einem theoretischen Konzept. Opladen, S. 79-103.

LIJPHART, Arend (1999): Patterns of Democracy. Government Forms and Performance in Thirty-Six Countries. New Haven.

LINDER, Wolf (2007): Die deutsche Föderalismusreform – von außen betrachtet. Ein Vergleich von Systemproblemen des deutschen und des schweizerischen Föderalismus. In: Politische Vierteljahresschrift, 48, S. 3-17.

LÖFFELHOLZ, Hans-Dietrich von / RAPPEN, Hermann (1999): Zur finanzwissenschaftlichen Beurteilung der Einwohnerwertung der Stadtstaaten im Länderfinanzausgleich. Gutachten des Rheinisch-Westfälisches Instituts für Wirtschaftsforschung e.V. Essen.

LORENZ, Astrid (2004): Stabile Verfassungen? Konstitutionelle Reformen in Demokratien. In: Zeitschrift für Parlamentsfragen, 35, S. 448-468.

LÖSCHE, Peter / WALTER, Franz (1992): Die SPD: Klassenpartei – Volkspartei – Quotenpartei. Darmstadt.

LUPIA, Arthur / MCCUBBINS, Mathew D. (1994): Who Controls? Information and the Structure of Legislative Decision Making. In: Legislative Studies Quarterly, 19, S. 361-384.

MANOW, Philip / BURKHART, Simone (2004): Legislative Autolimitation under Divided Government. Evidence from the German Case 1976-2002. MPIfG Discussion Paper 04/11. Köln.

MARCH, James G. / OLSEN, Johan P. (1989): Rediscovering Institutions. The Organizational Basis of Politics. London.

MARGEDANT, Udo (2003): Die Föderalismusdiskussion in Deutschland. In: Aus Politik und Zeitgeschichte, B 29-30, S. 6-13.

MAURER, Andreas (2002): Parlamentarische Demokratie in der Europäischen Union. Der Beitrag des Europäischen Parlaments und der nationalen Parlamente. Baden-Baden.

MAURER, Andreas / WESSELS, Wolfgang (2001): National Parliaments after Amsterdam: From Slow Adapters to National Players? In: DIES. (Hrsg.): National Parliaments on their Ways to Europe: Losers or Latecomers? Baden-Baden, S. 425-475.

MAYNTZ, Renate (1993): Policy-Netzwerke und die Logik von Verhandlungssystemen. In: HÉRITIER, Adrienne (Hrsg.): Policy-Analyse. Kritik und Neuorientierung. Opladen, S. 39-56.

MERKEL, Wolfgang (2003): Institutionen und Reformpolitik: Drei Fallstudien zur Vetospieler-Theorie. In: EGLE, Christoph / OSTHEIM, Tobias / ZOHLNHÖFER, Reimut (Hrsg.): Das rot-grüne Projekt. Eine Bilanz der Bundesregierung Schröder 1998-2002. Wiesbaden, S. 163-190.

MEYER, John W. / ROWAN, Brian (1991): Institutionalized Organizations: Formal Structure as Myth and Ceremony. In: POWELL, Walter W. / DIMAGGIO, Paul J. (Hrsg.): The New Institutionalism in Organizational Analysis. Chicago /London, S. 41-62.

MIELKE, Siegfried / REUTTER, Werner (Hrsg.) (2004): Länderparlamentarismus in Deutschland. Wiesbaden.

MOORE, Carolyn / EPPLER, Annegret (2008): Disentangling Double Politikverflechtung? The Implications of the Federal Reforms for Bund – Länder Relations on Europe. In: German Politics, 18, S. 488-508.

MORAVCSIK, Andrew (1997): Warum die Europäische Union die Exekutive stärkt: Innenpolitik und internationale Kooperation. In: WOLF, Klaus Dieter (Hrsg.): Projekt Europa im Übergang? Staat und Demokratie in der Europäischen Union. Baden-Baden, S. 211-269.

MÜLLER, Wolfgang C. / STRØM, Kaare (Hrsg.) (2003): Coalition Governments in Western Europe. Oxford.

Literaturverzeichnis

MÜNCH, Claudia (2006): Emanzipation der lokalen Ebene? Kommunen auf dem Weg nach Europa. Wiesbaden.

MÜNCH, Ursula (2001): Konkurrenzföderalismus für die Bundesrepublik: Eine Reformdebatte zwischen Wunschdenken und politischer Machbarkeit. In: Europäisches Zentrum für Föderalismus-Forschung Tübingen (Hrsg.): Jahrbuch des Föderalismus 2001. Baden-Baden, S. 115-127.

MÜNCH, Ursula / ZINTERER, Tanja (2000): Reform der Aufgabenverteilung zwischen Bund und Ländern: Eine Synopse verschiedener Reformansätze zur Stärkung der Länder 1985-2000. In: Zeitschrift für Parlamentsfragen, 31, S. 657-680.

NAßMACHER, Hiltrud (1999): Die Entwicklung der kommunalen Aufgaben. In: ELLWEIN, Thomas / HOLTMANN, Everhard (Hrsg.): 50 Jahre Bundesrepublik Deutschland. Wiesbaden, S. 329-342.

NIEDERMAYER, Oskar (2001): Nach der Vereinigung: Der Trend zum fluiden Fünfparteiensystem. In: GABRIEL, Oscar W. / NIEDERMAYER, Oskar / STÖSS, Richard (Hrsg.): Parteiendemokratie in Deutschland. 2. Auflage, Bonn, S. 107-127.

NORTH, Douglass C. (1992): Institutionen, institutioneller Wandel und Wirtschaftsleistung. Tübingen.

OATES, Wallace E. (1972): Fiscal Federalism. New York.

OBERLÄNDER, Stefanie (2000): Aufgabenwahrnehmung im Rahmen der EU durch Vertreter der Länder. Theorie und Praxis im Vergleich. Baden-Baden.

OERTZEN, Jürgen von (2005): Das Expertenparlament. Abgeordnetenrollen in den Fachstrukturen bundesdeutscher Parlamente. Baden-Baden.

OLSON, Mancur Jr. (1969): The Principle of "Fiscal Equivalence" : The Division of Responsibilities Among Different Levels of Government. In: American Economic Review, 59, S. 479-487.

OSCHATZ, Georg-Bernd / RISSE, Horst (1995): Die Bundesregierung an der Kette der Länder? Zur europäischen Mitwirkung des Bundesrates. In: Die Öffentliche Verwaltung, 48/11, S. 437-452.

PATZELT, Werner J. (2002): Institutionalität und Geschichtlichkeit von Parlamenten. Kategorien institutioneller Analyse. In: DERS. (Hrsg.): Parlamente und ihre Funktionen. Institutionelle Mechanismen und institutionelles Lernen. Wiesbaden, S. 50-117.

PATZELT, Werner J. (2005a): Der Bundesrat, in: GABRIEL, Oscar W. / HOLTMANN, Everhard (Hrsg.): Handbuch des politischen Systems Deutschlands. 3. erweiterte und vollst. überarbeitete Auflage, München/Wien, S. 263-290.

PATZELT, Werner J. (2005b): Der Bundestag, in: GABRIEL, Oscar W. / HOLTMANN, Everhard (Hrsg.): Handbuch des politischen Systems Deutschlands. 3. erweiterte und vollst. überarbeitete Auflage, München/Wien, S. 159-231.

PEHLE, Heinrich (2005): Die kommunale Selbstverwaltung: Opfer der Europäischen Integration? In: Gesellschaft-Wirtschaft-Politik, Heft 1, S. 9-20.

PETERSEN, Thieß / SCHELLER, Henrik / WINTERMANN, Ole (2008): Public Attitudes towards German Federalism: A Point of Departure for a Reform of German (Fiscal) Federalism? Differences between Public Opinion and the Political Debate. In: German Politics, 18, S. 559-586.

PIERSON, Paul (2004): Politics in Time. History, Institutions, and Social Analysis. Princeton N.J.

PUTNAM, Robert D. (1988): Diplomacy and Domestic Politics: The Logic of Two-Level-Games. In: International Organization, 42, S. 429-460.

RADAELLI, Claudio (2000): Whither Europeanization? Concept Stretching and Substantive Changes? In: European Integration Online Papers, S. 4-8, http://eiop.or.at/eiop/texte/2000-008a.htm. Download am 10.8.2006.

RAGNITZ, Joachim (2003): Solidarpakt: Aufbaugerechte Verwendung der Mittel noch nicht gewährleistet. In: Wirtschaft im Wandel, 9, S. 473-485.

RAGNITZ, Joachim (2004): Solidarpakt II: Anpassungen erforderlich. In: Wirtschaft im Wandel, 14, S. 410-416.
RAGNITZ, Joachim (2005): Demographische Entwicklung in Ostdeutschland und Länderfinanzausgleich. In: Wirtschaft im Wandel, 3, S. 73-81.
RECHLIN, Sandra (2004): Die deutschen Kommunen im Mehrebenensystem der Europäischen Union. Betroffene Objekte oder aktive Subjekte? Discussion Paper SPS IV 2004 – 101, WZB Berlin.
REHFELD, Dieter (1994): Produktionscluster und räumliche Entwicklung – Beispiele und Konsequenzen. In: KRUMBEIN, Wolfgang (Hrsg.): Ökonomische und politische Netzwerke in der Region. München/Hamburg, S. 187-205.
REISSERT, Bernd (1984): Staatliche Finanzzuweisungen und kommunale Investitionspolitik. Dissertation an der Freien Universität Berlin.
RENZSCH, Wolfgang (1989): Föderale Finanzbeziehungen im Parteienstaat. Eine Fallstudie zum Verlust politischer Handlungsmöglichkeiten. In: Zeitschrift für Parlamentsfragen, 20, S. 330-345.
RENZSCH, Wolfgang (1991): Finanzverfassung und Finanzausgleich. Die Auseinandersetzung um ihre politische Gestaltung in der Bundesrepublik Deutschland zwischen Währungsreform und deutscher Vereinigung (1948 bis 1990). Bonn.
RENZSCH, Wolfgang (1994): Föderative Problembewältigung: Zur Einbeziehung der neuen Länder in einen gesamtdeutschen Finanzausgleich ab 1995. In: Zeitschrift für Parlamentsfragen, 25, S. 330-345.
RENZSCH, Wolfgang (1995): Konfliktlösung im parlamentarischen Bundesstaat: Zur Regelung finanzpolitischer Bund-Länder-Konflikte im Spannungsfeld von Administration und Politik – vorläufige Überlegungen. In: VOIGT, Rüdiger (Hrsg.): Der kooperative Staat. Krisenbewältigung durch Verhandlung? Baden-Baden, S. 167-194.
RENZSCH, Wolfgang (2000a): Bundesstaat oder Parteienstaat: Überlegungen zu Entscheidungsprozessen im Spannungsfeld von föderaler Konsensbildung und parlamentarischem Wettbewerb in Deutschland. In: HOLTMANN, Everhard / VOELZKOW, Helmut (Hrsg.): Zwischen Wettbewerbs- und Verhandlungsdemokratie. Wiesbaden, S. 53-78.
RENZSCH, Wolfgang (2000b): Reform der Finanzverfassung zwischen ökonomischer Effizienz, bundesstaatlicher Funktionalität und politischer Legitimität. In: BÜTTNER, Thiess (Hrsg.): Finanzverfassung und Föderalismus in Deutschland und Europa. Baden-Baden, S. 39-59.
RENZSCH, Wolfgang (2005): Finanzverfassung und finanzielle Schieflagen von Ländern unter besonderer Berücksichtigung der Haushaltsnotlage des Saarlands. Gutachten im Auftrag des Ministeriums der Finanzen des Saarlandes. Magdeburg.
RENZSCH, Wolfgang (2007): Föderalismusreform II – Finanzen: Überlegungen aus der Sicht der finanzschwachen Länder. In: BAUS, Ralf Thomas / FISCHER, Thomas / HRBEK, Rudolf (Hrsg.): Föderalismusreform II: Weichenstellungen für eine Neuordnung der Finanzbeziehungen im deutschen Bundesstaat. Baden-Baden, S. 91-102.
REUTTER, Werner (2005): Vertrauensfrage und Parlamentsauflösung. Anmerkungen zur verfassungspolitischen Debatte und zur Verfassungspraxis in den Ländern. In: Politische Vierteljahresschrift, 46, S. 655-673.
RHEINISCH-WESTFÄLISCHES INSTITUT FÜR WIRTSCHAFTSFORSCHUNG e.V. (2001): Stellungnahme zum Entwurf eines Maßstäbegesetzes (Bundesrats-Drucksache 161/01). Essen.
RIKER, William (1964): Federalism: Origin, Operation, Significance. Boston.
RIKER, William H. (1975): „Federalism". In: GREENSTEIN, Fred I. / POLSBY, Nelson W. (Hrsg.): Handbook of Political Science 5. Reading, Mass., S. 93-172.

RISSE, Horst (2007): Zur Entwicklung der Zustimmungsbedürftigkeit von Bundesgesetzen nach der Föderalismusreform 2006. In: Zeitschrift für Parlamentsfragen, 38, S. 707-712.
ROSENFELD, Martin T.W. (2005): Welche Chancen hat die Modernisierung des Bundesstaates nach dem Scheitern der Föderalismus-Reformkommission? In: Zeitschrift für Wirtschaftspolitik, S. 189-198.
SABATIER, Paul A. / JENKINS-SMITH, Hank C. (1993): Policy Change and Learning. An Advocacy Coalition Approach. Boulder, Co.
SARTORI, Giovanni (1992): Demokratietheorie. Darmstadt.
SCHARPF, Fritz W. (1985): Die Politikverflechtungs-Falle: Europäische Integration und deutscher Föderalismus im Vergleich. In: Politische Vierteljahresschrift, 26, S. 323-356.
SCHARPF, Fritz W. (1992a): Zur Theorie von Verhandlungssystemen, in: BENZ, Arthur / SCHARPF, Fritz W. / ZINTL, Reinhard: Horizontale Politikverflechtung. Zur Theorie von Verhandlungssystemen. Frankfurt a. M./New York, S. 11-27.
SCHARPF, Fritz W. (1992b): Koordination durch Verhandlungssysteme: Analytische Konzepte und institutionelle Lösungen. In: BENZ, Arthur / SCHARPF, Fritz W. / ZINTL, Reinhard: Horizontale Politikverflechtung. Zur Theorie von Verhandlungssystemen, Frankfurt a.M./New York, S. 51-96.
SCHARPF, Fritz W. (1993): Positive und negative Koordination in Verhandlungssystemen. In: HÉRITIER, Adrienne (Hrsg.): Policy-Analyse. Kritik und Neuorientierung, PVS-Sonderheft 24. Opladen, S. 57-83.
SCHARPF, Fritz W. (1994): Optionen des Föderalismus in Europa. Eine verfassungsökonomische Untersuchung. Frankfurt a.M.
SCHARPF, Fritz W. (1997): Games Real Actors Play. Actor-Centered Institutionalism in Policy Research. Boulder.
SCHARPF, Fritz W. (2001): Mehr Freiheit für die Bundesländer. Der deutsche Föderalismus im europäischen Standortwettbewerb. In: FAZ vom 17.04.2001.
SCHARPF, Fritz W. (2005): Föderalismusreform: neuer Versuch bei veränderter Ausgangslage? In: Zeitschrift für Staats- und Europawissenschaften, 3, S. 97-108.
SCHARPF, Fritz W. (2006): Nicht genutzte Chancen der Föderalismusreform. MPIfG Working Paper 06/02, Mai 2006, Köln,http://www.mpigf.de /pu/workpap/wp06-2/wp06-2.html, Download am 24.10.2006.
SCHARPF, Fritz W. (2008): Community, Diversity and Autonomy: The Challenges of Reforming German Federalism. In: German Politics, 18, S. 509-521.
SCHARPF, Fritz W. (2009): Föderalismusreform. Kein Ausweg aus der Politikverflechtungsfalle? Frankfurt/New York.
SCHARPF, Fritz W. / BENZ, Arthur (1991): Kooperation als Alternative zur Neugliederung? Zusammenarbeit zwischen den norddeutschen Ländern. Baden-Baden.
SCHARPF, Fritz W. / REISSERT, Bernd / SCHNABEL, Fritz (1976): Politikverflechtung: Theorie und Empirie des kooperativen Föderalismus in der Bundesrepublik. Kronberg.
SCHELLER, Henrik (2008a): Ursprünge und Rezeption des Politikverflechtungsansatzes – Auswanderung aus der Wissenschaft und politische Instrumentalisierung? In: DERS. / SCHMID, Josef (Hrsg.): Föderale Politikgestaltung im deutschen Bundesstaat. Variable Verflechtungsmuster in Politikfeldern. Baden-Baden, S. 13-35.
SCHELLER, Henrik (2008b): Perspektiven für die Föderalismusreform II aus verhandlungstheoretischer Sicht. In: BAUS, Ralf Thomas / FISCHER, Thomas / HRBEK, Rudolf (Hrsg.): Föderalismusreform II: Weichenstellungen für eine Neuordnung der Finanzbeziehungen im deutschen Bundesstaat. Baden-Baden, S. 38-56.
SCHELLER, Henrik / Schmid, Josef (Hrsg.) (2008): Föderale Politikgestaltung im deutschen Bundesstaat. Variable Verflechtungsmuster in Politikfeldern, Baden-Baden.

SCHINDLER, Peter (1999): Datenhandbuch des Deutschen Bundestages 1949-1999, 3 Bde. Baden-Baden.
SCHIEREN, Stefan (1999): Die Landtagswahl in Sachsen-Anhalt vom 26. April 1998: „Magdeburger Modell" mit einigen Mängeln. In: Zeitschrift für Parlamentsfragen, 30, S. 56-78.
SCHMAL, Stefanie (1999): Europäisierung der kommunalen Selbstverwaltung. In: Die Öffentliche Verwaltung, 52, S. 852-861.
SCHMID, Günther (2006): Der Mensch denkt und die Institution lenkt: zur Reformfähigkeit von Staat und Gesellschaft am Beispiel der deutschen Arbeitsmarktpolitik. In: Politische Vierteljahresschrift, 47, S. 367-379.
SCHMID, Josef (1987): Wo schnappt die Politikverflechtungsfalle eigentlich zu? Kritische Anmerkungen zu einer These von F.W. Scharpf. In: Politische Vierteljahresschrift, 26, S. 446-452.
SCHMID, Josef (1990): Die CDU. Organisationsstrukturen, Politiken und Funktionsweise einer Partei im Föderalismus. Opladen.
SCHMID, Josef (2003): Die „neue" Bundesrepublik und der „alte" Föderalismus. Veränderte Rahmenbedingungen, institutioneller Wandel und fiskalische Persistenz. In: Europäisches Zentrum für Föderalismus-Forschung Tübingen (Hrsg.): Jahrbuch des Föderalismus 2003. Baden-Baden, S. 211-224.
SCHMID, Josef (2008): Variable Verflechtungsmuster in unterschiedlichen Politikfeldern aufgrund von Problem- und Strukturkontingenzen. In: SCHELLER, Henrik / DERS. (Hrsg.): Föderale Politikgestaltung im deutschen Bundesstaat. Variable Verflechtungsmuster in Politikfeldern. Baden-Baden, S. 345-357.
SCHMIDT, Manfred G. (1994): Politikverflechtung zwischen Bund, Ländern und Gemeinden. Kurs der FernUniversität Hagen.
SCHMIDT, Manfred G. (2000): Demokratietheorien. Eine Einführung. 3. Auflage, Opladen.
SCHMIDT, Manfred G. (2001): Thesen zur Reform des Föderalismus der Bundesrepublik Deutschland. In: Politische Vierteljahresschrift, 42, S. 474-491.
SCHMIDT, Thorsten (2003): Institutionelle Bedingungen eines Wettbewerbsföderalismus in Deutschland: Transaktionskosten stärker berücksichtigen. In: Vierteljahreshefte zur Wirtschaftsforschung, 72, S. 458-471.
SCHMIDT, Vivien A. (2005): Democracy in Europe: The Impact of European Integration. In: Perspectives on Politics, 3(4), S. 761-778.
SCHMIDT, Vivien A. (2008): Discursive Institutionalism: The Explanatory Power of Ideas and Discourse. In: Annual Review of Political Science, 11, S. 303-326.
SCHNEIDER, Herbert (2001): Parteien in der Landespolitik. In: GABRIEL, Oscar W. / NIEDERMAYER, Oskar / STÖSS, Richard (Hrsg.): Parteiendemokratie in Deutschland. 2. Aufl. , Bonn, S. 407-426.
SCHNEIDER, Christina J. (2007): Politischer Opportunismus und Haushaltsdefizite in den westdeutschen Ländern. In: Politische Vierteljahresschrift, 48, S. 221-242.
SCHNEIDER, Hans-Peter (2006): Nicht nur Gewinner, sondern auch viele Verlierer. In: ifo Schnelldienst 10/2006, S. 5-8.
SCHNEIDER, Herbert (2001): Parteien in der Landespolitik. In: GABRIEL, Oscar W. / NIEDERMAYER, Oskar / STÖSS, Richard (Hrsg.): Parteiendemokratie in Deutschland. 2. Auflage. Bonn, S. 407-426.
SCHULTE, Bernd (2006): Die EU als sozialpolitischer Akteur. In: KROPP, Sabine / GOMÈZ, Ricardo (Hrsg.): Sozialraum Europa. Sozialpolitik in der erweiterten Europäischen Union. Ein Werkstattbericht. Münster/New York, S. 15-73.
SCHULTZE, Claus J. (1997): Die deutschen Kommunen in der Europäischen Union. Europa-Betroffenheit und Interessenwahrnehmung. Baden-Baden.

SCHULZE, Rainer-Olaf (2000): Indirekte Entflechtung: Eine Strategie für die Föderalismusreform? In: Zeitschrift für Parlamentsfragen, 31, S. 681-698.
SCHULZE, Rainer-Olaf (2005): Die Föderalismusreform zwischen Anspruch und Wirklichkeit. In: Aus Politik und Zeitgeschichte, B 13-14, S. 13-19.
SEITZ, Helmut (2003): Fiskalföderalismus in Deutschland: Probleme und Reformbedarf am Beispiel der Finanzbeziehungen zwischen Bund und Ländern. In: Vierteljahreshefte zur Wirtschaftsforschung, 72, S. 349-360.
SIEFKEN, Sven (2003): Expertengremien der Bundesregierung – Fakten, Fiktionen, Forschungsbedarf. In: Zeitschrift für Parlamentsfragen, 34, S. 483-507.
STAHL, Dieter (2005): Ausgleichsgrad und Anreizwirkungen des deutschen Länderfinanzausgleichs: Eine kritische Analyse. In: FÄRBER, Gisela (Hrsg.): Das föderative System in Deutschland. Bestandsaufnahme, Reformbedarf und Handlungsempfehlungen aus raumwissenschaftlicher Sicht. Hannover, S. 206-230.
Ständige Konferenz der Kultusminister, 2006, Faltblatt. http://www.kmk.org/aufg-org/faltbl.htm, Download am 25.7.2006.
STEPAN, Alfred C. (1999): Federalism and Democracy: Beyond the U.S. Model. In: Journal of Democracy, 10, S. 19-34.
STROHMEIER, Gerd (2004): Der Bundesrat: Vertretung der Länder oder Instrument der Parteien? In: Zeitschrift für Parlamentsfragen, 35, S. 717-731.
STRØM, Kaare (2000): Delegation and Accountability in Parliamentary Democracies. In: European Journal of Political Research, 37, S. 261-289.
STRØM, Kaare / MÜLLER, Wolfgang C. / BERGMAN, Torbjörn (Hrsg.) (2003): Delegation and Accountability in Parliamentary Democracies. Oxford.
STURM, Roland (1999a): Der Föderalismus im Wandel. In: JESSE, Eckard / LÖW, Konrad (Hrsg.): 50 Jahre Bundesrepublik Deutschland. Berlin, S. 81-99.
STURM, Roland (1999b): Party Competition and the Federal System: The Lehmbruch Hypothesis Revisited. In: JEFFERY, Charlie (Hrsg.): Recasting German Federalism. The Legacies of Unification. London / New York, S. 197-216.
STURM, Roland, (1999c): The Constitution under Pressure: Emerging Asymmetrical Federalism in Germany? In: AGRANOFF, Robert (Hrsg.): Accomodating Diversity: Asymmetry in Federal States. Baden-Baden, S. 137-148.
STURM, Roland (2003a): Der Föderalismus – ein „Schnäppchen"? – Zu den finanziellen Auswirkungen der Gewährung regionaler Rechte. In: Jahrbuch des Föderalismus 2003. Baden-Baden, S. 66-78.
STURM, Roland (2003b): Zur Reform des Bundesrates. Lehren eines internationalen Vergleichs der Zweiten Kammern. In: Aus Politik und Zeitgeschichte, B 29-30, S. 24-31.
STURM, Roland (2003c): Föderalismus und Regionalismus. In: JESSE, Eckart / STURM, Roland (Hrsg.): Demokratien des 21. Jahrhunderts im Vergleich. Opladen, S. 113-138.
STURM, Roland (2004): Bürgergesellschaft und Bundesstaat. Demokratietheoretische Begründung des Föderalismus und der Föderalismuskultur. Gütersloh/Berlin.
STURM, Roland (2005): Föderalismusreform: Kein Erkenntnisproblem, warum aber ein Gestaltungs- und Entscheidungsproblem? In: Politische Vierteljahresschrift, 46, S. 195-203.
STURM, Roland (2007): Die Föderalismusreform I: Erfolgreiche Verfassungspolitik? In: BAUS, Ralf Thomas / FISCHER, Thomas / HRBEK, Rudolf (Hrsg.): Föderalismusreform II: Weichenstellungen für eine Neuordnung der Finanzbeziehungen im deutschen Bundesstaat. Baden-Baden, S. 34-45.
STURM, Roland / KROPP, Sabine (2004): Neustrukturierung der Länder. Unveröff. Skizze erstellt für das Bundesamt für Bauwesen und Raumordnung. Erlangen.

STURM, Roland / PEHLE, Heinrich (2005): Das neue deutsche Regierungssystem. Die Europäisierung von Institutionen, Entscheidungsprozessen und Politikfeldern in der Bundesrepublik Deutschland. 2. Auflage, Wiesbaden.
STURM, Roland / ZIMMERMANN-STEINHART, Petra (2005): Föderalismus. Eine Einführung. Baden-Baden.
THAYSEN, Uwe (2003): Der deutsche Föderalismus zwischen zwei Konventen. In: Aus Politik und Zeitgeschichte, B 29-30, S. 14-23.
THAYSEN, Uwe (2004): Die Konventsbewegung zur Föderalismusreform in Deutschland: ein letztes Hurra der Landesparlamente zu Beginn des 21. Jahrhunderts? In: Zeitschrift für Parlamentsfragen, 35, S. 513-539.
THELEN, Kathleen (1999): Historical Institutionalism in Comparative Politics. In: Annual Review of Political Science, 2, S. 369-404.
THOENI, Erich (1986): Politökonomische Theorie des Föderalismus. Eine kritische Bestandsaufnahme. Baden-Baden.
THRÄNHARDT, Dietrich (1999): Die Kommunen und die Europäische Union. In: WOLLMANN, Helmut / ROTH, Roland (Hrsg.): Kommunalpolitik. Politisches Handeln in den Gemeinden. 2. Auflage, Opladen, S. 361-377.
TÖLLER, Annette Elisabeth (2002): Komitologie. Theoretische Bedeutung und praktische Funktionsweise von Durchführungsausschüssen der Europäischen Union am Beispiel der Umweltpolitik. Wiesbaden.
TÖLLER, Annette Elisabeth (2004): Dimensionen der Europäisierung – Das Beispiel des Deutschen Bundestages. In: Zeitschrift für Parlamentsfragen, 35, S. 25-50.
TÖLLER, Annette Elisabeth (2008): Mythen und Methoden. Zur Messung der Europäisierung der Gesetzgebung des Deutschen Bundestages jenseits des 80-Prozent-Mythos. In: Zeitschrift für Parlamentsfragen, 39, S. 3-17.
TOMUSCHAT, Christian (2009): The Ruling of the German Constitutional Court on the Treaty of Lisbon. In: German Law Journal, 10/8.
TREISMAN, Daniel (2000): The Causes of Corruption: A Cross-National Study. In: Journal of Public Economics, 76, S. 399-457.
TRONDAL, Jarle / VEGGELAND, Frode (2003): Access, voice and loyalty: the representation of domestic civil servants in EU committees. In: Journal of European Public Policy, 10, S. 59-77.
TSEBELIS, George (1990): Nested Games. Rational Choice in Comparative Politics. Berkeley/Los Angeles/Oxford.
TSEBELIS, George (1999): Veto Players and Law Production in Parliamentary Democracies: An Empirical Analysis. In: American Political Science Review, 93, S. 591-608.
TSEBELIS, George (2002): Veto Players: How Political Institutions Work. Princeton.
VESPER, Dieter (2000): Quo vadis, Länderfinanzausgleich? Wochenbericht Nr. 26 des DIW, Berlin.
VÖLKL, Kerstin / SCHNAPP, Kai-Uwe / HOLTMANN, Everhard / GABRIEL, Oscar W. (2008a): Zum Einfluss der Bundespolitik auf Landtagswahlen: theoretischer Rahmen und Analysemodelle. In: DIES. (Hrsg.): Wähler und Landtagswahlen in der Bundesrepublik Deutschland. Baden-Baden, S. 9-38.
VÖLKL, Kerstin / SCHNAPP, Kai-Uwe / HOLTMANN, Everhard / GABRIEL, Oscar W. (Hrsg.) (2008b): Wähler und Landtagswahlen in der Bundesrepublik Deutschland. Baden-Baden.
VOGEL, Hans-Jochen (1994): Die bundesstaatliche Ordnung des Grundgesetzes. In: BENDA, Ernst / MAIHOFER, Werner / VOGEL, Hans-Jochen (Hrsg.): Handbuch des Verfassungsrechts. 2. Auflage, Berlin/New York, S. 1041-1102.
WACHENDORFER-SCHMIDT, Ute (2003): Politikverflechtung im vereinigten Deutschland. Wiesbaden.

WAGENER, Frido (1979): Der Öffentliche Dienst im Staat der Gegenwart. In: Veröffentlichung der Vereinigung der deutschen Staatsrechtslehrer, 37. Berlin/New York, S. 215-266.
WAGSCHAL, Uwe / GRASL, Maximilian (2004): Die modifizierte Senatslösung. Ein Vorschlag zur Verringerung von Reformblockaden im deutschen Föderalismus. In: Zeitschrift für Parlamentsfragen, 35, S. 732-752.
WALTER-ROGG, Melanie / KUNZ, Volker / GABRIEL, Oscar W. (2005): Kommunale Selbstverwaltung in Deutschland. In: GABRIEL, Oscar W. / HOLTMANN, Everhard (Hrsg.): Handbuch des politischen Systems Deutschlands. 3. erweiterte und vollst. überarbeitete Auflage, München/Wien, S. 411-455.
WESSELS, Wolfgang (1992): Staat und (westeuropäische) Integration – die Fusionsthese. In: KREILE, Michael (Hrsg.): Die Integration Europas. PVS-Sonderheft. Opladen, S. 36-61.
WESSELS, Wolfgang (1997): Die Europäische Union der Zukunft – immer enger, immer weiter und komplexer? Die Fusionsthese. In: JÄGER, Thomas / PIEPENSCHNEIDER, Melanie (Hrsg.): Europa 2020. Szenarien politischer Entwicklungen. Opladen, S. 45-79.
WIEDMANN, Thomas (2002): Abschied der Regionen vom AdR – Der Ausschuss der Regionen vor der Zerreißprobe. In: Europäisches Zentrum für Föderalismus-Forschung Tübingen (Hrsg.): Jahrbuch des Föderalismus 2002. Baden-Baden, S. 541-551.
WIELAND, Joachim (2008): Die Reform der bundesstaatlichen Finanzverfassung: historische Voraussetzungen und aktueller Handlungsbedarf. In: Zeitschrift für Staats- und Europawissenschaften, 6, S. 204-226.
WILLOWEIT, Dietmar (2005): Deutsche Verfassungsgeschichte. Vom Frankenreich bis zur Wiedervereinigung Deutschlands. 5. Auflage, München.
WOBBEN, Thomas / HEINKE, Michael (2006): Europäisierung der Landespolitik: Sachsen-Anhalts Weg zu einer aktiven Interessenvertretung in Europa. In: HOLTMANN, Everhard (Hrsg.): Landespolitik in Sachsen-Anhalt. Ein Handbuch. Magdeburg, S. 221-242.
WOHLFAHRT, Christian (2009): The Lisbon Case: A Critical Summary. In: German Law Journal, 10/8.
ZAHARIADIS, Nikolaos (1999): Ambiguity, Time, and Multiple Streams. In: SABATIER, Paul A. (Hrsg.): Theories of the Policy Process. Boulder, Col., S. 73-93.
ZARTH, Michael / CROME, Barbara (1999): Die regionale Infrastrukturausstattung als Indikator für die Auswahl regionalpolitischer Fördergebiete. In: Mitteilungen aus der Arbeitsmarkt- und Berufsforschung, 32, S. 618-630.
ZIMMERMANN, Horst (2003): Fiskalkrieg in Deutschland? Zur Zukunft der föderativen Finanzbeziehungen. In: Wirtschaftsdienst, 83, S. 786-791.
ZIMMERMANN-STEINHART, Petra (2005): Creating regional identities. Theoretical considerations. Paper presented at the ECPR Joint Sessions of Workshops, Granada.
ZINTL, Reinhard (1992): Kooperation und Aufteilung des Kooperationsgewinns bei horizontaler Politikverflechtung. In: BENZ, Arthur / SCHARPF, Fritz W. / ZINTL, Reinhard: Horizontale Politikverflechtung. Zur Theorie von Verhandlungssystemen. Frankfurt a. M./New York, S. 97-146.
ZINTL, Reinhard (1999): Politikverflechtung und Machtverteilung in Deutschland. In: ELLWEIN, Thomas / HOLTMANN, Everhard (Hrsg.): 50 Jahre Bundesrepublik Deutschland. Wiesbaden, S. 471-481.
ZYPRIES, Brigitte (2003): Reform der bundesstaatlichen Ordnung im Bereich der Gesetzgebung. In: Zeitschrift für Rechtspolitik, 36, S. 265-268.

Abbildungsverzeichnis

Abbildung 1:	Stimmenverteilung im Bundesrat	50
Abbildung 2:	Mehrheitsverhältnisse im Bundesrat 1949-2008	60
Abbildung 3:	Anrufungen des Vermittlungsausschusses 1949-2005	62
Abbildung 4:	Anteil nicht verkündeter Gesetze nach Bundesratsbeteiligung	63
Abbildung 5:	„Neue" Parteien bei Landtagswahlen (Mandatszahlen, ohne Grüne)	65
Abbildung 6:	Gewinne und Verluste bei den Landtagswahlen seit 1998 in Prozentpunkten	67
Abbildung 7:	Fallbeispiel Zuwanderungsgesetz	72
Abbildung 8:	Fallbeispiel Steuerreform 2000	74
Abbildung 9:	Karrierewege der Bundeskanzler	77
Abbildung 10:	Übersicht über Mischfinanzierungstatbestände in 2003 (ergänzt 2006)	89
Abbildung 11:	Aufteilung des Steueraufkommens 2006 in Milliarden Euro	97
Abbildung 12:	Aufteilung der Steuereinnahmen 2009	98
Abbildung 13:	Exkurs zum Problem der Steuerzerlegung für Stadtstaaten	99
Abbildung 14:	Steuerkraftstärkung durch Umsatzsteuer-Ergänzungsanteile / Pro-Kopf-Steuerkraft vor und nach Verteilung (geltendes Recht im Jahr 2000 in DM pro Einwohner)	102
Abbildung 15:	Umverteilungsintensität des Finanzausgleichssystems	106
Abbildung 16:	Ausgleichszuweisungen und Beiträge der Bundesländer (-) zum Länderfinanzausgleich seit 1990 in Mio. Euro	109
Abbildung 17:	Aufbau der Finanzverwaltung	118
Abbildung 18:	Fallbeispiel: Die Krise der Kultusministerkonferenz im Jahr 2004	141
Abbildung 19:	Fallbeispiel: Die „Initiative Mitteldeutschland"	150
Abbildung 20:	Strategien der Länder im Mehrebenensystem	170
Abbildung 21:	Landesregierungen im Mehrebenensystem (vereinfachte Darstellung)	177
Abbildung 22:	Haushalt des Landes Nordrhein-Westfalen und Anteile der EU-Einnahmen in den jeweiligen Ressorts	180
Abbildung 23:	Förderprogramme und Fördermaßnahmen im NRW-Landeshaushalt des Ministeriums für Wirtschaft und Arbeit und deren Landes-, Bundes- und EU-Anteile in Prozent	181
Abbildung 24:	Förderprogramme und Fördermaßnahmen im NRW Landeshaushalt des Ministeriums für Umwelt und Naturschutz, Landwirtschaft und Verbraucherschutz und deren Landes-, Bundes- und EU-Anteile in Prozent	182

Neu im Programm Politikwissenschaft

Uwe Andersen / Wichard Woyke (Hrsg.)
Handwörterbuch des politischen Systems der Bundesrepublik Deutschland
6. Aufl. 2009. XXIV, 873 S. Geb. EUR 49,90
ISBN 978-3-531-15727-6

Dieses Buch bietet die Grundlagen zu allen wichtigen Aspekten des politischen Systems der Bundesrepublik Deutschland und eignet sich sowohl für politikwissenschaftliche Einführungskurse als auch zum Nachschlagen. Das Standardwerk wurde für die 6. Auflage komplett überarbeitet und erweitert.

Viktoria Kaina / Andrea Römmele (Hrsg.)
Politische Soziologie
Ein Studienbuch
2009. 507 S. Br. EUR 29,90
ISBN 978-3-531-15049-9

Mehr als 25 Jahre nach Erscheinen des letzten Überblicksbandes zur Politischen Soziologie fasst das als Sammelband angelegte Studienbuch den aktuellen Forschungsstand der Politischen Soziologie im Schnittbereich von Politikwissenschaft und Soziologie zusammen. Ausgewiesene Forscherinnen und Forscher geben einen Einblick in die theoretisch-konzeptionellen Grundlagen und Fortentwicklungen der zentralen Subdisziplinen der Politischen Soziologie, zum Beispiel der Werte- und Einstellungsforschung, der Wahl- und Parteiensoziologie, der Parlamentarismus- sowie politischen Partizipations- und Kommunikationsforschung. Der profunde Überblick über grundlegende Begriffe, Konzepte und Analyseinstrumentarien wird nicht nur um empirische Befunde ergänzt. Der Band bietet zudem eine Übersicht über die Analyse- und Forschungsdesigns der Politischen Soziologie, ihre zentralen Forschungsmethoden und verwendbaren Datengrundlagen. Unter besonderer Berücksichtigung neu konzipierter und noch entstehender BA- und MA-Studiengänge ist der Band ein unverzichtbares Studienbuch in einem wichtigen Bereich der Politikwissenschaft.

Roland Sturm
Politik in Großbritannien
2009. 252 S. Mit 46 Tab. Br. EUR 19,90
ISBN 978-3-531-14016-2

Das britische Regierungssystem gehört zu den „Klassikern" der vergleichenden Regierungslehre. Das „Westminster Modell" des Regierens hat sich in den letzten Jahrzehnten jedoch weitgehend verändert. Wie und auf welchen Feldern, kann hier erstmals in einem Gesamtkontext der Reformen des politischen Systems nachgelesen werden. Stichworte: Devolution, Wahlsystemreformen, House of Lords-Reform, Civil Service-Reform, Freedom of Information Act und Human Rights Act. Diese Darstellung legt Grundlagen für das Verständnis des britischen Regierungssystems.

Erhältlich im Buchhandel oder beim Verlag.
Änderungen vorbehalten. Stand: Juli 2009.

www.vs-verlag.de

VS VERLAG FÜR SOZIALWISSENSCHAFTEN

Abraham-Lincoln-Straße 46
65189 Wiesbaden
Tel. 0611.7878-722
Fax 0611.7878-400

Neu im Programm Politikwissenschaft

Hermann Adam
Bausteine der Wirtschaft
Eine Einführung
15. Aufl. 2009. 433 S. Mit 85 Abb. u. 31 Tab.
Br. EUR 24,90
ISBN 978-3-531-15763-4

Dieses Lehrbuch ist ein seit vielen Jahren bewährtes Standardwerk. Alle volkswirtschaftlichen Grundbegriffe und Zusammenhänge, die man kennen muss, um die aktuellen politischen, wirtschaftlichen und gesellschaftlichen Probleme in Deutschland unter den weltwirtschaftlichen Bedingungen der Globalisierung zu verstehen, werden mit einfachen Worten erklärt. Inhalt und Darstellungsweise sind auf Studierende der Politik- und Sozialwissenschaften und der Volkswirtschaftslehre in den Anfangssemestern zugeschnitten. Darüber hinaus ist das Buch für Sozial- und Gemeinschaftskundelehrer sowie für Teilnehmer an politischen Bildungsveranstaltungen eine wertvolle Hilfe.

Sonja Blum / Klaus Schubert
Politikfeldanalyse
2009. 191 S. (Elemente der Politik) Br.
EUR 14,90
ISBN 978-3-531-16389-5

Politikfeldanalyse fragt danach, was politische Akteure tun, warum sie es tun und was sie damit bewirken. Ihr Ziel ist, systematisches Wissen über Politik für die Politik bereitzustellen. Entsprechend der Zielsetzung der Reihe „Elemente der Politik" gibt dieser Band einen einführenden Überblick über
– das Verhältnis zwischen Politikwissenschaft und Politikfeldanalyse
– die wichtigsten theoretischen und methodischen Zugänge
– zentrale Begriffe (z. B. Akteure, Institutionen, Steuerungsinstrumente)
– den sog. „Policy-Cycle" sowie
– Ursachen und Erklärungen für politische Veränderungen

Thomas Meyer
Soziale Demokratie
Eine Einführung
2009. 308 S. Mit 11 Tab. Br. EUR 24,90
ISBN 978-3-531-16814-2

In vielen Demokratien wurden in den letzten Jahren zahlreiche soziale Errungenschaften in Frage gestellt oder schrittweise abgebaut. Dieser Band führt in die theoretischen, ökonomischen und praktischen Grundlagen der Sozialen Demokratie ein und bietet somit eine wichtige Alternative zu neoliberalen Politikentwürfen.

Erhältlich im Buchhandel oder beim Verlag.
Änderungen vorbehalten. Stand: Juli 2009.

www.vs-verlag.de

VS VERLAG FÜR SOZIALWISSENSCHAFTEN

Abraham-Lincoln-Straße 46
65189 Wiesbaden
Tel. 0611.7878-722
Fax 0611.7878-400

CPSIA information can be obtained at www.ICGtesting.com
Printed in the USA
LVOW09s0434010913

350457LV00006B/249/P

9 783531 161907